मध्यकालीन इतिहास में विज्ञान

Science in Medieval History

मध्यकालीन इतिहास में विज्ञान

Science in Medieval History

ओम् प्रकाश प्रसाद
इतिहास विभाग
पटना विश्वविद्यालय, पटना

राजकमल प्रकाशन

ISBN : 978-93-88183-19-2

मूल्य : ₹695

पहला संस्करण : 2018

प्रकाशक : राजकमल प्रकाशन प्रा. लि.
1-बी, नेताजी सुभाष मार्ग, दरियागंज
नई दिल्ली-110 002

शाखाएँ : अशोक राजपथ, साइंस कॉलेज के सामने, पटना-800 006
पहली मंजिल, दरबारी बिल्डिंग, महात्मा गांधी मार्ग, इलाहाबाद-211 001
36 ए, शेक्सपियर सरणी, कोलकाता-700 017

वेबसाइट : www.rajkamalprakashan.com
ई-मेल : info@rajkamalprakashan.com

मुद्रक : बी.के. ऑफसेट
नवीन शाहदरा, दिल्ली-110 032

MADHYAKALEEN ITIHAS MEIN VIGYAN
Science in Medieval History
by Om Prakash Prasad

परमादरणीय श्री मदन बाबू

(अलंकार, पटना)

को

सप्रेम–

दो शब्द

प्राचीन इतिहास में विज्ञान का परीक्षण करें तो भवन, जल-निकास प्रणाली एवं स्थलमार्ग निर्माण के क्षेत्र में पाते हैं कि सिन्धु क्षेत्र में विज्ञान विशेष रूप में केन्द्रित रहा। वैज्ञानिक गति ऋग्वैदिककाल में मन्द रही। *अथर्ववेद*, पालि और प्राकृत साहित्य के अध्ययन से पता चलता है कि मगध (आधुनिक राजगृह और मगध के इलाके) तथा मिथिला वैज्ञानिक गतिविधियों से विशेष प्रभावित रहे। सम्भवत: किसी विशेष वैज्ञानिक की जानकारी मौर्यकाल और कुषाणकाल में नहीं मिलती किन्तु विज्ञान गतिशील है। गुप्तकाल के दौरान कई वैज्ञानिकों को पाते हैं, किन्तु विज्ञान मन्द रहा। 600 और 1200 ई. के दौरान समाज अस्थिर, राजनीतिक विखंडन, आर्थिक जर्जरता, स्थानान्तरण की निरन्तरता, मन्दिर-निर्माण तकनीक का उदय और ज्योतिष विद्या का बाज़ार गर्म रहता है। इस दौरान किसी भी शासक में भारतीयता की नहीं बल्कि क्षेत्रीयता की भावना रहने से यहाँ जातियों-जनजातियों में समाज बँटा रहा और एकता का बिलकुल अभाव रहता है। 1206 और 1757 ई. की अवधि में सुल्तानों एवं बादशाहों का प्रभुत्व यहाँ कायम हो जाता है। करीब सारे तथाकथित हिन्दू शासक युद्ध में हरा दिए जाते हैं अथवा मुस्लिम सत्ता स्वीकार कर लेते हैं।

यह पुस्तक नहीं बल्कि पीड़ा है, टूटी-फूटी ज़िन्दगी का परिणाम है, तनहाई की महक है, अकेलेपन की औषध, मरने के बाद की आवाज़, अपनों द्वारा ठुकराए जाते रहने का चित्रांकन, पागलपन की अभिव्यक्ति, विरोधियों और नापसन्द करनेवालों को चुनौतीभरा जवाब, बिखरी हुई ज़िन्दगी को समेटने का प्रयास और ज्ञान का मापदंड है। आज के लेखक को ए.एल वाशम, रामशरण शर्मा, रोमिला थापर, डी.डी. कोसम्बी और आर.एन. नन्दी का समकक्ष हो पाना अति मुश्किल है—कम से कम मेरे लिए यही सत्य है। क्लास के छात्रों के साथ नाइन्साफ़ करनेवाला शिक्षक असरदार लेखक कभी नहीं बन सकता। एक इनसान का सबसे बड़ा मज़हब उसकी इनसानियत होती

है। कुछ पुस्तकों में लेखक का परिश्रम, कुछ में तस्वीर, कुछ में उसका व्यक्तित्व, कुछ में उसके भीतर का आदमी और कुछ में उसकी भावना एवं अनुभव दिखाई देता है। दिल, दिमाग, अभिव्यक्ति की क्षमता और गुरुओं द्वारा प्रदत्त जादू के मिश्रण से पुस्तक का जन्म होता है। अपनी कल्पना को साकार करने के लिए हज़ारों लोगों की तरह मैं भी सिवान से पटना आया। मैं उन चन्द लोगों में अपने को भी शामिल करने के लायक आज बन चुका हूँ जिन्हें सौभाग्यशाली बनना और बेहतर करना था। केवल मैं महसूस करता कि सुख की इमारत मेरे दुःख की बुनियाद पर खड़ी है।

सल्तनत काल में चरखा भारत में लोकप्रिय हुआ। भारत में इसका पहला लिखित उल्लेख इसामी कृत *फुतूह-उस-सलातीन* (1350 ई.) में मिलता है, लेकिन चित्रों में इसकी अभिव्यक्ति 17वीं शताब्दी में हुई। मुग़ल चित्रकार विचित्र ने सत्रहवीं शताब्दी के मध्य के एक चित्र में मध्य-एशिया का दृश्य दिया है जिसमें दृश्यित चरखे भारत की तुलना में छोटे और सरल हैं। इरफ़ान हबीब कहते हैं कि निश्चित रूप से चरखा और धुनिया की कमान सम्भवतः 13वीं व 14वीं शताब्दी में बाहर से भारत आई होगी। ऐसे प्रमाण मिलते हैं कि कागज़ लगभग 100 ई. के आसपास चीन में बनाया गया। सम्भवतः यह कागज़ का प्रथम प्रमाण था। 8वीं शताब्दी में यह समरकन्द और बगदाद, 9वीं शताब्दी तक मिस्र में और 12वीं शताब्दी तक उत्तरी अफ्रीका के रास्ते स्पेन तथा फ्रांस पहुँचा और 14वीं शताब्दी में यह जर्मनी पहुँच गया। जहाँ तक भारत का प्रश्न है तो अलबरूनी ने स्पष्ट किया है कि 11वीं शताब्दी के प्रारम्भिक वर्षों में मुस्लिम पूरी तरह से कागज़ का इस्तेमाल करने लगे थे, लेकिन भारतीयों ने अभी इसका प्रयोग प्रारम्भ भी नहीं किया था। वे ताड़ के पत्तों और छाल पर ही लिख रहे थे। भारत में कागज़ का निर्माण 13वीं शताब्दी में ही आरम्भ हुआ जैसाकि अमीर खुसरो ने उस शताब्दी के अन्त में उल्लेख किया है। लेकिन तब शायद इसका अभाव था। अब तक के मौजूद कागज़ी दस्तावेज़ों में सबसे पुराना कागज़ी दस्तावेज़ फ़ारस का है जिसका समय 718 ई. का है, जबकि भारत में निश्चित रूप से कागज़ पर लिखित पांडुलिपि 1223-1224 ई. की गुजरात में लिखी गई थी।

इरफ़ान हबीब बताते हैं कि प्रधान आविष्कार है 13वीं शताब्दी में समुद्री जहाजों में चुम्बकीय कुतुबनुमा का प्रयोग। इस आविष्कार का व्यापार पर सकारात्मक प्रभाव पड़ा होगा। दूसरा प्रमुख आविष्कार था फ़ीरोज़ तुग़लक द्वारा समयसूचक उपकरणों का प्रयोग। भारतीय घुड़सवार सेना में लोहे की

रकाब और नाल का आविष्कार हुआ। 12वीं शताब्दी से पूर्व भारत में रकाब का उल्लेख नहीं मिलता।

भारत में तुर्क हमलावरों द्वारा इसके प्रयोग का प्रत्यक्ष उदाहरण इल्तुतमिश के शासनकाल में *फख्र-ए-मुदब्बिर* की कृति में मिलता है। लगभग इसी काल की मूर्तिकला में पहली बार (खजुराहो की मूर्ति में शायद) रकाब को दर्शाया गया है। रकाब का बेहतर चित्रण 1298 ई. की दुमद (बड़ौदा) की एक मूर्ति में मिलता है। *फख्र-ए-मुदब्बिर* की कृति से प्रतीत होता है कि 13वीं शताब्दी के प्रारम्भिक वर्षों में भारत में तुर्क अपने घोड़ों के सुमों में लोहे की पट्टियाँ ठोंकते थे। शासक वर्ग के रहन-सहन और अन्य आवश्यकताओं के क्षेत्र में भारतीय परिस्थितियों के अनुरूप परिवर्तन किए गए होंगे। नए शासक वर्ग के साथ-साथ भारत में इस क्षेत्र में भी एक नई शैली और उसके अनुरूप नई तकनीक का आरम्भ हुआ। छत का भार, जो अब तक लिंटल और बीम द्वारा नीचे उतारा जाता था, अब मेहराबों और गुम्बदों के माध्यम से उतारा जाने लगा। तकनीकी शब्दावली में कहें तो **ट्रैबिएट शैली** (शहतीरी शैली) का स्थान **आर्कुएट शैली** (चापाकार शैली) ने ले लिया। मेहराब और गुम्बदों को बनाने के जुड़ाई कार्य में चूने का इस्तेमाल किया जाने लगा। सल्तनतकाल में अधिकतर उत्पादन स्वतंत्र घरेलू पद्धति पर आधारित था। सूत कातने का काम अधिकतर महिलाएँ घरों में करती थीं। कपड़ा बुननेवाले अपने-अपने घरों में करघे पर उस सूत से कपड़ा बनाते जो वे स्वयं कातते या बाज़ार से खरीदते थे। लेकिन यदि कपड़ा बनाने में प्रयुक्त होनेवाला कच्चा रेशम, सोने और चाँदी के तार जैसा कीमती सामान होता तो इसे बनाने के लिए उन्हें किसी की निगरानी में कारख़ानों में जाकर यह कार्य करना होता था। मुहम्मद तुग़लक के कारख़ानों में लगभग चार हज़ार रेशम के कारीगर कसीदाकारी का कार्य करते थे। अफीफ के अनुसार फ़िरोज़ तुग़लक के कारख़ानों में कपड़े और कालीन बड़ी मात्रा में बनाए जाते थे।

मुसलमानों के साथ इस देश में अरबी, तुर्की और फ़ारसी के बहुत से शब्द आए। जैसे–अरबी के अक़्ल, इम्तहान, औरत, इन्साफ़, ऐब, ख़बर, शरबत और सलाह। तुर्की से–काबू, कुली, तोप, लाश, कैंची तथा बोतल। फ़ारसी से–आदमी, आबादी, खरीद, कमर, चश्मा, साबुन, हवा और हज़ार। विज्ञान का इस्लामी शब्दावली में पर्याय इल्म है। कुर्आन में 'इल्म' के साथ 'हिकमत' की शब्दावली का प्रयोग हुआ है, जिसकी विस्तृत भावभूमि में 'विज्ञान' की पाश्चात्य कल्पना समाहित हो जाती है, जिसमें **साइंस** का अर्थ

है किसी प्रकार का बौद्धिक कार्यकलाप, जो भौतिक जगत् के तात्त्विक, निष्पक्ष, प्रेक्षण एवं क्रमबद्ध परीक्षण पर आधारित हो। रसायनशास्त्र शब्दावली का अंग्रेजी पर्याय **कैमेस्ट्री** अरबी शब्दावली **कीमिया** से उद्धृत है। इस्लामी औषध-विज्ञान को इस्लामी शब्दावली में **हिकमत** (विज्ञान) कहा गया है तथा इसके प्रयोग करनेवालों को **हकीम** कहते हैं। वर्तमान में हकीम शब्द चिकित्सक के अर्थ में प्रयोग किया जाता है। इस्लामी औषध-विज्ञान भारत में साधारणतया यूनानी चिकित्सा के नाम से जाना जाता है।

भारत में मुस्लिम सल्तनतों के स्थापित होने के बाद अरबी चिकित्सा-विज्ञान ईरान के मार्ग से भारत पहुँचा। उस समय तक यह चिकित्सा-विज्ञान 'यूनानी तिब्ब' के नाम से प्रचलित हो चुका था। परन्तु अपने वास्तविक रूप में यूनानी, भारतीय, ईरानी और अरबी चिकित्सकों के प्रयत्नों का एक सम्मिश्रण था तथा अपना कार्यक्षेत्र निश्चित कर चुका था। भारत में इस पद्धति के चिकित्सकों की सर्वप्रियता इतनी बढ़ी कि हर नगर तथा छोटी-बड़ी बस्तियों में वे फैल गए। सिकन्दर लोदी के काल में (1488-1517) सिकन्दर शाही बहूद ने आयुर्वेद की एक महत्त्वपूर्ण पुस्तक *मादन-उल-शिफ़ा* के नाम से फ़ारसी में लिखी, जिसमें आयुर्वेद के विशेषज्ञों में सुश्रुत, चरक, सारंग, चिन्तामणि, नेकसेन आदि से लाभ लिया गया।

अलाउद्दीन खिलजी के शासनकाल (1296-1316) में एक उच्चकोटि के चिकित्सक सद्रउद्दीन दमिश्की की चर्चा मिलती है, जिसने इब्न-सीना (मृ. 1037 ई.) के क़ानून पर अभिभाषण प्रस्तुत किए थे। इस काल में हिन्दू वैद्यों और मुस्लिम हकीमों के बीच सहयोग एवं तादात्म्य स्थापित था। सुल्तान मुहम्मद-बिन-तुग़लक (मृ. 1351 ई.) भी इब्न-सीना के प्रति व्यक्तिगत अनुराग एवं श्रद्धा रखता था।

मुग़ल साम्राज्य भारतीय चिकित्सा-विज्ञान की दृष्टि से स्वर्णिम युग कहा जा सकता है, जिसमें मुस्लिम देशों से विशेषज्ञों एवं विद्वानों के आगमन की गति बढ़ी। बड़ी संख्या में **शिफ़ाख़ाने** (चिकित्सालय) स्थापित किए गए। चिकित्सा-विज्ञान और उपचार-पद्धति पर कई पुस्तकें अस्तित्व में आईं। इस कार्य में मुसलमानों के साथ स्थानीय हिन्दू भी सम्मिलित हुए। पुरुषों के अतिरिक्त महिलाएँ भी चिकित्सक बनीं। यूसुफ़ मुहम्मद यूसुफ़ी हरवी ने बाबर के प्रति अपने प्रसिद्ध अभिनन्दन काव्य में चिकित्साशास्त्र की अनेक महत्त्वपूर्ण शब्दावलियों का न केवल प्रयोग किया बल्कि विभिन्न रोगों के उपचार हेतु सुझाव भी प्रस्तुत किए हैं। हकीम यूसुफ़ी ने बादशाह हुमायूँ (मृ. 1556 ई.) के राजकाल में भी चिकित्सा पर कई किताबें लिखीं, जिनमें

दलायल-उल-नब्ज़, दलायल-उल-बोल, रिसाला शिनाख्तन कारूरा, रियाज-उल-अदविया आदि महत्त्वपूर्ण हैं। हुमायूँ के राजकाल का एक और नामचीन चिकित्सक मुहम्मद बेग था, जो बाबर के साथ भारत आया था। उसकी दो पुस्तकों–*दस्तूर-उल-फस्द* तथा *खवास-उल-अशिया*–प्रसिद्ध हैं। इसके अतिरिक्त मुजफ़्फ़र अलशिफाई (मृ. 1556 ई.) की दो पुस्तकें *काराबादीने-शिफ़ाई* तथा *शिफ़ा-उल-अलील* की चर्चा की जा सकती है। अकबर के समय अनेक **चिकित्सालय** स्थापित किए गए।

जहाँगीर के शासनकाल में अकबरी दरबार के समान हकीमों की मान-मर्यादा होती रही। उसने आदेश पारित किया था कि समस्त बड़े नगरों में चिकित्सालय स्थापित किए जाएँ। रोगियों के उपचार हेतु हकीम नियुक्त किए जाएँ और उससे सम्बन्धित सभी व्यय राजकोष से व्यय किए जाएँ।

शाहजहाँ के शासनकाल में हकीम ऐन-उल-मुल्क नूरउद्दीन मुहम्मद अब्दुलाह शीराजी नामचीन चिकित्सक था, जिसने *अलफ़ाजे अदबिया* शाहजहाँ के नाम समर्पित की है। शाहजहाँनी दरबार के एक महत्त्वपूर्ण चिकित्सक मीर हासिम गिलानी (मृ. 1650 ई.) अपनी उपाधि 'मसीहुज्जमाँ खानबहादुर' के आधार पर अधिक प्रसिद्ध है।

औरंगज़ेब आलमगीर के शासनकाल में भी तबीबों की सरपरस्ती होती रही। वह शिफ़ाख़ानों के लिए अफ़सर-उल-अतिब्बा की नियुक्ति स्वयं करता था। दरबारी तबीबों में मुहम्मद रजा शीराजी ने *रियाजे-आलमगीरी*, दरवेश मुहम्मद ऐमनाबादी ने *तिब्बे-औरंगज़ेबी*, मुहम्मद अकबर अरजानी (मृ. 1757 ई.) ने *तिब्ब-उल-अकबर* लिखकर औरंगज़ेब के नाम समर्पित किया। औरंगज़ेब के ज्येष्ठ पुत्र मुहम्मद आजम शाह (मृ. 1119 ई.) के मुसाहिब नव्वाब अमीर ख़ाँ ने पैंतीस वर्ष की आयु में *शिफ़ा-उल-कुलूब* लिखी। शहजादा मुहम्मद आजम शाह के लिए हकीम मुहम्मद रजीउद्दीन ने *अजायब-उल-इत्तेफ़ाक-दर-शिनाख़्तने-तिरयाक* लिखकर हलाहल (विष) का प्रतिकारक बताया और उसके प्रयोग की विधियाँ भी सुझाईं। औरंगज़ेब के अमीरों में नेअमत खान अली (मृ. 1710 ई.) अपने समय का सर्वश्रेष्ठ चिकित्सक था। एक अन्य अमीर बख़्तावर ख़ाँ भी चिकित्सकों का पोषक था। हकीम अब्दुल्लाह अकबराबादी ने उसके लिए *हमदमे-बख्त* लिखी। इसी प्रकार हकीम राज़ी ख़ाँ बहादुर ने बादशाह बहादुर शाह प्रथम (मृ. 1712 ई.) के लिए *फवायदे-मेदा-ओ-अमराजे-मेदा* लिखी। बाँस द्वारा भूमि नापने का प्रचलन अकबर के ज़माने में शुरू हुआ।

अपने अगल-बगल पर निगाह डालिए, मुस्लिम सभ्यता के क्या-क्या

लक्षण हैं, जिन पर साधारणतया निगाह भी नहीं जाती। चलिए, कुछ शब्दों के माध्यम से उनकी खोज कीजिए। देखिए क्या-क्या शब्द अरबी-फ़ारसी हैं, जो आपके जीवनचर्या में इस प्रकार घुल-मिल गए हैं कि आपको उनके विदेशी होने का एहसास नहीं होता। ये शब्द अकेले नहीं आते, अपने साथ में उन वस्तुओं को लाते हैं, जो उनसे सम्बन्धित हैं। आपके शरीर पर वस्त्रों की स्थिति, उसकी तराश-खराश, 'कमीज़' (कमीस), 'पाजामा', 'शेरवानी', 'साफा', 'दस्ताना', 'रूमाल', आदि; आपके भोजन में सम्मिलित वस्तु चावल, रोटी, सब्जी आदि के सैकड़ों प्रकार हैं, जिनसे अत्यन्त स्वादिष्ट व्यंजन बनाए जाते हैं। इन पर बहुत-सी पुस्तकें उपलब्ध हैं, जिनमें इनके बनाने की विधियाँ लिखी गई हैं। जनसाधारण भी उनमें से कुछ वस्तुओं का प्रयोग करते हैं; जैसे–चावल में 'पुलाव', 'बिरयानी', 'मुतंजन', 'मुजाफर' आदि, रोटी में 'बाकरखानी', 'शीरमाल' तथा 'आबी' अथवा 'नान' और सालन में 'कोरमा', 'कलिया', 'दो-प्याजा', 'रोगनजोश' आदि। एक अनाज से ही चावल, रोटी और सालन के अनेकानेक प्रकार आविष्कार किए गए हैं।

एक शब्द **मसाला** पर क्या कभी आपने विचार किया है? इसका शुद्ध रूप 'मसालेहा' है, जिसके अर्थ होते हैं–दोस्ती का सामान अथवा सुधार की वस्तु। बाहर से आए हुए मुसलमानों के लिए भारत के वातावरण एवं जलवायु से तादात्म्य स्थापित करने हेतु भोजन को सन्तुलित बनाने के नुस्खे मसाले के रूप में प्रचलित हुए। यह हलवाई कौन है, यह हलवा बनानेवाला है। 'हलवा' अरबी शब्द है। अपने मिष्टान्न भंडार के साथ ही यह भी बाहर से आया है। आज जिन वस्तुओं से अपने घर की साज-सज्जा करते हैं, जैसे 'कुर्सी', 'सोफा', 'मेज़', 'तख़्त', 'चौकी', 'चादर', 'तकिया', 'गिलाफ़', 'लिहाफ़', 'रजाई', 'तोशक', 'दरी', 'जाजिम', आदि और जिनसे पढ़ते-लिखते हैं, 'काग़ज़', 'कलम', 'दावात', आदि सब मुसलमानों के साथ बाहर से आए हैं।

मुग़ल दरबार में भौतिकी के प्रकांड विद्वान फत्ह-उल्लाह शीराजी (मृ. 1589 ई.) के आविष्कारों का क्षेत्र अत्यन्त विस्तृत था, जिनमें एक ऐसे स्पन्दित **दर्पण का आविष्कार** भी था, जो निकट और दूरी से समान रूप में दिखाई पड़ता था।

बारहवीं शताब्दी के दौरान 'क्षत्रिय' शब्द समाप्तप्राय था। 'राजपूत' शब्द का चलन शुरू होने से पूर्व इन्हें ठाकुर, राय, राणा और रावत के नाम से जानते थे; इस समय के कुछ संस्कृत-ग्रन्थों में 'क्षत्रिय' शब्द भी देखने में

आता है (मोहम्मद हबीब, 'उत्तरी भारत में नगरीय क्रान्ति', *मध्यकालीन भारत* (सं.) इरफ़ान हबीब, राजकमल प्रकाशन, दिल्ली, 2006 पृ. 12)। तुर्की में फ़ारस और मध्य एशिया को **अजम** कहते हैं।

उत्तर प्रदेश में अवस्थित फ़र्रुखाबाद नगर को नवाब मुहम्मदशाह बंगश ने मुग़ल-सम्राट् फ़र्रुखसियर (1712-1719) के नाम पर बसाया था। इस इलाके (जो प्राचीन काल में दक्षिण पंचाल कहलाता था) की राजधानी पहले कन्नौज थी। इस नगर के बस जाने पर राजधानी यहीं बनाई गई और कालपी के बंगश शासकों ने अपने प्रान्त का मुख्य स्थान इसी नगर को बनाया। उत्तर प्रदेश के आगरा ज़िले में अवस्थित फ़िरोजाबाद नगर को फ़ीरोज़शाह तुग़लक ने बसाया। मैसूर के ज़िला गुलबर्गा में अवस्थित फ़िरोजाबाद को फिरोजशाह बहमनी (1397-1422) ने बसाया। लखनऊ को राजधानी बनाने से पूर्व, अवध के नवाबों ने फ़ैजाबाद में ही अपने रहने के लिए महल बनवाए थे। नवाब शुजाउद्दौला और परवर्ती नवाबों के समय में यहाँ अनेक सुन्दर प्रासाद, मक़बरे और उद्यान बने, जिनमें से खुर्द महल, बहूबेगम का मक़बरा, गुलाबबाड़ी तथा दिलकुशा आज भी वर्तमान है।

मद्रास की पुरानी बस्ती का नाम चेन्नापटम् था। इसी ग्राम में 1640 ई. में अंग्रेज व्यापारी फ्रांसिस डे ने **फोर्ट सेंट जॉर्ज** की स्थापना की थी। इसी क़िले के चतुर्दिक भावी महानगरी मद्रास का कालान्तर में विकास हुआ। वक़्त की सुई को पीछे घुमा पाना असम्भव था।

पृथ्वीराज के तराइन के युद्ध में (1192 ई.) मारे जाने पर दिल्ली पर मुहम्मद गोरी का अधिकार हो गया। इस घटना के पश्चात् लगभग साढ़े छह सौ वर्षों तक दिल्ली पर मुसलमान बादशाहों का अधिकार रहा और यह नगरी अनेक साम्राज्यों की राजधानी के रूप में बसती और उजड़ती रही। मुहम्मद गोरी के पश्चात् 1236 ई. में गुलाम-वंश की राजधानी दिल्ली बनी। इसी काल में कुतुबमीनार का निर्माण हुआ। गुलामवंश के पश्चात् अलाउद्दीन ने सीरी में अपनी राजधानी बनाई। तुग़लककालीन दिल्ली वर्तमान तुग़लकाबाद में थी किन्तु फ़ीरोज़शाह तुग़लक (1351-1388 ई.) के ज़माने में इसका विस्तार दिल्ली दरवाज़े के बाहर फिरोजशाह कोटला तक हो गया। तुग़लकाबाद में मु. तुग़लक का मक़बरा है। तुग़लकों के पश्चात् लोदियों का कुछ समय तक दिल्ली पर कब्जा रहा। 1526 ई. में पानीपत के युद्ध के पश्चात् बाबर ने दिल्ली पर अधिकार कर लिया। बाबर और हुमायूँ की राजधानी दिल्ली ही रही। शेरशाह सूरी ने भी पाँच वर्ष दिल्ली में राज्य किया। अकबर तथा जहाँगीर के समय में दिल्ली का गौरव फ़तेहपुर सीकरी तथा आगरे ने कुछ

समय तक के लिए छीन लिया किन्तु शाहजहाँ ने पुनः दिल्ली में अपनी राजधानी बनाई। वही शाहजहाँबाद या चहारदीवारी के अन्दर के शहर का निर्माता था। औरंगज़ेब ने भी दिल्ली में ही अपने विशाल साम्राज्य की राजधानी कायम रखी। 1857 ई. तक मुग़लों का राज्य किसी न किसी रूप में चलता रहा।

दिल्ली की वास्तुकला का वास्तविक गौरव मुग़लकालीन है। हुमायूँ के मक़बरे को 1565 ई. में उसकी बेगम हमीदा बानू ने बनवाया था। इसमें हमीदा की क़ब्र भी है। इसके अतिरिक्त विभिन्न कालों में बनी दाराशिकोह, फ़र्रुख़ सियर तथा आलमगीर द्वितीय आदि की भी क़ब्रें यहीं स्थित हैं। कहा जाता है कि मुग़ल परिवार के तथा उससे सम्बन्धित 90 से अधिक व्यक्तियों की क़ब्रें यहाँ हैं। 1857 की राज्यक्रान्ति में अंतिम मुग़ल सम्राट बहादुरशाह को मुग़लों ने यहीं कैद किया था। यह मक़बरा मुग़ल वास्तुकला का प्रथम प्रारूपिक उदाहरण है।

लालक़िला, जो फर्ग्युसन के अनुसार शायद संसार का सर्वश्रेष्ठ राजप्रासाद है, 1639 और 1648 ई. के बीच शाहजहाँ द्वारा बनवाया गया था। दीवाने-खास में जगप्रसिद्ध मयूर सिंहासन या तख़्तेताऊस था जिसे शाहजहाँ ने, तत्कालीन यूरोपीय लेखकों के अनुसार, 20 लाख पौंड की लागत से बनवाया था। लालक़िले के ठीक सामने कुछ दूर पर, चाँदनी चौक के पास भारत की सबसे बड़ी मसजिद–जामा मसजिद है। इसे शाहजहाँ ने 1650–58 में बनवाया था। इसके तीन पट्टियोंदार केन्द्राकृति गुम्बद और दो 130 फीट ऊँची व पतली मीनारें हैं। ये विशेषताएँ मुग़लशैली की परिचायक हैं। बीच में विशाल प्रांगण है जिसके तीन ओर खुले हुए प्रकोष्ठ हैं और तीन ओर विशाल दरवाज़े जो भूमितल से काफ़ी ऊँचाई पर हैं। इन तक पहुँचने के लिए सीढ़ियों की पंक्तियाँ बनी हैं।

कहा जाता है कि विभिन्न कालों में यमुना नदी की धारा के साथ ही साथ दिल्ली की स्थिति भी बदलती रही है। प्राचीनतम दिल्ली मेहरौली के आसपास तथा पुराने क़िले के परिवर्ती प्रदेश में थी। गुलाम राजवंश की राजधानी भी लगभग इसी प्रदेश में रही। अलाउद्दीन की दिल्ली वर्तमान सीरी (तुग़लकाबाद और कुतुब के बीच) के पास और तुग़लकों की दिल्ली तुग़लकाबाद (दिल्ली–मथुरा मार्ग के निकट) में थी। शाहजहाँ ने जो दिल्ली बसाई, वही आजकल की पुरानी दिल्ली है जिसके चारों ओर परकोटा खिंचा हुआ है। चाँदनी चौक और इसके बीच बहनेवाली नहर शाहजहाँ ने ही बनवाई थी। अंग्रेजों ने पुरानी दिल्ली से कुछ दूर हटकर अपनी राजधानी नई दिल्ली

बनाई। इसके निर्माता प्रसिद्ध शिल्पी सर एडवर्ड लुट्येंस और सर हर्बर्ट बेकर थे। इस भव्य नगरी का आनुष्ठानिक उद्‌घाटन 1931 में हुआ था। दिल्ली के पास फ़ीरोज़शाह कोटला है जहाँ तुग़लक-सुलतानों ने 14वीं शती में अपनी नई राजधानी बसाई थी। यहाँ फ़ीरोज़शाह तुग़लक का मक़बरा व अशोक का स्तम्भ है।

त्रिवेन्द्रम या तिरुवांकुर (ट्रावनकोर) केरल की भूतपूर्व राजधानी थी। 18वीं शती में राजा मार्तंड वर्मा ने केरल देश की सीमाएँ विस्तृत करने के पश्चात् इस नगर में अपनी राजधानी स्थापित की थी। इस नगर के अधिष्ठात्री-देव पद्मनाभ को उन्होंने अपना राज्य समर्पण कर दिया तथा स्वयं देवता के प्रतिनिधि के रूप में राज्य करते थे। यहाँ पद्मनाभ विष्णु का विशाल मन्दिर स्थित है। उन्हें अनन्तस्वामी भी कहते हैं। जान पड़ता है कि तिरुविंदम् या त्रिवेंद्रम तिरुअनन्तपुर नाम का ही रूपान्तर है। मध्यकाल में गली के लिए सबसे प्रचलित शब्द **कूचा** था जिसे अक्सर बाज़ार शब्द के साथ जोड़कर आज भी दिल्ली में इस्तेमाल किया जाता है। बड़ी मंडियों को **चौक** कहते थे। छोटा चौकोर बाज़ार को **कटरा** कहते थे। बंगला (बेंगला) शब्द बंगाल से आया है (एस. नूरुल हसन, 'एक मध्यकालीन भारतीय नगर की संरचना', *मध्यकालीन भारत*, (सम्पा.) इरफ़ान हबीब, जिल्द 5, राजकमल प्रकाशन नई दिल्ली, 2006, पृ. 85-93)।

13वीं शती में कश्मीर मुसलमानों के प्रभाव में आया। ईरान के हजरत सैयद अली हमदान नामक सन्त ने अपने धर्म का यहाँ जोरों से प्रचार किया और धीरे-धीरे राज्यसत्ता भी मुसलमानों के हाथ में पहुँच गई। कश्मीर के मुसलमानों का राज्य 1338 ई. से 1587 ई. तक रहा और जैनुलआब्दीन के शासनकाल में कश्मीर भारत-ईरानी संस्कृति का प्रख्यात केंद्र बन गया। इस शासक को उसके उदार विचारों और संस्कृति प्रेम के कारण 'कश्मीर का अकबर' कहा जाता है। 1587 से 1739 ई. तक कश्मीर मुग़ल साम्राज्य का अभिन्न अंग बना रहा। जहाँगीर और शाहजहाँ के समय के अनेक स्मारक आज भी कश्मीर के सर्वोत्कृष्ट स्मारक माने जाते हैं। इनमें निशात बाग़, शालीमार उद्यान आदि प्रमुख हैं। 1739 से 1819 ई. तक काबुल के राजाओं ने कश्मीर पर राज्य किया। कश्मीर का प्राचीन नाम **कश्यप का पर्वत** था। कश्मीर शब्द को **कश्यपमेरु** का ही रूपांतर कहा जाता है। दूसरा मत यह भी है कि कश्मीर, कश्यप की झील का अपभ्रंश है। 1537 ई. में सरदार केम्पगोन्दा ने कर्णाटक की राजधानी बंगलौर में मिट्टी का दुर्ग बनवाया था और नगर के चारों कोनों पर चार मीनारें। इस प्राचीन दुर्ग के अवशेष अभी

तक स्थित हैं। हैदरअली ने इस मिट्टी के दुर्ग को पत्थर से पुननिर्मित करवाया (1761 ई.) और टीपू ने कई महत्त्वपूर्ण परिवर्तन किए। यह क़िला आज मैसूर राज्य में मुसलमानी शासनकाल का अच्छा उदाहरण है। क़िले से 7 मील दूर हैदरअली का लालबाग स्थित है।

शाहजहाँ के ज़माने में भी इमारतें बनीं, किन्तु लखनऊ की वास्तविक उन्नति तो नवाबी काल में ही हुईं। मुहम्मदशाह के समय में दिल्ली का मुग़ल साम्राज्य छिन्न-भिन्न होने लगा था। 1720 ई. में अवध के सूबेदार **सआदत ख़ाँ** ने लखनऊ में स्वतंत्र सल्तनत कायम कर ली और लखनऊ के शिया सम्प्रदाय के नवाबों की प्रख्यात परम्परा का आरम्भ किया। उसके पश्चात् लखनऊ में सफ़दरजंग, शुजाउद्दौला, आसफुद्दौला (1775-1797 ई.) के समय में राजधानी फ़ैजाबाद से लखनऊ लाई गई (1775 ई.)। आसफुद्दौला ने लखनऊ में बड़ा इमामबाड़ा, विशाल रूमी दरवाज़ा और आसफ़ी मसजिद नामक इमारतें बनवाईं–इनमें अधिकांश इमारतें अकाल पीड़ितों को मज़दूरी देने के लिए बनवाई गई थीं। आसफुद्दौला को लखनऊ निवासी 'जिसे न दे मौला, उसे दे आसफुद्दौला' कहकर आज भी याद करते हैं। आसफुद्दौला के ज़माने में ही अन्य कई प्रसिद्ध भवन, बाज़ार तथा दरवाज़े बने थे जिनमें प्रमुख ये हैं–दौलतख़ाना, रेजीडेंसी, बिबियापुर कोठी, चौक बाज़ार आदि। आसफुद्दौला के उत्तराधिकारी सआदत अली ख़ाँ (1798-1814 ई.) के शासनकाल में दिलकुशामहल, बेली गारद दरवाज़ा और लाल बारादरी का निर्माण हुआ। गाजीउद्दीन हैदर (1814-1827 ई.) ने मोती महल, मुबारक मंजिल, सआदतअली और खुर्शीदजादी के मक़बरे आदि बनवाए। नसीरुद्दीन हैदर के ज़माने में प्रसिद्ध छतर मंजिल और शाहनजफ आदि बने। मुहम्मद अलीशाह (1837-1842 ई.) ने हुसैनाबाद का इमामबाड़ा, बड़ी जामा मसजिद और हुसैनाबाद की बारादरी बनवाई। वाजिदअलीशाह ने लखनऊ के विशाल एवं भव्य कैसरबाग का निर्माण कराया। यह कलाप्रिय एवं विलासी नवाब यहाँ कई-कई दिन चलनेवाले अपने संगीत नाटकों का, जिनमें 'इन्द्रसभा' नाटक प्रमुख था–अभिनय करवाया करता था। **1856 ई. में अंग्रेजों ने वाजिद अलीशाह को गद्दी से उतारकर अवध की रियासत की समाप्ति कर दी।** महाराष्ट्र में अवस्थित औरंगाबाद नगर की स्थापना 1610 ई. में मलिक अम्बर नामक मंत्री ने की थी। औरंगज़ेब की बेगम रबिया दुर्रानी का मक़बरा या बीबी का मक़बरा ताजमहल की असफल अनुकृति है।

सितार मुस्लिम संगीतज्ञों की देन है। **तबला** भी मुस्लिम संगीतकारों

का आविष्कार है। इसका प्रारम्भ पंजाब से हुआ, जिसने शीघ्र ही मृदंग का स्थान ग्रहण किया। मृदंग के प्रभाव में आज भी पंजाब में बायें हाथ पर बजाने का प्रचलन है। तबला पर पखावज के प्रभाव भी हैं, जो उसके बोल, बन्दिश आदि से स्पष्ट है। वर्तमान काल में तबला अत्यन्त प्रिय वाद्यों में माना जाता है।

भारतीय संगीतज्ञों का सिरमौर तानसेन (मृ. 1587 ई.) अकबरी दरबार के नवरत्नों में थे। अबुल फ़ज़ल का कथन है कि उसके समान उसका समकक्ष संगीतज्ञ एक हज़ार वर्षों में भी पैदा नहीं हुआ। मुहम्मद अकबर अरजानी, जिसने तानसेन के *बुद्धप्रकाश* का फ़ारसी अनुवाद *तशरीह-उल-मूसीकी* किया, जब मियाँ तानसेन का नाम लेता है, तो विभिन्न अलंकारों एवं उपाधियों के बाद ही। तानसेन ग्वालियरवासी हिन्दू थे, बाद में धर्म-परिवर्तन करके मुसलमान हो गए थे। पहले रामचन्द्र बाघेला से सम्बद्ध थे। वह उनको अति सम्मान देता था। एक दिन एक गायन पर एक करोड़ का पुरस्कार दिया। अकबर को तानसेन के विषय में संज्ञान हुआ। अपने राज्याभिषेक के सातवें वर्ष (1563 ई.) में राजा से तानसेन माँगा, वह नकार न सका। अकबर ने तानसेन का गायन सुना, तो पहले ही दिन दो करोड़ रुपये पुरस्कारस्वरूप प्रदान किए। फिर विभिन्न आयोजनों में दान-पुरस्कार के द्वार खोल दिए। तानसेन सभी कला-प्रेमियों के लिए आदर्श हो गए। 'मियाँ की तोड़ी' तथा 'मियाँ का सारंग' अकबरी दरबार को मियाँ तानसेन की विशेष भेंट रही। अकबरी दरबार में ही तानसेन अतिसम्मान से स्मरण किए जाने के कारण **मियाँ तानसेन** हो गए। तानसेन ने स्वयं अपने काँगड़ा को 'दरबारी-काँगड़ा' का नाम दिया था। इसने मल्हार एवं काँगड़ा, काँगड़ा एवं कल्यान, असावरी तथा गन्धार को परस्पर एक-दूसरे में समाविष्ट करके नए राग प्रतिपादित किए। अकबरी दरबार में **राग मल्हार** विशेष रूप में प्रचलित था।

सुलेखन-कला को सर्वसाधारण के ग्राह्य हेतु दो प्रकारों में विभाजित किया जा सकता है-'खत्ताती' तथा 'किताबत'। **खत्ताती** अरबी शब्द 'खत' से उद्धृत है। खत लेखन का पर्याय है। खत्ताती सुलेख का कलात्मक पक्ष है तथा **किताबत** साधारण रूप में सुलेख के प्रयोग को कह सकते हैं। किताबत लेखन को कहते हैं। दिन-प्रतिदिन प्रकाशन हेतु आवश्यकता होती थी कि किसी सुन्दर लिखनेवाले से कोई भी सामग्री लिखवाई जा सके, ताकि उसे प्रकाशित किया जा सके। अतः व्यावसायिक रूप में 'कातिब' (सुन्दर लिखनेवाले) अस्तित्व में आए। किताबत सुलेख का व्यापारिक एवं व्यावहारिक

रूप है। पुस्तकों के प्रकाशन, पत्र-पत्रिकाओं आदि की दैनिक आवश्यकता की पूर्ति किताबत के माध्यम से हुई। कोई सुलेख व्यक्ति सुन्दर अक्षरों में किताबत कर देता है, जिससे प्रकाशन सम्भव हो सकता है। इसमें सन्देह नहीं कि यदा-कदा ही सही, किताबत में भी खत्ताती के उत्कृष्ट नमूने प्रस्तुत हो जाते हैं, परन्तु किताबत के लिए आवश्यक नहीं कि खत्ताती का उत्कृष्ट उदाहरण ही प्रस्तुत करे।

इन्हीं सब तथ्यों के दायरे में प्रस्तुत पुस्तक तैयार की गई है। 30 अध्यायों वाली इस पुस्तक में खास के विपरीत आम के कारनामों एवं योगदानों पर गम्भीर रोशनी डालने का प्रयास किया गया है। व्हेनसांग के विवरण को सबसे पहले पेश किया गया है ताकि मध्यकाल की सामन्तवादी पृष्ठभूमि को समझा जा सके; यह भी जाना जा सके कि पूरा भारत स्थानीय राजाओं से भरा पड़ा था, जिनमें न तो एकता थी, न तो सम्पूर्ण भारत की मिट्टी से उन्हें प्यार था और न तो विज्ञान के प्रति विशेष लगाव। चीनी बौद्धयात्री व्हेनसांग के विवरण में विखंडित भारत का विस्तृत वर्णन है। मध्यकाल किस तरह ज्योतिष विद्या के रहस्यमय जाल में फँसा रहा, इसे स्पष्ट करने का प्रयास दूसरे अध्याय में किया गया है। लल्ल, वाग्भट, ब्रह्मगुप्त, महावीराचार्य, वतेश्वर, मंजुल, आर्यभट द्वितीय, श्रीधर, गोविन्दपाद, श्रीपति, चक्रपाणि दत्त जैसे ग़ैरमुस्लिम मध्यकालीन वैज्ञानिकों के योगदानों को महत्त्वपूर्ण स्थान देने का प्रयास किया गया है। अलबरूनी के वैज्ञानिक योगदान के बाद शतानन्द, भास्कराचार्य द्वितीय, सोमदेव, बरनी, जयसिंह द्वितीय, भावमिश्र, अबुल फ़ैज़ एवं अबुल फ़ज़ल के कार्यों से परिचित कराने का प्रयास किया गया है।

स्थानान्तरण की प्रक्रिया में विज्ञान तलाशने का प्रयास 23वें एवं 24वें अध्याय और मध्यकालीन विज्ञान पर विस्तृत चर्चा 25वें अध्याय में की गई है। धातु तकनीक, रजत तकनीक और स्वर्ण तकनीक का अध्ययन 26, 27 एवं 28वें अध्याय में किया गया है। 29वें अध्याय में कागज़ का वैज्ञानिक रूप में और अंतिम (30वाँ) अध्याय में तकनीक और समाज का परीक्षण किया गया है।

इतिहास को विज्ञान के चश्मे से देखने पर कई पुराने तथ्यों के समक्ष प्रश्नचिह्न खड़े हो जाते हैं। इस पुस्तक को तैयार करने में दीया, ऋषि, ऋचा, सन्दीप, ब्यूटी, प्रदीप कुमार, अनु, राजकुमार और स्नातकोत्तर इतिहास विभाग के छात्रों का जो सहयोग मिला, उसके लिए वे धन्यवाद के पात्र हैं।

इस पुस्तक को तैयार करने में मुझे जो सफलता मिली, उसका श्रेय मैं मदन बाबू (अलंकार, पटना) को देता हूँ। मदन बाबू के पिताजी बैजनाथ

बाबू 1965 और 1975 ई. के बीच अपने कठिन परिश्रम और बुद्धि तथा कुशल सोच के बल पर काफ़ी धन अर्जित कर पटना के प्रमुख व्यक्तियों में से एक हो गए। उनके तीसरे पुत्र मदन बाबू अपनी कॉलेज शिक्षा बनारस से पूरी करने के बाद अपने चाचा के साथ कारोबार करने लगे। सिवान (बिहार) के अति प्रतिष्ठित और धनाढ्य व्यक्ति श्रीलाल बाबू की सबसे बड़ी पुत्री का विवाह वर्ष 1973 में मदन बाबू के साथ हुआ। मेरे पिताजी लाल बाबू के यहाँ गहना बनाने, चाय-पान लाने का काम करते थे। जब मैं पटना उच्चाध्ययन के लिए आया तो लाल बाबू मेरे छात्रावास में आने-जाने लगे। मुझे साथ लेकर वे प्रायः अलंकार, पटना में मदन बाबू से मुन्नी का विवाह करने के उद्देश्य से जाया करते थे। मदन बाबू मुझे पहचान गए। 1974 में एम. ए. पास करने के बाद मैंने डॉ. आर. एन. नन्दी के निदेशन में शोधकार्य करना प्रारम्भ किया किन्तु मेरी आर्थिक दशा इतनी जर्जर थी कि हथुआ छात्रावास में नामांकन के लिए फीस नहीं थी। तत्कालीन छात्रावास अधीक्षक देवी प्रसाद ने 1975 के दिसम्बर माह में नामांकन की अंतिम तिथि दी। नामांकन के लिए 780 रुपये की आवश्यकता थी और मेरे पास मात्र सौ रुपये थे। 1975 में मेरे पिताजी कैंसर से पीड़ित हो गए और घर में इलाज तक का पैसा नहीं था।

अपनी व्यथा कहूँ तो किससे? खैर, साढ़े आठ बजे रात्रि में मदन बाबू के आवास पर साइकिल से गया और छात्रावास में नामांकन के लिए सात सौ रुपये की सहायता मैंने मदन बाबू से माँगी। उस समय मदन बाबू की दशा अच्छी नहीं थी। वे अपने चाचा स्वर्गीय जगन्नाथ बाबू की दुकान पर काम करते थे; फिर भी उन्होंने सात सौ रुपये देकर मेरी मदद की और तब जाकर मैं हथुआ छात्रावास में नामांकन करा सका। ईश्वर के ख़जाने में खुशी का भंडार था किन्तु मेरे लिए नहीं। समस्याओं से भरी लम्बी दूरी तय करना अभी भी शेष था।

मदन बाबू प्रारम्भ से ही एक नेकदिल इनसान रहे। मुझे पटना में रहकर अगर रिसर्च करना था तो यहाँ पैसे के अभाव में रहना सम्भव नहीं और पिताजी की आर्थिक दशा इतनी दयनीय कि मुझे पटना छोड़ घर लौटने की नौबत आ पहुँची। आर्थिक सहायता के सारे द्वार बन्द; ज़िन्दगी में भयंकर ठहराव आ गया। अचानक आशा की नई किरण दिखाई दी। विश्वविद्यालय के एक कर्मचारी स्व. कपिलदेव चौधरी ने मुझे सुझाया कि 'हथुआराज रिसर्च फैलो' के लिए हथुआराज के राजा से मिलूँ। मैं होश में नहीं था। अचानक मैं मदन बाबू से मिला और हथुआराज रिसर्च फैलोशिप के सम्बन्ध

में बात की। भदन बाबू ने ऐसी व्यवस्था की कि मुझे राजा से मिलने का अवसर मिल गया और उनके कारण मुझे जो शोधराशि मिली, उसके कारण पटना छोड़ते-छोड़ते नहीं छोड़ सका। इस बहुमूल्य एहसान के बदले में मदन बाबू के लिए कुछ कर तो नहीं सकता, किन्तु मैं उनके प्रति श्रद्धा व्यक्त करने के उद्‌देश्य से यह पुस्तक उन्हें भेंट करता हूँ। अपने प्रतिष्ठित परिवार की मान-प्रतिष्ठा को और अधिक प्रतिष्ठित करने में उनकी भूमिका काफ़ी महत्त्वपूर्ण रही है।

–ओम् प्रकाश प्रसाद

अनुक्रम

अध्याय-1

व्हेनसांग

पृष्ठभूमि

गुप्तकाल के दौरान सुविधाभोगियों द्वारा देवी-देवताओं को आकाश से ज़मीन पर लाया गया और इसी के साथ देश की सामाजिक एवं आर्थिक दशा जर्जर होने लगी। वैदिककाल में सुविधाभोगियों के आय का महत्त्वपूर्ण स्रोत यज्ञ था। गुप्तकाल से इनकी आय के महत्त्वपूर्ण साधन मन्दिर, फलित ज्योतिष और तंत्र-मंत्र हो गए। पूरे देश में सैकड़ों प्रकार की देवी-देवताओं में भगवान और ईश्वर की तलाश की जाने लगी। कितने भक्तों को ईश्वर का दर्शन देवी-देवताओं के मन्दिरों में हुआ, इसका पता नहीं चल पाता किन्तु इतना स्पष्ट है कि जब से ये देवी-देवता मन्दिरों में स्थापित किए गए, उसी समय से भारत की निर्धनता, राजनीतिक विखंडन, रोज़ी-रोटी की तलाश में व्यापक स्थानान्तरण, नगरों का पतन, स्थानीय भाषाओं में वृद्धि, जातियों की संख्या बढ़ते जाना, पेशा में भारी बदलाव, नवीन धार्मिक व्याख्याएँ, वैष्णव-शैव-शाक्त, बौद्ध-जैन और तंत्र-मंत्र के अनुयायियों के बीच भयंकर तनाव बने रहे। इन तथ्यों के गवाह हैं पूर्व-मध्यकालीन अभिलेख और देशी-विदेशी साहित्य।

चीन से यात्रियों का भारत में आगमन कब से शुरू हुआ, यह बताना मुश्किल है किन्तु फाहियान गुप्तकाल में भारत आया। तत्कालीन भारतीय धर्म, कमजोर प्रशासन और जर्जर समाज पर उसने प्रकाश डाला। इसके बाद हर्ष के ज़माने में व्हेनसांग 630 ई. में भारत आया। उसके यात्रा-विवरण पर ए.डी. वाटर्स ने *ऑन वांगच्वांग्स ट्रावेल इन इंडिया* नामक पुस्तक लिखी जो 1904 में लन्दन से प्रकाशित हुई। इस चीनी यात्री से सम्बद्ध *बुद्धिस्ट रेकर्ड्स ऑफ दी वेस्टर्न वर्ल्ड* नामक पुस्तक सीयूकी ने लिखी जो 1883 ई. में लन्दन से छपी। 643 ई. में चीनी राजदूत लीउ-त्याओ और उसके साथ वैउग हवान शे हर्ष के दरबार में आए थे किन्तु इनके विवरण उपलब्ध नहीं हैं। 695 ई. में इत्सिंग भारत पहुँचा और उसके विवरण उपलब्ध हैं।

व्हेनसांग

व्हेनसांग चार भाइयों में सबसे छोटा था। उसका जन्म चेनल्यू (Chenliu) में हुआ था। इस स्थान का आधुनिक नाम केइफेंग (Keifeng) है जो होनान प्रान्त में अवस्थित है। उसका घरेलू नाम चेन (Chen) था। बचपन से ही अपने पिता के कारण व्हेनसांग कंफ्यूसियस की जीवनी एवं उपदेशों से प्रभावित था। सैमुअल बील ने अपनी पुस्तक *Buddhist Records of the Western World* (दिल्ली, 1981) में बताया है कि व्हेनसांग का जन्म करीब 600 ई. में एक शिक्षित धनी परिवार में हुआ था। 26 वर्ष की अवस्था में वह चीन से चला और लगभग 630 में भारत पहुँचा। प्रत्यक्ष एवं अप्रत्यक्ष रूप से उसने भारत के कई भागों को देखा-सुना। चीन के राजकीय संरक्षण में उसने अपनी यात्रा का विवरण लिखा। लिखने का काम उसने 646 ई. में प्रारम्भ किया और 648 ई. में पूर्ण किया। उसका देहावसान करीब 664 ई. में हुआ।

अपने *यात्रा-विवरण* में व्हेनसांग ने करीब सौ छोटे-बड़े स्थानों के बारे में लिखा है। अधिकांश स्थानों को उसने जर्जर एवं उजड़ा हुआ बताया है। उसके विचार की पुष्टि समकालीन ग्रन्थ *बृहत्संहिता* (वराहमिहिर) से होती है। पुरातात्त्विक एवं अभिलेखीय स्रोतों के आधार पर इतिहासकार रामशरण शर्मा ने अपनी पुस्तक *भारत के प्राचीन नगरों का पतन*, (नई दिल्ली, 1995) में इस चीनी यात्री एवं वराहमिहिर द्वारा लिखित *बृहत्संहिता* की पुष्टि की है। व्हेनसांग के *यात्रा-विवरण* से पता चलता है कि सातवीं शताब्दी में भारत के अधिकांश शहर धार्मिक स्थल अथवा प्रशासनिक केन्द्र रहे। मौर्य-कुषाण-सातवाहनकालीन व्यापारिक केन्द्रों का पूर्णतः अभाव रहा। कालिदास की गुप्तकालीन रचनाएँ भी इसी तथ्य की पुष्टि करती हैं। वैसे कई प्रशासनिक केन्द्रों की जानकारी होती जहाँ का शासक दूसरे शक्तिशाली राजा के नियंत्रण में शासन करता था।

हिन्दुकुश पर्वत से काबुल नदी (अफ़गानिस्तान तक के प्रदेश को प्राचीनकाल में कपिशा कहते थे।) व्हेनसांग के समय इस बड़े राज्य में दस छोटे-छोटे सामन्ती राज्य थे जिनमें गान्धार भी सम्मिलित था। ये सभी बर्बाद हो चुके थे और कपिशा में मात्र 100 के लगभग परिवार रहते थे। गांधार राज्य के गाँव और शहर उजड़ चुके थे। इस राज्य के एक कोने में मात्र हज़ार परिवार बसे थे। कुषाणों की राजधानी पुष्कलावती व्हेनसांग के समय जर्जर और यहाँ कोई राजा नहीं था। उसके समय में तक्षशिला अपना पूर्व गौरव खो चुका था; यहाँ के संघाराम उजाड़ दशा में थे। व्हेनसांग ने कश्मीर का नाम कश्यपुर बताया है जहाँ निर्धन लोग बाहर के प्रदेशों से यहाँ खरीदकर लाए जाते और वे बौद्ध संन्यासियों की सेवा करते थे। वहाँ के बौद्ध भिक्षु जादू-टोना के सहारे अपनी जीविका चलाते थे। मथुरा राज्य की राजधानी मथुरा का शुंग और

कुषाणकालीन महत्त्व समाप्त हो चुका था; संघाराम बर्बाद हो चुके थे। थानेश्वर धर्मक्षेत्र के नाम से प्रसिद्ध था और यहाँ के धनी लोग व्यभिचारी थे। इस पर अधिकार करने के लिए थानेश्वर नरेश और दक्षिण भारत के राजा के साथ सदा युद्ध होते रहते थे। यहाँ का राजा काफ़ी अन्धविश्वासी था। गढ़वाल और कुमायूँ को मिलाकर ब्रह्मपुर राज्य था। यहाँ के पुरुषों का काम युद्ध करना और कृषि करना था। इस प्रदेश की स्वामिनी एक स्त्री थी और यह 'स्त्रियों का राज्य' कहा जाता था, क्योंकि राजा वही करता जो राजपरिवार की स्त्रियाँ कहती थीं।

राजधानी नगर कान्यकुब्ज का पुराना नाम व्हेनसांग ने कुसुमपुर बताया है। यहाँ का राजा ब्रह्मदत्त विद्वान और युद्धकला में निपुण था। यहाँ के ऋषि डरा-धमकाकर अपनी इच्छानुसार कन्याओं से विवाह कर लेते थे। यहाँ का राजा हर्षवर्द्धन था जो राजगद्दी की सुरक्षा के लिए पुत्री तक को तुच्छ समझता था। विवाह में दान की प्रथा थी। हर्षवर्द्धन के राज्य का प्रबन्ध कर्मचारियों की एक प्रबन्ध समिति करती थी। हर्षवर्द्धन ने अपना उपनाम **शिलादित्य** रख लिया था। हर्षवर्द्धन की सेना में 5 हज़ार हाथी, 20 हज़ार घुड़सवार और 50 हज़ार पैदल सेना थी। उसने समस्त भारत को जीत लिया और अब उसकी सेना में 60 हज़ार हाथी, एक लाख घुड़सवार और पैदल सेना हो गई। हर्षवर्द्धन की प्रशंसा में उसने लिखा कि मांस भक्षण करनेवाले को मृत्युदंड का प्रावधान था। प्रत्येक पाँचवें वर्ष हर्षवर्द्धन एक बड़ा मेला आयोजित करता और अपना सम्पूर्ण ख़जाना दान कर देता था। बौद्धधर्म का वह बहुत बड़ा अनुयायी था। चूँकि हर्षवर्द्धन बौद्धधर्म का अनुयायी था, इसलिए व्हेनसांग ने एक दरबारी कवि के समान हर्षवर्द्धन के पक्ष में बढ़ा-चढ़ाकर लिखा है। हर्षवर्द्धन के सम्बन्ध में कई स्थानों पर उसने विरोधाभास विचार भी प्रस्तुत किया है।

अयोध्या राज्य में उसने 100 संघाराम की चर्चा की है जहाँ हीनयान और महायान के 3 हज़ार अनुयायी रहते थे, वहाँ दस मन्दिर थे। प्रयाग में 2 संघाराम और अनेक मन्दिर थे। प्रयाग के एक बुद्धिमान ब्राह्मण की व्हेनसांग ने काफ़ी प्रशंसा की है। प्रयाग के पूर्व में अवस्थित नदियों के संगम पर आकर हर्षवर्द्धन अपनी पाँच वर्ष की इकट्ठी हुई सम्पत्ति को एक दिन में दान कर दिया करता था। वह अपना मुकुट और रत्नों की माला भी दान कर देता था। इसके बाद भिन्न-भिन्न देशों के नरेश हर्षवर्द्धन को इतनी भेंट देते कि उसका राजकोष पुनः धन से भर जाता था। कौशाम्बी में दस संघाराम भी उजाड़ अवस्था में थे। मन्दिरों की संख्या 5 थी। व्हेनसांग के समय श्रावस्ती उजाड़ और जनशून्य हो रही थी। ई.पू. छठी शताब्दी में श्रावस्ती का राजा प्रसेनजित था। अंगुलिमाल ने यहीं बौद्धधर्म को स्वीकार किया था। व्हेनसांग पुनः लिखता है कि अंगुलिमाल

किसी व्यक्ति का नाम नहीं बल्कि एक जाति का नाम था। इस जाति का काम सब प्रकार के प्राणियों की हिंसा करना था। अंगुलिमाल उन्हीं में से एक था जिसे गौतम बुद्ध ने उपदेश देकर बौद्ध बनाया था। श्रावस्ती में बुद्ध को कई समस्याओं से सफलतापूर्वक मुकाबला करना पड़ा था।

राजधानी कपिलवस्तु व्हेनसांग के समय बर्बाद हो चुकी थी। एक-दो मुहल्ले आबाद थे। इस उजड़े शहर में दो मन्दिर थे। कुशीनगर और इसके आसपास के गाँव बर्बाद हो चुके थे। यहाँ के लोगों ने व्हेनसांग को बताया कि बुद्ध का देहावसान 80 वर्ष की अवस्था में हुआ था। वाराणसी राज्य में 30 संघाराम थे जिनमें 3 हज़ार हीनयानी रहते थे। वहाँ करीब 100 मन्दिर थे जिनमें करीब 10 हज़ार ब्राह्मण रहते थे। नगर के पूर्वोत्तर में वरुणा नदी के पश्चिमी तट पर अशोक का बनवाया हुआ 100 फीट ऊँचा एक स्तूप था। वहाँ काफ़ी मात्रा में मृग रहते थे। बनारस से 50 मील पूर्व गंगा नदी के किनारे गाजीपुर था जिसका प्राचीन नाम गाजोपुर था। यह एक धार्मिक एवं शिक्षा केन्द्र था।

वैशाली की चर्चा करते हुए व्हेनसांग लिखता है कि वहाँ आम, केला आदि फल काफ़ी पैदा होते थे और सैकड़ों संघाराम थे जो खँडहर बन चुके थे। बौद्ध भिक्षु नहीं के बराबर थे। अब कई धार्मिक मतों के लोग वहाँ रहते थे। लिच्छवि लोग जिस स्थान पर बुद्ध से अलग हुए थे उसी स्थान पर एक स्तूप की चर्चा व्हेनसांग ने की है। वैशाली के आसपास अवस्थित बस्तियों की जर्जरता पर भी उसने प्रकाश डाला है। वज्जी का दूसरा नाम संवज्जी भी था। यहाँ आठ जातियों के लोग रहते थे। यहाँ की मिट्टी उर्वर थी। यहाँ की राजधानी गाँव में बदल चुकी थी। नेपाल में बौद्ध धर्म के विरोधियों की उसने संख्या काफ़ी बताई है।

मगध राज्य में अवस्थित कुसुमपुर में कृषिदशा की प्रशंसा करते हुए व्हेनसांग बताता है कि यह नगर बहुत दिनों से उजाड़ पड़ा हुआ था। कुसुमपुर के राजमहल में फूलों की अधिकता के कारण यह नगर कुसुमपुर के नाम से जाना जाता था। कुसुमपुर के पास ही बाद में चलकर पाटलिपुत्र बसाया गया। जिस समय पाटलिपुत्र नगर बना, कुसुमपुर का गौरव समाप्त होने लगा। कुसुमपुर वालों ने पाटलिपुत्र नगर बसाया। पाटलिपुत्र के नामकरण पर व्हेनसांग ने प्रकाश डाला है। पाटल के पेड़ अधिक पाए जाने के कारण यह नगर पाटलिपुत्र कहलाया। व्हेनसांग बताता है कि सम्राट अशोक ने पाटलिपुत्र को राजधानी बनाया किन्तु अन्य स्रोतों से यह बात प्रमाणित नहीं होती है। व्हेनसांग के समय पाटलिपुत्र का अवशेष वर्तमान और कुसुमपुर एक कस्बा था। पाटलिपुत्र पर विस्तृत प्रकाश डाला गया है। गया के सम्बन्ध में इस यात्री ने बताया कि यह नीरंजना नदी के किनारे बसा था। यह पटना से 70 मील दूर

था। वहाँ हज़ार ब्राह्मण परिवार रहते थे। यहाँ के बोधिवृक्ष और अशोक द्वारा निर्मित स्तूप का वर्णन उसने किया है। राजगृह को उसने मगध की प्राचीन राजधानी बताया है। राजगृह ऊँची पहाड़ियों से घिरी थी। जीवक, बुद्ध और यहाँ की इमारतों पर प्रकाश डाला गया है। वह लिखता है–राजगृह को अजातशत्रु ने अपनी राजधानी बनाई; अशोक के समय तक यह राजधानी बना रहा। इस नगर को अशोक ने ब्राह्मणों को दान दे दिया और पाटलिपुत्र को अपनी राजधानी बनाई। व्हेनसांग के इस विवरण को विद्वानों ने अस्वीकार किया है।

नालन्दा पर उसने विस्तृत प्रकाश डाला है। नालन्द नामक व्यक्ति के नाम पर इस स्थान का नाम नालन्दा पड़ा। गौतमबुद्ध यहाँ तीन मास ठहरे थे। यह शिक्षा का प्रसिद्ध केन्द्र था। व्हेनसांग के समय चम्पा की दशा जर्जर हो चुकी थी। यहाँ से सटे निर्जन वन में हिंसक पशु और जंगली हाथी झुंड के झुंड घूमा करते थे। कजिंघर (बंगाल में) का राजवंश व्हेनसांग से पहले ही नष्ट हो चुका था। पुंडवर्द्धन (उत्तरी बंगाल) की कृषि व्यवस्था की व्हेनसांग ने प्रशंसा की है। यहाँ मन्दिर, स्तूप और संघाराम थे। कामरूप नारियल के लिए प्रसिद्ध था। यहाँ के लोगों का बौद्धधर्म में विश्वास नहीं था। यहाँ देवताओं की पूजा और यज्ञ होते रहते थे। ताम्रलिप्ति कृषि-प्रधान क्षेत्र था। यहाँ बहुमूल्य रत्न इकट्ठे किए जाते थे। दस संघाराम और करीब 50 मन्दिर यहाँ थे। यहाँ के निवासी, चुस्त, चालाक, साहसी और कठोर होते थे। कर्णसुवर्ण एक धनी बस्ती थी। यहाँ मन्दिर और संघाराम काफ़ी थे।

व्हेनसांग ने कलिंग की यात्रा की थी। यहाँ हाथी महँगे बिकते थे। यहाँ थोड़े-से लोग निवास करते थे। कोसल चट्टानों एवं जंगलों से घिरा था। भूमि उपजाऊ थी। नागार्जुन यहीं रहते थे। व्हेनत्सांग के समय ब्राह्मणों द्वारा यहाँ के संघाराम नष्ट किए जा चुके थे। चोल राज्य को उसने वीरान और जंगली देश बताया है। बौद्धधर्म यहाँ बर्बाद हो चुका था। यहाँ ब्राह्मण और जैनी रहते थे। द्रविड़ की राजधानी काँचीपुर फल, फूल और बहुमूल्य रत्नों के लिए प्रसिद्ध थी। यहाँ के लोग विद्याप्रेमी और काफ़ी संख्या में बौद्ध थे। ब्राह्मणों एवं जैनियों की संख्या भी काफ़ी थी। कांचीपुर के दक्षिण में अवस्थित मालकूट नमक के लिए प्रसिद्ध था। यहाँ की जलवायु गर्म और लोग काले रंग के थे। यहाँ व्यापारिक गतिविधियाँ थीं। बौद्धधर्म की दशा जर्जर थी। यहाँ सैकड़ों मन्दिर थे। श्वेत चन्दन की बहुतायत थी। यहाँ वैसे वृक्ष थे जिनसे कर्पूर निकाला जाता था।

सिंहल का वास्तविक नाम रत्नद्वीप था जहाँ कीमती रत्न पाए जाते थे। रत्नों की खोज में व्यापारी रत्नद्वीप जाते थे। यहाँ की जनसंख्या अधिक और निवासी अमीर थे। इसे 'शोक-रहित राज्य' भी कहा जाता था। यहाँ के राजा का नाम

सिंहल था। इस राज्य के दक्षिण-पूर्व के कोने में अवस्थित पहाड़ का नाम लंका था। कोंकण में सभी धर्मों के लोग रहते थे। यहाँ ताड़ वृक्षों के पेड़ थे जिनके लम्बे-चौड़े और चमकीले पत्ते सारे भारत में लिखने के काम आते थे। महाराष्ट्र की भूमि उपजाऊ थी। अपने उपकारी के प्रति जिस प्रकार ये लोग कृतज्ञता प्रकट करना जानते थे, उसी प्रकार शत्रु को पीड़ित करना भी खूब जानते थे। हाथी खूब पाए जाते थे। वहाँ के राजा का नाम पुलकेशी था। वह सभी धर्मों का प्रश्रयदाता था।

भरुकच्छ में नमक काफ़ी होता था। मालवा के लोग पूरी और सत्तू ज़्यादातर खाते थे। इनकी भाषा मनोहर और सुस्पष्ट थी। अपनी विद्वत्ता के लिए यह प्रसिद्ध था। कच्छ का शासक मालवा के शासक के अधीन था। वलभी में सैकड़ों परिवार करोड़पति थे। यह एक प्रसिद्ध व्यापारिक केन्द्र था। गुजरात प्रान्त में अवस्थित सुराष्ट्र के पूर्व दिशा में माही नदी बहती थी। यहाँ की आबादी घनी और कुछ लोग काफ़ी दौलतमन्द थे। यह शहर वलभी पर आधारित था। ज़्यादातर लोग आलसी स्वभाव के थे। करीब तीन हज़ार महायानी और देवमन्दिरों की संख्या करीब सौ थी। यह पश्चिमी समुद्र तट पर अवस्थित था, अतः लोगों की जीविका समुद्र से चलती थी। लोग वाणिज्य-व्यापार में लगे रहते थे। उज्जयिनी का स्वभाव सुराष्ट्र जैसा था। यहाँ बौद्धों की दशा खराब थी। ह्वेनसांग ने काशगर की ज़मीन रेगिस्तानी और पथरीली बताया है।

ह्वेनत्सांग ने इस तरह 113 स्थानों की चर्चा की है, जिनमें से 10 ग्रामीण प्रधानता वाले, 80 धार्मिक केन्द्र और शेष उजाड़ प्रदेश थे। अपवादस्वरूप कुछ स्थानों की आर्थिक गतिविधियों पर उसने चर्चा की है। भारत की तत्कालीन सामाजिक दशा पर प्रकाश डालते हुए ह्वेनसांग लिखता है कि भारतीय समाज जातियों एवं वर्गों में विभाजित था। ब्राह्मण अपनी पवित्रता एवं कुलीनता के कारण विशेष प्रतिष्ठित थे। अपनी रक्षा वे धर्म के बल से करते थे। राज्याधिकार क्षत्रिय जाति के लिए नियत थे। समय-समय पर छीना-झपटी करके और खून बहाकर उन्होंने अपने को बलशाली बना लिया था। वे भाला, ढाल, धनुष, तीर, तलवार, खंजर, फरसा, बल्लम, गंड़ासा, लम्बी बर्छी आदि शस्त्रों का प्रयोग करते थे।

ह्वेनसांग ने आदर-सत्कार और आवभगत करने के नौ तरीके बताए हैं : (1) उत्तम शब्दों में प्रार्थना करना (2) मस्तक झुकाना (3) हाथ उठाकर सिर झुकाना (4) हाथ जोड़कर वन्दना करना (5) घुटनों के बल झुकना (6) दंडवत् करना (7) हाथों और घुटनों द्वारा दंडवत् करना (8) पंचपरिक्रमा करके भूमि को छूना, और (9) शरीर के पाँचों अवयवों को भूमि पर फैला देना।

वैश्यों का काम ह्वेनसांग ने व्यापार और कृषि बताया है। राजनीति पर

उनका बड़ा प्रभाव था, क्योंकि उन्हीं के हाथ में राष्ट्र की अर्थनीति थी। शूद्र कृषि कार्य करते थे। ज्यों-ज्यों वैश्य कृषि से विमुख होते गए, त्यों-त्यों शूद्रों ने कृषि को अपना प्रधान व्यवसाय बना लिया।

कपिशा में अन्तरजातीय विवाह का प्रचलन भी था। वहाँ ग़रीबों की संख्या ज़्यादा थी। उसने गान्धारवासियों को दब्बू और कोमल तथा नेपाल के लोगों को झूठा और बेईमान बताया है। पर्यात्र राज्य का राजा वैश्य था। मतिपुर का राजा शूद्र और बौद्धधर्म विरोधी था। कान्यकुब्ज में ऋषि अविवाहित नहीं होते थे। अयोध्या के लोगों को उसने धार्मिक, दयालु, विद्याप्रेमी और शुद्ध आचरण वाला बताया है। प्रयाग के विद्वानों पर उसने प्रकाश डाला है। श्रावस्ती में ब्राह्मणों द्वारा घृणित कार्य किए जाते थे। पाँच विद्याओं का ज्ञाता ब्राह्मण कुशीनारा में रहता था। बनारस की आबादी घनी और लोग धनवान, धार्मिक, दयालु और शिक्षा-प्रेमी थे। कामरूप के लोग ईमानदार और क्रोधी स्वभाव के थे। मालकूट के निवासी व्यापार में लगे रहते थे। उज्जयिनी का राजा ब्राह्मण था। चिकटो का राजा ब्राह्मण था।

धर्मशास्त्र का उल्लंघन करने पर अथवा शासक के आदेश का विरोध करने पर कारावास देने का प्रावधान था। छोटे-छोटे अपराध के लिए अर्थदंड लगाया जाता था। दंड के रूप में अग्नि-परीक्षा, जलपरीक्षा, तुला-परीक्षा और विषपरीक्षा का प्रचलन था। सात दिनों तक उपवास करके कई प्रकार की बीमारियों का इलाज किया जाता था। अलग-अलग बीमारियों के लिए भिन्न-भिन्न वैद्य होते थे। शव का अंतिम संस्कार तीन प्रकार से होता था–(1) अग्निदाह अर्थात् लकड़ी से एक चिता बनाई जाती और शव भस्म कर दिया जाता था (2) जल द्वारा बहते हुए गहरे पानी में मृतक शरीर को डुबो दिया जाता था, और (3) परित्याग अर्थात् शरीर को घने जंगल में छोड़ देना, जिसे जंगली जीव भक्षण कर जाते थे।

प्रशासनिक अधिकारियों को व्हेनत्सांग ने साधु बताया है। प्रशासनिक नियम कड़े नहीं थे। जीविका का प्रधान साधन कृषि था। कृषक अपनी पैदावार का छठा भाग सहायता-स्वरूप देते थे। सीमा की सुरक्षा सेना करती थी। मछली, भेड़ और हिरण का मांस ताज़ा बनाकर खाया जाता। लहसुन और प्याज खाना अच्छा नहीं माना जाता था। मदिरा और अन्य पेय कई प्रकार के बनते थे। वैश्य तेज़ जायकेदार शराब पीते थे। लोग एक ही बर्तन में सब प्रकार का खाना एक में मिलाकर हाथ से उठाकर खाते थे। बीमार व्यक्ति ताँबे के प्याले में पानी पीते थे।

वाणिज्य-व्यापार में ताँबे के सिक्कों का काफ़ी प्रचलन था। पुष्कलावती के पास स्थित शहर पोलुश की स्थिति इतनी खराब थी कि निर्धन राजकुमार सुदान ने अपनी कन्या और पुत्र को एक ब्राह्मण के हाथों बेच दिया। ओहिन्द नगर का

व्यापारिक सम्बन्ध कई देशों से था। कान्योध बंगाल की खाड़ी के निकट स्थित था। व्यापार में लोग यहाँ कौड़ियों और मोती का व्यवहार करते थे।

बनारस में शिव का एक विशाल मन्दिर था। मूलस्थानपुर में सूर्य का एक प्रसिद्ध मन्दिर था। इस मन्दिर में स्त्रियाँ निरन्तर बारी-बारी से गाया-बजाया करती थीं। समस्त भारत के राजा और सरदार वहाँ जाते थे और इस सूर्य-मूर्ति पर बहुमूल्य पदार्थ चढ़ाते थे। इस मन्दिर में विश्राम-गृह की व्यवस्था थी। रोगियों और ग़रीबों के लिए यहाँ भोजन और औषधि की व्यवस्था थी। गंगाजल 'पुण्यजल' के नाम से जाना जाता था। प्रयाग में गंगा और यमुना का संगम पवित्र माना जाता था। हरिद्वार एक प्रसिद्ध तीर्थस्थल था। व्हेनसांग ने हरिद्वार को 'गंगाद्वार' बताया है। थानेश्वर के पास स्थित कुरुक्षेत्र पवित्र स्थल था। बौद्धधर्म अवनति पर था। मगध के पूर्वी इलाकों में हीनयान मत का प्रचार अधिक था। मगध में महायान के अनुयायी बहुत कम बचे थे। जैनधर्म की स्थिति जर्जर थी। इस धर्म के अनुयायी पंजाब, बंगाल और दक्षिण के छोटे-छोटे प्रदेशों में पाए जाते थे। बच्चों की शिक्षा-पद्धति पर व्हेनसांग ने चर्चा की है। 635 ई. में व्हेनसांग जब नालन्दा पहुँचा तो इस विश्वविद्यालय का अध्यक्ष शीलभद्र था। वह ब्राह्मण था। पुनः 637 में व्हेनसांग जब नालन्दा पहुँचा उस समय शीलभद्र बहुत वृद्ध हो चुके थे। प्रयाग मन्दिरों से भरा शहर था। बंगाल नरेश शशांक बौद्धधर्म से द्रोह करके बौद्धों को पीड़ित किया करता था। पाटलिपुत्र को व्हेनसांग ने उजाड़ धार्मिक केन्द्र बताया है। उसने अधिकांश मन्दिरों को शैवधर्म का बताया है।

पूर्व मध्यकालीन भारतीय समाज की अर्थव्यवस्था, धर्म, राजनीति एवं संस्कृति जानने के लिए व्हेनसांग का *यात्रा-विवरण* काफ़ी उपयोगी है। शहरीकरण पर उसके द्वारा दी गई जानकारी अन्य तत्कालीन अभिलेखों एवं साहित्यिक ग्रन्थों से भी होती है। इस विदेशी यात्री ने कुछ अप्रमाणित, गैर-ऐतिहासिक एवं अन्धविश्वास से सम्बद्ध बातों को भी अपने *यात्रा-विवरण* में स्थान दिया है; इसके बावजूद इस ग्रन्थ का ऐतिहासिक महत्त्व आज भी बरकरार है। पूर्व मध्यकाल से सम्बद्ध इतिहास लिखनेवाले किसी भी देशी-विदेशी विद्वान ने व्हेनसांग को नज़रन्दाज़ नहीं किया है।

अध्याय-2

ज्योतिष विद्या : मिथक या यथार्थ

ज्योतिष और फलित ज्योतिष

मानव-जीवन के प्रत्यक्ष और परोक्ष से सम्बद्ध सभी रहस्यों की जो विद्या विवेचित करता है उसे **ज्योतिष** कहते हैं। यह विद्या प्रतीकों द्वारा जीवन के सभी छिपे पक्षों को स्पष्ट कर देती है, जिसके फलस्वरूप मनुष्य को अज्ञात से ज्ञात की ओर बढ़ने में अधिक सुविधा होती है। जिस शास्त्र से संसार का मर्म, जीवन-मरण का रहस्य और ज़िन्दगी के सुख-दुख के सम्बन्ध में पूर्ण जानकारी मिलती है, उसे **ज्योतिषशास्त्र**[1] कहते हैं। इसे फलित ज्योतिष भी कहते हैं। कई तारों के समुदाय को **नक्षत्र** कहते हैं। 'नक्षत्र' शब्द की व्युत्पत्ति न+क्षत्र है। न-क्षत्र इसलिए कहे जाते हैं, क्योंकि सूर्य उदित होते ही उनके क्षत्र अर्थात् ज्योति को हर लेता है।[2] इस विद्या को खगोल विज्ञान अथवा **गणित ज्योतिष**[3] कहते हैं।

वैदिककाल में अश्विनी के नाम पर अश्विन मास (क्वाँर), कृत्तिका के नाम पर कार्तिक, मृगशिरा के नाम पर मार्गशीर्ष (अगहन), पुष्य पर पौष, मघा पर माघ, फाल्गुनी पर फाल्गुन, चित्रा पर चैत्र, विशाखा पर वैशाख, ज्येष्ठा पर ज्येष्ठ, आषाढ़ पर आषाढ़, श्रवण पर सावन, भाद्रप्रद पर भादों–इस प्रकार बारह मासों के नाम हुए। वैदिक कृषकों के बीच यह कहावत प्रचलित रही कि अद्रा धान पुनर्वसु जोंधरो, चढ़त चिरैया बोये बजरो, हथिया में चना, चित्रा में गेहूँ, मटर और स्वाति में जौ बोना चाहिए। पुष्य नक्षत्र को **चिरैया** कहते हैं। मास के समान राशियाँ भी बारह हैं। तिथि और नक्षत्रों के समान ऋतुओं का क्रम सूर्य की गति पर आश्रित है और सूर्य का चक्कर करीब 365 दिन छह घंटे में होता है। इस तरह प्रत्येक चौथे वर्ष में फरवरी माह 28 दिनों के बदले 29 दिनों का हो जाता है।

वेदांग ज्योतिष प्राचीनतम कृति है। यह दो खंडों में है–आर्चज्योतिष और याजुषज्योतिष। इसकी रचना कश्मीर के श्रीनगर से भी उत्तर काबुल के

आसपास हुई थी। कुल 36+43=79 श्लोकों वाले इस ग्रन्थ के रचनाकार लगधमुनि माने गए हैं। यज्ञ की सुविधा के लिए इस ग्रन्थ की रचना की गई थी। वराहमिहिर और ब्रह्मगुप्त ने इस रचना को महत्त्व नहीं दिया। सर विलियम जोंस, वेबर, कोलब्रुक आदि विद्वानों ने इस ग्रन्थ पर प्रकाश डाला है।

लुडविक, तारकेश्वर भट्टाचार्य, एकेन्द्रनाथ घोष आदि वैदिकशास्त्र के विद्वानों का मानना है कि आर्यों ने भारत में पृथ्वी की दैनिक तथा वार्षिक गतियों (Motions) का अनुमान कर लिया था।[4] *अथर्ववेद* में 28 नक्षत्रों[5] की चर्चा है।[6] एक विशेष दायरे में आनेवाले तारासमूह (मेष, वृष, मिथुन, कर्क, सिंह, कन्या, तुला, वृश्चिक, धनु, मकर, कुम्भ और मीन) को **राशि** कहते हैं। जन्मकाल का सम्बन्ध राशि से जोड़ दिया गया। भारत में राशि-ज्योतिष का विकास करीब 150 ई. के बाद शक शासकों के काल में हुआ। सौरमंडल के नौ प्रधान तारों (सूर्य, चन्द्र, मंगल, बुध, गुरु, शुक्र, शनि, राहु और केतु) को **ग्रह** कहते हैं। ये सारे ग्रह सूर्य की परिक्रमा करनेवाले होते हैं।[7] ज्योतिष का वह अंग जो काल्पनिक पूर्वजन्मों में संचित पुण्य-पाप अथवा अच्छे-बुरे कार्यों के आधार पर इस जन्म में[8] सुख-दुःख के कारणों को बताता है, उसे **फलित ज्योतिष** कहते हैं। फलित ज्योतिष का ऐसा रहस्यमय जानकार ग्रह-नक्षत्रों की गति से शुभ-अशुभ की अज्ञात बात बताता है।

फलित ज्योतिष गुप्तकाल के दौरान लोकप्रिय होने लगा। बुरे दिनों से बचने के लिए लोगों द्वारा भविष्य जानने के लिए कई प्रकार के साधनों का आश्रय लिया जाने लगा। सूर्य, चन्द्र एवं ग्रहों की जो काल्पनिक स्थिति जन्म के समय जैसी होती उसी के आधार पर भविष्यवाणी की जाती और यही था फलित ज्योतिष। धीरे-धीरे फलित ज्योतिषियों के लिए भविष्य बताना एक पेशा हो गया और ऐसे पेशेवर गुप्तकाल से काफ़ी संख्या में पाए जाने लगे। इस विद्या को **दैवज्ञ विद्या** भी कहते हैं। इसके समर्थन में वराहमिहिर[9] लिखता है—जो वन में रहते हैं (वानप्रस्थ या मुनि), सांसारिक विषय-भोगों से रहित और बिना सम्पत्ति के हैं वे भी ज्योतिषी से प्रश्न पूछते हैं। बिना ज्योतिषी के राजा उसी प्रकार अन्धे के समान मार्ग में अवस्थित है, जैसे कि बिना दीप के रात्रि तथा बिना सूर्य के आकाश।

प्रारम्भ में विद्वानों का विचार था कि वेदों की उत्पत्ति यज्ञों के प्रयोजन के लिए हुई; यज्ञ काल के क्रम से चलते हैं; अतः जो कालविधानशास्त्र ज्योतिष (नक्षत्र विद्या) को जानता है वह यज्ञों को भी जानता है। बाद में चलकर ज्योतिष के तीन स्कन्ध (खंड) हो गए—**तंत्र** (गणित द्वारा ग्रहों की गतियों का ज्ञान प्राप्त करना), **होरा**[10] (जिसका सम्बन्ध जन्मकुंडली (जलेबी) बनाने से है और इसे **जातक**[11] भी कहते हैं) तथा **शाखा**, जो एक विस्तृत खंड था और

जिसमें शकुन[12] परीक्षण एवं भविष्यसूचन का विवरण था। इन तीनों खंडों (तंत्र, होरा एवं शाखा) का जानकार **संहिता पराग** कहा जाता था। अहोरात्र[13] के आदि एवं अंतिम अक्षर अ एवं त्र के विलोप से **होरा** शब्द बना है। होरा का अर्थ लग्न होता है। होरा के तीन उपविभाग थे–जातक (ज्योतिष) या जन्म, यात्रा (यात्रिक) एवं विवाह।

ज्योतिषशास्त्र एवं फलित ज्योतिष से सम्बद्ध संस्कृत साहित्य को तीन कालावधि में बाँटा जा सकता है : (1) वैदिक संहिता एवं ब्राह्मण ग्रन्थ जो प्रायः ई.पू. 700 तक के हैं। (2) ई.पू. 700 और 300 ई. के बीच वेदांग ज्योतिष, श्रौत, गृह्य, धर्मसूत्र, मनु, गर्ग आदि के ग्रन्थ एवं *सूर्य प्रज्ञप्ति* जैसे जैनग्रन्थों का निर्माण हुआ। (3) चौथी शताब्दी और उसके बाद ***याज्ञवल्क्यस्मृति***, **आर्यभट** की रचनाएँ, **वराहमिहिर** की रचनाएँ, **ब्रह्मगुप्त**, **वाग्भट**, **भास्कराचार्य**, **लल्ल** आदि ग्रन्थकार रहे।

ऋग्वेद के 'नासदीय सूक्त' में स्पष्ट रूप से सवाल किया गया है कि क्या भगवान स्वयं जानते थे कि पृथ्वी और स्वर्ग से पूर्व, जीव और निर्जीव से पूर्व किसकी सत्ता थी? उस समय आत्मा, ब्रह्म, कर्म, चार वर्ण और जाति पर आधारित ग्राम अर्थव्यवस्था को उखाड़ फेंकने का तो कोई खतरा था ही नहीं, अतः सूर्य द्वारा पृथ्वी का चक्कर लगाने के बजाय यह कहने में क्या संकोच हो सकता था कि पृथ्वी ही सूर्य के चारों तरफ़ चक्कर लगाती है। *ऋग्वेद* में वर्णित यातु का मतलब ही परमात्मा की सत्ता का निषेध था, इसका मतलब अनिश्वरवाद और इन्द्रियानुभववाद से था। वैदिककाल में ही पुरोहितवर्ग[14] इस बात पर बल देता कि इस संसार में सब कुछ ईश्वर की मर्जी से होता है; जबकि भौतिकवादी और वैज्ञानिक मानते थे कि यहाँ जो कुछ भी होता है वह चीज़ों के आन्तरिक 'स्वभाव' के कारण होता है। इन बिन्दुओं पर कोई समझौता सम्भव नहीं था। *ऋग्वेद*[15] में ही शुभ दिनों पर प्रकाश डालते हुए लिखा है कि अघा (मघा) में गौएँ दूल्हा के घर भेजी जातीं और विवाहोपरान्त दुलहिन अर्जुनी (फाल्गुनी) नक्षत्र में रथ पर बैठकर अपने पति के घर जाती थी। इन वैदिक उक्तियों में प्राकृतिक (भौतिक) फलित ज्योतिष एवं व्यक्तिपरक फलित ज्योतिष का अन्तर स्पष्ट नहीं हो पाता। *अथर्ववेद*[16] में चर्चा है कि ज्येष्ठा या मूल नक्षत्र में उत्पन्न बच्चा या किसी भयंकर नक्षत्र में उत्पन्न बच्चा स्वयं मर जाता अथवा अपने माता-पिता की मृत्यु का कारण बनता था। इस तरह कुछ नक्षत्र शुभ और कुछ अशुभ माने जाते थे।

वैदिक ग्रन्थों[17] में यह भी लिखा पाते हैं कि नक्षत्र विद्या से जीविका चलानेवालों के साथ देव-कृत्य एवं श्राद्ध करानेवाले ब्राह्मणों से कोई सम्बन्ध नहीं रखना चाहिए। *ऋग्वेद* के इसी तीसरे मंडल (खंड) में लिखा है कि

उत्पातों (भूचाल आदि), शारीरिक गतियों (आँख फड़कना आदि) अथवा नक्षत्रविद्या या अंगविद्या (हाथ देखना आदि) आदि द्वारा साधुओं को अपनी जीविका नहीं चलानी चाहिए। इसी मंडल में चर्चा है कि नक्षत्रजीवियों और नक्षत्रादेशवृत्तियों अर्थात् नक्षत्रों का सन्देश कहकर जीविका चलानेवाले को अन्य ब्राह्मणों की पंक्ति में बैठने की मनाही थी। महाशील ने बौद्ध साधुओं के लिए ऐसी जीविका के साधन की निन्दा एवं मनाही की जो मनुष्य की आयु बताकर भविष्यवाणियाँ (अर्थात् ग्रहण, तारा गिरने, युद्ध में विजय अथवा पराजय आदि) करके प्राप्त की जाती थी।[18] कौटिल्य ने लिखा है कि अपने कार्य की सिद्धि शीघ्र चाहनेवाला व्यक्ति नक्षत्रगणना पर अपने भाग्य की परीक्षा नहीं करता। विज्ञान के दीपक से अन्धविश्वास दूर हो जाता है।[19] शुंगकाल में क्रिया के प्रारम्भ से समाप्ति तक के काल को **वर्तमान** कहते थे।[20] पातंजलि ने कृत्तिका और मघा को कई नक्षत्रों का समूह बताया है।[21] *तैत्तिरीय ब्राह्मण*[22] में पातंजलि के समान कई नक्षत्रों की चर्चा है किन्तु फलित ज्योतिष पर कुछ नहीं कहा गया है। पाणिनि ने नक्षत्रों को ज्योतिष भी कहा है। नक्षत्र संज्ञा कभी क्षरित या क्षीण न होने के कारण थी।[23]

चीज़ गुप्तकाल और उसके बाद फलित ज्योतिष एक स्वतंत्र विद्या हो गई। इसी के साथ नक्षत्र-विज्ञान अथवा ज्योतिष विज्ञान जीविका का साधन और अन्धविश्वास से व्यापक रूप में प्रभावित होने लगा। गुप्तकालीन गणितज्ञ आर्यभट ने नक्षत्र विज्ञान पर अपनी रचनाओं में प्रकाश डाला है, किन्तु उसके योगदान को उचित प्रोत्साहन नहीं मिला।[24] फलित ज्योतिष को लोकप्रिय बनाने का प्रथम श्रेय वराहमिहिर को जाता है। वह उज्जैन के राजा विक्रमादित्य का दरबारी परम्परावादी विद्वान था। फलित ज्योतिष का पक्का अनुयायी होने के बावजूद कौटिल्य (विष्णुगुप्त) के मत को उद्धृत करते हुए वह लिखता है : *'समुद्र में तैरते हुए थक जाने पर भी व्यक्ति कभी संकोचवश हवा आदि के सहारे से, लहरों के बलबूते पर पार लग सकता है; किनारे पर भी आ सकता है, लेकिन ज्योतिषशास्त्र इतना विस्तृत एवं गहरा है कि सामान्य मनुष्य मन से भी इसका पार नहीं पा सकता।*[25] *उस समय अधिकांश संख्या वैसे ज्योतिषियों की हो गई थी जो शास्त्र के गूढ़ अर्थ को नहीं बता पाते, छात्रों के प्रश्नों का उत्तर देने में सकुचाते, शिष्यों के सन्देह का निवारण नहीं कर पाते और ग्रन्थ के वास्तविक अर्थ को नहीं जानकर अर्थ का अनर्थ करते थे।'*[26]

अबूझ पहेली

फलित ज्योतिष को प्रभावशाली बनाने के लिए वराहमिहिर और याज्ञवल्क्य ने आर्यभट के नक्षत्र-विज्ञान पर कठोर प्रहार किए। आर्यभट ने सूर्यग्रहण का

कारण सूर्य और पृथ्वी के बीच चन्द्रमा का आ जाना बताया। उसने बताया कि सूर्य और चन्द्रमा के बीच में पृथ्वी के आने से **चन्द्रग्रहण** होता है। इसमें पृथ्वी की छाया चन्द्रमा पर पड़ती है। आर्यभट की वैज्ञानिक दृष्टि का समर्थन करने के बावजूद वराहमिहिर सूर्य एवं चन्द्रग्रहण का कारण राहु और केतु को माना और फलित ज्योतिष को प्रोत्साहित किया।[27] *बृहत्संहिता*[28] और *रत्नमाला*[29] में बताया गया कि मंगल एवं सूर्य को प्रसन्न करने के लिए मूंगा (प्रवाल), शुक्र एवं चन्द्र के लिए चाँदी, बुध के लिए सोना, वृहस्पति के लिए मोती, शनि के लिए लौह तथा राहु और केतु के लिए लजावर्त धारण करनी चाहिए। ज्योतिषियों ने दुष्ट ग्रहों को नष्ट करने का यही सिद्धान्त निकाला और ईश्वरीय शक्ति को चुनौती दी।

वराहमिहिर[30] *ने यह भी लिखा कि चन्द्रग्रहण में चन्द्र पृथ्वी की छाया में आ जाता है तथा सूर्यग्रहण में चन्द्र सूर्य में प्रविष्ट अर्थात् सूर्य एवं पृथ्वी के बीच में आ जाता है। सत्य मालूम था कि ग्रहणों का कारण राहु नहीं है; इसके बावजूद ज्योतिषियों ने प्रचार किया कि राहु के कारण ग्रहण लगते हैं और इस समय स्नान, दान, जप, श्राद्ध आदि करना चाहिए। वराहमिहिर बताता है कि एक असुर था जिसे ब्रह्मा ने वरदान दिया कि ग्रहण पर दिए गए दानों एवं आहुतियों से उसे सन्तुष्टि प्राप्त होगी। वही असुर*[31] *अपना अंश ग्रहण करने को उपस्थित रहता है और लाक्षणिक रूप से उसे ही राहु कहते हैं। बुद्धिवाद, परम्परा और अन्धविश्वास एक साथ नहीं चल सकते।*

8-9वीं शताब्दी का ग्रन्थ *योगयात्रा*[32] में लिखा है : 'जिस नक्षत्र में व्यक्ति उत्पन्न होता उसे **आद्य** (प्रथम), आद्य से दसवाँ **कर्म**, आद्य से सोलहवाँ **नक्षत्र सांघातिक**[33], 18वाँ **समुदाय** (संग्रह), 23वाँ **वैनाशिक**[34] और 25वाँ **मानस** कहलाता है। सभी व्यक्ति छह नक्षत्रों[35] से सम्बद्ध होते हैं। राजा 9 नक्षत्रों से सम्बद्ध होता है।' सातवीं शताब्दी में रचित *विष्णुधर्मोत्तर पुराण*[36] के अध्याय 102, 106 और 107 में ग्रहों (Planets) पर प्रकाश डालते हुए बताया गया है कि जब जन्म-नक्षत्र किसी बुरे नक्षत्र या उसके स्वरूप से प्रभावित हो जाता तो व्याधि, धन का नाश एवं झगड़े होते हैं। जब कर्म-नक्षत्र प्रभावित होता है तो संकल्प में असफलता; जब सांघातिक प्रभावित होता तो धोखा; जब सामुदायिक प्रभावित होता तो एकत्र धन की क्षति और जब इन सभी छह नक्षत्रों पर कोई बुरा प्रभाव नहीं पड़ता तो व्यक्ति स्वस्थ होता, आनन्द पाता और धन प्राप्त करता है।

सारावली[37] में नौ ग्रहों की चर्चा है : (1) **दीप्त** (उच्च होने पर प्रज्वलित (2) **स्वस्थ्य** (अपने घर में सुस्थिर) (3) **मुदित** (मित्र के स्वगृह में प्रसन्न) (4) **शान्त** (शुभ वर्ग में अवस्थित) (5) **शक्त** (चमकते रहने

पर सामर्थ्यवान), (6) **निपीड़ित** (दूसरे घर से पराभूत) (7) **भीत** (नीच होने पर डरा हुआ) (8) **विकल** (सूर्य-प्रकाश हट जाने पर विकल), और (9) **खल** (जब दुष्ट संगति में रहता है तब दुष्ट होता है)। *बृहद्योगयात्रा* में वराहमिहिर[38] लिखता है-सूर्य अंग (बिहार) में उत्पन्न हुआ, चन्द्र यवनों के देश में, मंगल अवन्ति में, बुध मगध में, वृहस्पति सिन्धु में, शुक्र भोजकट में, शनि सौराष्ट्र में, केतु म्लेच्छों के देश में और राहु कलिंग में उत्पन्न हुआ। यदि ये ग्रह प्रभावित होते हैं तो अपनी उत्पत्ति के देशों में कष्ट ढहाते हैं। इस ग्रन्थ में सूर्य का रंग लाल, चन्द्र का श्वेत, मंगल का अति लाल, बुध का हरा, वृहस्पति का पीला, शुक्र का चितकबरा और शनि का रंग काला बताया गया है। इसे सच मानें?

540 ई. के आसपास वराहमिहिर ने होराशास्त्र पर *वृहज्जातक* की रचना की जिसमें 25 अध्याय हैं। इसमें लिखा है कि चन्द्र,[39] मंगल एवं शनि निशाप्रबल (रात्रि में शक्तिशाली), सूर्य, वृहस्पति एवं शुक्र दिवाप्रबल हैं तथा बुध रात्रि एवं दिन दोनों में प्रबल है। इस ग्रन्थ[40] में बताया गया है कि सूर्य का मित्र चन्द्र, मंगल और वृहस्पति, चन्द्र का मित्र सूर्य एवं बुध, मंगल का मित्र सूर्य, चन्द्र एवं वृहस्पति, बुध का मित्र सूर्य एवं शुक्र, वृहस्पति का मित्र सूर्य, चन्द्र एवं मंगल, शुक्र का मित्र बुध और शुक्र बताया गया है। कोई ग्रह अपने स्थान में तभी बलवान होता है जब वह अपने घर में हो या उच्च हो या अपने मित्र के घर में अथवा अपने त्रिकोण या नवांश में हो।[41]

आठवीं शताब्दी का पुराण *अग्निपुराण* में फलित ज्योतिष के पक्ष में विस्तृत प्रकाश डाला गया है। इसमें लिखा है कि रेवती, अश्विनी, घनिष्ठा, हस्त, चित्रा, स्वाति, विशाखा और अनुराधा नक्षत्रों में शंख, मूंगा तथा रत्न धारण करना उत्तम था। भरणी, अश्लेषा, घनिष्ठा, पूर्वभाद्रपद, पूर्वाफाल्गुनी, पूर्वाषाढ़ और कृत्रिका नक्षत्रों में वस्तुओं की खरीद से घाटा और बिक्री से लाभ होता था।[42] इन बातों की चर्चा *बृहत्संहिता* में भी है। अश्विनी, स्वाति, चित्रा, रेवती, शतभिषा तथा श्रवण नक्षत्रों में वस्तुओं को खरीदने से लाभ और बिक्री से घाटा होता था। भरणी, पूर्वाषाढ़, पूर्वाफाल्गुनी, पूर्वाभाद्रपद, आर्द्रा, आश्लेषा, मघा, स्वाति, कृत्तिका, ज्येष्ठा और विशाखा नक्षत्रों में किसी काम से स्वामी या अधिकारी से मिलने से काम नहीं होता था। जिसकी जन्म-राशि से तीसरे, छठे, सातवें, दसवें और ग्यारहवें चन्द्रमा होता तो उसे शुभ माना जाता था।[43] कृत्रिका नक्षत्र में रोग होने से तीन रात, मृगशिर नक्षत्र में 5 रात, आर्द्रा नक्षत्र में 9 रात, मघा नक्षत्र में मृत्यु तक, पूर्वाफाल्गुनी में 2 मास और भरणी नक्षत्र में रोग होने से प्राणनाश होता था। इन अशुभों का नाश करने के लिए हवन किए जाते और ब्राह्मणों को गोदान किए जाने के प्रावधान थे।[44]

कृत्तिका, मघा, पुष्य, पूर्वाफाल्गुनी, विशाखा, भरणी तथा पूर्वभाद्रपद–इतने नक्षत्रों को मिलाकर **आग्नेय-मंडल** बनता था। इस मंडल में प्रचंड वायु चलने पर, सूर्य-चन्द्र के ऊपर मंडल बन जाने पर, भूकम्प आने पर, तूफान आने पर, चन्द्र-सूर्यग्रहण होने पर, तारा टूटने पर, केतु ग्रह दिखाई देने पर रक्त की वृष्टि, सूखा, पत्थर गिरना, नेत्ररोग, आंव की बीमारी में वृद्धि, अग्नि का उत्पात, गाएँ थोड़ा दूध देतीं, वृक्ष में थोड़े फल, अनाज का विनाश, वृष्टि कम, चारों वर्णों में भुखमरी, सिन्ध, यामुन, गुजरात, भोज, वाह्लिक (वल्ख), जलंधर, कश्मीर, उत्तरापथ–इन देशों में क्षति होती थी। हस्त, चित्रा, स्वाति, मृगशिरा, पुनर्वसु, उत्तर फाल्गुनी और अश्विनी नक्षत्र को मिलाकर **बायाव्य मंडल** बनता जिसमें इन घटनाओं के घटने पर प्रजाओं में हाहाकार और डाहल, कामरूप, कलिंग, कोसल, अयोध्या, अवंती, कोंकण, आन्ध्रदेश आदि को भारी क्षति पहुँचाती थी।[45]

ज्योतिषियों ने नक्षत्रों, सप्ताह–दिनों और ग्रह-स्थितियों पर विचार करने के साथ-साथ ग्यारहवीं शताब्दी से कन्या-विवाह-नियम को और लचीला बना दिया। गुप्तकाल में प्रतिपादित किया गया कि यौवनावस्था से पूर्व ही कन्या का विवाह हो जाना चाहिए, किन्तु आठ वर्ष की कन्या का विवाह प्रशंसित माना जाता था। ग्यारहवीं सदी में ज्योतिषियों ने पुराने विवाह-नियम को यह कहकर मृदु बना दिया कि प्रौढ़ कन्या के विवाह में केवल चन्द्र एवं लग्न का विचार करना चाहिए। ग्यारहवीं शताब्दी के राजमार्तंड नामक ग्रन्थ में बताया गया कि जब आक्रमक राजा ने देश पर अधिकार कर लिया हो; जब युद्ध चल रहा हो; जब माता-पिता का जीवन भय में हो तो प्रौढ़ कन्या के विवाह के लिए किसी शुभकाल की प्रतीक्षा नहीं करनी चाहिए। यदि कन्या अति प्रौढ़ और धर्म-विरोधिनी न हो तो उसे अशुद्ध होने पर भी, विवाह के लिए दे देने का प्रावधान हो गया। कन्या के विषय में ग्रहों, वर्षों, मास, ऋतु एवं दिनों की शुद्धता पर अब तभी विचार होता जब वह दस वर्षों की हो जाती थी।

ग्यारहवीं शताब्दी की रचना *मिताक्षरा* (विज्ञानेश्वर) में बताया गया है कि सूर्य या चन्द्र ग्रहण के समय भोजन नहीं करना चाहिए। बारहवीं शताब्दी में रचित *कृत्यकल्पतरु* नामक ग्रन्थ में स्नान और दान आदि के कारण एवं अवसर के बारे में बताया गया है। इसमें लिखा है कि जब सूर्य या चन्द्र बादलों में छिपा हो तो व्यक्ति ग्रहण के समय प्रतिपादित कर्म नहीं भी कर सकता था। 13वीं शताब्दी में हेमाद्रि ने लिखा : 'उस नक्षत्र में, जिसमें सूर्य या चन्द्र का ग्रहण होता है, उत्पन्न व्यक्ति दुःख पाते हैं, किन्तु शान्ति कृत्यों से इन दुःखों से छुटकारा मिल सकता है।' 17वीं शताब्दी की रचना *वीरमित्रोदय* में विवाह के नियम को और सरल बनाते हुए लिखा गया कि यदि वधू तथा वर के जन्म

की राशि एक हो किन्तु दोनों के जन्म-नक्षत्र भिन्न हों या नक्षत्र एक हो किन्तु राशियाँ भिन्न हों तो गण एवं नाड़ी आदि का विचार नहीं होता और विवाह शुभ माना जाने लगा।

फलित ज्योतिषज्ञाता की योग्यता (?)

याज्ञवल्क्य ने बताया कि राजा को ऐसा पुरोहित नियुक्त करना चाहिए जो फलित ज्योतिष-विशारद् हो।[46] फलित ज्योतिष के विद्वान एवं विशेषज्ञ की योग्यता पर वराहमिहिर[47] प्रकाश डालते हुए लिखता है कि ज्योतिषवेत्ता को कुलीन परिवार का होना चाहिए। उसके परिवार में वेद, वेदान्त, धर्मशास्त्र आदि पढ़ने की परम्परा होनी चाहिए। ज्योतिषवेत्ता बनने की इच्छावाले व्यक्ति को प्रारम्भ से ही प्राकृतिक रूप से अथवा प्रयत्नपूर्वक आकर्षक, सौम्य, प्रभावोत्पादक एवं दिखने में अच्छी आकृति का होना चाहिए। वह वैसा वस्त्र धारण करनेवाला हो जिससे विनय एवं नम्रता प्रदर्शित हो; वेश से प्रौढ़ता झलके और ऐसा वस्त्राभूषण नहीं धारण करे जिनसे देखनेवालों के हृदय में भय उत्पन्न हो या लोग उसे मसखरा समझें। उसे सत्य भाषण देनेवाला होना चाहिए। वह दूसरों की वृद्धि से डाह अथवा निन्दा करनेवाला न हो। दूसरों के गुणों को हृदय से वह स्वीकार करनेवाला हो। रागद्वेष से रहित अथवा हर्ष, शोक या उत्थान-पतन में उसे सन्तुलित आचरण वाला होने का अभ्यास करना चाहिए। उसे दूसरों की उन्नति पर सदा प्रसन्नता होनी चाहिए। शत्रु और मित्र–दोनों से उसे समान व्यवहार करना चाहिए। शास्त्र को शस्त्र की तरह उसे प्रयोग नहीं करना चाहिए। उसके शरीर के सारे जोड़, मांसल देखने योग्य एवं आकर्षक होने चाहिए। पैर में बिवाई, मुख मंडल पर शुष्कता, गन्दे नाखून, हड्डियाँ दिखती हों और दाढ़ी बढ़ी रहती हो, इत्यादि बातों से उसे बचना चाहिए। उसकी जीभ, पैर, हाथ, कान, त्वचा और नाक उत्तम कार्यशील होनी चाहिए। हाथ, पैर, नाखून, ठुड्ढी, दाँत, कान, माथा, भौंहें और सिर कार्यशील और देखने में आकर्षक होना चाहिए। उसकी वाणी में गम्भीरता एवं स्पष्ट उच्चारणवाली होनी चाहिए। तुतलाना, हलकाना, बचकानी आवाज़ आदि दोषों से उसे मुक्त होना चाहिए।

उसे तत्परता से कार्य करनेवाला एवं शरीर में आलस्य न हो तथा भीड़ में अलग दिखाई देने एवं न ही घबरानेवाला होना चाहिए। उसमें कुशल सम्भाषण और शास्त्रों के अर्थों का अनुसरण करनेवाली वाणी होनी चाहिए। नए-नए अर्थ निकालने में वह प्रतिभाशाली हो। पूछे जाने पर उसे शास्त्रों के अर्थ का त्वरित स्मरण करने एवं उत्तर देने की क्षमतावाला होना चाहिए। देश एवं काल अर्थात् अवसर और ज़माने को समझने की क्षमतावाला होना चाहिए। उसे काल के

भेद, गति एवं प्रभाव को समझनेवाला होना चाहिए। उसे निर्मल चित्तवाला, मन में कालिमा न रखनेवाला और धोखा देने अथवा ठगने में सर्वदा संकोच करनेवाला होना चाहिए। सभा-सम्मेलन और विचार गोष्ठियों में भयमुक्त और संकोच युक्त आचरण नहीं करनेवाला होना चाहिए। सहपाठियों के बीच उसे विश्वसनीय और उनके द्वारा दबाया जानेवाला नहीं होना चाहिए। अध्ययन एवं अध्यापन में उसे कुशल होना चाहिए। उसे इशारे से ही बात समझनेवाला होना चाहिए। गूढ़ार्थ समझने में वह दक्ष हो।[48]

जुआ, शराब, गाना-बजाना, संगीतगोष्ठी, वेश्यागमन आदि लतों से वह दूर रहे। उसे विद्वानों एवं देवताओं का अर्चन-पूजन, सत्कार करनेवाला और व्रत (उपवास) जानने एवं करनेवाला होना चाहिए। स्वतंत्रतापूर्वक, स्वयं ग्रह-गणित, ग्रहण, तारोदयास्त, ग्रहसमागम, युद्ध, शकुन, चेष्टा, प्राकृतिक संकेत बताने में समर्थ हो। उसे पूछे गए प्रश्न का उत्तर देनेवाला, आकाशीय एवं भौतिक उत्पातों के विषय में बिना पूछे ही जनता को सूचित और सावधान करनेवाला तथा भूमंडलीय उत्पातों से बचने के उपाय स्वयं बिना पूछे ही बतानेवाला होना चाहिए। वह सिद्धान्त ग्रन्थ, होराशास्त्र और संहिता के ग्रन्थों के वास्तविक अर्थ को समझनेवाला हो।[49]

पौलिश, रोमक, वसिष्ठ, पितामह और सूर्य द्वारा रचित सिद्धान्तों को समझने एवं जाननेवाला ही **ज्योतिषी** होता है। वराहकाल में पाँच सिद्धान्त ही प्रचलित थे। इन सब में सूर्य सिद्धान्त श्रेष्ठ था। सतयुग, त्रेता, द्वापर, कलियुग आदि के प्रमाण एवं विस्तार को जानना एक ज्योतिषवेत्ता के लिए आवश्यक था। वर्ष, अयन, ऋतु, मास, पक्ष, अहोरात्र, प्रहर, मुहूर्त, नाड़ी, प्राण, आदि काल के स्थूल से सूक्ष्म तथा सूक्ष्मतर अवयवों को वह जानता हो। उसे शरीर के अंगोपांगों के लक्षण और कुलक्षणों के बारे में जानकारी होनी चाहिए। वह आकाशीय और भौमिक क्षेत्र विभाग, राशि, नक्षत्र विभाग एवं अक्षांश-रेखांश आदि को जानता हो।[50] सौर[51], सावन[52] नाक्षत्र[53] चान्द्र मान को,[54] अधिक मास, क्षयपास[55] की उत्पत्ति और कारण को जो जानता था, वही **ज्योतिषी** माना जाता था।[56]

सौर, सावन, नाक्षत्र तथा चान्द्रादि मानों की असमानता, ग्रहणत्यादि की समानता, कहाँ कौन से मान का प्रयोग करना और कहाँ नहीं करना है—इन सब बातों में ज्योतिषवेत्ता को कुशल होना चाहिए। उसे युग, वर्ष, विपुव, अयन आदि सौर मान से; तिथि, करण, अधिक मास, क्षय मास, दिनादि चान्द्र मान से यज्ञ, हवन, सूतकादि सावन मान से; रूप सत्रादि व्रत नाक्षत्र मान से करने योग्य हैं और इन सभी मानों के योग्यायोग्यत्व ज्ञान में उसे पटु होना चाहिए। विभिन्न सिद्धान्त, ब्राह्म, वासिष्ठ, सौर, पैतामह, पौलिशादि के मानों में परस्पर क्या भेद है तथा यथार्थ सिद्धान्तों से ज्ञात ग्रह स्थिति में कितना फ़र्क़ पड़ता है,

ग्रहण एवं ग्रह समागमादि में भी कितना अन्तर होता है, यह विषय ज्योतिषी को स्पष्ट होना चाहिए। उत्तरायण एवं दक्षिणायन की प्रवृत्ति, सूर्य का सममंडल प्रवेश (विषुवत् रेखा), काल तथा ग्रहों की क्रान्ति आदि का ज्ञान उसे होना चाहिए। इन सब बातों का छायायंत्र, जलघटी यंत्र एवं दृग्गणित (प्रत्यक्षवेध) द्वारा निर्णय करने में उसे कुशल होना चाहिए।[57]

ज्योतिषवेत्ता को सूर्यादि ग्रहों की शीघ्र गति, मन्द गति, यामोत्तर गति, नीचोच्चगति के कारणों की जानकारी होनी चाहिए। अपने भ्रमण वृत्त से ग्रह कभी ऊपर तथा कभी नीचे होता है। जहाँ मध्यम ग्रह हो, वह **कक्ष्यामंडल** या भ्रमण-वृत्त है। जहाँ स्पष्ट ग्रह होता है, वह **प्रतिमंडल** कहलाता है। सूर्य और चन्द्र मन्द प्रतिमंडल में तथा शेष तारा ग्रह शीघ्र प्रतिमंडल में भ्रमण करते हैं। कक्ष्यामंडल से ऊपर रहने पर ग्रह द्रष्टा को घोड़े बिम्ब वाला दिखता है, वह उच्चगति है। कक्ष्यामंडल से नीचे पृथ्वी के अत्यन्त सम्भव निकट रहने पर नीचा गति रहती है। उच्चागति मध्यम गति से मन्द एवं नीच पर (उच्च से 180^0 अन्तर पर) शीघ्र गति हो जाती है। सूर्य एवं चन्द्र की मध्यम एवं स्पष्ट गति मन्दोच्च से समझ में आती है, किन्तु अन्य तारा ग्रहों के लिए शीघ्रोच्च की भी कल्पना है और इन सभी बातों की वास्तविकता को वह समझने की योग्यता रखता हो।[58]

सूर्य एवं चन्द्रमा के ग्रहण प्रारम्भ एवं ग्रहण समाप्ति को, उसके समय को, ग्रहण की दिशा, ग्रास का प्रमाण खंडग्रास्, विमर्दकाल, वर्ण, इत्यादि विषयों को पहले से ही बतानेवाला तथा ग्रहसमागम, ग्रहभुति (युद्ध) आदि का भी पहले ही यथार्थ निर्णय करने की वह योग्यता रखता हो।[59] प्रत्येक ग्रह की कक्षा की स्थिति, दूरी, कक्षा का परिमाण, देश भेद, अंशात्मक दूरी, देशों के देशान्तर योजन आदि विषयों को वह जानता हो।[60] पृथ्वी का भ्रमण, पृथ्वी की दैनिक और वार्षिक गति, पृथ्वी की ब्रह्मांड में स्थिति, ध्रुव प्रदेश आदि की स्थिति, अक्षांश, लम्बांश, गुरुत्वाकर्षण (प्रवह), नक्षत्र संस्थान, अन्य ग्रहों की स्थिति, भगण, द्युज्याचापांश चर खंड, राशियों का उदय (लग्न), पृथ्वी की छाया, पलभा, नाड़ी अर्थात् शंकुछाया से काल ज्ञान एवं काल ज्ञान से शंकुछाया का ज्ञान, छाया से दिनगत घड़ी आदि इष्टकाल को जानने में कुशल व्यक्ति ही ज्योतिषवेत्ता हो सकता था। इसकी स्पष्ट समझदारी होनी चाहिए कि किस समय कौन-सी लग्न कहाँ होगी, इत्यादि।[61]

इस प्रकार समस्त विषयों को स्पष्ट समझने एवं समझाने की योग्यता रखनेवाला तंत्रज्ञ अर्थात् विज्ञान सम्बन्धी सिद्धान्त की जानकारी रखनेवाला गणितज्ञ होता है। वही कुशल ज्योतिषवेत्ता हो सकता है। अनेक प्रश्नों का तर्कसम्मत ढंग से उत्तर देने में उसे समर्थ होना चाहिए। जिस प्रकार कसौटी

पत्थर पर घिसने से सोने की निर्मल रेखा प्रकट होती है, उसी प्रकार शास्त्र को बड़ी सिद्धहस्तता से बोलनेवाला ही ज्योतिषवेत्ता हो सकता है।[62] जो शास्त्र के गूढ़ अर्थ को नहीं बता पाता, छात्रों के प्रश्नों का उत्तर देने में सकुचाता, छात्रों या शिष्यों के सन्देह का निवारण न करे, ऐसे व्यक्ति को ज्योतिषशास्त्रवेत्ता कहलाने या समझने की भला क्या तुक है?[63] जो ग्रन्थ के वास्तविक अर्थ को न जानता हुआ, उसके अर्थ का अनर्थ करता है, वह मूर्ख (अबुध) है। उसके क्रियाकलाप वैसे ही होते हैं, मानो कोई मूर्ख युवक के होते हैं।[64] जो गणित स्कन्ध में खूब परिश्रम करके, छाया यंत्र या जलघटी आदि से लग्न का सम्यक् ज्ञान कर सकता हो, जिसे होराशास्त्र के गहरे रहस्यों का स्पष्ट ज्ञान हो, ऐसे व्यक्ति की वाणी कभी निष्फल नहीं होती।[65]

इस तरह ज्योतिषवेत्ता बनने के लिए जिन योग्यताओं को आवश्यक बताया गया उन योग्यताओं की उपस्थिति किस ज्योतिषवेत्ता के साथ रही, इस सम्बन्ध में वराहमिहिर ने किसी वेत्ता का नाम नहीं बताया है। बाद के धर्मशास्त्रों में किसी भी ऐसे ज्योतिषवेत्ता का नाम नहीं मिलता जिसके पास ज्योतिषशास्त्र से सम्बद्ध उतनी योग्यता हो जितनी वराहमिहिर ने बताई। गुप्तकाल के बाद इस विद्या ने एक पेशे का रूप धारण कर लिया और नक़ली वेषधारी ज्योतिषियों के लिए यह कमाने-खाने का पेशा बन गया एवं इसकी निरन्तरता आज भी बनी हुई है। इन तथ्यों से अगर हम सहमत हैं तो आधुनिक ज्योतिषविद्या को झूठ माना जाए या सच? यह क्या है—मिथक अथवा यथार्थ? इस विद्या का अगर वैज्ञानिक परीक्षण किया जाय तो यह मिथ्या से ज़्यादा मात्रा में आज प्रभावित प्रतीत होती दिखाई पड़ती है।

सच की तलाश

वैदिककाल के दौरान छोटे स्तर पर सामान्य ज्योतिष-विद्या (फलित ज्योतिष) का विकास हो चुका था; इसके विपरीत नक्षत्रों पर आधारित व्यक्ति-सम्बन्धी ज्योतिष *अथर्ववेद* के काल से ही पढ़ा जाने लगा था। भाव आदि नामों से मिलती हुई नाम-संख्याओं अथवा पारिभाषिक शब्दों का आरम्भ हो चुका था। जन्म के नक्षत्र पर आधारित भविष्यवाणियाँ की जाने लगी थीं। जन्म के नक्षत्र से दूर स्थित नक्षत्रों पर आधारित ज्ञान भी प्राप्त किया जाने लगा था। पूर्व मध्यकाल में फलित ज्योतिष (व्यक्ति का भविष्य जन्मकाल पर ही निश्चित हो जाता और उसकी नियति का पता कुंडली से लग सकता है) तेज़ गति से विकसित हुआ। ज्योतिष विद्या के प्रबल समर्थक वराहमिहिर ने बताया कि यदि राशियों का लक्षण शुभाशुभ हो तो सफलता की आशा रहती है किन्तु मनःशुद्धि हो तो सफलता अवश्य मिलती है। एक ओर सभी शकुन और

दूसरी ओर मनःशुद्धि–दोनों के युद्ध में मात्र वायु ही विजय या पराजय का कारण बन सकता है।

फलित ज्योतिष में पूर्णतः विश्वास के कारण लोगों ने अवतारों एवं नायकों की जन्म-पत्रिकाएँ भी निर्मित कर डालीं। आज वैज्ञानिक, दार्शनिक एवं धर्म-विशेषज्ञों ने फलित ज्योतिष को नाममात्र का महत्त्व प्रदान किया है। कुछ लोग इसकी खिल्ली उड़ाते हैं, कुछ लोग इसे अन्धविश्वास मानते हैं और कुछ अन्य इसे भ्रामक और ठगी का मार्ग बताते हैं।

ज्योतिष का मौलिक सिद्धान्त यह है कि सूर्य, चन्द्र तथा ग्रह हमारे जीवन को प्रभावित करते हैं और वैज्ञानिक दृष्टि से यह सत्य भी है, किन्तु यहाँ प्रश्न उठता है कि ज्योतिष-ग्रन्थों के ज्योतिष-सिद्धान्त क्या विज्ञान की कसौटी पर खरे उतरते हैं? जन्म-पत्र से जीवन की सभी बातों का पूर्ण लेखा-जोखा तार्किक रूप में प्रस्तुत करना मुश्किल है।

ज्योतिष से सम्बद्ध विषय कभी-कभी जड़वत् बुद्धि एवं अन्धविश्वास तथा अमानवीय परम्पराओं से प्रभावित रहते हैं। एक उदाहरण यहाँ प्रस्तुत है–आश्लेषा या ज्येष्ठा में उत्पन्न शिशु को लोग इसलिए फेंक दिया करते कि उन्हें *अथर्ववेद*[66] का हवाला देते हुए बताया जाता कि दिन में उत्पन्न ऐसा शिशु पिता की मृत्यु का कारण और यदि रात्रि में उत्पन्न होता तो माता की मृत्यु का कारण बनता था। यह प्रथा 17वीं सदी में भी प्रचलित रही। उस समय के ग्रन्थ *निर्णयसिन्धु* में लिखा है कि आश्लेषा (गंड) में उत्पन्न बच्चों का त्यागकर देना चाहिए अथवा पिता उसे छह मास तक बिलकुल नहीं देखे और न तो उस बच्चे की आवाज़ सुने। ज्योतिष ग्रन्थों में लिखित ये सारी बातें सही नहीं हैं, क्योंकि ज्येष्ठा और आश्लेषा में उत्पन्न बच्चों के माता-पिता लम्बी आयुवाले देखे गए हैं; स्वयं बच्चों पर भी कोई विपत्ति नहीं आई। ग्यारहवीं शताब्दी का ग्रन्थ *समरांगणसूत्रधार* में विशाखा, कृत्तिका, आश्लेषा, नैर्ऋत, वारुण, मघा, चित्रा, ज्येष्ठा और घनिष्ठा को **राक्षसगण** कहा गया है।

वराहमिहिर और उसके अनुयायियों की ज्योतिष विद्या काफ़ी सीमा तक पूर्वजन्म पर आधारित है; पूर्वजन्म में किए गए कर्मों की वैज्ञानिक जाँच अभी तक हो पाई है? इसके बावजूद करोड़ों लोग ऐसे हैं जिन्हें अपने पूर्वजन्म के सम्बन्ध में जानने की उत्सुकता बनी रहती है; वे भविष्य के सम्बन्ध में जानने के लिए भी उतने ही उत्सुक रहते हैं। जन्म-पत्री से भविष्य की जानकारी होती है–ऐसा ज्योतिष का विश्वास होता है। काश! ऐसा सच होता, किन्तु भविष्य की जानकारी प्राप्त कर लेना वैज्ञानिक सच नहीं। ज्योतिषियों द्वारा यह विश्वास दिला देना कि ग्रहों के कारण ही जीवन की गतियाँ रूप धारण करती जाती हैं, बड़ी भयंकर धारणा होगी, क्योंकि अपराधी ऐसा कह सकता है कि उसने जो

अपराध किया उसका उत्तरदायित्व उस पर नहीं, बल्कि ग्रहों के प्रभाव में आकर ही उसने यह अपराध किया है, जिसमें उसने कोई शक्ति का प्रयोग नहीं किया और उस पर उसका कोई अधिकार नहीं है। वह तो असहाय था, उसका क्या दोष है, आदि।

कुछ ज्योतिषी *भृगुसंहिता* को आधार बनाकर व्यक्तियों के पूर्व जन्मों एवं कर्मों को बता डालते हैं। *भृगुसंहिता* के बारे में कहते हैं, यह गंधमादन पर्वत पर भृगु द्वारा अपने पुत्र शुक्र को पढ़ाई गई। इसमें मेष, वृषभ, मिथुन एवं कर्क नामक चार लग्नों में प्रत्येक के 600 जन्म-पत्रों का उल्लेख है। प्रत्येक जन्म-पत्र के विषय में 15-20 श्लोक हैं जो एक ही लग्न (विवाह का दिन, मुहूर्त) में कई ग्रहों की विभिन्न स्थितियाँ बता डालते हैं। फलतः यह संभव प्रतीत नहीं होता कि एक लग्न में (मान लीजिए) जन्मे 600 व्यक्तियों का भविष्य मात्र 15-20 श्लोकों के सहारे पूर्ण रूप से जाना जा सके। लग्नों के रूप में 12 राशियाँ, राहु[67] एवं केतु[68] को मिलाकर नौ ग्रह और 12 भाव[69] हैं। यदि गणित का सहारा लिया जाय तो हज़ारों जन्म-पत्र बनेंगे और 15-20 श्लोकों में फल घोषित किए जाएँ तो हज़ारों श्लोक बन जाएँगे। अतः *भृगुसंहिता* से उद्धरण लेकर जन्म-पत्र का विवरण प्रस्तुत करना अवैज्ञानिक होगा।

अगर राशियों पर ध्यान दें तो पाते हैं कि कुछ तारागण मेष (भेड़) या वृषभ (बैल) आदि कहे जाते हैं, क्यों? आकाश में भेड़ और बैल तो हैं नहीं। पृथ्वी पर रहनेवाले कुछ निरीक्षकों (Invigilators) ने कल्पना की कि कुछ तारागण आँखों के सामने पशुओं, मानवाकृतियों एवं पौराणिक कल्पित जीवों के समान लगते हैं। *वृहज्जातक*[70] में राशियों का आकार इस प्रकार है—**मीन** दो मछलियों के रूप में; **कुम्भ** एक पुरुष के समान जो अपने कंधे पर खाली घड़ा लिए है; **मिथुन** एक पुरुष के रूप में जो हाथ में गदा एवं वीणा लिए एक नारी के साथ है; **धनु** उस पुरुष के समान है जिसके हाथ में धनुष और पैर घोड़े के पैर के समान है; **मकर** का रूप घड़ियाल के समान है जिसका मुख मृग का है; **तुला** पुरुष के समान है जिसके हाथ में तराजू है; **कन्या** नौका में स्थित कन्या के समान जिसके एक हाथ में अनाज की बाली एवं दूसरे में अग्नि है।

निश्चित तौर पर कह सकते हैं कि राशियों के नामकरण में कल्पनात्मक विचार एवं मनचाहे ढंगों का सहारा लिया गया है। मेष एवं मिथुन, जो पुरुष और नारी दोनों हैं, को पुलिंग (पुरुष) बताया गया। वृषभ तथा वृश्चिक को स्त्री बताया गया—ऐसा क्यों? इसका ठोस जवाब न देकर यही कहा जा सकता है कि राशियों को दो भागों में विभाजित करना था और समान रूपवाला बताने

के लिए किसी को पुरुष और किसी को स्त्री कह दिया गया। इसीलिए समरूपता के क्रम में मेष एवं कर्क को अस्थिर तथा सिंह और वृश्चिक को स्थिर कहा गया। सूर्य (सभी को प्रकाश देनेवाला एवं विश्व का आश्रयदाता), मंगल एवं शनि को क्रूर या पाप (दुष्ट) ग्रह कहा गया; वृहस्पति एवं शुक्र को शुभंकर एवं क्षयशील, और चन्द्र को अशुभंकर कहा गया। वृहस्पति तथा शुक्र दोनों चमकदार एवं श्वेत हैं किन्तु मंगल लाल (रक्त के रंग का) है।

सैद्धान्तिक रूप से शुभ ग्रह शुक्र सूर्य का शत्रु किन्तु दूसरा शुभग्रह वृहस्पति उसका (सूर्य) मित्र है–ऐसा क्यों? इतना ही नहीं, ये सम्बन्ध पारस्परिक सम्बन्धों पर आधारित नहीं है। चन्द्र का कोई शत्रु नहीं है, किन्तु शुक्र के दृष्टिकोण से शुक्र चन्द्र का शत्रु है। बुध (जो पौराणिक रूप से चन्द्र का पुत्र है) चन्द्र का मित्र है, किन्तु बुध के दृष्टिकोण के आधार पर चन्द्र उसका शत्रु है। एक और आश्चर्यजनक विषय यह है कि मनुष्य के समान ग्रह भी (मात्र सूर्य एवं चन्द्रमा को छोड़कर) आपस में युद्ध करते हैं। छोटे-छोटे ग्रह हैं।

जब कोई ज्योतिषी यह कहता है कि कोई ग्रह (मान लीजिए शुक्र) अपने घर (स्वगृह) में है, अर्थात् चन्द्र के साथ वृषभ में, तो इसका क्या तात्पर्य है? बृषभ राशि में कई तारे होते हैं, जिनमें सर्वाधिक ज्योतिर्मान रोहिणी है। प्रकाश एक सेकेंड में एक लाख 86 हज़ार मील चलता है और वर्तमान ज्योति:शास्त्र के अनुसार रोहिणी से पृथ्वी पर पहुँचने में उसे 57 वर्ष लगते हैं। स्थिति यों है–पृथ्वी पर का निरीक्षक चन्द्र, शुक्र एवं रोहिणी को एक-दूसरे के पास देखता है। आज के ज्योति:शास्त्र के अनुसार चन्द्र पृथ्वी से करीब 2 लाख 40 हज़ार मील, शुक्र इससे कुछ करोड़ मील तथा रोहिणी अरबों मील दूर है। केवल दूर रहने के कारणमात्र से वे अन्निकट दृष्टिगोचर होते हैं। यह एक ऐसी कठिनाई है जिसे ज्योतिषी भूल जाते हैं। जब कोई निरीक्षक आज रोहिणी को देखता है तो उससे जो किरणें दीख पड़ती हैं, वे वर्षों पूर्व वहाँ (रोहिणी) से चली थीं, किन्तु मंगल की किरणें अपने प्रस्थान से कुछ मिनटों में तथा चन्द्र की किरणें डेढ़ सेकेंड में दिख जाती है।

अग्निपुराण[71] के अनुसार पृथ्वी से सूर्य एक लाख योजन दूर, सूर्य से एक लाख योजन दूर चन्द्रमा, चन्द्रमा से एक लाख योजन की दूरी पर नक्षत्र–मंडल, नक्षत्र-मंडल से 2 लाख योजन की दूरी पर शुक्र, शुक्र से 2 लाख योजन की दूरी पर मंगल, मंगल से 2 लाख योजन की दूरी पर वृहस्पति, वृहस्पति से 2 लाख योजन की दूरी पर शनि, शनि से एक लाख योजन की दूरी पर सप्तर्षि तथा एक लाख योजन[72] की दूरी पर ध्रुव अवस्थित है। वराहमिहिर के पूर्वजों एवं स्वयं उसने मेष, वृषभ आदि राशियों को ज्योतिर्मंडल के किसी विशिष्ट

वृत्तांश में देखा और उन व्यक्तियों की मानसिक विशेषताओं एवं वृत्तियों के विषय में नियम प्रतिपादित किए जो तब उत्पन्न हुए थे जब चन्द्र मेष में था, अथवा उन व्यक्तियों के विषय में लिखा जो मेष या अन्य राशियों में उत्पन्न हुए थे, जब सूर्य, मंगल आदि ग्रह उन राशियों में थे। राशियाँ अपने स्थान से अदलती-बदलती रहती हैं। आज से 2 हज़ार वर्ष पहले जहाँ वृषभ राशि थी, वहाँ आज मेष राशि होगी। ऐसी स्थिति में ज्योतिषगणना कैसे ठीक हो सकती है, जबकि समय के व्यवधान से राशि-स्थलों में इतना परिवर्तन हो जाता है।

रामायण[73] में एक कथा है कि आयुर्वेदमय धर्मात्मा पुरुष प्रकट हुए। उनके एक हाथ में दंड और दूसरे में कमंडलु था। उनका नाम धन्वंतरि था। उनके प्रकट होने के बाद सागर से सुन्दर कान्तिवाली बहुत-सी अप्सराएँ प्रकट हुईं। मन्थन करने से ही **अप** (जल) में उसके रस से वे सुन्दरी स्त्रियाँ उत्पन्न हुई थीं, इसलिए **अप्सरा** कहलाईं। इनकी संख्या साठ करोड़ और उनकी दासियों की संख्या असंख्य थी। उन अप्सराओं को समस्त देवता और दानव कोई भी अपनी पत्नी के रूप में नहीं ग्रहण कर सकें, इसलिए वे **साधारणा**[74] मानी गईं। इसके बाद वरुण की कन्या वारुणी प्रकट हुई। वह सुरा की अभिमानिनी देवी थी और अपने को स्वीकार करनेवाले पुरुष की खोज करने लगी। दैत्यों ने उस वरुण कन्या सुरा को नहीं ग्रहण किया, परन्तु अदिति के पुत्रों ने इस अद्वितीय सुन्दरी को ग्रहण कर लिया (अर्थात् सुरा या शराब को ग्रहण किया)। सुरा से रहित होने के कारण ही दैत्य 'असुर' कहलाए और सुरा-सेवन के कारण ही अदिति के पुत्रों को 'सुर' संज्ञा हुई। सुरा-सेवन से देवता लोग हर्ष से 'उत्फुल्ल एवं आनन्दमग्न हो गए। *रामायण* की इस कथा से स्पष्ट है कि मदिरापान नहीं करनेवाले असुरों को बाद में चलकर दैत्य या दानव या दुष्ट बताया जाने लगा और मदिरापान करनेवाले सुर को देवता, मुनि और पण्डित कहा जाने लगा।

रामायण[75] में असुर को राक्षस कहा गया है। राक्षस को दैत्य भी कहा गया है।[76] इस महाकाव्य[77] में लिखा है कि जल से कमल प्रकट हुआ और कमल से प्रजापति ब्रह्माजी उत्पन्न हुए। ब्रह्माजी ने जल की सृष्टि और उसकी रक्षा के लिए अनेक जल-जन्तुओं को उत्पन्न किया। जल की रक्षा के लिए ब्रह्मा ने जल-जन्तुओं को आदेश किया। जिन्होंने जल की रक्षा करने की बात कही, वे **राक्षस** कहलाए और जिन्होंने जल की पूजा करने (यक्षण) की बात कही वे यक्ष नाम से विख्यात हुए। *रामायण* में वर्णित राक्षस को फलित ज्योतिष में हम कहाँ स्थान देंगे? राक्षस-कभी नायक और कभी खलनायक?

फलित ज्योतिष के विरुद्ध *रामायण*[78] में सर्वोच्च शक्तिशाली **समय** को बताया गया है। राम द्वारा लक्ष्मण को सच से परिचित कराते हुए बताया जाता

है कि यह **जीवन** ईश्वर के समान स्वतंत्र नहीं है; यहाँ कोई अपनी इच्छानुसार कुछ नहीं कर सकता। **काल**[79] पुरुष को इधर-उधर खींचता रहता है। समस्त संग्रहों का अन्त विनाश है। **लौकिक**[80] उन्नतियों का अन्त पतन है। **संयोग**[81] का अर्थ **वियोग**[82] और जीवन का अन्त मरण है। जैसे पके हुए फलों को पतन के सिवा और किसी से भय नहीं, उसी प्रकार उत्पन्न हुए मनुष्यों को मृत्यु के सिवा और किसी से भय नहीं है। जिस प्रकार मज़बूत खम्भेवाला मकान भी पुराना होने पर गिर जाता है, उसी प्रकार मनुष्य **जरा**[83] और **मृत्यु**[84] के वश में पड़कर नष्ट हो जाते हैं। समुद्र में जानेवाली नदियाँ फिर लौटकर नहीं आतीं। जो रात बीत जाती है, वह लौटकर फिर नहीं आती। दिन-रात लगातार बीत रहे हैं और इस संसार में सभी प्राणियों का नाश कर रहे हैं। इस तरह *रामायण* में किसी नक्षत्र, किसी राहु-केतु अथवा किसी राशि या ग्रह को समय से ज़्यादा बलवान नहीं माना गया और समय की महत्ता को राम ने स्वयं सर्वोच्च बताया है। इस स्थिति में फलित-ज्योतिषियों को राम से ऊपर स्थान देकर बुरे दिनों से बचने के लिए किसी रत्न को धारण कर लेना या किसी नाराज ग्रह को शान्त करने के लिए पूजा-पाठ को उचित मार्ग बताना तार्किक होगा?

इन विवेचनों से निष्कर्ष निकाल सकते हैं कि ज्योतिष के नियमों का उनके संकल्पों एवं क्रियाओं पर बहुत कम प्रभाव पड़ता है। मौर्यकाल और उससे पूर्व ज्योतिषीय विस्तार अधिक नहीं था। शकों के ज़माने में इस विद्या की थोड़ी लोकप्रियता बढ़ी और धार्मिक मान्यताएँ बोझिल होती गईं। जो लोग ऐसा विश्वास करते कि सभी घटनाएँ ग्रहों एवं तारों से प्रभावित एवं अभिभूत हैं, वे एक ओर भगवान के नियंत्रण को नगण्य ठहरा देते और मानव की स्वतंत्र इच्छाशक्ति को छीन लेते हैं। यदि ज्योतिषी ग्रहों के द्वारा निर्देशित घटनाओं को रोक नहीं सकते या उन्हें निरर्थक नहीं सिद्ध कर सकते तो उनके पूर्वज्ञान से क्या लाभ? यदि वे नियति की घटनाओं को रोक सकते अथवा उन्हें निरर्थक सिद्ध कर सकते हैं तो वे इस सिद्धान्त को किस प्रकार प्रश्रय दे सकेंगे कि ग्रहों से ही घटनाओं का जन्म होता है?

उपनयन एवं विवाह जैसे धार्मिक कृत्य किस सीमा तक ज्योतिषीय निर्धारणाओं पर आधारित रहे? गृह्यसूत्रों एवं मनु के कालों में ज्योतिषीय आवश्यकताएँ बहुत कम थीं। ग्यारहवीं शताब्दी में *राजमार्तंड* जैसे ग्रन्थों में विशिष्ठ स्थितियों में विवाह आदि के समय धार्मिक कृत्यों के लिए ज्योतिषीय व्यवस्थाओं को शिथिल कर देने की बात चलाई गई। आज के ज़माने में ज्योतिष एवं ज्योतिषियों की लोकप्रियता प्रायः धनाढ्य लोगों के बीच ज़्यादा है। शहरी लोग ज्योतिषी के रहस्यमय झोले से अपने मतलब की चीज़ पा लेने को उत्सुक रहते हैं। गाँव में जादू-टोना (तंत्र-मंत्र) ज़्यादा लोकप्रिय है।

दक्षिण भारत में चोलकाल और उत्तर भारत में पाल राजवंश के काल में नाराज़ ग्रहों को शान्त करने और पहले से एकत्रित वैभव एवं धन की सुरक्षा के उद्देश्य से बहुमूल्य रत्नजटिल अँगूठी धारण करने का रिवाज शुरू हुआ। गुप्तकाल के बाद क्रोधित ग्रहों को शान्त करने के लिए ज्योतिषियों द्वारा धार्मिक अनुष्ठान कराए जाने लगे और विरोधी ग्रहों को अनुकूल बनाने के लिए रत्न धारण किए जाने लगे। रत्न, ग्रह और ज्योतिषियों के बीच नवीन सम्बन्ध स्थापित हुए। रत्नों का हो सकता है कि वैज्ञानिक महत्त्व हो किन्तु व्यवहार में देखा गया कि निरन्तर रूप से यह अन्धविश्वास मात्र को प्रोत्साहित करते रहा है।[85]

सन्दर्भ-ग्रन्थ

1. **Astrology** is the study of motions and relative positions of the planets, sun and moon, interpreted in terms of human characteristics and activities.
2. *शतपथ ब्राह्मण*, 2.1.2.18
3. **Astronomy** is the Scientific Study of the individual celestial bodies (excluding the earth) and of the universe as a whole.
4. Ekendra Nath Ghosh, 'Studies in Rigvedic Deities - Astronomical and Meteorological', *Journal of Asiatic Society of Bengal*, 1932
5. चित्रा, कृत्तिका, रोहिणी, मृगशिरस्, आर्द्रा, पुनर्वसु, सुनृता, पुष्य, आश्लेषा, मघा, पूर्वाफाल्गुनी, स्वाति, हस्त, राधस्, विशाखा, अनुराधा, ज्येष्ठा, मूल, अषाढ़ा, उत्तराफाल्गुनी, अभिजित, श्रवण, अविष्ठा, शतभिषक, प्रोष्ठापदा, रेवती, अश्वयुज और भरणी।
6. सत्यप्रकाश, *वैज्ञानिक विकास की भारतीय परम्परा*, पटना, 1954, पृ. 29
7. *ज्ञान शब्दकोश* (सं.) मुकुन्दीलाल श्रीवास्तव, ज्ञानमंडल लिमिटेड, वाराणसी, 1986 पृ. 223
8. *वही*, पृ. 24 एवं 535
9. *बृहत्संहिता*, 2. 7-9
10. जन्मपत्री; तंत्र को गणित या सिद्धान्त भी कहते हैं।
11. फलित ज्योतिष का वह अंग जिससे नवजात शिशु का शुभाशुभ कहा जाता है।
12. शुभघड़ी
13. दिन और रात अथवा दो सूर्योदयों के बीच का समय
14. धार्मिक कृत्य करानेवाला
15. *ऋग्वेद*, 2.8.5; 3.23.4; 2.21.6; 4.37.1; 7.88.4 और 10.70.1
16. *अथर्ववेद*, 6.110. 2-3
17. *ऋग्वेद*, 3.1.62 Students of the heavens are separable into astronomers and astrologers as readily as are the minor domestic ruminants into sheep and goats, but the separation of philosophers into sages and cranks seems to be more sensitive to frames of reference. A liar should have a good memory.
18. *सेक्रेड बुक ऑफ द ईस्ट*, जिल्द 11, पृ. 196-98; *दीघनिकाय*, (अनु.) राहुल सांकृत्यायन, महाबोधिसभा, सारनाथ (बनारस), 1936 जिल्द 1, पृ. 68

19. *कौटिलीयम् अर्थशास्त्रम्*, व्याख्याकार, वाचस्पति गैरोला, चौखम्बा, वाराणसी, 1984, पृ. 789 एवं 800
20. प्रभुदयाल अग्निहोत्री, *पतंजलिकालीन भारत*, पटना, 1963, पृ. 486
21. *वही*
22. *तैत्तिरीय ब्राह्मण*, 3.1.41
23. *वही*
24. *बृहत्संहिता*, व्याख्याकार डॉ. सुरेशचन्द्र मिश्र, रंजन पब्लिकेशन, नई दिल्ली, 1997 पृ. 17 वराहमिहिर का जन्म करीब 485 ई. में हुआ था। 560 ई. के आसपास उसने इस ग्रन्थ की रचना की (वही, पृ. 14)
25. *वही*, सांवस्तरसूत्राध्याय 2, श्लोक 16, पृ. 47
26. *वही*, 2.12-15, पृ. 46-47
27. *वही*, राहुचाराध्याय, श्लोक 1-8, पृ. 80-83
28. *वही*, 79.1-19; 8-1036; 81.1-11 और 82.1
29. *रत्नमाला*, 10. 15-29
30. *बृहत्संहिता*, 5. 8-13
31. असुर को *रामायण* (गीता प्रेस, गोरखपुर, जिल्द 2, उत्तरकांड, सर्ग 62, श्लोक 6) में राक्षस कहा गया है। राक्षस को दैत्य (*वही*, सर्ग 61, श्लोक 3) भी कहा गया है। इसी महाकाव्य (उत्तरकांड, सर्ग 4, श्लोक 9-13) में लिखा है कि जल से कमल प्रकट हुआ और कमल से प्रजापति ब्रह्माजी उत्पन्न हुए। ब्रह्माजी ने जल की सृष्टि और उसकी रक्षा के लिए अनेक जल-जन्तुओं को उत्पन्न किया। जल की रक्षा के लिए ब्रह्मा ने जल-जन्तुओं को आदेश किया। जिन्होंने जल की रक्षा करने की बात कही वे **राक्षस** कहलाए और जिन्होंने जल की पूजा करने (यक्षण) की बात कही वे **यक्ष** नाम से विख्यात हुए।
32. *योगयात्रा*, 9. 1-3 एवं 10
33. सांघातिक का अर्थ एक दल अथवा व्यक्ति-समूह होता है।
34. मृत्यु अथवा नाश से सम्बद्ध
35. प्रथम, 10वां, 16वां, 18वां, 23वां और 25 वां
36. *Vishnudharmottara- Purana*, English translation of First Khand by Dr. Priyabala Shah, Parimal Publications, Delhi, 2005, pp. 199-214
37. *सारावली*, 5.2
38. *वृहद्योगयात्रा*, 3.19-20 इस ग्रन्थ की रचना 520 ई. के आसपास वराहमिहिर ने की थी।
39. *वृहज्जातक*, 2. 21; *याज्ञवल्क्यस्मृति*, 1.300-301; 1. 2-18
40. *वही*, 2.15-17
41. इन तथ्यों की तुलना तत्कालीन सामन्तवादी व्यवस्था और सामंतों की दशा से की जा सकती है।
42. *अग्निपुराण*, हिन्दी अनुवादक–तारिणीश झा एवं डॉ. घनश्याम त्रिपाठी, हिन्दी साहित्य सम्मेलन, प्रयाग, 12 सम्मेलन मार्ग, इलाहाबाद, 1998, अध्याय 121, श्लोक 32-40.

43. *वही*, 121.59-60
44. *वही*, 121. 61-79
45. *वही*, 130. 1-10
46. *याज्ञवल्क्यस्मृति*, 1.3.13
47. *बृहत्संहिता*, 2.1, पृ. 39-40
48. *वही*, 2.2 पृ. 40-41
49. *वही*
50. *वही*, 1.3, पृ. 41-42
51. एक राशि में 30 अंश हैं। जितने समय में सूर्य 1 अंश भोगता है, वह सौर दिन, 30 सौर दिनों का 1 सौर मास होता है। ऐसे ही 12 सौर मासों या सूर्य के 12 राशि भोग काल को **सौरवर्ष** कहते हैं। *वही*, 1.4, पृ. 42
52. किसी भी तारे या नक्षत्र के एक बार उदय से लेकर अगले उदय तक ही अवधि **सावन** दिन होती है। जैसे एक सूर्योदय से अगले सूर्योदय के समय तक का मान **सौर सावन दिन** कहलाता है। जन्मपत्रों में अहोरात्र मान 60.00 घड़ी या 24 घंटे जो लिखा जाता है, वह सावन ही है।
53. जितने समय में चन्द्रमा 1 नक्षत्र भोगता है, वह **नाक्षत्र दिन** है। सम्पूर्ण नक्षत्र चक्र (27 नक्षत्र) का भोग काल नाक्षत्र मास, 12 नाक्षत्र मासों का 1 नाक्षत्र वर्ष होता है। नाक्षत्र मास 27 दिन 7 घंटे, 43 मिनट 12 सेकेंड के लगभग होता है।
54. एक सौर वर्ष में 12 सौर मास तथा 365.25875 मध्यम सावन दिन होते हैं, लेकिन 12 चान्द्रमासों वाला वर्ष सौर वर्ष की अपेक्षा 10.89170 मध्यम सावन दिन छोटा होता है। इसीलिए करीब 33 महीनों के भीतर यह अन्तर 1 चान्द्रमास के बराबर हो जाने पर, उस सौर वर्ष में 13 चान्द्रमास होते हैं। यही **अधिक मास** कहलाता है। इसे ही **मलमास** अथवा पुरुषोत्तम मास भी कहते हैं।
55. सावन दिनों की संख्या से चान्द्र दिन या तिथियाँ जितनी अधिक होती हैं, वे ही **क्षय तिथियाँ** हैं। जिस शुक्लादि चान्द्रमास में सूर्य की संक्रान्ति न हो तो वह अधिक मास तथा 1 चान्द्रमास में दो बार सूर्य संक्रान्ति हो जाए तो **क्षयमास** होता है। क्षयमास कार्त्तिक, मार्गशीर्ष या पौष में ही होता है। जिस वर्ष में 1 क्षय मास हो, तब उस वर्ष में 2 अधिक मास होते हैं।
56. *बृहत्संहिता*, 1. 5-6, पृ. 43-44
57. *वही*, 1. 6-7, पृ. 43-44
58. *वही*, 1.8, पृ. 44
59. *वही*, 1.9, पृ. 44-45
60. *वही*, 1.10.46
61. *वही*, 1.11.46
62. *वही*, 1.12.46
63. *वही*, 1.13.46
64. *वही*, 1.14. 46-47
65. *वही*, 1.15.47

66. *अथर्ववेद*, 6.110. 2–3
67. नौ ग्रहों में से एक
68. सौरमंडल का नौवाँ ग्रह जो पुराणों के अनुसार सैहिकेय राक्षस का सिर।
69. जन्मकुंडली के विभिन्न स्थान (तनु, घन आदि)।
70. *वृहज्जातक* (वराहमिहिर), 1.5; *वामनपुराण*, 5. 49–51; चीन में 12 राशियाँ–चूहा, बैल, व्याघ्र, खरगोश, नाग (अग्नि फेंकता साँप), सर्प, अश्व, भेड़, बन्दर, मुर्गी, कुत्ता एवं सुअर हैं।
71. *अग्निपुराण*, 120.7–10; इस पुराण की रचना 800 ई. और 1500 ई. के बीच हुई।
72. दो से आठ कोस तक की दूरी को एक **योजन** कहते हैं। देखें, मुकुन्दीलाल श्रीवास्तव, *ज्ञान शब्दकोश*, पृ. 669; अशोक के त्रयोदश शिला अभिलेख (शाहबाजगढ़ी पाठ) में **योजन** शब्द की चर्चा है। इस सम्बन्ध में प्रभात कुमार मजूमदार (*भारत के प्राचीन अभिलेख*, रिसर्च, दिल्ली 1979, पृ. 64) बताते हैं कि योजन शब्द का शाब्दिक अर्थ है–वह दूरी, जो बैल, एक भरी हुई गाड़ी को एक दिन में खींचकर ले जाए। योजन शब्द का प्रयोग उस दूरी के लिए किया जाता जिसे राजा की सेना एक दिन में चलकर पूरा कर ले। एक योजन करीब चौदह मील के बराबर होता है। कौटिल्य के अनुसार एक योजन चार कोस अथवा 8 मील था (*वही*, पृ. 93)।
73. *बालकांड*, 45. 31–38.157
74. वेश्या (शरीर बेचकर जो जीविका चलाए अथवा अर्जन करे।)।
75. *उत्तरकांड*, सर्ग 62 श्लोक 6, गीता प्रेस, गोरखपुर, पृ. 833
76. *वही*, 61.3, पृ. 831
77. *वही*, 4.9–13, पृ. 671–72
78. *अयोध्याकांड*, 105, 15–18.518
79. समय, अवसर
80. सांसारिक
81. मिलन, मेल, घनिष्ठ संपर्क
82. विच्छेद, पार्थक्य, विरह, छुटकारा
83. बुढ़ापा, बुढ़ापे से पैदा हुई कमजोरी
84. प्राणवियोग; शरीर के भीतर की जीवनाधाररूपी वायु जिसके पाँच भेद माने गए हैं–प्राण, अपान (भीतर को खींची जानेवाली साँस), व्यान (शरीरस्थ पाँच वायुयों में से एक), उदान (प्राणवायु के पाँच भेदों में से एक जिसका स्थान कंठ और गति हृदय से कंठतालु तक हैं।) और समान।
85. शंकर बालकृष्ण दक्षित (मराठी) *हिन्दू ज्योति:शास्त्र का इतिहास*, पूना, 1896 (पुन: संपादित 1931); डेविड, 'एस्ट्रानॉमिकल कम्प्यूटेशंस ऑफ द हिन्दूज,' *एशियाटिक रिसर्चेज*, जिल्द 3, पृ. 209–77; वेंटली, 'हिस्टॉरिकल व्यू ऑफ हिन्दू एस्ट्रानॉमी' *वही*, जिल्द 6, पृ. 537–88; कोलब्रुक, *मिसलेनियस एसेज*, जिल्द 2, पृ. 321–73। इस विषय पर जर्विस, बर्मेस व्हिटनी, वेबर, मैक्समूलर, बालगंगाधर तिलक, थिबो, मेनन और दफ़्तरी आदि विद्वानों ने स्वतंत्र शोधलेख एवं पुस्तकों की रचना की है।

Superstition is the religion of feeble minds.

अध्याय-3

लल्ल

पूर्व मध्यकाल में लल्ल एक वैज्ञानिक दृष्टिवाले व्यक्ति थे। इन्होंने एक अति प्रसिद्ध ग्रन्थ की रचना की जिसका नाम *शिष्यधीवृद्धिद् तंत्र* है जो *आर्यभटीय* के आधार पर लिखा गया है। इस ग्रन्थ में अंकगणित और बीजगणित सम्बन्धी अध्याय नहीं हैं, केवल ज्योतिष सम्बन्धी हैं। श्लोकों की संख्या 1000 है और उदाहरण देकर सिद्धान्त भली प्रकार समझाए गए हैं। लल्ल ने *रत्नकोश* नाम का एक मुहूर्त्तग्रन्थ भी लिखा था।

अध्याय-4

वाग्भट

चरक और सुश्रुत के अनन्तर तीसरा नाम जो भारतीय आयुर्वेद में अति उल्लेखनीय है, वह वाग्भट है। वैसे तो वाग्भटों का पता चलता है, एक तो *अष्टांग-संग्रह* का रचयिता और दूसरा–*अष्टांग-हृदय-संहिता* का। इन दोनों ने अपने ग्रन्थों में अपने पिता का एक ही नाम दिया, इसलिए दोनों के नामों में गड़बड़ी हो जाती है। इनमें से जो ज्येष्ठ वाग्भट है, अर्थात् वृद्ध वाग्भट वह 'सिहगुप्त' का पुत्र है और उसके बाबा का नाम भी वाग्भट है, अर्थात् वृद्ध वाग्भट प्रसिद्ध बौद्ध 'अवलोकित' का शिष्य था। इस वाग्भट ने गद्य-पद्य-मिश्रित अपना ग्रन्थ *अष्टांग संग्रह* लिखा। प्राकृत साहित्य में यह वाग्भट 'बाइट' नाम से प्रख्यात है और इसका गुरु 'संधगुप्त' है। कनिष्ठ वाग्भट भी वृद्ध वाग्भट की सन्तति में से कोई है। यह भी बौद्ध परम्परा का मालूम होता है। इसने वृद्ध वाग्भट के ग्रन्थ को देखकर अपना ग्रन्थ *अष्टांगहृदयसंहिता* बनाया। इस ग्रन्थ का तिब्बती भाषा में भी अनुवाद हुआ। इसके ग्रन्थ पद्य में हैं। दोनों वाग्भटों के बीच में 80–100 वर्ष का अधिक-से-अधिक अन्तर रहा होगा। चरक और सुश्रुत (उत्तरतंत्र सहित) से दोनों ग्रन्थों में उद्धरण लिए गए हैं। इत्सिंग ने वृद्ध वाग्भट का अपने लेख में उल्लेख किया है। (उसने ऐसे व्यक्ति का उल्लेख किया है, जिसने अभी कुछ समय पहले आयुर्वेद के अष्टांगों का संकलन किया है) *गरुड़ पुराण* में *अष्टांगहृदय* और *अष्टांगसंहिता* के निदानस्थान के श्लोकों के उद्धरण हैं।

वाग्भट संभवतः सिन्ध का था और सातवीं शताब्दी में यह रहा होगा। उसने कई नई औषधियों का आविष्कार किया और शल्यकर्म में भी नई विधियाँ प्रचलित कीं। कनिष्ठ वाग्भट के *अष्टांगहृदय* में आठ खंडों में 120 अध्याय और 7444 श्लोक हैं। ऐसा प्रतीत होता है कि वाग्भट के समय कुछ रूढ़िवादिता आरम्भ हो गई थी। लोग पुराने ग्रन्थों में आस्था रखते थे और नवीन ग्रन्थरचना के विरोधी थे।

अध्याय-5

ब्रह्मगुप्त

ज्योतिष के आचार्यों में ब्रह्मगुप्त का स्थान ऊँचा है। प्रसिद्ध भास्कराचार्य ने इनको 'गणकचक्रचूड़ामणि' कहा है और इनके मूलांकों को अपने *सिद्धान्तशिरोमणि* का आधार माना है। इनके ग्रन्थों का अनुवाद अरबी भाषा में भी कराया गया था–*अस् सिन्ध हिन्द ब्राह्मस्फुटसिद्धान्त* का अनुवाद है, और 'अल् अर्कन्द' *खंडखाद्यक* का। इनका जन्म 653 वि. में हुआ और 685 वि. में इन्होंने *ब्राह्मस्फुटसिद्धान्त* की रचना की। इन्होंने स्थान-स्थान पर लिखा है कि आर्यभट, श्रीषेण, विष्णुचन्द्र आदि की गणना से ग्रहों का स्पष्ट स्थान शुद्ध-शुद्ध नहीं आता, इसलिए वे मान्य नहीं। किन्तु *ब्राह्मस्फुटसिद्धान्त* से दृग्गगणितैक्य होता है, इसलिए यह मान्य है।

ब्राह्मस्फुटसिद्धान्त में 24 अध्याय हैं और 1008 आर्याछन्द हैं (ध्यानग्रहोप-देशाध्याय के 72 छन्द इससे पृथक् हैं)–मध्यमाधिकार, स्पष्टाधिकार, त्रिप्रश्नाधिकार, चन्द्रग्रहणाधिकार, सूर्यग्रहणाधिकार, उदयास्ताधिकार, चन्द्रशृंगोन्नत्याधिकार, चन्द्रच्छयाधिकार, ग्रहयुत्यधिकार, भग्रहयुत्यधिकार, तंत्रपरीक्षाध्यान, गणिताध्याय, मध्यगति उत्तराध्याय, स्फुटगति उत्तराध्याय, त्रिप्रश्नोत्तराध्याय, ग्रहणोत्तराध्याय, शृंगोन्न्त्युत्तराध्याय, कुट्ठकाध्याय, शंकुच्छायादि ज्ञानाध्याय, छन्दश्चित्युत्तराध्याय, गोलाध्याय, यंत्राध्याय, मानाध्याय और संज्ञाध्याय।

गणित की दृष्टि से इनमें से गणिताध्याय और कुट्ठकाध्याय बड़े महत्त्व के हैं। *ब्राह्मस्फुटसिद्धान्त* न केवल ज्योतिष का, प्रत्युत बीजगणित, अंकगणित और क्षेत्रमिति का भी उच्चकोटि का ग्रन्थ है।

ब्रह्मगुप्त ने *खंडखाद्यक* शक 587 में अपनी 69वें वर्ष की आयु में लिखा। यह ग्रन्थ *आर्यभटीय* सिद्धान्तों के आधार पर है। इसमें 10 अध्याय हैं और इनमें नक्षत्रादिकों की गणना के महत्त्वपूर्ण नियम दिए हुए हैं। अरब और तुर्क देशों तक ब्रह्मगुप्त की ख्याति थी।

अध्याय-6

महावीराचार्य

महावीराचार्य दक्षिण भारत के मैसूर[1] राज्य के राष्ट्रकूट राजा अमोघवर्ष नृपतुंग (814–877) के शासनकाल के समय थे। जैन गणितज्ञ होने के नाते उन्होंने गणित को गणित के रूप में लेकर अध्ययन किया, न कि ब्राह्मण परम्परा के समान ज्योतिष के अंग के रूप में। उनकी *गणित सार-संग्रह* पुस्तक गणित के प्रश्नों का समाधान सरल व सीधे तरीके से करती है। लेकिन वे ब्राह्मण गणितज्ञों के, विशेषकर ब्रह्मगुप्त के, कार्य से परिचित थे, क्योंकि उन्होंने कई ऐसी समस्याओं को लिया जिसे ब्रह्मगुप्त ने उठाया था। महावीराचार्य की पांडुलिपियाँ तेलगू एवं कन्नड़ भाषा में मिलती हैं, यानी वे दक्षिण भारत में प्रचलित थीं। तभी भास्कराचार्य व उत्तर भारत के अन्य विद्वान उनका उल्लेख नहीं करते हैं।

गणितसार-संग्रह में 9 अध्याय हैं, जिनमें वर्ग, घन, वर्गमूल, घनमूल, समानान्तर एवं गुणोत्तर श्रेणियों का योग, भिन्न, त्रैराशिक नियम, अनिर्णेय समीकरण, द्विघाती समीकरण आदि हैं। उसने शून्य के साथ विभिन्न गणितीय क्रियाएँ समझाईं, लेकिन उसकी यह मान्यता ग़लत है कि शून्य द्वारा विभाजित कोई भी संख्या अपरिवर्तित रहती है। उसके द्वारा प्रयुक्त सूत्र से p का मान 3.0375 होता है।

सन्दर्भ-ग्रन्थ

1. मैसूर का नाम महिषासुर दैत्य के नाम पर प्रसिद्ध है। कहते हैं, देवी चंडी ने महिषासुर का वध इसी स्थान पर किया था।

अध्याय-7

वतेश्वर

आर्यभट के अनुयायी वतेश्वर ने ब्रह्मगुप्त की उतनी ही आलोचना की जितनी ब्रह्मगुप्त ने आर्यभट की। *वतेश्वर-सिद्धान्त* के दसवें अध्याय में यह आलोचना है। वतेश्वर पंजाब में आनन्दपुर[1] के निवासी महादत्त भट्ट के पुत्र थे। उनका जन्म करीब 880 ई. में हुआ था। वतेश्वर की पुस्तक के तीन प्रमुख भाग हैं–*मध्य गणना; स्पष्ट गणना; दिशा, देश और काल*।

सन्दर्भ-ग्रन्थ

1. आनन्दपुर की विशेष ख्याति उसके सिख खालसा पंथ का जन्मस्थान होने के कारण है। सिखों के दसवें गुरु गोविन्द सिंह ने हिन्दुओं की रक्षा के लिए खालसा पंथ की स्थापना करके सिख-सम्प्रदाय को संगठित रूप प्रदान किया। गुरुगोविन्द सिंह ने ही आनन्दपुर ग्राम का नामकरण किया था।

अध्याय-8

मंजुल

मुंजाल या मंजुल ने *लघुमानस* ग्रन्थ लिखा जिसमें ज्योतिष सम्बन्धी 8 अध्याय हैं। यह *बृहन्मानस* नामक ग्रन्थ का संक्षिप्त रूप है, जैसा अलबरूनी लिखते हैं। मुंजाल का समय 932 ई. है। तारों का निरीक्षण करके उन्होंने अयन गति के बारे में सबसे पहले कहा। उनके अनुसार, एक कल्प में अयन के 199669 भगण होते हैं। इससे अयन की वार्षिक गति 1 कला के लगभग आती है।

अध्याय-9

आर्यभट द्वितीय

आर्यभट द्वितीय ने ज्योतिष और गणित से सम्बद्ध *महासिद्धान्त* नामक ग्रन्थ की रचना करीब 950 ई. में की। अपने ग्रन्थ में उसने अयनचलन पर विस्तृत प्रकाश डाला है। उसने अयनबिन्दु पर विस्तृत चर्चा की है। उसने अयनबिन्दु की वार्षिक गति 173 बिकला बताई है जो बहुत अशुद्ध है (अयन की वार्षिक गति 0 से 173 बिकला तक कोई भी हो सकती है)। इससे सिद्ध होता है कि आर्यभट का समय वह था जब अयनगति के सम्बन्ध में हमारे सिद्धान्त निश्चित नहीं हो पाए थे। 'मुंजाल' के *लघुमानस* में अयनचलन के सम्बन्ध में स्पष्ट उल्लेख है जिसके अनुसार एक कल्प में अयनभगण 199669 होता है (आर्यभट ने 578159 माना है), जो वर्ष में 499 बिकला होता है। 'मुंजाल' का समय 854 शक (932 ई.) है। आर्यभट का समय इससे पूर्व 800 शक के लगभग होगा।

द्वितीय आर्यभट ने संख्याओं को लिखने की जो विशेष पद्धति बताई है, वह 'कटपयादि' पद्धति कहलाती है। इस पद्धति में मात्राओं के लगाने से संख्या में कोई भेद नहीं माना जाता। किस संख्या के लिए कौन-कौन अक्षर प्रयुक्त होते हैं, यह यहाँ दिया जाता है :

1	2	3	4	5	6	7	8	9	10
क	ख	ग	घ	ङ	च	छ	ज	झ	ञ
ट	ठ	ड	ढ	ण	त	थ	द	ध	न
प	फ	ब	भ	म					
य	र	ल	व	श	ष	स	ह		

उदाहरण के लिए-1 कल्प में चन्द्रमा के भगण = म थ थ म गग्ल भ न नु ना
= 5 7 7 5 333 4 0 0 0

आर्यभट द्वितीय के *महासिद्धान्त* में 18 अधिकार हैं और लगभग 625 आर्याछन्द हैं। गोलाध्याय नामक 14वें अध्याय में पाटीगणित के प्रश्न हैं, 15वें अध्याय में 120 आर्या हैं, जिनमें पाटीगणित, क्षेत्रफल, घनफल आदि विषय हैं।

अध्याय-10

श्रीधर

श्रीधर ने *पाटीगणित* तथा *त्रिशतिका* की रचना की थी। गुणा हेतु उसने एक नए पद 'प्रत्युत्पन्न' का प्रयोग किया तथा 'कपाट-सन्धि विधि' का विशद् वर्णन किया। भास्कर के अनुसार श्रीधर ने द्विघाती समीकरणों के समाधान की एक विधि खोजी थी, जिससे दोनों पक्षों में अ2 गुणांक का चार गुणा का गुणा करना होता है। यह विधि उसकी अंकगणित में भी मिलती है। श्रीधर का समकालीन श्रीपति (लगभग 1000ई.)[1] अपनी *गणित-तिलक* के कारण प्रसिद्ध था।

सन्दर्भ-ग्रन्थ

1. Ghaznavids armies began raiding and pillaging cities in north India.

अध्याय-11

गोविन्दपाद

भिक्षु गोविन्द अथवा भगवद् गोविन्दपाद ने ग्यारहवीं शताब्दी के लगभग *रसहृदय* की रचना की थी। यह किरातदेश[1] के राजा मदनरथ के आग्रह पर लिखी गई थी, अर्थात् भूटान के निकट। गोविन्दपाद मंगलविष्णु का नाती और सुमनोविष्णु का पुत्र था। 'श्रीमान् कुरलवंश पयोधि सुधाकर मिश्र महेशात्मज की चतुर्भुज विरचित' भी प्राप्त है। *रसहृदय* में एकविंश (21) पटल हैं।

(1) सूत्र (पारा) काञ्जिक क्वा (Sour gruel) से प्रतिकृत करके यदि पातन यंत्र में उड़ाया जाए, तो यह नाग और बंग दोनों से मुक्त हो सकता है।

सन्दर्भ-ग्रन्थ

1. *महाभारत* के सभापर्व और *विष्णुपुराण* के अनुसार पूर्व बंगाल और असम के जंगली एवं पहाड़ी इलाके में किरातदेश अवस्थित था।

अध्याय-12

श्रीपति

श्रीपति के चार ग्रन्थ हैं : *सिद्धान्तशेखर*, *धीकोटिकरण*, *रत्नमाला* (मुहूर्त ग्रन्थ) और *जातक पद्धति* (जातक ग्रन्थ) *धीकोटिकरण*, गणित का ग्रन्थ है, जिसमें 961 शक् की चर्चा है, इसलिए श्रीपति का समय इसके आसपास का 1039 ई. का हो सकता है। इसने रविमार्ग की तिर्यकता के कारण होनेवाली कठिनाइयों की चर्चा की।

अध्याय-13

चक्रपाणिदत्त

चक्रपाणिदत्त या चक्रदत्त ने कई ग्रन्थों की रचना की। ये गौड़ नरेश नयपाल (लगभग 1040[1] ई.) के कर्मचारी नारायण के कनिष्ठ पुत्र थे। *चरकसंहिता* पर *चक्रतत्त्वदीपिका* और *सुश्रुतसंहिता* पर *भानुमति* टीका लिखने के अलावा चक्रपाणिदत्त ने *चिकित्सारसंग्रह, चक्रदत्तचिकित्सा कोश* और *मुक्तावली* (चिकित्सीय भेषजों की प्रकृति व द्रव्य गुण विषय पर) नामक ग्रन्थ लिखा है। अपनी रचनाओं में चक्रपाणिदत्त ने चरक, सुश्रुत, वाग्भट, वृन्द, नागार्जुन का स्मरण और उन्हें अपनी सूचना का मूल स्रोत माना है।

सन्दर्भ-ग्रन्थ

1. In 1040 Seljuk Turks defeated the Ghaznavids and invaded Persia.

अध्याय-14

अलबरूनी

अलबरूनी (973-1048) का पूरा नाम अबू रिहान मोहम्मद इब्न अलबरूनी था। उसका जन्म चूँकि Birun में हुआ इसलिए वह बरनी कहलाया। वह ख़्वारिज़्म (आधुनिक खीवा) का रहनेवाला था। अत: उसकी मातृभाषा ख़्वारिज़्म थी। फ़ारसी और तुर्की का मिश्रित ख़्वारिज़्म है। क़ायदे से भारत और ब्राह्मणवादी परम्परा का अध्ययन करनेवाला वह पहला मुस्लिम विद्वान था। वे ब्राह्मण, जिनके पास अलबरूनी ने शोध किया, वे रूढ़िवादी होते हुए भी बुद्धिमान और जागरूक थे। उसी के नाम पर ताशकन्द टेकनिकल यूनिवर्सिटी का नाम पड़ा। कपिशा में अहमदशाह मसूद ने अलबरूनी के नाम पर एक विश्वविद्यालय की स्थापना की थी। विश्वप्रसिद्ध चिकित्सक इब्नसीना का वह समकालीन था।

146 पुस्तकों का लेखक अलबरूनी था। उसने ज्योतिष अथवा खगोलविद्या पर 35, नक्षत्र विद्या पर चार, फलित ज्योतिष (Astrology) पर 23, Chronology अर्थात् घटनाओं के घटित होने के क्रमबद्ध ब्योरे पर पाँच, Time Measurment अर्थात् समय-मापन की प्रणाली पर दो, भूगोल पर नौ, भूमंडल मापन प्रणाली (Geodesy) पर दस, Mathematics अर्थात् गणितशास्त्र पर 15, Mechanics अर्थात् यंत्रों या मशीनों की कार्य पद्धति का वैज्ञानिक अध्ययन पर दो, औषध विज्ञान पर दो, Meteorology अर्थात् मौसम विज्ञान पर एक, Mineralogy and Jems अर्थात् खनिजशास्त्र एवं कीमती पत्थरों पर दो, भारत पर दो, Religion and Philosophy अर्थात् धर्म एवं दर्शन पर तीन, साहित्यिक कार्य (Literary Works) पर सोलह, जादू (Magic) पर 2 और अन्य विषयों पर नौ ग्रन्थों की रचना की। इन सभी 146 ग्रन्थों में से मात्र 22 उपलब्ध हैं; इनमें से भी मात्र तेरह ग्रन्थों का प्रकाशन हो पाया है, जिनमें से 6 ग्रन्थ Astronomy मात्र पर हैं।

आक्षांश और देशान्तर की गहरी जानकारी के आधार पर उसने 8 अप्रैल, 1019 को सूर्यग्रहण और 17 सितम्बर, 1019 को चन्द्रग्रहण की भविष्यवाणी की थी जो सच साबित हुई। अलबरूनी इस तरह ग्यारहवीं शताब्दी का प्रसिद्ध

इतिहासकार, भूगोलवेत्ता, गणितज्ञ, ज्योतिर्विद और चिकित्सा विशारद् था। सुल्तान महमूद गजनवी (997-1030) के समय उसे कैदी अथवा बन्धक के रूप में गजनी लाया गया। महमूद गजनवी की सेना के साथ वह भारत आया और कई वर्षों तक पंजाब में रहा (अलबरूनी का अर्थ उस्ताद होता है।)। वह महान विद्वान था। भारत में रहकर उसने संस्कृत पढ़ी और हिन्दू दर्शन तथा दूसरे शास्त्रों का अध्ययन किया। इसी अध्ययन के आधार पर उसने *तहकीक-ए-हिन्द* अर्थात् *भारत की खोज* नामक पुस्तक की रचना की। इसमें हिन्दुओं के इतिहास, चरित्र, आचार-व्यवहार, परम्पराएँ और वैज्ञानिक ज्ञान का विशद् वर्णन है। उसकी अनेक पुस्तकें अप्राप्य हैं किन्तु जो मिलती हैं उनमें सचाऊ द्वारा अंग्रेजी भाषा में अनूदित *The Chronology of Ancient Notions* अर्थात् *पुरानी कौमों का इतिहास* उसकी विद्वता को सिद्ध करने के लिए पर्याप्त है।

ईरान और गजनी के मुसलमान शासकों का संरक्षण प्राप्त होने के बावजूद अलबरूनी को अपनी विज्ञान-साधना में अनेक कष्ट भोगने पड़े थे और ऐसा आभास उसकी रचनाओं से बार-बार मिलता है। वह लिखता है-"उच्च शिक्षा, कई भाषाओं का ज्ञान, दीर्घ जीवन और देश-देशान्तर की यात्रा के लिए ख़र्च कर सकना, और आवश्यकतानुसार पुस्तकें और यंत्रादि खरीदने की क्षमता वैज्ञानिक खोज में सफल होने के लिए ज़रूरी है। ऐसे उपाय और परिस्थितियों का योगायोग किसी एक व्यक्ति के भाग्य में शायद ही जुटें। इसलिए मैं सोचता हूँ कि प्राचीन वैज्ञानिक और विद्वानों के कार्यकलाप की आलोचना और उनका शोध तथा पद्धति की उन्नति की साधना में अनवरत चेष्टा करते रहना चाहिए। इस काम में मध्यम मार्ग ही अपनाना बुद्धिमानी है। इससे अधिक कुछ करने पर ग़रीबी और कष्टों से मुक्ति मिलना कठिन हो जाएगा।"

अलबरूनी की प्रथम पुस्तक *किताब अल-आथर अलबाकिया-अनिल-कुरून अल खालिया* (*Chronology of Ancient Notions*) है। इसमें प्राचीन मानव जातियों का क्रमिक इतिहास है। उसकी दूसरी पुस्तक *तारीख अल हिन्द* है। इसमें भारत से सम्बद्ध ऐतिहासिक वृत्तान्त है। इन दोनों ग्रन्थों का अनुवाद अंग्रेजी और दूसरी भाषाओं में उपलब्ध हैं। किन्तु अलबरूनी की अन्य पुस्तकें जिनमें गणित, ज्योतिष, भौतिकी आदि की विवेचना है, अभी तक Translated नहीं हुई हैं। *अलकानूनअलमसूदी* नामक अपने ज्योतिषीय विश्वकोष में अलबरूनी ने वैज्ञानिक गवेषणाएँ लिखी थीं।

उसकी सर्वश्रेष्ठ गाणितिक गवेषणा त्रिकोणमिति पर है। उसने एक ऐसी सारणी बनाई थी जिसमें $0^{व}$ से $90^{व}$ डिग्री तक प्रति 15 मिनट के अन्तर पर विभिन्न कोणों का ज्यानुपात दिया गया है इसमें ज्या का मान दशमलव के सातवें स्थान तक निकालने की चेष्टा की गई है।

आदि त्रिकोणमितिक सूत्रों का व्यवहार उसकी रचना में मिलता है। मारागा के नासिर अल् दि-दीन अत्तूसी ने भी इसी तरह के बहुतेरे सूत्र व्यवहार किए थे, क्योंकि अत्तूसी के त्रिकोणमिति का बहुत प्रचार-प्रसार हुआ था। इस आविष्कार का श्रेय अलबरूनी को है। ज्यामिति में कोण को त्रिखंडित करने की समस्या पर भी अलबरूनी ने गवेषणा की थी। भारतीय संख्याओं के बारे में उसकी रचना मध्ययुगीन लेखकों में सर्वाधिक प्रामाणिक है।

पदार्थ विज्ञान अथवा भौतिकी में अलबरूनी की श्रेष्ठ गवेषणा 18 बहुमूल्य पत्थर और धातुओं के आपेक्षिक गुरुत्व (specific gravity) से सम्बद्ध है। यह गुरुत्व वह बिलकुल ठीक-ठीक निकाला था। खनिजों पर गवेषणा में उसकी विशेष रुचि थी। जगह-जगह से प्रस्तरखंड, धातुएँ और खनिज को एकत्र कर वह उनके वर्णन, बाहरी गुण आदि के विवेचन तथा व्यापारिक मूल्य और औषधि रूप में सम्भावित प्रयोगों को अपनी रचना में वर्णित किया है।

पृथ्वी के आकार के बारे में उसने अनेक परीक्षण और माप आदि की थी। अक्षांश और देशान्तरों या रेखाओं की भूल रहित माप लेने में वह सफल रहा। विभिन्न अंचलों के अक्षांश और रेखांश या देशान्तर की उसने कई तालिकाएँ प्रस्तुत कीं। प्राकृतिक झरनों की उत्पत्ति, नदी, नाले और नहरों से जल-प्रवाह आदि प्राकृतिक भूगोल के कई विषयों की उसने व्याख्या की है।

औषधि और मेटीरिया मेडिका पर उसने *किताब-ए-सायदाना* नामक पुस्तक की रचना की। मध्ययुग में यह किताब बहुत ही प्रसिद्ध थी। इसमें भारतीय और चीनी औषधियों का वर्णन है।

उसके समय में बच्चे पाठशाला में लिखने के लिए स्लेट और खड़िया का प्रयोग करते थे। विभिन्न प्रकार के वृक्षों की छाल और पत्तियों से लेखन-सामग्री तैयार की जाती थी। खजूर के पत्ते पर हाथ से लिखी पांडुलिपियों की जिल्द बाँधकर उन्हें परिरक्षित किया जाता था। रेशमी कपड़ों के टुकड़े भी लिखने के लिए इस्तेमाल किए जाते थे। यूनानियों की भाँति हिन्दू बच्चे बाएँ से दाहिनी ओर लिखते थे। अलबरूनी का मानना था कि उसके समय में विज्ञान को किसी भी प्रकार का राजनीतिक संरक्षण प्राप्त नहीं था। जनता का रुझान भी विज्ञान की तरफ़ नहीं था, अतः नए विज्ञान अथवा नए प्रकार के अनुसंधान का उभरना असम्भव था। शासक और धनाढ्य विज्ञान की श्रेष्ठता से अवगत नहीं थे और इसीलिए वे विद्वानों के घर नहीं जाते; जबकि उनके घरों पर हमेशा विद्वानों की भीड़ लगी रहती थी।

सप्तर्षि के तारामंडल के बारे में उसने बताया कि 'हमारा समय' (अर्थात् *किताब-उल-हिन्द* का रचनाकाल था–421 हिजरी) शक संवत् 952 के अनुरूप था। इससे शक संवत् के ईस्वी सन् के साथ सामंजस्य की परोक्ष रूप

में पुष्टि होती है और इस मत का समर्थन भी होता है कि वह 78 ईस्वी में शुरू हुआ था। 421 हिजरी 1030 ईस्वी के अनुरूप है और 78 में 952 जोड़ने से 1030 आ जाता है। काल विभाजन पर लिखते समय उसने जलघड़ियों का ज़िक्र किया है जो समय की इकाई जानने का 'घटी' नामक यंत्र था जिसे उसने पेशावर में देखा था।

अलबरूनी ने वराहमिहिर द्वारा रचित पुस्तिका *पंच सिद्धान्तिका* का अध्ययन किया और गणित-ज्योतिष पर प्रकाश डाला है। *चरकसंहिता* के अध्ययन के आधार पर उसने आयुर्विज्ञान की चर्चा की। हिन्दुओं की भार-पद्धति तुला और विभिन्न वजन के बाँटों का वर्णन किया है। 8 मील या 32,000 गज़ के बराबर एक **योजन** की दूरी होती थी। कीमिया को उसने जादू-टोने का एक प्रकार बताया। रसायन की व्युत्पत्ति उसने रस अर्थात् स्वर्ण से बताया। औषधियों का निर्माण रसायन से भी किया जाता था। कुछ विशेष प्रकार की वनस्पतियों का प्रयोग औषधि के रूप में किया जाता था। ग्रहों के नाम एवं राशियों की उसने वैज्ञानिक चर्चा की है। अक्षांश और देशान्तर की उसे जानकारी थी। दिन और रात को परिभाषित करते हुए वह बताता है कि वह समय जब कि सूर्य पृथ्वी के किसी स्थान के निवासियों को दिखाई देता है, उसे **दिवस** कहते हैं। वह समय जब सूर्य उन्हें नहीं दिखाई देता उसे **रात** कहते हैं। उसने समय के खंडों (मिनट, सेकेंड आदि) पर प्रकाश डाला है। ज्योतिषशास्त्र में प्रयोग किया जानेवाला **होरा** नामक शब्द का अर्थ उसने घंटा बताया है। सौर मास, चाँद्र-सौर गणना, संक्रान्ति, चांद्रमास का प्रारम्भ, शुक्लपक्ष, कृष्णपक्ष आदि की उसने चर्चा की है। वह बताता है कि पुच्छल तारों की संख्या पर भारतीय विद्वानों में मतभेद है। कुछ इसे 101 तो कुछ 1000 मानते हैं। लोहा और बड़े-बड़े शिलाखंडों के सहयोग से सरोवर (तालाब) निर्माण तकनीक की चर्चा अलबरूनी ने की है।

अलबरूनी ईरानी मूल का मुसलमान था। बचपन में उसे पढ़ने-लिखने के पर्याप्त अवसर मिले होंगे। स्वाध्याय में उसकी रुचि आजीवन बनी रही। कहते हैं, जब वह अंतिम साँसें ले रहा था, उस समय उसका एक मित्र उससे मिलने आया तो अलबरूनी ने उससे गणित सम्बन्धी एक समाधान के बारे में पूछा जिसका हवाला उसके मित्र ने कभी उसे दिया होगा। मित्र हैरान हो गया और अलबरूनी से पूछा, 'ताज्जुब है कि तुम इस अवस्था में भी इन बातों के प्रति चिन्तित हो!' बीमार अलबरूनी ने कहा, 'क्या मेरे लिए यह वांछनीय न होगा कि मैं उस गणित से सम्बद्ध समाधान, जाने बिना मर जाने के बजाय उसे जान लूँ और फिर दम तोड़ूँ?' इस पर उसके मित्र ने उसे इच्छित जानकारी दी और वह कमरे से बाहर निकला ही था कि उसने लोगों को अलबरूनी की मृत्यु पर विलाप करते सुना।

अध्याय-15

शतानन्द

पुरी (उड़ीसा) के शतानन्द का *भास्वतीकरण* नामक करण ग्रन्थ वराहमिहिर के *सूर्य-सिद्धान्त* के आधार पर है, जिसका आरम्भ 1021 शक (1099 ईस्वी) में हुआ था। यह ग्रन्थ बहुत प्रसिद्ध है। मलिक मोहम्मद जायसी ने अपने *पद्मावत* में इसकी चर्चा की है। इस ग्रन्थ की कई टीकाएँ हैं।

भास्वती में आठ अधिकार हैं। शक् 450 शून्य अयनांश का वर्ष माना गया और अयनांश की वार्षिक गति 1 कला मानी गई है। इस ग्रन्थ में अहर्गण की गणना से ग्रहों को स्पष्ट करने की रीति नहीं है बल्कि ग्रहों की गति के अनुसार है, जिससे गणना करने में बड़ी आसानी होती है। दूसरी विशेषता यह है कि इसमें शतांश-पद्धति से काम लिया गया है, यानी राशि, अंश, कला, विकला आदि लिखने की जगह राशि के 100वें भागों में अथवा नक्षत्रों के 100वें भागों में ग्रह स्थिति बताई है, जैसे–चन्द्रमा की एक वर्ष की गति 995 5/6 नक्षत्र (शंताशों में) बताई गई है, जिसका अर्थ है : 995 5/6 |100 नक्षत्र = 999 5/6 |100 × 800 कला = 7966 2/3 कला = 4 राशि 12 अंश 46 कला 40 विकला।

अध्याय-16

भास्कराचार्य द्वितीय

इनका जन्म शक 1036 (1114 ई.) में हुआ था और 36 वर्ष की आयु में इन्होंने *सिद्धान्तशिरोमणि* ग्रन्थ की रचना की। इस ग्रन्थ में दो भाग हैं–*गणिताध्याय* और *गोलाध्याय*। इनके अन्य तीन प्रसिद्ध ग्रन्थ *लीलावती*, *बीजगणित* और *करणकुतूहल* हैं। *सिद्धान्तशिरोमणि* पर इन्होंने स्वयं *वासनाभाष्य* नामक टीका भी लिखी। *लीलावती* में पाटीगणित, क्षेत्रमिति आदि के प्रश्न रोचक ढंग से बताए गए हैं। गणितपाश (permutations) पर भी इसमें एक अध्याय है। *लीलावती* पर अनेक टीकाएँ विद्यमान हैं। भास्कर के बीजगणित पर *बीजनवांकुर* नाम से *कृष्ण दैवज्ञ* (शक 1524) की एक पुरानी टीका भी है। इस पर और टीकाएँ भी उपलब्ध हैं। *सिद्धान्तशिरोमणि* पर तो अनेक टीकाएँ हैं, जैसे–*गणेशदैवज्ञ* की *ग्रहलाघवाकार*, *नृसिंह* की *वासनाकल्पलता* और *वासनावार्त्तिक* (1543 शक) और *मुनीश्वर* या *विश्वरूप* की *मरीचि* (1557 शक)। *करणकुतूहल* में ग्रहों की गणना की सरल विधियाँ बताई गई हैं।

भास्कराचार्य के ग्रन्थों के अनुवाद अन्य भाषाओं में भी हुए। फ़ैज़ी ने फ़ारसी में *लीलावती* का अनुवाद 1587 ई. में किया और अताउल्लाह रसीदी ने 1634 ई. में *बीजगणित* का अनुवाद किया। अंग्रेजी में टेलर ने 1816 ई.[1] में *लीलावती* का और *स्ट्रेची* ने 1813 ई. में बीजगणित का और *कोलब्रुक* ने 1817 में *लीलावती* और *बीजगणित*–दोनों के अनुवाद किए।

सन्दर्भ-ग्रन्थ

1. Scottish scientist Robert Sterling (1790-1878) invented a closed-cycle external combustion engine in 1816. French hobbyist Nicephore Niepce (1765-1833) began experimenting with photography using a sliver chloride solution in 1816.

अध्याय–17

सोमदेव

12–13वीं शताब्दी में सोमदेव ने *रसेन्द्रचूणामणि* की रचना की। वह भैरवपुर का अधिपति था। इसमें लिखा है कि ऊर्ध्वपातन यंत्र और कोष्ठिका यंत्र का **नन्दि** नामक व्यक्ति ने आविष्कार किया। इसमें लिखा है कि 30 पल सीसा (नाग) लें और भानुदुग्ध (calotropis gig) से रगड़ें, और फिर इतना गर्म करें कि कम होते–होते एक कर्ष रह जाए। अब इसे चाहे हज़ार बार आँच दें तब भी इसमें कमी न आएगी। यह जो अवशेष रह गया, उसे 'चपल' कहते हैं। यदि वंग (टिन) की भी इसी प्रकार प्रतिक्रिया करें, तो उससे भी चपल मिलेगा जो पारे के स्पर्श मात्र से संरस (एमलगम) बनाता है।

सीसा से जो चपल बना, वह 'चाँदी' मालूम होती है। सीसा में थोड़ी–सी चाँदी (argentiferous galena) रहती है, सीसा तो लिथार्ज (litharge) के रूप में खर्पर के भीतर प्रविष्ट होकर अलग हो जाता है और चाँदी का बटन–सा रह जाता है। यह चाँदी ही चपल है। जब पारे का स्वरूप (physical properties) नष्ट हो जाए और इसमें बहने का गुण न रह जाए तब यह नष्ट–पिष्ट कहा जाता है।

अध्याय-18

जियाउद्दीन बरनी

बरनी का जन्म 1285-86 में हुआ था। वह अतिप्रतिष्ठित परिवार में जन्मा था। बचपन में ही वह अपने पिता के पास दिल्ली चला आया। उसके पिता का नाम मुईदुलमुल्क सय्यद जलालुद्दीन था। वे कैथल के सय्यदों में बड़े प्रतिष्ठित और प्रभावशाली व्यक्ति समझे जाते थे। चंगेज़ ख़ाँ के आक्रमण तथा हलाकू द्वारा बगदाद को विध्वंस कर देने के उपरान्त इस्लामी संसार के अनेक प्रतिष्ठित व्यक्ति भारतवर्ष में आकर बस गए। 13वीं शताब्दी में दिल्ली और उसके आसपास का इलाका विद्वानों का केन्द्र बन गया था। उसका नाना बलबन का बहुत बड़ा विश्वासपात्र था। बरनी के पिता ने किलोखड़ी में एक विशाल भवन बनवाया था। जलालुद्दीन के राज्य-काल में वह अरकली ख़ाँ का नायब था। जलाली राज्य-काल में बरनी ने लिखना-पढ़ना सीखा। अलाउद्दीन ने अपने सिंहासनारोहण के प्रथम वर्ष में बरनी के पिता को बरन की नियाबत तथा ख़्वाज़गी (छोटे नगरों का प्रधान स्थानीय अधिकारी) दी। बड़े-बड़े लोग बरनी के पिता के यहाँ अतिथि हुआ करते थे। बादशाह होने पर अलाउद्दीन ने बरनी के चाचा अलाउलमुल्क को अवध का नायब (सहायक अधिकारी या रीजेन्ट) और उसके बाद दिल्ली का कोतवाल बना दिया। अलाउद्दीन को कई बार ग़लत काम से रोकने में अलाउलमुल्क की भूमिका महत्त्वपूर्ण रही।

अलाउद्दीन और उसके उत्तराधिकारियों के राज्य में बरनी के दिन बड़े सुख में बीते। उसका ज़्यादा समय पढ़ने-लिखने में बीतता था। अमीर खुसरो और अमीर हसन उसके बड़े मित्र थे। सुल्तानुल मशायख निजामुद्दीन औलिया (प्रसिद्ध सूफ़ी सन्त) बरनी के गुरु थे।

बरनी सुल्तान मुहम्मद बिन तुग़लक का बड़ा विश्वासपात्र था। वह 17 वर्ष 3 माह तक तुग़लक के दरबार में रहा। सुल्तान मुहम्मद बिन तुग़लक के मरने के पश्चात् बरनी कठिनाइयों की काली घटाओं से घिर गया। फ़ीरोज़ तुग़लक के शासनकाल में बरनी 1353 में कुछ दिनों तक कैद में रहा। उसे चिन्ता थी

कि फ़ीरोज़ जैसे दयालु बादशाह के सिंहासन पर विराजमान होने के बावजूद उसके कष्ट दूर नहीं हो रहे थे। 60 वर्ष की अवस्था में बरनी ने लिखा : **मुझे तो अपने उच्च स्वभाव और उत्कृष्ट चरित्र के कारण बहुत ऊँचे स्थान पर होना चाहिए था, किन्तु आज जब मैं वृद्ध, बेकार, असहाय और दरिद्र हो गया हूँ, पश्चात्ताप तथा शोक प्रकट करने के अतिरिक्त मेरे पास और कोई कार्य नहीं है।** बरनी की अवस्था जब 70 वर्ष की हो गई तो फ़ीरोज़शाह तुग़लक के राज्य-काल में उसने अपनी दरिद्रता के कारण एकान्तवास ग्रहण कर लिया। अन्त में कुछ दिन बीमार रहकर ईश्वर के अन्य भक्तों के समान इस लोक से परलोक सिधार गया। मौत ने जब दरवाज़ा खटखटाया तो बरनी के पास पैसा-कौड़ी कुछ न था। पहनने के वस्त्र भी उसके पास न रह गए थे। उसके मृतक शरीर में नीचे एक बोरिया और ऊपर एक चद्दर के अतिरिक्त कुछ न रह गया था। सुल्तान उल-मशायत शेख निजामुद्दीन औलिया के कब्रिस्तान में अपने पिता की क़ब्र के पायँती बरनी दिल्ली में दफ़न हुआ।

बरनी ने आठ पुस्तकों–(1) *सनाय मुहम्मदी* (2) *सलाते कबीर* (3) *इनायत नामये इलाही* (4) *मआसिरे सादात* (5) *तारीख़े फ़ीरोज़शाही* (6) *हसरतनामा* (7) *फ़तवाए जहाँदारी*, और (8) *तारीख़े बरमकियान*–की रचना की थी। इनमें से कुछ किताबों का *(सलाते कबीर, इनायत नामये इलाही और मआसिरे सादात)* कोई अता-पता नहीं चल पाया है।

बरनी का मानना था कि हिन्दू न तो किताब वाले हैं और न जिम्मी। वे यदि अपने सिर पर तलवार तथा सेना पाते थे तो खिराज (भूमिकर) अदा कर देते, अन्यथा विरोध करते रहते थे। हिन्दुओं के बीच मुसलमान आटे में नमक के समान थे। महमूद गजनवी को वह अनुपम तथा आदर्श बादशाह समझता था। वास्तविक शासक वह ईश्वर को समझता था; **सांसारिक बादशाह ईश्वर के खिलौने थे।** उसके विचार से बादशाही सम्पूर्ण अधिकारसम्पन्न होने का नाम था। बादशाही उसी समय तक स्थापित रह सकती थी जब तक बादशाह पर लोगों का विश्वास हो। बादशाह को आतंक, ऐश्वर्य तथा वैभव का प्रदर्शन करते हुए सहृदयता, दया और कृपा का व्यवहार करना चाहिए। मनुष्य स्वाभाविक रूप से उन कार्यों को करना चाहता है जो सुगमता और सरलता से हो जाते हैं किन्तु बादशाह को इस मार्ग पर नहीं चलना चाहिए। बादशाह के सभी गुण अन्य मनुष्यों से उत्तम होने चाहिए। भोग-विलास एवं सभी अन्य सांसारिक कार्यों की तुलना में राज्य व्यवस्था सम्बन्धी कार्यों को पहला स्थान मिलना चाहिए। बादशाह को अपने संकल्प के विषय में अपनी प्रजा को परिचित रखना चाहिए तथा प्रजा से परामर्श करते रहना चाहिए। परामर्श-दाताओं

की गोष्ठी में दूसरों से राय सुनने से पूर्व बादशाह अपने विचार को कभी न बताए। बादशाह के कार्य उसके कुलीन या कमीने होने का प्रमाण होते हैं। उसमें न्याय की योग्यता स्वाभाविक रूप से होनी चाहिए। किसी राज्य पर अधिकार करने के बाद वहाँ के सम्मानित व्यक्तियों का विनाश नहीं करना चाहिए। दूरदर्शी बादशाहों को दंड देने का उचित समय तथा अवसर को भली भाँति समझना चाहिए। युद्ध में अपनी सेना को अधिक और शत्रु की सेना को कम न समझना चाहिए। सेना को बेकार न रखना चाहिए।

अकाल के समय खराज और जजिया न लेना चाहिए। चीज़ों के सस्ता होने से कलाकारों, बुद्धिमानों तथा अन्य व्यवसाय करनेवालों को बड़ा प्रोत्साहन मिलता है। प्रजा के सुख-सम्पन्न और सेना के सुव्यवस्थित होने से विरोधी सिर नहीं उठा सकते। दाम के सस्ता होने से बादशाह की नेकनामी होती है। खराज और जजिया वसूल करने में मध्यमार्ग ग्रहण करना चाहिए।

तारीख़े-फ़ीरोज़शाही बरनी की सर्वप्रसिद्ध रचना है। इसकी रचना उसने 74 वर्ष की आयु में की थी। इसमें बलवन के सिंहासनारोहण (1265) से लेकर फ़ीरोज़शाह तुग़लक के शासनकाल के छठे वर्ष तक (1357) का हाल है। बरनी ने अपने इतिहास में अधिकतर उन्हीं घटनाओं का उल्लेख करने का प्रयास किया है जिनकी सत्यता पर उसे अपने दृष्टिकोण के अनुसार पूर्ण विश्वास था। वह लिखता है, यदि भय अथवा डर के कारण लेखक अपने आपको विवश समझ सकता है किन्तु पिछले लोगों के विषय में उसे सच-सच लिखना चाहिए। उसे दु:ख था कि फ़ीरोज़शाह को अमीरों, प्रतिष्ठित तथा गण्य-मान्य व्यक्तियों के इतिहास में कोई रुचि नहीं थी; यहाँ तक कि लोग जिस नगर में वर्षों से निवास करते चले आ रहे थे, उसके विषय में भी उन्हें कोई ज्ञान नहीं था।

बरनी के इतिहास का सबसे बड़ा दोष यह है कि उसने भिन्न-भिन्न सूत्रों से भी घटनाओं को एकत्र करके जाँचने का प्रयत्न नहीं किया। वह लिखता है–असावधान तथा बेख़बर लोगों को प्राचीन लोगों के अच्छे-बुरे हाल की जानकारी में कोई रुचि नहीं होती; वे इतिहास की जो कि समस्त ज्ञानों में उत्तम तथा लाभदायक है, कोई जानकारी नहीं रखते। बरनी को छोड़ किसी भी मध्यकालीन इतिहास लेखक ने शरा को इतना महत्त्व प्रदान नहीं किया। हिन्दुओं को तहस-नहस करने तथा उनके विनाश पर बरनी ने काफ़ी जोर दिया है। इसका कारण जानने के लिए बरनी के जीवनकाल को जानना होगा और उस विशेष वातावरण को भी अपने समक्ष रखना पड़ेगा जिसमें *तारीख़े-फ़ीरोज़शाही* तथा *फ़तवाए जहाँदारी* की रचना की गई। इस समय जियाउद्दीन बरनी अपने सभी अधिकारों से वंचित हो चुका था। उसे कोई सम्मान अथवा प्रतिष्ठा प्राप्त

न थी। उसका विचार था कि इन ग्रन्थों की रचना के सहारे अपना खोया हुआ सम्मान पुनः प्राप्त कर सकता था।

फ़तवाए-जहाँदारी में उसने जिस आर्थिक नीति का उल्लेख किया है, वह वही है जिसका अनुसरण अलाउद्दीन ने किया था। उसका विचार था कि चीज़ों का दाम राज्य की ओर से निश्चित हो, किसी को निश्चित भाव से अधिक दाम वसूल करने की आज्ञा न हो, बाज़ार के निरीक्षक तथा अन्य पदाधिकारी नियुक्त किए जाएँ जो इस बात की देख-रेख करते रहें कि राजाज्ञाओं का किसी प्रकार उल्लंघन न हो। उसके समय में देश का सभी व्यापार हिन्दुओं के हाथ में था, अतः उसने जिस स्थान पर भी चोरबाज़ारी रोकने की शिक्षा दी है उसी स्थान पर यह भी लिख दिया है कि वास्तव में चोरबाज़ारी हिन्दू तथा काफ़िर करते हैं। बरनी समझता था कि इन लोगों के विनाश द्वारा मुसलमानों को धन-सम्पत्ति एकत्र करने में सुगमता होगी।

बरनी का दृष्टिकोण उस समय के मुसलमानों का दृष्टिकोण समझना चाहिए, जिनकी आर्थिक दशा बड़ी खराब हो चुकी थी। *कुरान* में सूद पर रुपया लेने-देने की मनाही है। मुसलमान व्यापारियों के पास इतनी राशि नहीं होती थी कि ब्याज पर रुपये लिए बग़ैर वे अपना कारोबार बढ़ा सकें। बरनी का मानना था कि इतिहासकार को प्रतिष्ठित एवं सर्वश्रेष्ठ होने के अतिरिक्त यह भी होना आवश्यक है कि इतिहास लिखते समय वह अपने दीन और धर्म को ठीक रखे, क्योंकि इसके अभाव के फलस्वरूप इतिहास में झूठ और सच मिला दिया जाता है। इतिहास की जानकारी से लाभ यह है कि विश्वास के योग्य कहानियों और मक्कार लोगों की चालों को समझने की योग्यता हो जाती है। **इतिहासकार के लिए आवश्यक है कि वह बादशाही की प्रतिष्ठा, गुणों, उत्तम बातों, न्याय और नेकियों का उल्लेख करे; उसे यह भी चाहिए कि वह उसकी बुरी बातों और अनाचार को न छिपाए। इतिहास लिखते समय पक्षपात न करे।**

यदि किसी इतिहासकार को किसी बादशाह या मंत्री अथवा किसी अन्य व्यक्ति द्वारा कोई कष्ट या दुःख पहुँचा हो या किसी ने उस पर विशेष कृपादृष्टि एवं दया, क्रोध और सहायता की हो तो उसे उस पर ध्यान न देना चाहिए तथा वह किसी की अच्छाई या बुराई सत्य के विरुद्ध न लिखे और न ऐसी घटनाओं का उल्लेख करे जो कभी न घटी हों। इतिहासकार को सच-सच और ठीक-ठीक लिखना चाहिए। इतिहासकारों का उनके समकालीनों के ऊपर बहुत बड़ा उत्तरदायित्व होता है, क्योंकि वे उनका इतिहास लिखते हैं और उनकी कीर्ति को प्रसारित करते हैं। इतिहासकार के जीवन में ही सभी लोग उसके प्रेमी और शुभचिन्तक हो जाते हैं। उनकी नेकी और मित्रता से सभी जाने-पहचाने

और अनजान व्यक्ति प्रभावित रहते हैं। बरनी पुनः लिखता है–जिस प्रकार पहले के लोग इतिहास पढ़ने, सीखने और जानने में रुचि रखते थे तथा इतिहास के ज्ञान को बुजुर्गी की निशानी समझते थे और इतिहास पढ़ने-पढ़ाने में रुचि रखते थे, वह बात बाद के लोगों में नहीं रही। इतिहासकारों का आदर-सम्मान होना बन्द हो गया। तकदीर को रहम भी नहीं आता।

बादशाहों का जो उल्लेख इतिहास में होता है और उनकी कीर्ति का जो वर्णन प्राचीन सुल्तानों, वजीरों तथा मलिकों के वर्णन के साथ मिश्रित होता है, वह सर्वदा सुरक्षित रहता है। वे उन घटनाओं में, जो किसी वर्ष अथवा महीने में घटी हैं, सम्बन्ध पैदा कर देते हैं। वे भिन्न-भिन्न कालों में सम्बन्ध स्थापित करने का, जो कि इतिहास के लिए परमावश्यक है, ध्यान रखते हैं। वे ऐसी सेवा करते हैं, जिसके चिह्न प्रलय तक वर्तमान रहते हैं। उच्च स्वभाववाले पाठकों की रुचि इतिहासकारों के ग्रन्थों तथा उनकी रचनाओं को सुनने से कभी कम नहीं होती। उससे बड़ा भाग्यशाली और कौन हो सकता है कि उस व्यक्ति की मृत्यु हो गई, उसका राज्य भी वर्तमान न रहा और उसके राज्य, देश, लाव-लश्कर, हाथी, घोड़े, ऊँट, धन-सम्पत्ति, मित्र, सहायक, सम्बन्धी, निकटवर्त्ती, स्त्री, बालक, कर्मचारी, दास, दासियाँ, खजाने तथा एकत्र किए हुए माल का कोई चिह्न भी शेष नहीं रहा, किन्तु दूसरे सुल्तानों के साथ-साथ उनके कार्यों तथा उनकी प्रशंसा का वर्णन इतिहास में शेष रह जाता है।

अन्त में बरनी लिखता है–मुझे दुःख है कि मैं क्या करूँ; किसके सम्मुख विलाप करूँ, किसकी सेवा में निवेदन करूँ कि इस इतिहास की दूसरे इतिहासों से तुलना करें और इसे जाँचें; मेरे परिश्रम के प्रति न्याय करें, क्योंकि मैंने प्रत्येक पंक्ति ही नहीं बल्कि प्रत्येक वाक्यांश में सुल्तानों की राज्य-व्यवस्था और हाल के विषय में अनेक आश्चर्यजनक और उत्तम बातें लिखी हैं। बादशाहों की बादशाही की अच्छाइयाँ और बुराइयाँ नाना प्रकार से स्पष्ट एवं संकेत द्वारा अत्युत्तम शैली, ढंग और अन्दाज़ से खोलकर लिख दी हैं। मेरे हृदय को इतिहासवेत्ताओं, इतिहास के मूल्यांकन करनेवालों और उसके प्रति अपने कर्तव्यों का पालन करनेवालों के अभाव से बहुत दुःख होता है। मेरे शत्रुओं ने मुझे अन्नदाता से बहुत दूर कर दिया है और मैं (बरनी) उनके निकट नहीं पहुँच सकता। मेरा यह वश नहीं कि मैं इस इतिहास (*तारीख़े-फ़ीरोज़शाही*) को उसकी शुभदृष्टि तक ले जा सकूँ। यदि यह इतिहास जिसे मैंने उसके शुभ नाम से सम्मानित किया है और जिसमें उसके राज्य का इतिहास तथा नेकियों और अच्छाइयों का वर्णन किया है, उसके राजसिंहासन के सम्मुख पेश हो जाए, और वह (फ़ीरोज़शाह तुग़लक) उसका अध्ययन करके उसे (बरनी) सम्मानित कर दे, तो मैं समस्त दुःखों से मुक्त हो जाऊँगा। मेरी जो भी कामनाएँ मेरे हृदय

में उठती हैं वे मेरे अभाग्य के कारण दब जाती हैं। मेरा दिल बहुत टूट चुका है और इस दशा में, मैं ईश्वर से प्रार्थना करता हूँ कि हे ईश्वर! मेरे क्लेश, दु:खों, व्याकुलता और दरिद्रता पर दया कर और ऐसा कर कि मेरा यह इतिहास खुदाबन्दे आलम फ़ीरोज़शाह सुल्तान के सामने पहुँच जाए और मैंने जो कुछ परिश्रम किया है, वह व्यर्थ न हो।

करीब 75–76 वर्ष की अवस्था में बीमार बरनी ने झोपड़ी में दिन काटा। मृत्यु के समय उसके पास पैसा-कौड़ी कुछ न था। पहनने के वस्त्र भी उसके पास न रह गए थे। उसके जनाज (बिस्तर) में नीचे एक बोरिया और ऊपर एक फटी चादर के अतिरिक्त कुछ न रह गया था। पश्चात्ताप तथा शोक के अतिरिक्त उसके पास कुछ भी नहीं थी और इसका एहसास उसे अंतिम साँस तक रहा। भाग्य से बरनी की सदा शिकायत रही। उसने लिखा : 'समय न्याय की दृष्टि से विद्वानों की ओर नहीं देखता। जो अद्वितीय हो अथवा जिसके पास कोई न हो वह दीन तथा दरिद्र रहते हैं।' वह लिखता है : 'यदि भय अथवा डर के कारण अपने समकालीन बादशाह के विरुद्ध कुछ लिखना सम्भव न हो तो इसके लिए वह स्वयं अपने-आपको विवश समझ सकता है, किन्तु पिछले लोगों के विषय में उसे सच-सच लिखना चाहिए।' (*आदि तुर्ककालीन भारत*, अनुवाद–सैयद अतहर अब्बास रिजवी, राजकमल प्रकाशन, नई दिल्ली, 2005, पृ. 101–17)।

अध्याय-19

जयसिंह द्वितीय

जयपुर के महाराजा सवाई जयसिंह द्वितीय का जन्म 1686 ई. (शक् 1608) में हुआ था। इसी वर्ष न्यूटन का *प्रिंसिपिया* प्रकाशित हुआ था। ये ज्योतिष के बड़े विद्वान थे। इन्होंने टाल्मी के *अलमेजिस्ट* और मिर्ज़ा उलूगबेग़ की *सारिणियों* और यूक्लिड के *रेखागणित* का अच्छा अध्ययन किया था। ग्रहों की सूक्ष्म-से-सूक्ष्म गति का निर्णय करने के लिए इन्होंने बड़े-बड़े यंत्रों का निर्माण कराया था जो इनकी बनाई वेधशालाओं में जयपुर, दिल्ली, उज्जैन और काशी में अब तक विद्यमान हैं। इन्होंने 'जगन्नाथ' सम्राट के द्वारा टाल्मी के अलमेजिस्ट का संस्कृत में अनुवाद (अरबी अनुवाद *मिजिस्ट्री* की सहायता से) शक् 1653 में कराया, जिसका नाम *सम्राट-सिद्धान्त* रखा। जयसिंह ने *जिजमुहम्मदशाही* नाम की एक ज्योतिषसारिणी बादशाह 'मुहम्मद शाह' के नाम पर बनवाई थी, जिसमें अपने यंत्रों के बेधों के अनुसार ध्रुवांक रखे थे। इसमें 48 नक्षत्रों की सूची दी है जो उलूगबेग़ की सूची में संशोधन करके बनाई गई है।

जयसिंह की वेधशालाओं में कुछ यंत्र तो प्रचलित मुसलमानी यंत्रों की नक़ल थे; परन्तु तीन यंत्र पूर्णतया या अंशतः नवीन थे। ये थे–**सम्राट्यंत्र**, **जय-प्रकाश** और **रामयंत्र**। सम्राटयंत्र बहुत ही सुन्दर यंत्र है। इसके बीच में दो समानान्तर भीतियाँ बनी हुई हैं, जिनका ऊपरी छोर ठीक ध्रुव की ओर रहता है। अगल-बगल अर्धबेलनाकार सतहें बनी हैं, जिन पर धूप में भीत के छोर की परछाई पड़ती है। बेलनाकार सतहों पर चिह्न बने होते हैं, जिनसे दिन में तुरन्त ठीक समय का ज्ञान हो पाता है। दीवार की कोर भी अंकित है; बेलनाकार सतह के छोर पर आँख लगाकर और यह देखकर कि दीवार की कोर के किस बिन्दु की सीध में कोई तारा दिखाई देता है, तारे या ग्रह आदि की स्थिति भी जानी जा सकती है।

अध्याय–20

भाव मिश्र

भाव मिश्र का *भावप्रकाश* सम्भवतः इस युग के ग्रन्थों में सबसे अधिक विस्तार का है। इसमें चरक, सुश्रुत, वाग्भट, हारीत, वृन्द और चक्रपाणि–इन सबके उद्धरण हैं। एक-दो अध्यायों में भस्मादि का भी वर्णन है और पद वर्णन *रसप्रदीप, रसेन्द्रचिन्तामणि, शाङ्र्गधर* आदि के आधार पर लिया गया है। इस ग्रन्थ में फ़िरंग रोग और उसके उपचार रसकर्पूर और चोपचीनी का भी उल्लेख है। यह अकबर के समय का है। भाव मिश्र उत्तर प्रदेश का निवासी था। मुसलमानों का प्रभाव भी भावप्रकाश ग्रन्थ पर स्पष्ट है।

अध्याय-21

अबुल फ़ैज़

अमीर खुसरो के बाद ईरानी परम्परा के दूसरे महान कवि के रूप में प्रसिद्ध अबुल फ़ैज़ का जन्म 1547 ई.[1] में आगरा में हुआ था। अरब साहित्य काव्य और औषधशास्त्र का ज्ञाता अबुल फ़ैज़ की ख्याति सुनकर 20 वर्ष की उम्र में ही उसे अकबर ने अपने दरबारी कवियों में शामिल कर लिया था। 30 वर्ष की उम्र में उसकी नियुक्ति कवि-सम्राट के पद पर हो गई। वह अकबर के द्वितीय पुत्र का शिक्षक भी रहा।

अबुल फ़ैज़ ने, जिसे फ़ैज़ी या फ़ैयाजी भी कहते हैं, दर्शन, संगीत, ज्योतिष, गणित, कविता, औषधशास्त्र, इतिहास, धर्म आदि विषयों पर रचनाएँ की हैं। उसके लिखे ग्रन्थों की संख्या 101 बताई जाती है। इसके अतिरिक्त उसने 50 हज़ार कविताओं की भी रचना की। फ़ैज़ की हस्तलिखित रचनाएँ कई प्रमुख पुस्तकालयों में उपलब्ध हैं। फ़ैज़ अरबी और फ़ारसी के अतिरिक्त संस्कृत का भी ज्ञाता था। उसने **नल-दमयन्ती** की प्रेम कथा लिखी। उसने संस्कृत ग्रन्थों के आधार पर वेदान्त दर्शन की समीक्षा की और संस्कृत के प्रख्यात गणित के ग्रन्थ *लीलावती* का फ़ारसी भाषा में अनुवाद भी किया। 1595 ई. में आगरा में अबुल फ़ैज़ का देहान्त हो गया।

सन्दर्भ-ग्रन्थ

1. Ivan iv (the Terrible, 1530-1584) of Moscow was crowned first Tzar of Russia.

अध्याय-22

अबुल फ़ज़ल

अबुल फ़ज़ल का जन्म 14 जनवरी, 1551 को आगरा में हुआ था। वह सम्राट अकबर के नौरत्नों में से एक था। वह अकबर का वजीर और फ़ारसी का गहरा जानकार था। उसके पिता शेख मुबारक भी उदार दृष्टिकोण वाले और उच्च कोटि के विद्वान थे। 1574-75 में अबुल फ़ज़ल अकबर के दरबार में गया। उसे लेखन विभाग में काम मिला और राज्य के कारनामों को लिखने का काम सौंपा गया। उसे पहले एक हज़ारी और बाद में ढाई हज़ारी का मनसबदार बनाया गया। उसके द्वारा लिखित 4 पुस्तकें-(1) *आईने-अकबरी* (इसमें बाबर से लेकर अकबर के शासन का पूर्ण विवरण मिलता है), (2) *अकबरनामा* (अकबर के शासन का पूर्ण विवरण), (3) *ऐयारेदानिश* (*पंचतंत्र* का फ़ारसी अनुवाद) और (4) *कश्कौल* (सुभाषितों का फ़ारसी संग्रह)-उपलब्ध हैं।[1]

अबुल फ़ज़ल एक योग्य सेनापति भी था। 1598-99 में वह अकबर के अहमदनगर अभियान का सेनापति था। असीरगढ़ के दुर्ग और अहमदनगर पर उसने अधिकार किया था। वह मानवता में विश्वास रखता था। अकबर के पुत्र सलीम ने ईर्ष्या के कारण वीरसिंह बुंदेला नामक सरदार द्वारा 1602 ई. में उसकी हत्या करवा दी। प्रसिद्ध शायर फ़ैज़ी अबुल फ़ज़ल का बड़ा भाई था।

असामान्य के कारणों की तलाश में अबुल फ़ज़ल को विशेष रुचि थी। 1556 और 1707 के बीच सात पुच्छल तारों के दिखाई पड़ने का ज़िक्र मिलता है। इन्हें आँखें बिना किसी सहारे के इनको साफ देख सकती थीं। पुच्छल तारे दिखाई देने का ज़िक्र *अकबरनामा* में अबुल फ़ज़ल ने किया है। 35 वर्षीय अकबर ने *अकबरनामा* के अनुसार टोडरमल को आदेश किया कि खगोलशास्त्रियों को जमा करके पुच्छलतारा पर शोध कराया जाए और परिणामों की भविष्यवाणी करवाई जाए। गहरे सोच-विचार के बाद एक सिद्धहस्त ज्योतिषी जोतिक राय के नेतृत्व में खगोलशास्त्रियों ने यह निष्कर्ष निकाला कि इस पुच्छल तारे से हिन्दोस्तान को कोई खतरा नहीं था। अबुल फ़ज़ल ने सोचा कि अकबर की पुच्छलतारा के

सम्बन्ध में जो चिन्ता थी कि यह अशुभ था–इसे बादशाह की कमजोरी समझा जा सकता था। अतः उसने पुच्छल तारे की वैज्ञानिक व्याख्या करते हुए बताया कि 7 नवम्बर, 1577 को जो पुच्छलतारा दिखाई दिया, उसका कारण था कि सूर्य जब वृश्चिक में शुभ स्थान पर था तभी वह आकाशीय सितारों जैसा संकेत पश्चिम में धनु नक्षत्र में देखे गए, पर यह उत्तर की ओर झुका हुआ था। इसका शीर्ष बहुत चमकदार था और पूँछ लम्बी थी। कुछ देशों में यह तारा पाँच माह तक देखा जाता रहा। ज्योतिषियों की भविष्यवाणी थी कि हिन्दोस्तान के कुछ भागों में अनाज महँगे होंगे और उन्होंने उन स्थानों की निशानदेही भी की जहाँ ऐसा होगा। ज्योतिषियों ने अकबर को खुश करने के लिए पुनः कहा कि जहाँपनाह के लिए अपने शुभ अस्तित्व का ही परिणाम है कि इस तारे ने हिन्दोस्तान में कोई नुकसान नहीं किया। *अकबरनामा* में पुनः लिखा है कि ईरान में इस पुच्छल तारे ने भयानक परिणाम पैदा किए। उस समय पुच्छल तारा और उल्काओं के बारे में जो भी ज्ञान मौजूद था, उसका निचोड़ अबुल फ़ज़ल ने *अकबरनामा* में प्रस्तुत किया है। अबुल फ़ज़ल का मानना था कि उल्का और पुच्छल तारा का सृजन पृथ्वी के तत्त्वों पर सूर्य के प्रकाश कि क्रिया से होता है। सूर्य की किरणों से जलनेवाले कण बेहद हल्के हो जाते हैं और वायुमंडल में मिलकर ऊपर उठते हैं। इन बिखरे हुए कणों को 'वाष्प' या 'धूप' कहते हैं। यही वाष्प बादलों, वर्षा, तूफानों, बिजली, कड़क आदि के कारण हैं। वायुमंडल की ऊपरी तहों में पहुँचने के बाद यह गाढ़ा धुआँ, जो आग से मिल जाता है, जल उठता और उल्का (शहाब) कहा जाता है। जब यह पृथ्वी की ओर उतरता है तो 'मूरख जन' उसे टूटता हुआ तारा' समझते हैं। अगर धुआँ बहुत बारीक न हो तो अपने घनत्व के कारण बिखरने नहीं पाता और जलने लगता है। तब वह हमें पुच्छल तारा जैसा नज़र आता और अनेक रूप धारण करता है। जैसे एक दुमदार पिंड, बिखरे बालों वाली वस्तु, एक भाले, अनेक सींगोंवाले सर आदि की तरह अबुल फ़ज़ल पुच्छल तारों के आकारों के अनुसार उनके लिए प्रयुक्त शब्दों में अन्तर करते हैं। जुजुआब (शब्दशः आगे की ओर से लटदार) तारा वह होता है जिनके बाल बिखरे हुए (गेसूदार) दिखाई देते हैं; पूँछवाली एक दुमदार तारा होता है। 1577 में पुच्छल तारे के लिए **पूँछवाली** शब्द का इस्तेमाल अबुल फ़ज़ल ने किया है; हालाँकि अपने पिछले मुसब्बिदे में खुद उन्होंने और उनके समकालीन बदायूँनी ने भी उसके लिए **पूँछवाली** शब्द का व्यवहार किया है। अबुल फ़ज़ल बताता है कि भारतीय खगोलशास्त्रियों ने 100 से अधिक पुच्छल तारों की पहचान की थी।[2]

अकबरनामा में अबुल फ़ज़ल ने 31 जुलाई, 1590 को पड़े एक सूर्यग्रहण की चर्चा की है। सूर्यग्रहण के अन्धविश्वासी पहलू में अकबर विश्वास करता था। भविष्यवाणी के अनुसार पड़नेवाले सूर्यग्रहण के प्रभावों को लेकर अकबर चिन्तित

था। अबुल फ़ज़ल लिखता है कि अकबर ने ब्राह्मणों से कहा कि सही वक़्त पर बादल बुलाने के लिए वे अनुष्ठान करें; ग्रहण के समय आसमान पर बादल छा जाएँ तो उसके बुरे प्रभाव खत्म हो जाएँगे किन्तु ब्राह्मण कामयाब न हुए।[3]

अबुल फ़ज़ल ने लिखा है–अल्लाह ने 4 बुनियादी अनासीर अर्थात् आग, पानी, धरती और हवा को दिया है। आग गर्म, खुश्क और हल्की होती है। हवा गर्म और हल्की होती है। पानी कुछ ज़्यादा गर्म और भारी होता है। धरती ठंडी, खुश्क और बहुत भारी होती है। उसने नम और खुश्क कुहासों को दुखान और बुखार बताया। ये दोनों पृथ्वी के वायुमंडल में मिलकर बारिश, बर्फ़, ओले वगैरह पैदा करते हैं। यही चीज़ें धरती की सतह के नीचे भूडोल, ज्वालामुखी और खनिज पैदा करती हैं। उसके अनुसार, गन्धक और पारा पृथ्वी की सतह के नीचे मौजूद तमाम खनिजों और धातुओं की बुनियादी सामग्री है। उसे कीमियागीरी (जादू-टोने से सोना तैयार करता) में सैद्धान्तिक विश्वास था। वह लिखता है–टिन कोढ़ग्रस्त चाँदी होता है और काँसा कच्चा सोना होता है। वह बताता है कि कुछ वस्तुएँ अपने बड़े आकार के बावजूद दूसरों से हल्की होती हैं, क्योंकि खुश्क और नम कुहासे के अधूरे मेल के कारण वस्तु के कणों के बीच वाले स्थान में हवा भर जाती है। फलत: वे उन वस्तुओं से बड़ी मगर हल्की हो जाती हैं जिनमें यह मेल अधिक मुकम्मल होता है। अबुल फ़ज़ल की योग्यता का यह प्रमाण है कि जब वह नए सिद्धान्त को अपने बुद्धिवाद से मेल खाता हुआ पाता तो उसे स्वीकार कर लेता था। इस विद्वान ने रेडी-रेकनर को उद्धृत किया जिससे कोई व्यक्ति पारा, काँसा, टिन, सोना, सीसा, लोहा, पीतल, ताँबा और चाँदी के सापेक्षिक घनत्व याद कर सकता है। किसी तरल पदार्थ में पानी की मात्रा नापने के एक यंत्र (आल-ए-मखरूतिया) की चर्चा *आईने-अकबरी* में की गई है। **सफ़ीदरुई** अर्थात् सफ़ेद काँसा के उत्पादन का वर्णन करते हुए अबुल फ़ज़ल लिखता है–इस मिश्रित धातु को हिन्दी में काँसी कहते हैं। इसमें ताँबा और सीसा 4:1 के अनुपात में होते हैं। दूसरे प्रकार का काँसा भी पाया जाता है जिसमें ताँबा और सीसा 8:3 के अनुपात में होते हैं। पीतल के उत्पादन में ताँबे और जस्ते के तीन अलग-अलग अनुपात बताए गए हैं, यानी 72 प्रतिशत ताँबा, 67 प्रतिशत ताँबा और 58 प्रतिशत ताँबा। प्रौद्योगिकी में अपनी दिलचस्पी के कारण खुद अकबर ने भी एक मिश्रधातु का आविष्कार किया था जिसमें दो भाग सफ़ेद काँसा और एक भाग ताँबा मिलाया गया था। ऐसा सफ़ेद काँसा खूबसूरत और चमकदार था।[4]

रंगों (Colours) पर अबुल फ़ज़ल ने वैज्ञानिक दृष्टि डाला है। सफ़ेद और काले को उसने सभी रंगों का स्रोत माना है। थोड़े-से काले रंग के साथ ढेर सारा सफ़ेद रंग मिलाया जाए तो पीला रंग पैदा होता है। बराबर मात्रा में काला

और सफ़ेद रंग मिलाने से लाल रंग पैदा होता है। सफ़ेद और ढेर-सा काला रंग मिलाने से हरा रंग बनता है। इन बुनियादी रंगों को भिन्न-भिन्न मात्राओं में मिलाकर दूसरे रंग बनाए जा सकते थे। ठंड किसी नम वस्तु को सफ़ेद और खुश्क वस्तु को काली बनाती है। गर्मी किसी नम वस्तु को काला और खुश्क को सफ़ेद बनाती है। *आईने-अकबरी* में रंगों का जो सिद्धान्त मिलता है, वह इस बात का एक मिसाली नमूना है कि ये धारणाएँ किस तरह वैज्ञानिक विश्वास था और हिन्दू-मुसलमान दोनों समान रूप में इससे प्रभावित हुए।

आईने-अकबरी में सोने की विभिन्न श्रेणियों की चर्चा है। खान से सोना, चाँदी और ताँबा निकालने और उन्हें शुद्ध करने की तकनीक का वर्णन है। इत्रों की कशीद, साबुन का उत्पादन, शोरे के उपयोग से पानी को ठंडा करने की तकनीक, काग़ज़ को बनाना और शराब के कशीद के तरीकों की व्याख्या अबुल फ़ज़ल ने *आईने-अकबरी* में की है।

तोड़ेदार बन्दूक का निर्माण, 16 तोपों की नलियों की सफाई करने और उनको चिकना बनाने तथा गेहूँ पीसनेवाली घिरनीदार चलती गाड़ी की चर्चा है। पशु-चिकित्सा विज्ञान, आयुर्विज्ञान, भौतिक, गणितीय भूगोल, अक्षांश और देशान्तर, हिन्दू विज्ञान आदि वैज्ञानिक तथ्यों पर अबुल फ़ज़ल ने चर्चा की है।[5]

सफर पर जब अकबर निकलता तो रास्ते में पड़ाव डाले जाते और बादशाह के लिए खेमे तैयार किए जाते थे। यह रकबे में 10 गज़ गुणे 10 गज़ से कम होता था। इसमें पूरब की तरफ़ एक बड़ा शामियाना (बारगाह) था जिसके दो ऊँचे मस्तूल (सर्ग) थे; इसमें 54 कमरे अर्थात् 54 खम्भे होते जो 24 गज़ लम्बे और 14 गज़ चौड़े होते थे। आशियाना के निर्माण तकनीक पर अबुल फ़ज़ल लिखता है—आशियाना 18 खम्भों पर खड़ा किया जाता है। ये 6-6 गज़ के खम्भे होते जिन पर लकड़ी के तख़्ते रखे जाते थे। इसी तकनीक से ऊपरी कमरा बनाया जाता था। अनेक भागों को जोड़ने के लिए नट-बोल्ट का प्रयोग किया जाता था। (बढ़ईगीरी के काम में स्क्रू का प्रयोग 16वीं शताब्दी तक शुरू नहीं हुआ था) कड़ी और शहतीर का प्रयोग सम्भवतः इसी समय से होने लगा।

कपड़ासाजी अथवा वस्त्र निर्माण तकनीक पर प्रकाश डालते हुए अबुल फ़ज़ल लिखता है कि भारत में बने छींटदार सूती वस्त्र पूरे विश्व में प्रसिद्ध थे। वस्त्र-बुनाई की तकनीक में मूठ-करघा (ड्रा-लूम) का प्रयोग किया जाता था। गर्मी से बचने के लिए खस की झोपड़ी बनाई जाती थी। यह नवीन तकनीक थी। शोरा से पानी को ठंडा करना भी एक आविष्कार माना जा सकता है जो अकबर के शासनकाल में प्रचलित हो चुका था।

अबुल फ़ज़ल का कहना था कि पानी को ठंडा करने का तकनीक अकबर ने विकसित किया। उसने (अकबर) पानी ठंडा करने का साधन उसी शोरे से

बनाया जो बारूद के रूप में इतनी अधिक हलचल करता है। शोरा एक नमकीन लोंदा होता था। उसे एक छलनी में रखा जाता और उस पर कुछ पानी छिड़क दिया जाता था।[6] छलनी से जो कुछ नीचे चूता उसे उबाला जाता, मामूली मिट्टी से अलग कर लिया जाता और उसके स्फटिक बना लिए जाते थे। काँसा या चाँदी डाली जाती और उसका मुँह बन्द कर दिया जाता था। एक छलनी में ढाई सेर शोरे में पाँच सेर पानी मिलाया जाता और उस मिश्रण में आधी घड़ी अर्थात् 12 मिनट तक उसके मुँहबन्द बोतल को इधर से उधर घुमाया जाता था। बोतल के अन्दर का पानी बहुत ठंडा हो जाता था। एक रुपये में 30 सेर से 4 मन तक शोरा खरीदा जा सकता था। पानी को ठंडा करने की तकनीक को अकबर ने 1580-85 में आगरा और फतेहपुर-सीकरी में विकसित किया था। इसी तकनीक के सहारे योरोपवालों ने बाद में चलकर रेफ्रिजरेशन का आविष्कार किया।

गरारी और जंजीर से युक्त **रहट**[7] से बाबर बहुत अधिक प्रभावित हुआ था। अंग्रेजों ने रहट को **पर्शियन व्हील** कहा। बाबर ने रहट का प्रथम दर्शन भेरा (पश्चिमी पंजाब) में किया था। अकबर को रहट में विशेष रुचि की चर्चा अबुल फ़ज़ल ने की है। वह लिखता है–अकबर ने पहिए वाली एक ऐसी रहट बनाई जिसके द्वारा दूर-दराज की नीची जगहों से पानी ऊँचाई तक ले जाया जा सके। इसे दो बैल एक ही साथ चार पहियों (चर्खे) को घुमा सकें। इसके अलावा एक ही बैल से दो पहियों को घुमाकर पानी दो कुओं से निकाला जा सके और एक पनचक्की चलाई जा सके। यही वह आविष्कार था जिसके चलते फतेहपुर सीकरी में उत्तरोत्तर अनेक लिफ्टों का उपयोग करके पानी को बहुत ऊँचाई तक चढ़ाया जाता था।[8]

आईने-अकबरी में हाथ से चलानेवाली बन्दूकों और तोपों में अकबर की दिलचस्पी पर जोर दिया गया है। शाही बन्दूकसाज निर्माण के सभी चरणों में बन्दूक को अकबर के सामने जाँच और हिदायत के लिए बार-बार पेश करते थे। अकबर ने बन्दूक की नाल बनाने का नया तरीका प्रारम्भ किया। एक लोहे की चपटी चादर को मोड़कर लगातार तपाकर, बढ़ती लम्बाई में गोल-गोल इस तरह घुमाकर कि चादर का एक सिरा दूसरे सिरे के ऊपर चढ़ा रहे और फिर ऐसे मरोड़े हुए गर्म टुकड़े को लोहे की एक छड़ पर चढ़ाकर नाल बनाई जाती थी। इस तरह नाल में कोई कमजोर जोड़ नहीं बचता था। यह तरीका शुद्धतः साँचे में ढलाई का तो नहीं था, किन्तु लगता है, इसने नाल में यथासम्भव मज़बूती पैदा की और उसे विस्फोट के भारी दबाव को झेलने योग्य बनाया। इसी समय अकबर के प्रयास से बन्दूकों को इस तरह बना दिया गया कि पलीते (फतील-ए-आतिश) के बिना, घोड़े (माश) को थोड़ा-सा हरकत देकर धमाका किया जा सकता था और छर्रा बाहर आ जाता था। इस समय 17 तोपों को ऐसे

एक सूत्र में बाँधा गया कि एक ही पलीता उन सबको (17 तोप) दाग सकता था।

अबुल फ़ज़ल लिखता है–लाहौर में रावी नदी के किनारे जून, 1594 में एक बड़े जहाज का निर्माण पूरा हुआ। इस जहाज के पठावे (अर्थात् लकड़ी का वह शहतीर जिस पर लकड़ी का यह ढाँचा खड़ा किया जाता है।) की लम्बाई करीब 93 फीट थी।[9] यह साल और चीड़ की लकड़ी के 2,936 बड़े तख़्तों से बना था। इसमें 468 मन 2 सेर लोहे का इस्तेमाल किया गया था। तख़्तों को आपस में जोड़ने के लिए लोहे की कीलों, पट्टियों, छल्लों आदि का प्रयोग किया गया था। तरह-तरह के चालाकी भरे उपायों से एक हज़ार लोगों ने इस जहाज को खींचा फिर भी इसे नदी में पहुँचाने में दस दिन लग गए। स्पष्ट था कि एक समुद्रगामी जहाज के झेलने लायक पानी रावी नदी में मुश्किल से होगा।[10] इसके बावजूद किसी तरह यह नदी में पहुँच गया। समुद्रगामी एक दूसरा जहाज ऐसा बना जो 370 टन के वजन का माल ढो सके। इसे बनाने में छह माह (जुलाई-दिसम्बर, 1596) लगे। यह जहाज 99 फीट लम्बा था। इसे बनाने में करीब 16 हज़ार 338 रुपये की रक़म ख़र्च हुई थी।

अबुल फ़ज़ल ने एक अद्‌भुत हौज के निर्माण तकनीक का वर्णन किया है। उससे होकर एक रास्ता एक कोठरी तक जाता था किन्तु हौज का पानी उस कोठरी में नहीं जाता था। यह हौज अप्रैल-मई, 1594 में निर्मित किया गया था।

कपड़ासाजी से जहाजों के निर्माण तक और शीतलन से गरारीदार उपकरणों तक अकबर की प्रौद्योगिकी सम्बन्धी रुचियों का दायरा सचमुच प्रशंसनीय है। प्रौद्योगिकी गतिविधियों की यह बाढ़ मूलत अकबर की रुचि और उसके संरक्षण का परिणाम थी।[11]

सन्दर्भ-ग्रन्थ

1. *आईने-अकबरी*, एक, अनु, एच. ब्लाख, संशोधन, डी.सी. फिलट, कलकत्ता, 1927
2. आरिफ कंधारी, *तारीख़े-अकबरी*, सं. मुइनुद्दीन नदवी, अज़हर अली देहलवी और इम्तियाज़ अली अर्शी, रामपुर 1962
3. *तबकाते अकबरी*, सं. वरुण डे, कलकत्ता, 1913-15
4. अबुल फ़ज़ल, *अकबरनामा*, तीन सं: अहमदअली, कलकता, 1987
5. *आईने-अकबरी*, दो, सं. ब्लाखमान, कलकत्ता, 1867
6. बी. वी. सुब्बारायप्पा, *ए कंसाइज हिस्टरी ऑफ साइंस इन इंडिया*, नई दिल्ली, 1971
8. *आईने-अकबरी*, नवल किशोर, लखनऊ
9. *आईने-अकबरी*, तीन, अनु, जैरेट, संशोधन, ओरिएंटल रिप्रिंट, 1978
10. *आईने-अकबरी* (3 जिल्दों में), लखनऊ 1893
11. नोमान अहमद सिद्‌दीकी, 'शेख अबुल फ़ज़ल'; *मध्यकालीन भारत*, हबीब, जिल्द 4, नई दिल्ली, जनवरी 1992, पृ. 82-98

अध्याय-23

श्रम-तकनीक का स्थान-परिवर्तन

भारत में सभ्यता के उदय के पहले से ही मनुष्य के साथ-साथ श्रम-तकनीक के स्थान-परिवर्तन अथवा माइग्रेशन ऑफ लेवर टेक्नोलॉजी का सिलसिला निरन्तर जारी रहा है। इस प्रक्रिया का मुख्य कारण भोजन की तलाश, रोज़ी-रोटी अथवा बेहतर दशा की चाहत रही है। मनुष्य का जब-जब स्थान-परिवर्तन अथवा स्थानान्तरण हुआ, उसी के साथ श्रम-तकनीक, संस्कृति, सभ्यता, आवश्यक चीज़ें, रहन-सहन, जीवन-शैली, विज्ञान, उपकरण, साहित्य, खाद्य पदार्थ आदि का भी माइग्रेशन होता रहा है।

गहराई से विचार करने पर पाते हैं कि आधुनिक श्रम के औजार से लेकर घर-गृहस्थी की वस्तुओं तक, भौतिकी और गणित से लेकर ज्योतिष विद्या तक, रीति-रिवाजों और रहन-सहन के ढंग से लेकर विज्ञान, कला, धर्म, अनिश्वरवाद, नैतिकता और दर्शन-इन सभी आधुनिक तथ्यों एवं अवधारणाओं का माइग्रेशन प्राचीनकाल से हुआ। अधिकांश बच्चों के नाम प्राचीन देवी-देवताओं पर रखने की परम्परा आज भी जीवित है। इसे एक प्रकार का माइग्रेशन ही मानना पड़ेगा कि आधुनिक लोगों के प्राचीन पूर्वज एक-दूसरे का सहारा लेकर ही गोत्र एवं कबीले में संगठित होकर अपना अस्तित्व बनाए रखने में सफल रहे। प्राचीन भारत का आधुनिक भारत में बदलाव स्थानान्तरण की निरन्तर प्रक्रिया का मापदंड है। इस बदलाव का महत्त्वपूर्ण कारण रहा-श्रम-तकनीक। रसोईघर में गैस के चूल्हे पर जलती आग प्राचीन युग के अलाव की लौ की सीधी वंशज है। यदि कोई वर्तमान को समझना चाहता है तो उसे श्रम-तकनीक रूपी खिड़की से झाँककर पहले अतीत को समझना होगा। श्रम-तकनीक का ही परिणाम है कि स्थान-परिवर्तन के माध्यम से आज हम अपने पूर्वजों से अधिक जानते हैं और उनसे कहीं अधिक तरह के काम कर सकते हैं। ऐतिहासिक उपलब्धियों का जो भवन निर्मित हो चुका है, उसमें श्रम-तकनीक के स्तानान्तरण के ही फलस्वरूप हम उसमें नई-नई मंजिलें जोड़ते जाते हैं।

मिट्टी के बर्तन बनानेवाले चाक का आविष्कार सिन्धुकाल में हुआ। यह श्रम-तकनीक का परिणाम था। स्थान-परिवर्तन के साथ-साथ चाक से चक्का और पुनः भाप से चलनेवाली चक्की का आविष्कार हो गया। आज से करीब 5 हज़ार वर्ष पहले जौ, गेहूँ, दाल और धान की खेती भारत के सीमित भागों में होती थी किन्तु जैसे-जैसे श्रम-तकनीक का स्थान-परिवर्तन अन्य भागों में होता गया, काल-क्रमानुसार, इन अनाजों की खेती भारत के अधिकांश भागों में होने लगी। नगरों का जन्म भारत के उत्तर-पश्चिम क्षेत्र में सबसे पहले सिन्धुकाल में हुआ। यह श्रम-तकनीक का परिणाम था। इस तकनीक का स्थानान्तरण वहीं हुआ जहाँ का वातावरण नगरीय माहौल के अनुकूल था और धीरे-धीरे पूरे भारत में नगर पाए जाने लगे। पीपल वृक्ष और शिव की पूजा के प्रारम्भिक प्रमाण सिन्धुक्षेत्र में मिलते हैं किन्तु आज भारत की अधिकांश आबादी इनसे परिचित है। ताड़वृक्ष का प्रथम अवशेष सिन्धुक्षेत्र से मिला है। सेर, आधा सेर, पाव और छटाँक जैसे तौलने के बाट, औषधि के रूप में शिलाजीत, भवन-निर्माण में ईंट का प्रयोग, लकड़ी का बना एक पल्लेवाला दरवाज़ा, घरों में स्नानघर, शौचालय और रसोईघर का पाया जाना, सूती वस्त्र का निर्माण तथा विभिन्न डिजाइन के जो आभूषण सबसे पहले सिन्धुक्षेत्र में पाए गए, वे श्रम-तकनीक के ही परिणाम थे। समय बीतने के साथ-साथ इन सभी चीज़ों से आधुनिक उत्तर प्रदेश, बिहार, बंगाल आदि अन्य भारतीय भागों में रहनेवाले भारतीय परिचित हो गए। कुत्ता स्वामिभक्त जानवर होता है—इसे आधुनिक काल ने सिन्धुकाल से सीखा। मांस-भक्षण की प्रागैतिहासिक परम्परा आज भी जीवित है। सिन्धु लोगों से हमने ताबीज धारण करना सीखा। इसे धारण करने का कारण था प्रेत-आत्माओं से अपनी रक्षा करना और इस अन्धविश्वास से आज का समाज भी प्रभावित है। सिन्धुवासी जान चुके थे कि सूर्य से पृथ्वी को ऊर्जा मिलती है।

श्रम-तकनीक के माइग्रेशन में व्यापार की भूमिका महत्त्वपूर्ण रही। पुरातात्त्विक सामग्रियों से पता चलता है कि मिस्र, मेसोपोटामिया और सुमेरु से कई प्रकार का श्रम-तकनीक सिन्धु नगरों में पहुँचा। व्यापार से खुशहाली आती और सांस्कृतिक प्रभाव फैलता है। सिन्धुवासियों से हमने कमरे में खिड़की का प्रयोग करना और शतरंज खेलना सीखा।

स्थापत्य अपनी भाषा में उस युग का विवरण पेश करता है, जिस युग में उसकी रचना हुई। प्रत्येक पीढ़ी अपने वंशजों के लिए भवन छोड़ जाती है। भवन पीढ़ियों को जोड़नेवाली कड़ी होते हैं। मोहनजोदड़ो के मकानों में ताज़ी हवा के आने और मकानों को ठंडा रखने की उत्तम व्यवस्था थी। यह श्रम-तकनीक पीढ़ी-दर-पीढ़ी माइग्रेटेड (स्थानान्तरित) होती रही। स्थापत्य

तत्कालीन समाज के सदस्यों के अनुरूप भवनों का नक्शा बनाने और उनका निर्माण करने की कला है। श्रम से सम्बद्ध यह वह कला है, जिसकी कृतियाँ मनुष्य की भौतिक और आत्मिक–दोनों प्रकार की बुनियादी आवश्यकताओं की प्रत्यक्ष पूर्ति करती हैं। स्थापत्य वह कला है, जो प्रत्यक्ष रूप से लोगों के जीवन को संचालित करती है और श्रम-तकनीक के व्यवस्थित प्रयोग के बिना ऐसा सम्भव नहीं है। आधुनिक समाज माइग्रेशन के फलस्वरूप प्राचीन स्थापत्य से प्रभावित है। आधुनिक शहर की सफाई उसी स्थिति में सम्भव है जब नाली व्यवस्था विकसित हो। इसका पाठ हमें प्राचीन काल ने पढ़ाया। आधुनिक सुई-धागा सिन्धुकाल से माइग्रेट किया गया।

स्त्री-पुरुषों के नाम रखने की प्रथा का माइग्रेशन वैदिक आर्यों से हुआ। कफ़ और बुखार को दूर करने के लिए जिन जड़ी-बूटियों की चर्चा *अथर्ववेद* में है, उन्हीं जड़ी-बूटियों से आज भी वैद्यों द्वारा इन बीमारियों का इलाज किया जाता है। आकाश के ऊपर देवी-देवताओं का निवास है–इस विश्वास का माइग्रेशन वैदिककाल से हुआ। यज्ञ का आयोजन उत्तर-वैदिककाल में प्रारम्भ हुआ और इसका स्थान-परिवर्तन बाद के काल तक चलता रहा है और आज भी यह थोड़ा भिन्न रूप में आयोजित किया जाता है।

गायत्री मंत्र के माध्यम से सूर्य की अराधना की जाती है। इस मंत्र की रचना वैदिककाल में हुई और आज भी इसका अस्तित्व बरकरार है। नदियों के धार्मिक महत्त्व की आधुनिक परम्परा वैदिककाल से प्रारम्भ हुई। मादा-पशु में गाय का दूध सबसे उपयोगी होने की जानकारी वैदिक आर्यों से मिली। आधुनिक कृषकों ने बैलों की मदद से खेत जोतना वैदिक कृषकों से सीखा। वैदिक विवाह-पद्धति आज परिपक्व रूप में उपस्थित है।

भेड़ के बाल से ऊनी वस्त्र बनाने की तकनीक सिन्धु-वैदिककाल से प्रारम्भ हुई। चन्दन, लोहवान, गोंद और कर्पूर का प्रयोग वैदिक आर्य करते थे और आज भी किया जाता है। धोती पहनना और पगड़ी बाँधना हमने आर्यों से सीखा। कर्णफूल, कंगन, हँसुली, हार, अँगूठी, चूड़ी आदि आभूषणों का प्रयोग सिन्धु-वैदिक लोगों द्वारा जिन डिजाइनों में किया जाता था, उनमें आज मुश्किल से बदलाव पाते हैं। लोहे को गर्म करने के लिए चमड़े से निर्मित धौंकनी का प्रयोग आज छोटे पैमाने पर जो किया जाता है, उसका प्रथम विवरण *अथर्ववेद* में है। भुने हुए अनाज को पीसकर सत्तू बनाने की प्रक्रिया उत्तर-वैदिककाल में आरम्भ हुई और श्रम-तकनीक का यह सिलसिला आज भी जारी है। दरैंती से धान के फसल काटने का तकनीक, कुदाल, खुरपी, कुल्हाड़ी, संडासी, ज़मीन खोदकर कुआँ बनाना, ओखल, मूसल, चलनी आदि वैदिककाल से पाए जाने लगे और इन सभी श्रम-तकनीक का स्थान-परिवर्तन होता रहा, आज सारा

हिन्दुस्तान इनसे परिचित है। धातु के बने सिक्कों का प्रयोग उत्तर-वैदिककाल से प्रारम्भ हुआ और आज सिक्के थोड़े बदलाव के साथ मशीन से तैयार किए जाते हैं। सरसों पेरकर तेल निकालना हमने वैदिक आर्यों से सीखा। श्रम-तकनीक के स्थान-परिवर्तन की प्रक्रिया जारी रही। वैदिककालीन बहुदेववाद, अंकगणित, बीजगणित, ज्यामिति, तौल, नक्षत्र विज्ञान, इकाई, दहाई, सैकड़ा, हज़ार, 10 हज़ार, लाख, 10 लाख, करोड़, 10 करोड़ आदि का माइग्रेशन होते रहा। उत्तर-वैदिककाल में कृष्ण का आगमन होता है और बाद में चलकर वे विष्णु के अवतार के रूप में पूजे जाने लगे। इसकी निरन्तरता आधुनिक हिन्दूधर्म में आज भी बनी हुई है। कृषि वर्षा पर पहले आधारित थी और आज भी है। कृषि तकनीक की स्थिति लगभग पहले जैसी आज भी है।

नगर निर्माण तकनीक का नहीं खत्म होनेवाला सिलसिला बुद्ध के ज़माने से शुरू हुआ। इस समय से पक्षी फाँसने के लिए जाल का प्रयोग किया जाने लगा और आज भी इसका प्रयोग किया जाता है। ई.पू. छठी शताब्दी के महावीर जैन और गौतम बुद्ध आज जैनधर्म और बौद्धधर्म के रूप में देश-विदेशों में जीवित हैं। इस प्रक्रिया को धार्मिक माइग्रेशन कह सकते हैं। पालि और प्राकृत के कई शब्दों का माइग्रेशन हिन्दी भाषा में हुआ। उत्तर-वैदिककाल से पेशेवर चिकित्सक बाद के कालों तक और आज इसकी निरन्तरता बनी हुई है। त्रिदेव (ब्रह्मा, विष्णु, और महेश) की अवधारणा प्राक्-मौर्यकाल में विकसित हुई। इस अवधारणा का माइग्रेशन होता रहा और आज भी है।

मौर्यकालीन भारत में केन्द्रीय और प्रान्तीय प्रशासनिक व्यवस्था का स्थान-परिवर्तन का सिलसिला आज तक चलता आ रहा है। खनिज पदार्थों पर इसी समय से सरकारी नियंत्रण स्थापित हुआ और आज भी है। योग्यता और प्रतियोगी मौखिक परीक्षाओं के आधार पर अधिकारियों की नियुक्ति की प्रक्रिया का माइग्रेशन हुआ और आज हम इस प्रक्रिया से अपरिचित नहीं हैं। *कौटिल्यम अर्थशास्त्रम्* का आज भी महत्त्व है। इसी समय से यूनानी राजदूत मेगास्थनीज के विचारों का माइग्रेशन होता रहा। अशोक के ज़माने में बौद्धधर्म विश्वधर्म बना। इस समय निर्मित स्तूप एवं स्तम्भ से आज तक का समाज परिचित रहा है। मौर्यकाल में ईरान, यूनान और भारतीय संस्कृतियों का सम्मिलन और पारस्परिक आदान-प्रदान हुआ। उसे माइग्रेशन के चश्मे से आज भी समझा जा सकता है। भारतीय कला को काठ, मिट्टी, ईंट, पुआल, गोबर तथा अन्य अस्थायी सामग्रियों से बाहर निकालकर नवीन और स्थायी रूप प्रदान किया गया। ऐसा अशोक मौर्य के काल में शुरू हुआ। कला-निर्माण में पत्थर के प्रयोग की जो परम्परा अशोक ने शुरू की, वह श्रम-तकनीक से प्रभावित था और इस श्रम-तकनीक का माइग्रेशन बाद के काल में अवाध गति से होता रहा।

मौर्यकाल के राजकीय संरक्षण में नहरों एवं नदियों पर सेतु (Bridge) बनाने की तकनीक विकसित हुई। इस तकनीक का स्थान-परिवर्तन बाद के कालों में होता रहा। आधुनिक काल में तो सम्पूर्ण भारतवर्ष में नहरों का जाल बन गया और कृषि में अपार वृद्धि हुई। सेतु का निर्माण कार्य वृहद् पैमाने पर विकसित हुआ और इसका अनुकूल असर यातायात पर पड़ा। मौर्यकाल में ही जैसा कि *अर्थशास्त्र* के अध्ययन से पता चलता है, दो घरों के बीच एक हाथ अथवा डेढ़ फीट का फासला रखना आवश्यक और कानूनी हो गया। इस नियम को आज ध्यान में रखकर भवन-निर्माण की परम्परा जीवित है। मौर्यकाल में ही बाहर की ओर दरवाज़ा या खिड़की बनवाकर पड़ोसियों को कष्ट पहुँचाना, रास्ता रोकना, पानी निकालने का ठीक प्रबन्ध नहीं करना, पानी से दूसरे की दीवार को नुकसान पहुँचाना, आदि दंडनीय अपराध माने जाते थे। इस व्यवस्था का माइग्रेशन बाद के कालों तक होता रहा। मदिरा बनाने की विधि की जानकारी *ऋग्वेद* से होने लगती है। थोड़ा-बहुत बदलाव के साथ मदिरापान का माइग्रेशन मौर्यकाल में विकसित रूप में हुआ और बाद में चलकर आज तक बरकरार रहा है। चिकित्सालय और गुप्तचरी का आधुनिक तरीका मौर्यकाल से माइग्रेटेड हुआ। आधुनिक गुप्तचर विभाग इसका समर्थक है। स्त्रीधन की परम्परा का माइग्रेशन और नगरपालिका व्यवस्था का माइग्रेशन आधुनिक काल में मौर्यकाल से हुआ। चाणक्य ने सबसे पहले कहा—विज्ञान मनुष्य को भयमुक्त बनाता है और इस अवधारणा का स्थानांतरण आधुनिक काल तक होता रहा।

शुंगकाल में गौरी की कल्पना शिव की पत्नी के रूप में की गई। इसी काल में लक्ष्मी को धन की देवी बताया गया। इन दोनों धार्मिक परम्पराओं का माइग्रेशन आधुनिक काल तक में हुआ। शुंगकालीन उच्च सुसंस्कृत लोगों ने पीले रंग का वस्त्र धारण करना सबसे पहले शुरू किया। नारी-वस्त्रों में कढ़ाई की जाने लगी। शुंगकालीन भरहुत और सांची स्तूपों में पुरुषों को धोती पहने हुए दिखाया गया है। धोती का एक छोर कमर में लपेट लिया जाता और दूसरा छोर पीछे की ओर कमर में खोंस लिया जाता था। धोती घुटनों के कुछ नीचे पैरों के मध्य भाग तक लम्बी होती थी। स्त्रियों के वस्त्र में साड़ी पहनने की प्रथा शुंगकाल से शुरू हुई। साड़ियों के दो प्रकार थे। एक में साड़ी घुटनों तक होती थी, इसका चुन्नरदार कोना पीछे की ओर खोंसी हुई होती थी। दूसरी शैली में साड़ी उसी तरह पहनी जाती जिस तरह उत्तर प्रदेश अथवा बिहार या बंगाल की स्त्रियाँ आज पहनती हैं। इसे श्रम-तकनीक का योगदान मानना पड़ेगा जिसके फलस्वरूप शुंगकालीन साड़ी का कालक्रमानुसार स्थान-परिवर्तन महाराष्ट्र के इलाके और पूर्वी-मध्य उत्तर भारत में आधुनिक काल तक होता रहा।

शुंगकाल से बैलों के नथुने रस्सी से नाथे जाने लगे। सूप और झाड़ू का प्रचलन प्रारम्भ हुआ। इन सभी प्रचलनों का माइग्रेशन होता रहा।

स्वर्ण सिक्का और मूर्ति-निर्माण का नवीन अध्याय कुषाणकाल में शुरू हुआ। नक़ली दाँत लगाने, चुस्त पाजामा और शेरवानी के समान लम्बे कोट का प्रचलन इसी समय से बाद के काल में प्रचलित हुआ। कनिष्क के ज़माने में भारत के उत्तर-पश्चिम में शक, यवन, ईरानी आदि विदेशी संस्कृतियों का जमघट था। यहीं एक कलाशैली का विकास हुआ जिसे गान्धार शैली कहते हैं। इसमें यूनानी संगतराश की छेनी और भारतीय बौद्धधर्म का योग था। यह शैली बाद के कालों में स्थानान्तरित होती रही और आज भी जीवित है। इसी काल में बौद्धधर्म दो मतों में विभाजित हुआ—हीनयान और महायान । महायान अर्थात् विशाल नौका सागर तिरनेवाला एक महापोत था; इसमें अनन्त जीवों के निर्वाण की, बहुजन हिताय, बहुजन सुखाय कल्याण की कल्पना थी जहाँ महायान पर चढ़कर सभी भवसागर के पार जा सकते थे। महायान ने बुद्ध की आदमकद की प्रथम मूर्त्ति का निर्माण गान्धार शैली में किया। इसके बाद ही देवी-देवताओं की मूर्तियाँ भारत में निर्मित होने लगीं। इस काल में निर्मित नगरों का अस्तित्व मौर्यकालीन पाटलिपुत्र के समान आज भी वर्तमान है (कनिष्कपुर, पुरुषपुर, मथुरा, सारनाथ, कौशाम्बी, तक्षशिला, इन्द्रप्रस्थ, हस्तिनापुर, श्रावस्ती, कौशाम्बी, वैशाली, पुष्कलावती, आदि) जिन्हें देखकर श्रम-तकनीक के गर्भ से जन्मे प्राचीन भारत की गौरवशाली गाथा और इनके माइग्रेशन के सिलसिले को समझा जा सकता है।

गुप्तकाल में विष्णु, शिव और दुर्गा (वैष्णव, शैव और शाक्त) ने भारत के सर्वाधिक शक्तिशाली और लोकप्रिय देवी-देवताओं का स्थान प्राप्त किया। यह श्रम-तकनीक की उपलब्धि थी। बाद के काल में इन देवी-देवताओं का स्थान-परिवर्तन होता रहा। कला में नई ताज़गी आई और गौतम बुद्ध की कुषाणकालीन समाधिस्थ मूर्तियों के उलटे कठोर अँगूठे अब मुलायम हुए। मन्दिर-निर्माण तकनीक का सिलसिला इसी समय से प्रारम्भ हुआ और आज भी जारी है। गुप्तकालीन कालिदास, आर्यभट, अमरसिंह वात्स्यायन, वराहमिहिर और ब्रह्मगुप्त का व्यक्तित्व माइग्रेटेड होता रहा। इस काल में *महाभारत* और *रामायण* की घटनाओं को जिस रूप में अलंकृत किया गया वह किसी न किसी रूप में बाद के काल तक स्थानान्तरित होता रहा। इस काल से धोती और साड़ी के अन्दर जाँघिए के जैसा वस्त्र धारण किया जाने लगा। स्त्रियों के बीच आधुनिक बाँहवाले ब्लाउज पहनने की प्रथा विकसित हुई। उच्चवर्गीय लोग दातुन से दाँत साफ करने लगे और इसकी प्रथम चर्चा वात्स्यायन द्वारा रचित ग्रन्थ *कामसूत्र* से होती रही। बाद में चलकर यह आदत सामान्य लोगों में माइग्रेटेड होती गई। 64 कलाओं की अवधारणा गुप्तकाल से प्रारम्भ हुई।

आधुनिक बिहार के इलाके पर अगर नज़र डालें तो सातवीं शताब्दी का चीनी यात्री व्हेनसांग ने लिखा है कि पाटलिपुत्र का पूर्व गौरव समाप्त हो चुका था और वहाँ मात्र 300 मकान शेष रह गए थे। इस तथ्य से पता चलता है कि रोज़ी-रोटी की तलाश में काफ़ी लोग पाटलिपुत्र से स्थानान्तरित हो चुके थे। पाल शासकों की राजकीय अनुदान से नालन्दा विश्वविद्यालय बेहतर दशा में था किन्तु जब यह अनुदान मिलना बन्द हो गया तो नालन्दा भी उजड़ गया। इसके फलस्वरूप नालन्दा से स्थान-परिवर्तन स्वाभाविक था। इसी प्रकार भागलपुर के पास अवस्थित विक्रमशिला विश्वविद्यालय का पतन हुआ तो वहाँ के लोग भोजन की तलाश में दूसरे स्थान पर जा बसे। 12 वीं शताब्दी और उसके बाद बिहार में पुराने स्थलों का उजड़ना और नए स्थानों में बसने का सिलसिला जारी रहा और इसे स्थान-परिवर्तन की दृष्टि से समझना होगा। तुर्कों और मुग़लों तथा अफ़गानों के आगमन से बिहार में स्थान-परिवर्तन का होना स्वाभाविक रहा।

इस तरह श्रम-तकनीक के फलस्वरूप माइग्रेशन का सिलसिला काल क्रमानुसार होता रहा। प्रत्येक स्थिति में प्राचीन काल की बुनियाद पर आधुनिक काल की इमारत खड़ी है। उन सभी प्रकार की कच्ची वस्तुएँ जिनकी मदद से आधुनिक काल की वस्तुएँ तैयार होतीं अथवा दिखाई देतीं अथवा हम जिन अवशेषों पर अन्तरराष्ट्रीय स्तर पर गर्व करते अथवा आज इतिहास का जो क्रमबद्ध सिलसिला जारी है अथवा हमारे देश या हमारी मान-मर्यादा बनी हुई है—इन सबका पितामह श्रम-तकनीक से निर्मित प्राचीनकाल है। प्राचीनकाल के जंगली लोग, घुमन्तू कबीले, पशुपालक, कृषक स्त्रियाँ, निर्धन शिल्पकार एवं कामगार, दास, मज़दूर और अनपढ़ वैज्ञानिकों द्वारा किए गए कठोर परिश्रम, खोज और आविष्कारों ने ही उस पलने का निर्माण किया जिस पर आधुनिक काल झूला झूल रहा है। आवश्यकताओं की पूर्त्ति और समस्याओं से छुटकारा दिलाने में श्रम-तकनीक के माइग्रेशन का सिलसिला महत्त्वपूर्ण रहा।

विश्व-बन्धुत्व को स्थापित करने में श्रम-तकनीक की भूमिका को भी समझा जा सकता है। भारत में कई ऐतिहासिक भवन यूनानी, रोमन, गोथक, इस्लामिक और राजपूत शैली से प्रभावित हैं। भाषाओं के स्थान-परिवर्तन में श्रम-तकनीक के महत्त्व को समझना होगा। आज अधिकांश अनाज, सब्जियाँ और मसाले पूरे भारत में समान रूप में पाए जाते हैं। प्राचीन या मध्यकाल में ऐसी बात नहीं थी। खान-पान, पहनावा-ओढ़ावा और रहन-सहन के क्षेत्र में पूरे भारत में काफ़ी हद तक जो समान तस्वीर आधुनिक काल में बनी उसे श्रम-तकनीक का परिणाम बताना स्वाभाविक होगा। मुग़लों के बाद यूरोपीय लोगों का प्रवेश भारत में हुआ। इन लोगों ने श्रम-तकनीक से जुड़ी कई प्रकार की चीज़ों से भारत को परिचित कराया। चाय पीने के लिए कप-प्लेट,

कोट-पैंट-टाई, नवीन प्रकार की खाद्य सामग्रियाँ, रहन-सहन का स्तर, बम्बई, दिल्ली, मद्रास और कलकत्ता का महानगरों में बदलाव, औद्योगिकीकरण, रेलवे, बैंक आदि नवीन चीज़ों की भारत में उपस्थिति श्रम-तकनीक का परिणाम था।

अमेरिका का मूल निवासी साबूदाना यूरोपवासियों के साथ भारत में आया। *सिद्धभेषज मणिमाला* (2.179) में इसका उल्लेख मिलता है। दक्षिण अमेरिका में अवस्थित पोलीनेशिया के द्वीपों में सबसे पहले ग्यारहवीं शताब्दी में शकरकंद पैदा किया जाने लगा। इसका अमेरिकन नाम बटाटा है। आलू जैसा होने के कारण इसे बटाटा और अंग्रेजी में पोटैटो कहा गया। इसका पौधा पुर्तगालियों द्वारा भारत में लाया गया और 18वीं शताब्दी से इसकी खेती भारत में होने लगी। मोलक्कस का मूल निवासी लौंग कुषाणकाल में भारत पहुँचा। लीची का मूल स्थान दक्षिणी चीन है। सर्वप्रथम बंगाल में 18वीं शताब्दी में यह आयातित हुई। ब्रिटिशकाल में बंगाल का अंग बिहार था और यहीं मुजफ़्फ़रपुर में लीची आज भी पैदा होती है। मिर्च (Chilli) का मूल स्थान पेरु (अमेरिका) है। आज इसका पैदावार पूरे भारतवर्ष में होता है। मूली (Radish) की प्रथम उत्पत्ति चीन में हुई और वहाँ से यह भारत आई। अरबी और फ़ारसी में मेहँदी को हिना कहते हैं। ई.पू. 2000 के आसपास यह मिस्र में सबसे पहले पाया गया। 9वीं शताब्दी में फ़ारस से यह भारत पहुँचा। पपीता (Papaya) का मूल स्थान मैक्सिको है। 16वीं शताब्दी में इसका पेड़ मलक्का होते हुए भारत पहुँचा। 1900 ई. के बाद इस फल को पूरे भारतवर्ष में लोकप्रियता मिली। तमाखू अथवा तम्बाकू का लैटिन नाम Lacotiana Tabacum Linn है। इसका पौधा मूलतः अमेरिका का है। **जॉन निकॉट ऑफ निस्मस** के सम्मान में इस पौधे का नाम Nicotiana पड़ा। जॉन निकॉट ने ही इस पौधे को फ्रांस में प्रवेश कराया था। भारत में यह पौधा पुर्तगालियों के माध्यम से 16वीं शताब्दी के अन्त में लाया गया। आयुर्वेद में इस पौधे की प्रथम चर्चा 17वीं सदी के ग्रन्थ *योगरत्नाकर* में मिलती है। टमाटर का मूल जन्मस्थान पेरु (अमेरिका) है। स्पेनी खोजकर्ताओं ने 16वीं सदी में इसे पूरे यूरोप में फैलाया। 17वीं शताब्दी में पुर्तगालियों द्वारा यह भारत लाया गया। छेमी अथवा मटर का मूलनिवास इथयोपिया है। आधुनिक काल में भारत इससे परिचित हुआ। चाय का मूल स्थान चीन है। गुप्तकाल में इत्सिंग इसे भारत लाया। ईस्ट इंडिया कम्पनी ने भारत में चाय की खेती प्रारम्भ की। आयुर्वेद विज्ञान में श्यामपर्णी और *शालिग्रामनिघंटु* में चाय नाम से इसका वर्णन है। गोबी यूरोप का मूल निवासी है। अकबर के ज़माने में यह भारत आया। असीरिया का मूल निवासी गुलाब की जानकारी ई.पू. करीब 2000 से होती है। उत्तर-मुग़लकाल के संस्कृत ग्रंथों में गुलाब के लिए **शतपत्री** शब्द का प्रयोग किया गया है। प्रथम शताब्दी में

प्लिनी ने सर्वप्रथम गुलाब का वानस्पतिक विवरण प्रस्तुत किया। अकबर के शासनकाल के दौरान फ़ारस से गुलाब के पौधे लाकर भारत में लगाए गए। 1612 में नूरजहाँ की माँ ने गुलाब के अतर का आविष्कार किया (P.K. Gode, *Studies in Indian Cultural History*, vol. I, Hosiarpur, 1971, pp. 15-42)।

कुम्हड़ा का मूल निवास स्थान अमेरिका है। भारत में इसका प्रवेश आधुनिक काल में हुआ। इसकी चर्चा *शालिग्रामनिघंटु* में है। केला को अंग्रेजों ने 'स्वर्ग का सेब' कहा। इसका मूलस्थान असम, बर्मा और इंडोचायना (थाईलैंड) है। इन्हीं स्थानों से इस फल का प्रसार अमेरिका, अफ्रीका, आस्ट्रेलिया, फिलिपिंस और हवाई में हुआ। मौर्यकाल में केला की चर्चा मेगास्थनीज ने की है। भारत से केला 7वीं शताब्दी में मिस्त्र पहुँचा। अरब से कागज़ी बादाम (Almond) भारत पहुँचा। काजू (Cashew) का मूलस्थान दक्षिण अमेरिका है। काजू सबसे पहले पुर्तगालियों द्वारा गोवा के इलाके में 16वीं सदी में लाया गया। कहवा (Coffee) अबीसीनिया, सूडान, गिनी तथा मोजांबिक में मूलतः होता है। प्राचीन मिस्त्र में इसका व्यवहार होता था। वहाँ इसे 'कवे' कहते थे, जिससे फ्रांसीसी 'काफे' और बाद में 'कॉफी' शब्द का प्रयोग किया जाने लगा। ग्रेट ब्रिटेन में कॉफी की पहली दुकान 1652 ई. में खुली। भारत में मुस्लिम व्यापारी द्वारा 18वीं सदी में सर्वप्रथम मैसूर में कॉफी लाई गई। इसकी खेती भारत में 1830 से प्रारम्भ हुई।

ई.पू. 7000 के दौरान लौकी या कद्दू (Bottle Gourd) का अवशेष मैक्सिको में पाया गया। ई.पू. 3500 के आसपास मिस्त्रवासी इस सब्जी से परिचित हुए। अफ्रीका से यह अमेरिका पहुँची थी। मिस्त्र से यह भारत पहुँचा। आलू (Potato) का मूल देश चिली (अमेरिका) है। स्पेनियों ने यूरोप को 16वीं शताब्दी में आलू से परिचित कराया। भारत में यह 17वीं सदी में लाया गया। *शालिग्रामनिघंटु* और *सिद्धभेषजमणिमाला* में अल्लूक नाम से इसका वर्णन है। इसका अंग्रेजी नाम Potato और भ्रम से इसे बटाटा (शकरकन्द) कहा गया। बम्बई में अभी भी आलू को बटाटा कहते हैं। आम के पेड़ का मूलस्थान दक्षिण-पूर्व एशिया है। इसे भारत का राष्ट्रीय फल (National Fruit) और फलों का राजा (King of Fruits) कहते हैं। आम फ़ारसी शब्द है। मुग़ल बादशाह बाबर ने आम को हिन्दुस्तान का सबसे अधिक पसन्दीदा फल (Choicest fruit of Hindustan) कहा है। अनार (Pomegranate) का पेड़ ईरान से भारत आया। अमरूद का जन्मस्थान अमेरिका है और 17वीं शताब्दी में इसका पेड़ भारत पहुँचा। अनन्नास (Pineapple) का मूलस्थान ब्राजील है। 1540 में यह फल भारत में आया। अंगूर का जन्मस्थान कैस्पियन सागर का इलाका है। मौर्यकाल में इसका पेड़ भारत पहुँचा। *अर्थशास्त्र* में अंगूर की खेती की चर्चा है।

अध्याय-24

स्थानान्तरण की निरन्तरता

माइग्रेशन अथवा स्थान-परिवर्तन प्रारम्भिक काल से विश्व में एक निरन्तर प्रक्रिया रही है। भौगोलिक परिवेश से स्थान-परिवर्तन प्रभावित रहा है। भारत की भौगोलिक बनावट पर अगर हम ध्यान दें तो पाते हैं कि इसके उत्तर-पश्चिम भाग में स्थल-मार्ग की सुविधा है जिससे होकर प्राचीनकाल में अरब और अफ्रीका के इलाकों में आना-जाना सम्भव था। सिन्धुकाल में मेसोपोटामिया और मिस्त्र के लोगों का भारत में आना और यहीं बस जाना–इसके पुरातात्त्विक प्रमाण मिले हैं। पश्चिमी एशिया से आए हुए लोगों को आर्य कहा गया। ये लोग प्रारंम्भ में झुंड के झुंड एक-एक करके कश्मीर, पंजाब, राजस्थान और गुजरात के इलाके में भोजन की तलाश में आए। इनमें से विशेषकर स्त्रियों, बच्चों और बूढ़ों की मृत्यु हो गई। जो लोग बचे उनका सम्पर्क स्थानीय स्त्रियों से होने के फलस्वरूप इनकी आबादी में वृद्धि होती गई। स्थायी भोजन के अभाव में इनका स्थान-परिवर्तन होता रहा और सैकड़ों वर्षों तक इन्हें घुमन्तू जीवन बिताना पड़ा। धीरे-धीरे इनका फैलाव दिल्ली, उत्तर प्रदेश और उत्तर-वैदिककाल में बिहार के मिथिला प्रदेश तक हो गया। ई.पू. छठी शताब्दी में नगर-राज्यों का उदय होने के साथ स्थान-परिवर्तन का सिलसिला जारी रहा। पाटलिग्राम जब पाटलिपुत्र का रूप धारण किया तो काफ़ी संख्या में जनसामान्य एवं अधिकारीगण दक्षिण भारत, तक्षशिला, गया और राजगृह के इलाके से आकर यहाँ बस गए। इसका कारण यह था कि राजनीतिक एवं आर्थिक महत्त्व में वृद्धि के कारण काफ़ी लोगों को इस नई राजधानी में रोज़गार एवं बेहतर जीवन बीताने का अनुकूल अवसर मिला। मौर्यकाल का ज़माना आया और चन्द्रगुप्त मौर्य तथा कौटिल्य तक्षशिला से पाटलिपुत्र आ पहुँचे। मौर्यकाल में कई यूनानियों का स्थायी अथवा अस्थायी स्थानान्तरण पाटलिपुत्र में हुआ। दक्षिण भारत के काफ़ी लोगों को नौकरियाँ मिलीं और मौर्य प्रशासन ने इन अधिकारियों के सहारे दक्षिण भारत तक में शासन किया। कौटिल्य के *अर्थशास्त्र* से पता चलता है

कि खान से सोना, लोहा, ताँबा आदि धातुओं को निकालने के लिए बाहरी लोगों का एक स्थान से दूसरे स्थान पर स्थानान्तरण होता रहा। मौर्यकाल में ही बंजर ज़मीन को उपजाऊ बनाने के लिए नए लोग पाटलिपुत्र के आसपास बसाए गए। इसी प्रकार से स्थानान्तरण की प्रक्रिया शुंग और कुषाण काल में हुई। कनिष्क के शासनकाल के दौरान कई विद्वानों एवं महायानियों का स्थानान्तरण बिहार से कश्मीर के तरफ़ हुआ।

रोज़ी-रोटी के लिए मगध में जन्मा वराहमिहिर उज्जैन चला गया और वहीं रहकर कई ग्रन्थों की उसने रचना की। कर्णाटक के लोग मिथिला में जाकर बस गए और इनकी नवीन जातियाँ बनीं। गुप्तकाल में उत्तर प्रदेश से बिहार और बिहार से उत्तर प्रदेश काफ़ी लोगों का स्थानान्तरण हुआ। गुप्तकालीन ग्रन्थ *बृहत्संहिता* के अध्ययन से पता चलता है कि बाढ़, सूखा और महामारी के कारण काफ़ी लोगों का स्थानान्तरण होता रहता था। बंगाल के सेन एवं पाल राजवंशों के समय काफ़ी लोगों का स्थान-परिवर्तन बंगाल से बिहार में हुआ। मौर्यकाल के बाद भारत में राजनीतिक विखंडन के दौरान बेहतर अवसर की तलाश में स्थान-परिवर्तन की निरन्तर प्रक्रिया जारी रही। गुप्तकाल से भूमिदान की मात्रा में काफ़ी वृद्धि हुई और जिसको जहाँ भूमि-दान मिला वहाँ वह जाकर बसा। नवीन भूमिस्वामियों के कारण कृषकों एवं अन्य कर्मकारों की टोलियाँ एक स्थान से दूसरे स्थान पर स्थानान्तरित होती रहती थीं। अकबर के ज़माने में काफ़ी राजपूतों का स्थानान्तरण बिहार में हुआ। अजीमाबाद का संस्थापक औरंगज़ेब का पौत्र अजीमुश्शान के ज़माने में विद्वानों एवं शायरों का स्थानान्तरण दिल्ली और लखनऊ से अजीमाबाद में हुआ। प्राचीन काल में कई ब्राह्मणों का स्थान-परिवर्तन उत्तरापथ से दक्षिणापथ में हुआ।

बृहत्संहिता के चन्द्रचाराध्याय, गृहवर्षफलाध्याय, वास्तुविद्याध्याय, नक्षत्रव्यूहाध्याय, शुक्रचाराध्याय, शनैश्चरचाराध्याय, मयूरचित्रकाध्याय, राहुचाराध्याय आदि अध्यायों के अध्ययन से पता चलता है कि द्रविणदेश, महाराष्ट्र, काँची, गोनार्द, पांड्यदेश और चोलदेश के निवासियों ने युद्ध, आक्रमण, अग्नि, बाढ़, सूखा और भूकम्प के कारण अपनी जन्मभूमि को छोड़ दिया था और अन्य क्षेत्रों में जाकर बस गए; वे किन स्थानों पर जाकर बसे–इसकी जानकारी नहीं हो पाती है। राजवंशों के पतन के फलस्वरूप स्थान-परिवर्तन होते रहे। *बृहत्संहिता* में ही प्राकृतिक प्रकोपों के परिणामस्वरूप स्थान-परिवर्तन की चर्चा है।

श्रीविष्णुपुराण के अंश 4, अध्याय 24 के श्लोक 94-95 में बताया गया है कि लोभी राजाओं द्वारा लगाए गए कर के भार से पीड़ित प्रजा पर्वत-कन्दराओं में रहने लगी और मधु, शाक, मूल, फल, पत्र और पुष्प आदि खाकर दिन काटती थी। वे वृक्षों के पत्र एवं वल्कल पहन-ओढ़कर रहते थे (*श्रीविष्णुपुराण*,

अंश 4, अध्याय 24, श्लोक 96)। *ब्रह्मवैवर्तपुराण* (अध्याय 7, श्लोक 29-32) में बताया गया है कि पूर्व मध्यकाल में पलायन के कारण कुछ गाँव एवं नगर जनरहित हो गए और जंगल का रूप ले चुके थे। *भविष्यपुराण* (जिल्द 2, अध्याय 6, श्लोक 1-17) में बताया गया है कि काश्यप नामक द्विज का ब्रह्मावर्त प्रदेश में आगमन हुआ। उसकी पत्नी का नाम आर्यावती था। उसे 10 पुत्र–उपाध्याय, दीक्षित, पाठक, शुक्ल, मिश्र, अग्निहोत्री, द्विवेदी, त्रिवेदी, पांडेय और चतुर्वेदी–उत्पन्न हुए। काश्यप ब्रह्मावर्त से मिस्रदेश गया और वहाँ सभी म्लेच्छों को मोह-मुग्ध करके 10 हज़ार को ब्राह्मण और क्षत्रिय, 2 हज़ार को वैश्य और शेष को शूद्र बनाया। ब्रह्मावर्त में 8 हज़ार शूद्र निवासी थे। उनका राजा आर्य पृथु था जिसके पुत्र का नाम मागध था। राजा काश्यप ने मागध का राज्याभिषेक किया। मागध ने मागध देश को आर्यप्रदेश से अलग कर दिया। पूर्व मध्यकालीन साहित्य में पलायन के सम्बन्ध में जो जानकारी मिलती है, उनके अध्ययन से पता चलता है कि ये सारे स्थान-परिवर्तन राजनीतिक संकट और प्राकृतिक प्रकोप के कारण हुए।

पलायन के सम्बन्ध में *महाभारत* के वनपर्व (190.44,57-61) और *ब्रह्मपुराण* (230.36-37) में लिखा है कि लोग जौ, गेहूँ आदि पैदा होनेवाले निषिद्ध प्रदेशों में जाकर बस गए। बेगार लेनेवालों से पीड़ित होकर ब्राह्मण आश्रमों में चले गए और फल-फूल खाकर जीवन-निर्वाह करने लगे। उन्होंने नदियों, पर्वतों और दुर्गम स्थानों में आश्रय लिया। *वनपर्व* के अध्याय 190 (श्लोक 80 एवं 86) में लिखा है कि गर्मी के कारण फसल नष्ट हो जाने से लोग स्वदेश छोड़कर अन्य गाँवों–नगरों में आश्रय लेने लगे। बौद्धग्रन्थ *जातक* (जिल्द 1, संख्या 27) के अनुसार, कर (बलि) से पीड़ित लोग कुछ भी देने में असमर्थ थे। फलतः ग्राम-निगम आदि को छोड़कर राज्य के सीमान्त में जाकर रहने लगे। हीन जाति के लोगों ने पीड़ित ऊँची जातिवालों को भगा दिया। *मत्स्यपुराण* (अध्याय 144, श्लोक 29-32) में लिखा है कि विसूचिका, प्लेग, भुखमरी, अकाल आदि के कारण समाज में स्थिरता नहीं थी। लोग एक स्थान से दूसरे स्थान पर पलायन करते रहते थे। व्याकुल होकर लोग गृहों को त्याग देते थे। इसी पुराण के अध्याय 144 (श्लोक 69-83) में लिखा है कि अकाल से पीड़ित होने के कारण जीविका का अभाव रहता था और लोग अपने जनपद से पलायन कर दूसरे देश में शरण लेने लगे। कुछ लोग भागकर नदियों, समुद्र-तटवर्ती भागों तथा पहाड़ों पर शरण लेने लगे। वल्कल और काला मृगचर्म ही उनका परिधान होता था। वर्णाश्रम धर्म से भ्रष्ट होकर वे घोर संकरधर्म में आस्था करने लगे थे। भक्ष्याभक्ष्य का विचार लुप्त हो गया। मृग, सुअर, वृषभ तथा अन्य वनचारी जीवों को वे खाने लगे। नदियों और समुद्रों के

किनारे के निवासी मछली पकड़कर खाते थे। अभक्ष्य भोजन के दोष के कारण सारी प्रजा एक वर्ण की हो गई और वर्णधर्म नष्ट हो गया। पशु-पक्षी और मछली के समाप्त होने पर लोग कन्द-मूल खोदकर खाने लगे। लोग गृह से रहित और फल-फूल पर ही जीवन निर्वाह करते थे। *श्रीहरिवंशपुराण* के अध्याय 4 (श्लोक 24) में लिखा है कि करभार से पीड़ित लोग नगरों से वनों में चले गए और वहीं रहने लगे। *श्री हरिवंशपुराण* (4,30-66) और *श्रीमद्भागवतपुराण* (2.12.2, 7-10) में वर्णित है कि राक्षस राजाओं के डर से मानवगण सर्वथा सम्बलहीन, भूख-प्यास तथा भय से व्याकुल होकर बाल-बच्चों को कन्धे पर लादकर सपरिवार स्वदेश से कौशिकी नदी पार कर चले गए और अंग, बंग, कलिंग, मेकल तथा ऋषि-जनप्रिय गिरिकन्दराओं में जाकर आश्रय लिया। हिमालय की तलहटी, समुद्र-तट तथा जंगल में खाली जगह मिलनी मुश्किल थी। लोग जंगलों में म्लेच्छों के साथ निवास करते थे। रक्षक ही संहारक बन गए थे। मृग, मत्स्य, पक्षी, व्याघ्रादि हिंसक पशु, सर्प, कटि, शाक तथा फलों पर वे जीवन निर्वाह करते थे। मुनियों के समान वे चीर, वृक्षपत्र, वल्कल तथा मृगचर्म पहनते थे। गिरिकन्दराओं में रहते हुए वे छाग, महिष, गर्दभ तथा ऊँट पालते थे। जल प्राप्ति के लिए उन्होंने नदियों का बहाव रोक दिया था। ब्याज पर पकवान्न की बिक्री करके वे परस्पर काम चलाते थे। सन्तानों की संख्या बढ़ती गई, फिर भी लोग निपूतों जैसा जीवन-यापन करते थे। काफ़ी ग़रीबी थी और धर्म की दुर्दशा चरम सीमा पर पहुँच गई थी। *ब्रह्मपुराण* (अध्याय 231, श्लोक 64) में लिखा है कि सारहीन, क्रियाशून्य तथा उद्वेगकारीकाल उपस्थित होने पर मनुष्य कर के भार से पीड़ित होकर पलायन कर गए। उन्होंने जंगल में जाकर आश्रय लिया। इसी पुराण (231.65-77) में पुनः लिखा है कि यज्ञों के नष्ट हो जाने पर राक्षस, हिंसक पशु, कीड़े, चूहे तथा साँप लोगों को काटने लगे। मनुष्य स्वयं रक्षक, स्वयं चोर तथा उपद्रवों से कातर होकर देश-देश में अपना-अपना अलग-अलग संघ बना लिया। भय के मारे अपने बाल-बच्चों को लेकर लोग कौशिकी नदी को पारकर भाग गए और अंग, बंग, कलिंग, कश्मीर तथा कोसल देश में जाकर बस गए। हिमालय की तराई तथा क्षार समुद्र के तटप्रान्त में पलायन करनेवाले लोग जीर्णपत्तियाँ खाकर, वृक्षों की छाल तथा चर्म पहनकर किसी तरह दिन काटते और वनों में म्लेच्छों के साथ निवास करते थे। मृग, मछली, पक्षी, हिंसक जीव, साँप तथा कीड़ों के साथ रहकर लोग मधु, शाक, फल तथा कन्द खाकर रहते और वल्कल एवं चर्म पहनकर मुनि की तरह रहते थे। वे बीज नहीं बोते किन्तु बकरे, भेड़ें, गधे तथा ऊँट पालते थे। जल के लिए बाँध बाँधकर नदियों की धाराओं को रोकते थे।

राजनीतिक कारणवश स्थान-परिवर्तन अथवा पलायन का वर्णन तंजौर ज़िला के तीरुकडैयूर नामक स्थान से प्राप्त अभिलेख (*Annual Report of Epigraphy*, 1907 part II , Para 27) के अध्ययन से पता चलता है कि वहाँ के राजा ने अपने राज्य का एक अंश अपने छोटे भाई को दे दिया जिसके कारण अव्यवस्था फैल गई और काफ़ी लोगों को स्थान-परिवर्तन करना पड़ा। कुछ समय बाद जब स्थिति सामान्य हुई तो लोग अपने पुराने स्थानों में आकर बस गए। 1910 के *Annual Report on Epigraphy* (Part II, para 28) के अध्ययन से पता चलता है कि श्रीलंका में आक्रमणकारियों द्वारा फैलाए गए आतंक से परेशान होकर वहाँ के दुखी लोग अपना मूलस्थान छोड़कर दूसरे स्थानों पर जाकर बस गए।

प्राचीन काल में विकसित यातायात के साधनों के अभाव में स्थान-परिवर्तन की गति मन्द रही, लम्बी दूरी को तय कर स्थानान्तरण भी एक कठिन प्रक्रिया थी। सातवाहन एवं कुषाणकाल में यातायात के साधनों में विशेष वृद्धि हुई। यातायात के इन विकसित साधनों ने व्यापारियों के लिए विशेष अनुकूल माहौल तैयार किया। फलस्वरूप काफ़ी संख्या में व्यापारी एवं शिल्पकार वर्ग अपनी आर्थिक दशा सुधारने एवं सुदृढ़ करने के लिए एक स्थान से दूसरे स्थान पर जा बसे। इससे कई वस्तियों का बदलाव शहर के रूप में हो गया। ग्रामवासियों ने भी स्थानपरिवर्तन में रुचि ली और शहरों में उन्हें रोज़गार मिला। आर्थिक दशा अनुकूल वाले क्षेत्रों में, नवीन शहरों के उदय में, स्थानान्तरित व्यापारिक वर्गों, कर्मकारों, शिल्पकारों एवं मज़दूरों की भूमिका महत्त्वपूर्ण रही। प्राकृतिक प्रकोप के अलावा अनुकूल माहौल में भी इस तरह बेहतर दशा के लिए स्थान-परिवर्तन होता रहा और ऐसा माहौल 12वीं शताब्दी के अभिलेखों में काफ़ी देखने को मिलता है। सामन्तवादी काल में लूटपाट, आन्तरिक कलह, बाहरी आक्रमण, आन्तरिक अव्यवस्था, आर्थिक संकट, व्यापारिक पतन, बाढ़, सूखा और महामारी आदि दुःखद और चिन्ताजनक कारणवश स्थानपरिवर्तन का माहौल बना रहा। गुप्तकाल और उसके बाद भूमिदान के कारण लोग भिन्न-भिन्न झुंडों में दान पाए ग्रामों, कस्बों एवं आदिवासी क्षेत्रों में जाकर बस गए। पूर्वमध्यकाल में निर्मित सैकड़ों नवीन मन्दिरों के आसपास ब्राह्मणों का स्थान-परिवर्तन होता रहा। दक्षिण भारत में पल्लव-चोल काल और उसके बाद भी नवीन मन्दिरों का निर्माण हुआ तो दूर-दराज से आकर ब्राह्मण लोग इन मन्दिरों के पास बस गए।

इंडियन एंटिक्वेरी की जिल्द 19 में वर्णित अभिलेख से पता चलता है कि बीजापुर ज़िला में अवस्थित किसुबोलल (आधुनिक पट्टदकल) 602 ई. में चालुक्यों का जब नवीन प्रशासनिक केन्द्र बना तो कई प्रकार के काम

करनवाले लोग दूसरी-दूसरी जगहों से जाकर वहाँ बस गए। किसुबोलल 7वीं शताब्दी में जैनों का प्रसिद्ध धार्मिक केन्द्र था। जैन आचार्य ज्ञानशिव गंगा के किनारे से स्थानान्तरित होकर किसुबोलल में बस गए। उन्होंने यहाँ एक त्रिशूल स्तम्भ को स्थापित किया और इस तथ्य की जानकारी *कर्णाटक इंस्क्रिप्शंस* की जिल्द एक, पृ. 6 और *एपिग्राफिया इंडिका* (जिल्द 3, संख्या 19, पृ. 117) से होती है। *एपिग्राफिया कर्णाटिका* (जिल्द 5 संख्या 207) में वर्णित 1122 ई. के एक अभिलेख से पता चलता है कि महानगर तलकाड होयसल राजवंश का राजकीय आवासीय केन्द्र था। इस नगर को ज़्यादा प्रसिद्ध बनाने के लिए बाहर से आकर यहाँ बसनेवाले लोगों को विशेष सुविधा दी गई। इस तथ्य की जानकारी 1920 के *मैसूर आर्कलॉजिकल रिपोर्ट* (पृ. 35) से होती है।

Indian Council of Historical Research द्वारा दिए गए प्रकाशन अनुदान से *Decay and Revival of Urban Centres in Medieval South India* -C.A.D. 600-1200 नामक मेरी पुस्तक पटना के जानकी प्रकाशन से 1989 में प्रकाशित हुई। इस पुस्तक के पृष्ठ 44 में बताया गया है कि 10वीं शताब्दी में 10 हज़ार मुसलमान चौल अथवा सैमूर नामक व्यापारिक नगर में रहते थे। इनका स्थानांतरण सिराफ़, ओमन, बस्सोरा और बगदाद से हुआ था। इन सभी तथ्यों का मूल रूप में विस्तृत वर्णन *जर्नल ऑफ बाम्बे ब्रांच रिसर्च सोसायटी* की जिल्द 12, पृ. 56 में है। यह 1876 ई. में प्रकाशित हुआ था। इसी जिल्द में पुनः बताया गया है कि चौल नामक इस बन्दरगाह में तुर्क और चीनी लोग भी आकर बसे थे। यहाँ गिरजाघर, मस्जिद, यहूदियों का प्रार्थनागृह एवं पारसी धर्म (जरतुश्त) का अनुकरण करनेवालों का पूजा-स्थल था जहाँ पवित्र अग्नि प्रज्वलित रहती थी।

एपिग्राफिया इंडिका की छठी जिल्द में संख्या 45 में वर्णित अभिलेख तथा *साउथ इंडियन इंस्क्रिप्शंस* की जिल्द 15 में वर्णित अभिलेखों में चर्चा है कि 12वीं शताब्दी से द्वारसमुद्र का विकास एक महत्त्वपूर्ण व्यापारिक केन्द्र के रूप में हुआ और देश-विदेश के कई कारोबारी यहाँ आकर बस गए। यहाँ बाहर से स्थानान्तरित होकर बसनेवाले कारोबारियों में सबसे ज़्यादा संख्या सोने-चाँदी के व्यापारियों की थी। इस तथ्य की पुष्टि *एपिग्राफिया इंडिका* की जिल्द 15 में वर्णित अभिलेख संख्या 3 से होती है। इसी अभिलेख से पता चलता है कि इस नगर में कई ब्राह्मण भी धार्मिक आय की आशा में बाहर से आकर बस गए।

वेणुग्राम (आधुनिक बेलगाँव) कर्णाटक के बेलगाँव तालूक में अवस्थित था। रत्ता राजवंश के राजा लक्ष्मीदेव (1101-19) के शासनकाल अर्थात्, 1101 और 1119 के बीच वेणुग्राम राजधानी बना रहा, क्योंकि 12वीं शताब्दी में इसका व्यापारिक महत्त्व काफ़ी बढ़ गया था। यह आयात-निर्यात का केन्द्र था। 1204

में गुजरात का मुम्मुरिदंडा नामक व्यापारिक-समूह और मालेय (केरल) का दूसरा व्यापारिक समूह वहाँ जाकर कारोबार के उद्देश्य से बस गया। इन व्यापारिक समूहों में स्वर्ण-व्यवसायी, वस्त्र के व्यापारी और तेल के व्यापारियों की संख्या प्रमुख थी। इन तथ्यों की पुष्टि *इंडियन एंटिक्वेरी* की जिल्द 29 में वर्णित अभिलेख एवं *एपिग्राफिया इंडिका* की जिल्द 13 में वर्णित अभिलेख से होती है। बेलगाँव ज़िला में सिरसंगी नामक शहर अवस्थित था। प्रारम्भ में इसकी ख्याति एक धर्मस्थल के रूप में थी किन्तु 12वीं शताब्दी में यह एक प्रमुख व्यापारिक नगर के रूप में विकसित हो गया। *एपिग्राफिया इंडिका* (जिल्द 8, अभिलेख संख्या 55) एवं *कर्णाटक इंस्क्रिप्शंस* (जिल्द 1, अभिलेख संख्या 24 एवं जिल्द 5, अभिलेख संख्या 25) में इस व्यापारिक नगर सिरसंगी में व्यापारियों के स्थानान्तरित होने की चर्चा है। इस नगर में गुजरात, तमिलनाडु, केरल और आन्ध्र प्रदेश के व्यापारियों का स्थानान्तरण होने की पुष्टि *कर्णाटक इंस्क्रिप्शंस* की जिल्द 1 में वर्णित अभिलेख संख्या 25 से होती है।

यातायात के विकसित साधनों ने स्थान-परिवर्तन को अनुकूल रूप में प्रभावित किया। इस तथ्य के प्रमाण मिलते हैं कि 12वीं सदी में कर्णाटक और पड़ोसी राज्यों में पक्की सड़कों का जाल-सा बिछ गया। हल्सी और टेरिडाल नामक शहरों को स्थल मार्ग से जोड़ा गया। दूसरी पक्की सड़क का निर्माण पश्चिमी वल्लिगावे नगर और पश्चिमी होनवाड नगर के बीच हुआ। इन दोनों शहरों के बीच तीलिवल्लीनगर, पेनुम्गल नगर, बंकापुर, पुलिगेरे, मुलगुण्ड, गडग, रोन, किसुवोलाल और ऐहोल नगर अवस्थित थे। फलस्वरूप इन सभी स्थलों के बीच लोगों का कई कारणवश स्थानान्तरण होता रहा। इनके बीच व्यापारिक आदान-प्रदान का सिलसिला स्थल मार्ग विकसित होने से काफ़ी बढ़ गया।

कर्णाटक के उत्तरी भाग में अवस्थित नगर हनोवर में नवीन राजमार्ग निर्मित हुए। फलस्वरूप वनवासी, बल्लिगावे और होनवाड नगर राजमार्ग से जुड़ गए और इन शहरों के निवासियों के बीच लाभ के लिए स्थानान्तरण का की निरन्तर प्रक्रिया प्रारम्भ हो गई। इन सड़कों का विस्तार 11-12 वीं सदी में उत्तर भारत और पश्चिम के समुद्रीघाट तक हो गया और इस तरह स्थान-परिवर्तन का सिलसिला विस्तृत होता गया। स्थल मार्ग में विस्तार होने के फलस्वरूप लम्बी दूरी से व्यापार होने लगा और स्थानान्तरण की मात्रा में भी वृद्धि हुई। 11-12 वीं शताब्दी में कर्णाटक और भारत के अन्य भागों में नगरों की संख्या में अपार वृद्धि हुईं। फलस्वरूप बेहतर दशा के लिए व्यापारियों एवं ग्रामीणों का रोज़गार पाने के उद्देश्य से व्यापक रूप में स्थान-परिवर्तन का सिलसिला प्रारम्भ हुआ। स्रोतों से पता चलता है कि दान पाने के लिए काफ़ी ब्राह्मणों का

स्थानान्तरण धर्मस्थलों में हुआ। गोम्मटपुर एवं श्रवणवेलगोला जैसे धर्मस्थलों में व्यापारियों का काफ़ी मात्रा में स्थानान्तरण हुआ।

अभिलेखीय स्रोत प्रमाणित करते हैं कि 11-12वीं शताब्दी में कई व्यापारिक समूहों को अपने इलाकों में बसाने के लिए राजाओं ने विशेष छूट दी। 1913 के *Annual Report of Epigraphy* में वर्णित 242 वें अभिलेख से पता चलता है कि दक्षिण भारत के पुलीनाडू ज़िला में अवस्थित कोलतरु नामक गाँव ने 12वीं सदी में शहर का रूप ले लिया और उसका नाम बदलकर पल्लवादित्यनगर हो गया। सबसे पहले बाहर से आकर बसे हुए व्यापारियों ने इसे शहर का रूप प्रदान किया। धीरे-धीरे इसने व्यापारिक शहर का रूप ले लिया। इस शहर का प्रशासनिक कार्य व्यापारिक समूह द्वारा संचालित किया जाने लगा।

पूर्व मध्यकाल में राजनीतिक शक्तियों के विखंडन के परिणामस्वरूप सरदारों के बीच आपसी संघर्ष की शुरुआत हो गई। इसके कारण जानमाल की काफ़ी क्षति होती रही और पुराने शहर उजड़ते गए; लोग अपनी मातृभूमि छोड़कर दूसरे स्थानों में जाकर बसने लगे। राजनीतिक विखंडन के फलस्वरूप भारत में गुप्तराजवंश, पल्लव राजवंश, मौखरी, वाकाटक, कश्मीर का राजवंश, काकतीय राजवंश, चौहानवंश, पश्चिम के गंग, पूर्वी गंग, पांड्य, भोज परमार, यादव राजवंश, मेवाड़ राज्य, चन्देलवंश, कर्णाट, पाल, प्रतिहार, चोल, बादामी के चालुक्य, कल्याणी कें चालुक्य आदि राजवंशों में भारतीय राजनीति विखंडित हुई। इस स्थिति में कई प्रकार के समूहों का स्थान-परिवर्तन स्वाभाविक रहा।

1048 ई. में होयसल राजवंश की राजधानी ससकपुर से बेलूर स्थानान्तरित हुई और इसी के साथ ससकपुर का आर्थिक और प्रशासनिक महत्त्व घट गया। इसकी आबादी घट गई। काफ़ी लोग नई राजधानी में जाकर बस गए। 1062 में होयसलों की राजधानी बेलूर से पुनः द्वारसमुद्र स्थानान्तरित हो गई और बेलूर का उजड़ जाना स्वाभाविक था। इस तथ्य की जानकारी *इंडियन एंटिक्वेरी*, जिल्द 6, वर्ष 1877 से होती है। होयसल राजवंश का पतन होने के बाद 14वीं शताब्दी में द्वारसमुद्र का पूर्व गौरव समाप्त होने से यहाँ के काफ़ी लोग दूसरे स्थानों पर जा बसे। B. A. Saletore द्वारा लिखित *Karnataka's Trans- Oceanic Contacts* (Dharwar, 1956, p. 47) नामक पुस्तक, J. D.M. Derrett द्वारा लिखित *The Hoysalas* (Madras, 1957, p. 34) नामक पुस्तक और *एपिग्राफिया कर्णाटिका* (जिल्द 6) के अध्ययन से पता चलता है कि 1047 में चोलों ने चालुक्यों की राजधानी कल्याणी को बर्बाद कर दिया, फलतः प्रशासनिक अधिकारियों का समूह, व्यापारी वर्ग और शिल्पकारों एवं कर्मकारों के दल

कल्याणी त्याग कर अन्य स्थानों की ओर चले गए। *इंडियन एंटिक्वेरी* (Vol. I, 1872, pp. 40-41), *इपिग्राफिया कर्णाटिका* (vol. VI) और *कर्णाटक इंस्क्रिप्शंस* में उल्लिखित अभिलेखों के अध्ययन से पता चलता है कि तेलगू और कनारा क्षेत्रों के लोग झुंड के झुंड तमिल देश में रोज़ी-रोटी कमाने के लिए कुछ-कुछ दिनों में स्थान बदलते रहते थे। इनमें से कुछ लोग कृषक का पेशा अपनाकर गाँवों में स्थायी रूप से बस गए। कई क्षेत्रों में मराठों ने सैनिक पेशा अपना लिया। कुछ लोग छोटे कारोबारी के रूप में निरन्तर एक स्थान से दूसरे स्थान में जाते रहते थे। ए. अप्पादोरै द्वारा लिखित पुस्तक (*Economic Conditions in Southern India*, 1000-1500, Madras, 1936, p. 303) में जैन अभिलेखों का हवाला देते हुए बताया गया है कि भारत के कई इलाकों से जैनियों का स्थानान्तरण अपनी जीवन-लीला समाप्त करने के उद्देश्य से कर्णाटक में अवस्थित जैन धार्मिक केन्द्र श्रवणवेलगोला में हुआ। *बाम्बे गजेटियर* (जिल्द 1 भाग 2, पृ. 21) के अध्ययन से पता चलता है कि दक्षिण भारतीय ब्राह्मणों के 300 परिवारों को बेलारी ज़िले में अवस्थित नीरूगुण्ड नामक गाँव दान में मिला और वे वहीं जाकर बस गए। *एपिग्राफिया इंडिका* (जिल्द 12, पृ. 14) एवं *Annual Report on South Indian Epigraphy* (1913, appendix A Copper Plate 8) में द्रविड़ ब्राह्मण के 60 परिवारों की चर्चा है जो गुंटूर में जाकर रोज़ी-रोटी के लिए बस गए। दक्षिण भारत में जब मुस्लिम आक्रमण हुए तो आन्ध्र, केनारा, मैसूर, गुजरात और महाराष्ट्र के कई ब्राह्मण अपनी सुरक्षा के लिए मदुरै के शासकों के यहाँ जाकर बस गए। इस तथ्य की जानकारी 1917 के *Annual Report in South Indian Epigraphy* (Part II, paras 34-36) से होती है।

पलायन का सिलसिला निरन्तर जारी रहा। फ़िरोज़ तुग़लक ने फ़िरोज़ाबाद बसाया और दिल्ली तथा आसपास में नए लोग काफ़ी संख्या में आकर बसे। सिकन्दर लोदी ने आगरा शहर बसाया तो वहाँ बाहर के हिन्दू-मुसलमान बसे। शेरशाह सूरी के शासनकाल में पटना के इलाके में बाहरी मुसलमानों का आगमन हुआ। अकबर के ज़माने में पटना के कंकड़बाग इलाके में ईरानी एवं अन्य मुसलमान बसे। ब्रिटिश काल में बहुत से पुर्तगीज, अंग्रेज और फ्रेंचों ने बम्बई, मद्रास, गोवा और कलकत्ता को अपना निवास स्थान बना लिया। 1931 में भारत की राजधानी जब दिल्ली बनी तो वहाँ कई इलाकों के लोग एवं काफ़ी ईसाई बस गए।

कुर्ता, पाजामा और लुंगी पहनने की प्रथा का स्थानान्तरण पश्चिम से आकर पटना में बसनेवाले मुसलमानों के माध्यम से हुआ। इन्हीं लोगों के कारण जवाहर जैकेट, सलवार, पाजामा और ओढ़नी (दुपट्टा) का स्थानान्तरण

पश्चिम से पटना में हुआ। अजीमुश्शान के अजीमाबाद में बंगाली सुनारों का बड़ी संख्या में स्थानान्तरण रोज़ी-रोटी के लिए बंगाल से बिहार में हुआ। वस्त्रों पर कढ़ाई करने की कला मुसलमानों के माध्यम से पटना में लखनऊ से आई। सोने और चाँदी के धागे से साड़ी पर फूल-पत्ती की कढ़ाई अर्थात् जरी का काम करनेवाले जरगरों का स्थानान्तरण पश्चिम से पटना में अजीमुश्शान के ज़माने में हुआ। तबक का प्रयोग आज भी पान, बरफी, लड्डू, गुलाबजामुन आदि मिठाइयों पर पटना में किया जाता है। मुग़लकाल में तबक के प्रयोग का स्थानान्तरण पश्चिम से यहाँ हुआ। अलंकृत लालटेन को साधारण भाषा में झाड़-फानूस कहते हैं जिसका प्रयोग रइसों की इमारतों में आज भी किया जाता है। मुग़लकाल में इसका स्थानान्तरण अजीमाबाद में हुआ। बाहर से आए हुए मुस्लिम नवाबों ने पटना में पटाखा छोड़ने की प्रथा चलाई। अकबर के आदेश से एक ईरानी अधिकारी तहमस्प के पुत्र को आधुनिक कंकड़बाग के इलाके का प्रशासन सौंपा गया और इसी के साथ काफ़ी ईरानियों का स्थानान्तरण पश्चिम से पटना में हुआ। इसी समय लोहानियों का स्थानान्तरण पश्चिम से पटना के जिस इलाके में हुआ, वह आज लोहानीपुर के नाम से जाना जाता है।

1697 में औरंगज़ेब का पोता अजीमुश्शान पटना आया और उसने अजीमाबाद (आधुनिक पटना सिटी) बसाया। उसके ज़माने में कलाकार, चित्रकार, लेखक, शायर, कवि और व्यापारी काफ़ी संख्या में लखनऊ आदि इलाकों से अजीमाबाद में रोज़ी-रोटी पाने के लिए स्थानान्तरित हुए। फ़ारसी का प्रसिद्ध कवि शेख अली हाजीन का पटना में स्थानान्तरण राजा रामनारायण राय के अनुरोध पर हुआ। बाहर से आकर मुग़ल जहाँ बसे वह इलाका आज भी मोगलपुरा और लोदियों का मुहल्ला लोदीकटरा के नाम से जाना जाता है। चिड़िया फँसानेवाले मुसलमानों का स्थानान्तरण बाहर से पटना में हुआ और जहाँ इन लोगों ने अपना घर बनाया वह मुहल्ला आज मिस्कारटोली (मीर शिकार टोली) के नाम से जाना जाता है।

अगस्त, 1690 में जॉब चारनाक ने कलकत्ता की नींव एक व्यापारिक स्थान के रूप में डाली। इसका असर बंगाल तथा बिहार पर भी पड़ा और यहाँ दिल्ली, पंजाब, राजस्थान, गुजरात और उत्तर प्रदेश के लोगों का स्थानांतरण पटना सिटी के इलाके में हुआ। 1900 ई. के आसपास सोने-चाँदी का कारोबार करनेवाले मारवाड़ी और रस्तोगी लोगों का स्थानान्तरण पटना सिटी में हुआ। 1940 के आसपास बनारस के सुनारों का स्थानान्तरण आर्थिक लाभ के लिए पटना सिटी में हुआ। कलकत्ता को जब भारत की राजधानी बनाया गया तो अधिकारियों, चिकित्सक, प्रोफेसर और व्यवसायियों के रूप में तमाम बंगालियों का स्थानान्तरण पटना में हुआ। फलस्वरूप पटना में बंगालियों के कई मुहल्ले स्थापित हुए।

दुर्गापूजा और सरस्वती पूजा का उत्सव मनाने की परम्परा बंगालियों के साथ पटना में स्थानान्तरित हुई। मारवाड़ियों के साथ रक्षाबन्धन का त्योहार पटना में स्थानान्तरित हुआ। पंजाबी बिरादरी ने पटना के गांधी मैदान में रावण-दहन की परम्परा की शुरुआत की। इस परम्परा का स्थानान्तरण दिल्ली और पंजाब से हुआ था। पटना विश्वविद्यालय के विभिन्न कॉलेजों में पढ़ाने के लिए बाहर के कई विद्वानों का आना और यहीं नौकरी कर लेना सम्भव हुआ। बंगाल की कई मिठाइयों का भी स्थानान्तरण पटना में हुआ। 1862 में ईस्ट इंडियन रेलवे की मुख्य लाइन पटना होकर ले जाई गई और स्थानान्तरण की प्रक्रिया तेज़ करने में इसकी भूमिका रही। 1879 में पटना-गया रेलवे लाइन बनी थी। स्थानान्तरण की निरन्तरता आज भी बनी हुई है।

अध्याय-25

धातु तकनीक

यद्यपि प्राचीन धन्धों के विस्तार का लेखबद्ध साहित्य हमारे पास नहीं है, फिर भी हमारे संग्रहालयों में ऐसे पदार्थ संगृहीत हैं जिनसे उन धन्धों का प्रमाण हमें मिलता है। इस सम्बन्ध में हम पाठकों का ध्यान जॉर्ज सी.ए.एम. वर्डवुड की प्रसिद्ध पुस्तक *दि इंडस्ट्रियल आर्ट्स ऑफ इंडिया* की ओर आकर्षित कराना चाहते हैं। यह पुस्तक सन् 1880 में चैपमन एंड हॉल द्वारा प्रकाशित की गई थी। इस पुस्तक के दूसरे खंड 'मास्टर हैंडिक्राफ्ट्स ऑफ इंडिया' में अनेक विषयों का सचित्र विवरण है। इस पुस्तक के आधार पर हम कुछ विवरण नीचे देंगे।

सोने की सबसे पुरानी प्राप्त चीज़ एक वैस्केट (रत्नपेटिका) है जो बौद्धकालीन है और इंडिया ऑफिस लाइब्रेरी में सुरक्षित है। 1840 के लगभग यह मैसन (Masson) महोदय को काबुल उपत्यका में जलालाबाद के पास मिली थी। विल्सन के 1841 के *एरियाना-इंडिका* में इसका विस्तृत वर्णन है। यह विल्सन के मतानुसार 50 वर्ष ई. से पूर्व का है।[1]

बर्डवुड ने चाँदी के एक प्राचीन पात्र का उल्लेख किया है, जिसका व्यास 9 इंच, गहराई 1 5/8 इंच और तौल 29 औंस से कुछ अधिक है। यह बदख्शाँ के मीरों की सम्पत्ति थी, जो सिकन्दर के वंशज थे। यह संवत् 400-500 का रहा होगा। बर्डवुड का विचार है कि पंजाब में सोने और चाँदी का काम कुशलतापूर्वक होता आया है।[2] कश्मीर में बनी चाँदी की सुराहियाँ प्राचीनकाल से महत्त्व पाती रही हैं।

लखनऊ की सुराहियाँ भी कश्मीर की सुराहियों की समता कर सकती थीं।[3] चाँदी और सोने की थालियों के लिए ढाका, कलकत्ता और चटगाँव प्रसिद्ध रहा। मध्य-भारत में बाँदा ज़िला सभी प्रकार की धातुओं के काम के लिए प्रसिद्ध था। कच्छ और गुजरात भी चाँदी और सोने के बर्तनों के लिए प्रसिद्ध और उल्लेखनीय हैं। बर्डवुड का कहना है कि मद्रास में सोने और चाँदी

का काम हर जगह ही बड़ी कुशलता से किया जाता था। मद्रास के समान ही धार्मिक कृत्यों के लिए सोने की प्रतिमाएँ समस्त देश में बनाई जाती रही हैं। रघुनाथराव (राघोबा) ने दो ब्राह्मण इंग्लैंड भेजे थे। जब 1780 ई. में वे वापस आए तो उनके प्रायश्चित्त के लिए शुद्ध सोने की एक विशाल 'योनि' बनाई गई, जिसमें होकर वे निकाले गए। ऐसा करने के अनन्तर वे जाति में सम्मिलित किए जा सके। लगभग उसी समय महाराजा ट्रावनकोर ने युद्ध में की गई हत्या का प्रायश्चित्त किया–सोने की एक बड़ी–सी गाय बनाकर उसके उदर में राजा को कुछ समय तक रक्खा गया तथा उसका फिर 'पुनर्जन्म' हुआ और इस प्रकार वह पूर्व पापों से मुक्त समझा गया। राजसिंहासन पर बैठते समय यह प्रक्रिया ट्रावनकोर के सभी राजाओं को करनी पड़ी।

भारतवर्ष में गृहस्थी के सभी बर्तन पीतल, ताँबा और टीन के बनते रहे हैं। 1857 में मेजर है (Hay) ने कुंडला (कुलू) में एक बौद्ध–गुफा में दबा हुआ ताँबे का एक लोटा पाया जो 200–300 ई. का प्रतीत होता है। यह लोटा आजकल के लोटों से मिलता–जुलता है। इसके ऊपर गौतम बुद्ध के जीवन से सम्बन्ध रखनेवाली चित्रकारी भी है।

सुल्तानगंज में पाई गई बुद्ध की ताम्र–मूर्ति (जो बर्मिंघम के किसी व्यक्ति के पास चली गई है) ताँबे की बनी सबसे बड़ी प्रतिमा है। दिल्ली की कुतुबमीनार के निकट बना लौहस्तम्भ भारतवर्ष के लौह–निर्माण–कौशल का जीता–जागता नमूना है। यह 23 फुट 8 इंच ऊँचा, नीचे की ओर 13.4 इंच व्यास का और ऊपर चलकर 12.05 इंच व्यास का है। यह लगभग 400 ई. में बनाया गया था और आज भी उतना ही दृढ़ बना हुआ है तथा धूप–पानी में बिलकुल खुला रहने पर भी इसमें जंग कहीं नहीं लगी है।[4] अहमदाबाद में शाहआलम के मक़बरे के फाटक सुन्दर पीतल के बने हुए हैं और भारतीय कारीगरी के अद्‌भुत नमूने हैं। करनाल, अमृतसर, लाहौर, लुधियाना, जालंधर आदि स्थानों में धातुओं का काम कुशलता से होता रहा है। कश्मीर में ताँबे के बर्तनों पर राँगे की कलई बड़ी सुन्दरता से शताब्दियों से की जाती रही है। मुरादाबाद के कलई के बर्तन (पीतल पर राँगे की कलई) सदा से प्रसिद्ध रहे हैं। बनारस में धातु के बर्तनों का काम बहुत पुराना है। यहाँ पीतल में सोना, चाँदी, लोहा, राँगा, सीसा और पारा मिलाकर अष्ट–धातु तैयार की जाती थी। (पीतल में ताँबा और जस्ता होता है) यह धातु–मिश्रण बड़ा पवित्र माना जाता है। बर्दवान और मिदनापुर में काँसे के बर्तन अच्छे बनते आए हैं। नरसिंहपुर (मध्यप्रान्त) के तेंदूखेरा में बहुत सुन्दर इस्पात बनती रही है। नासिक, पूना, अहमदाबाद आदि स्थलों में भी सभी प्रकार की धातुओं का काम होता रहा है। तंजौर के बर्तन सदा प्रसिद्ध रहे हैं।

कलई मुलम्मे से नहीं, बल्कि एक धातु के तार को दूसरी धातु पर पीटकर लगाने का नाम **कुफ़्त** है। यह प्रथा दमस्कस (Damascus) नगर के नाम पर अंग्रेजी में डेमेसेनिंग (Damascening) कहलाती है और पूर्वी देशों की ही प्रथा है। कश्मीर, गुजरात, सियालकोट और निजाम राज्य में यह विशेषतया होती है। जब चाँदी का कुफ़्त करना होता है, तो इसी का नाम **बीदरी** हो जाता है (बीदर नगर के नाम पर)। कभी-कभी इस्पात की प्लेट पर नक्काशी करके और फिर उस पर सोने का पत्र पीटकर भी कुफ़्त करते हैं। बिहार के पूर्णिया और भागलपुर में भी यह कार्य कुशलता से होता था। इन सबकी नक्काशी और चित्रकारी देखने योग्य होती है।

एनेमेल (मीनाकारी) की प्रथा संसार-भर में महत्त्व की समझी जाती है और यह काम जयपुर में अति प्रारम्भिक समय से होता आ रहा है।[5] महाराज एडवर्ड जब इस देश में प्रिन्स ऑफ वेल्स के रूप में आए थे, तब उन्हें एनेमेल किया हुआ जो थाल भेंट किया गया था, उसके बनाने में चार बरस लगे थे। लेडी मेयो के पास इस कला का बना हुआ एक चम्मच और प्याला था। एंडरसन को जो इत्रदान मिला था, वह साउथ केनसिंगटन म्यूजियम में सुरक्षित है और जयपुर की कुशलता का स्मारक है। इंडिया म्यूजियम में कलमदान, हुक्का आदि अनेक चीज़ें इस प्रकार के कामों की अवशेष हैं।

रायपुर की मनिहारिनें बहुत समय से प्रसिद्ध हैं। काँच के आभूषण होशियारपुर, मुल्तान, लाहौर, पटियाला, बाँदा, डलमी, लखनऊ, बम्बई, काठियावाड़, मैसूर आदि में बनते रहे हैं। काँच का गंगाजमुनी नगीना (बिजनौर, उत्तर प्रदेश) प्रसिद्ध रहा है।

निर्मल से 20 मील की दूरी पर जो लोहे की खनिज मिलती है, उससे दमस्कस–इस्पात बहुत दिनों से बनती चली आ रही है। इस्पात बनाने का विवरण बर्डवुड के शब्दों में नीचे दिया गया है।[6] गोदावरी की दिमदुर्ती खानों से भी यह इस्पात बनाया जाता रहा है। भारतवर्ष के अस्त्र-शस्त्रों पर भी चित्रकारी की जाती थी। लाहौर, स्यालकोट, कश्मीर, मुंगेर, चटगाँव, निहानी (सीतापुर ज़िला), मध्यप्रान्त के अनेक स्थान, मैसूर, गोदावरी प्रान्त आदि में इस्पात की तलवारें, चाकू, भाला आदि बनते रहे हैं। सतारा और कोल्हापुर में शिवाजी के अस्त्र-शस्त्र अब तक सुरक्षित रखे हुए हैं और वे पवित्र माने जाते हैं।[7] उसकी भवानी नामक तलवार की बराबर पूजा होती है। एगरटन ने इंडिया ऑफिस के अस्त्र-शस्त्रागार की एक सूची तैयार की–'Hand Book of Indian Arms.' इसमें उसने साँची के लेखों के आधार पर 250 ई. से पूर्व के अस्त्रों के चित्र दिए हैं।[7] उदयगिरि और अजन्ता की चित्रकारी में (सन् 400), भुवनेश्वर के मन्दिर के चित्रों में (सन् 650), सैत्रोन (राजपूताना) इत्यादि के

मूर्ति-चित्रों में (सन् 1100), जो अस्त्र-शस्त्र चित्रित हैं, उनके आधार पर उसने पूर्ण विवरण दिया है और अस्त्रों के बनाने की विधि भी दी है। खेद है कि मद्रास सरकार ने अपने प्रान्त के पुराने अस्त्र-शस्त्रों को धातु के लालच में गलवा डाला, और इसलिए अब हमारे अजायबघरों में इस प्रान्त के अस्त्र-शस्त्र देखने को नहीं मिलते।[8]

चँवर, छत्र, मोरछल, सिंहासन, हौदे, हाथी और घोड़ों की झूलें, शामियाने, तोरण आदि ठाठ-बाट के सामान प्राचीन प्रथा के अनुसार आज तक राजघरानों और महन्तों के यहाँ चले आ रहे हैं। बहुत-सी श्रृंगार-सामग्रियाँ कई पीढ़ियाँ पुरानी हैं। *आईने-अकबरी* में राज्य-चिह्नों का औरंग, छत्र, साएबान, अलम, नक्कारे आदि का वर्णन है। मुहर्रम के जलूसों की श्रृंगार-सामग्री का उल्लेख हेरक्लोट (Herklot) की पुस्तक *कानून-इस्लाम* (1832) में पाया जाता है। 1875 में राजेन्द्रलाल मित्र ने एक पुस्तक *एंटीक्विटीज ऑफ उड़ीसा* लिखी थी, जिसमें *युक्तिकल्पतरु* नामक ग्रन्थ का उल्लेख है। इस ग्रन्थ में तरह-तरह के छत्रों के बनाने का विस्तृत विधान है—जैसे प्रासाद-छत्र (जो बाँस और लकड़ी और लाल कपड़े का बनता है। यह राजाओं को भेंट देने योग्य है, प्रताप-छत्र (नीले कपड़े पर सुनहरे किनारे का), कनक-दंड छत्र (चन्दन की डंडी, और उस पर स्वर्ण-कलश) और नवदंड छत्र (राज्याभिषेकादि महत्त्वपूर्ण अवसरों के लिए), यह स्वर्ण और रत्न-जटित होता है।

भारत के सभी प्रान्तों में मिट्टी के बर्तन बनते रहे हैं। इन्हें पकाने की विधि भी स्थल-स्थल पर अलग-अलग है। जैसी लकड़ी जहाँ मिली, वहाँ वैसा ही व्यवहार किया गया। इन बर्तनों पर चमक लाने के लिए दो चीज़ों का उपयोग होता रहा है—काँच और सिक्का। पंजाब में दो तरह की काँचों का प्रयोग होता रहा है—अंग्रेजी काँची और देशी काँची।

अंग्रेजी काँची में पचीस भाग संग-ए-सफ़ेद, छह भाग सजी, तीन भाग सोहाग-तेलिया, और एक भाग नौसादर लिया जाता है। सब चीज़ों को महीन पीसा जाता और फिर छानकर थोड़े से पानी के साथ गूँथा जाता है तथा नारंगी के आकार की सफ़ेद गेंद तैयार की जाती है। इन्हें फिर गरम करके लाल कर लिया जाता है। फिर ठंडा करके पीसते और कलमी शोरा मिलाकर भट्ठी पर गलाते हैं। ऊपर उठा हआ भाग अलग कर देते हैं और काम में लाते हैं। देशी काँची में भी संग-ए-सफ़ेद, सोडा और सुहागा काम में लाते हैं।

चार तरह के सिक्के काम में आते हैं—सिक्का सफ़ेद (white oxide), सिक्का जर्द, सिक्का शर्बती (litharge) और सिक्का लाल (red oxide)। सीसे में आधा भाग राँगा मिलाकर सिक्का सफ़ेद बनाते हैं, सिक्के जर्द में सीसे को चौथाई भाग राँगा से अपचयित करते हैं, सिक्का शर्बती में राँगा की जगह

जस्ता लेते हैं और सिक्का लाल बनाने के लिए सीसे को हवा में उपचयित या ऑक्सिडाइज करते हैं।

काँच और सिक्का सफ़ेद मिलाकर सफ़ेद रंग तैयार करते हैं। दक्षिण भारत में रेत या कोबल्ट का काला ऑक्साइड (rita or zaffre) मिलता है। इसे गरम करके सफ़ेद रंग के साथ पीसकर नीला रंग तैयार करते हैं। इस तरह उन्हें ताँबे के साथ मिलाकर हरा रंग भी तैयार करते हैं। इनके विस्तार के लिए वर्डवुड महोदय की पुस्तक (पृ. 307–312) देखनी चाहिए।

सुवर्णकारी सम्बन्धी रसायन का विस्तृत उल्लेख *सर प्रफुल्लचन्द्रराय* की 'हिन्दू केमिस्ट्री' में देखा जा सकता है। 19 वीं शताब्दी के अन्त से इस देश में पाश्चात्य विधियों का समावेश हुआ। पाश्चात्य देश के विश्वविद्यालयों में रसायनशास्त्र की नए ढंग से शिक्षा आरम्भ हुई। लगभग सभी चीज़ों के बड़े-बड़े कारख़ाने देश में खुल गए, जिनके फलस्वरूप देशी विधियों का लोप होता जा रहा था। विदेशों से तैयार रंग, औषधियाँ और जीवन की अन्य आवश्यक सामग्री हमारे बाज़ारों में आने लगी थी। फिर भी, अब भी बहुत से प्राचीन धन्धे देश में पूर्ववत् विद्यमान हैं।

सन्दर्भ-ग्रन्थ

1. The tope in which it was found is known as No.2 of Bimaran. Dr. Honigberger first opened this monument, but abandoned it, having been forced to hastily return to Kabul. Mr. Masson continued Honigberger's pursuit, and in the centre of the tope, discovered a small apartment, constructed as usual, of squares of state, in which were found several most valuable relics. One of these was a good sized globular vase of steatite, with which, its carved cover or lid, was encircled with inscriptions, scratched with a style, in Bactro-Pali-characters. On removing the lid, the vase was found to contain a little fine mould, mixed up with burnt pearls, sapphire beads, etc. and this casket of pure gold, which was also filled with burnt pearls, and beads of sapphire, agate and crystal and burnt coral, and thirty small circular ornaments of gold, and a metallic plate, apparently belonging to a seal engraved with a seated figure. By the side of the vase were found four copper coins, in excellent preservation, having been deposited in the tope freshly minted. They were the most useful portion of the relics, for they enabled prof. H. H. Wilson to assign the monument to one of the Azes dynasty of Graeco-Barbaric kings who ruled in this part of India about 50 B. C. (p. 145).
2. The Punjab has ever maintained a high reputation for the excellence of its gold and silver work. (p. 149)

3. The silver sarais made at Lucknow are very like those of Kashmere, (p. 150).
4. Mr. Fergusson assigns to it the mean date of A. D. 400, and observes that it opens our eyes to an unsuspected state of affairs to find the Hindus at that age capable of forging a bar of iron larger than any that has been forged in Europe up to a late date, and not frequently, even now. After an exposure of fourteen centuries, it is still unrusted, and the capital and inscription are as clear and as sharp as when the pillar was first erected (p. 155).
5. Enamelling is the master art craft of the world, and the enamels of Jaipur in Rajputana rank before all others, and are of matchless perfection. The Jaipur enamelling is champleve (in which pattern is cut out of the metal itself). (p. 165)
6. The Dimdurti mines on the Godawari were also another source of Damascus steel, the mines here being mere holes dug through the thin granitic soil, from which the ore is detached by means of small ironcrowbars. The iron ore is still further separated from its granitic or quartzy matrix by washing and the sand thus obtained is still manufactured into Damascus Steel at kona Samundram near Dimdurti. The sand is melted with charcoal, without any flux and is obtained at once in a perfectly tough and malleable state, superior to any English iron, or even the best Swedish... In the manufacutre of the best steel, three-fourths of Samundram ore is used, and one-fourth of Indore, which is a peroxide of iron (p. 170)
7. Every relic of his, his sword, daggers and seal, and the wagnak or "tigerclaw" with which he foully assassinated Afzal Khan, have all been religiously preserved at Satara and Kolhapur ever since his death in 1680. (p. 174)
8. In his preface, Mr. Egerton expresses a regret, in which every one will concur,.... that the Government of Madras should have recently allowed the old historical weapons from the armouries of Tanjore and Madras to be broken up and sold for old metal. This act of vandalism is all the more to be deplored, as neither the tower, nor the India museum collections are, as Mr. Egerton points out, rich in Southern Indian arms. (p. 178)

अध्याय-26

मध्यकाल में विज्ञान

सिन्धु सभ्यता के समय से लेकर गुप्तकाल के आसपास अर्थात् छठी शताब्दी तक भारत में विज्ञान एवं प्रौद्योगिकी के क्षेत्र में हुए विकास कार्यों से बाद के सैकड़ों वर्ष प्रभावित रहे। ज्योतिष, खगोल, रसायन, भौतिकी, आकर्षण का सिद्धान्त (Theory of Gravitation), फलित ज्योतिष, अंकगणित, बीजगणित, रेखागणित, त्रिकोणमिति, आयुर्वेद, पशुविज्ञान, शल्यविद्या, नगर एवं भवन-निर्माण विधि, कृषि विज्ञान आदि विषयों पर 7वीं सदी और उसके बाद जो भी विकास हुए उनकी बुनियाद गुप्तकाल और उससे पूर्व पड़ चुकी थी।

600 और 1200 ई. के बीच विज्ञान अस्वस्थ रहा। सल्तनतकालीन मुस्लिम शासकों के संरक्षण में विज्ञान विकसित हुआ। इन शासकों ने अपनी सुविधाओं को ध्यान में रखते हुए वैज्ञानिक एवं तकनीकी विकास को प्रोत्साहित किया। 13वीं शताब्दी के प्रारम्भिक चरण में बख़्तियार खिजली द्वारा बंगाल के पूर्वी इलाके में पत्थर का पुल और रस्सी तथा लकड़ी की सहायता से नाव बनाने का ज़िक्र मिलता है।[1] फ़ीरोज़ तुग़लक के काल में मालदा (बंगाल) के पास चीरामती और बूलिया नदियों से नहर निकालकर एक चौड़ी खाई बनाई गई जो पानी से भरी रहती थी। वहीं पर सैनिकों के रहने के लिए कठघर बनवाए गए।[2] फ़ीरोज़ ने चन्दन के दरवाज़े एवं तराशे हुए पत्थरों की सीढ़ियाँ बनवाईं।[3] 1355 में फ़ीरोज़शाह दीपालपुर गया और सतलज से जहबाज तक 48 कोस लम्बी नहर खुदवाई। दूसरे वर्ष उसने यमुना से मांडल और सिरमूर के पास से एक नहर खुदवाई। सात अन्य नहरों का पानी उसमें गिरवाने के पश्चात् वह इस मुख्य नहर को हाँसी ले गया ताकि वहाँ से अरासीन (बारालिसान) और वहाँ से आगे ऐसे स्थान पर ले गया जहाँ उसने एक मज़बूत दुर्ग बनवाया और उसका नाम **फ़ीरोज़ाबाद** रखा। एक अन्य नहर यमुना से बुधाई (बुधनी) के निकट से हिसार-फ़िरोज़ा तक खुदवाई गई। हिसार-फ़िरोज़ा नगर में एक परकोटा खाई से भरा था। परकोटे के भीतर फ़ीरोज़ ने एक शाही महल (कुश्क) और एक

तालाब (हौज) बनवाया। अधिकारियों ने अपने मकान वहाँ बनवाए और हिसार-फ़ीरोज़ा एक विशाल, समृद्ध और घनी आबादीवाला नगर बन गया। उसे एक प्रान्त (शिक) की राजधानी बना दिया गया जिसमें हाँसी, अमरोहा, फ़तेहाबाद, सरसुती (सिरसा), सूलरा तक, ख़िज्राबाद तथा अन्य आय क्षेत्र मिला दिए गए। इस प्रणाली के फलस्वरूप खरीफ और रबी दोनों फसलें उगाई जा सकती थीं। भूमि के अन्दर पानी का स्तर ऊँचा हो गया और चार गज़ गहरा गड्ढा खोदकर कुआँ बनाया जा सकता था।[4]

खगोलशास्त्रियों की सहायता से फ़ीरोज़शाह ने **तास घड़ियाल** का आविष्कार किया। इस यंत्र के तले में छिदा हुआ धातु का एक प्याला बनाया गया था जिसे पानी के टब में रखे जाने पर भरने के बाद एक घड़ी अर्थात् 24 मिनट व्यतीत होंगे। जब ऐसा होता था तो घंटा बजाकर जनता को सूचित किया जाता। प्रत्येक 4 घंटे व्यतीत होने के पश्चात् एक गजर या घंटा दुगुना बजाया जाता। धातु के प्याले की भूल धूप घड़ी से ठीक की जाती। प्याला और टब, घंटा और धूपघड़ी फ़ीरोज़ाबाद के महल में शिखर पर रखा गया था। ऐसा प्रतीत होता है कि समय जानने का यह ढंग बड़ा लोकप्रिय हो गया।[5]

1506 में सिकन्दर लोदी ने **आगरा** नगर की स्थापना की। नए नगर के लिए स्थान का चुनाव बड़ी छानबीन और विचार-विमर्श के पश्चात् किया गया। अनेक दूरदर्शी और वैज्ञानिक सोच वाले व्यक्तियों का एक आयोग नावों पर दिल्ली से चला और उसने यमुना के चारों ओर के क्षेत्रों का सर्वेक्षण किया। सुल्तान एक नाव पर उस स्थान को देखने गया। नयामतुल्लाह लिखता है, जब वह उस स्थान पर पहुँचा तो क्षेत्र के ऊँचे स्थान पर निवास करने का निश्चय किया। उसने दल के नेता नायक से जो नाव चला रहा था, पूछा, 'इन दोनों ऊँचाइयों में कौन हमारे उद्देश्य के लिए अधिक उपयुक्त है?' नायक ने उत्तर दिया, 'वह अग्रभाग (आगे-राह) अधिक उपयुक्त है।' सुल्तान मुस्कराया और कहा, 'इस नगर का नाम भी आगरा होगा।' सुल्तान द्वारा चुना गया स्थान देबली परगने में बाशी और पोया नामक ग्रामों में था और बयाना की सरकार के कुल 52 परगनों में से 9 उसमें मिला दिए गए।[6]

14वीं शताब्दी में फ़ीरोज़ाबाद के इलाके में लकड़ी का हल, दाँतेदार बक्खर, भूमि चिकनी करने का तख़्ता, समतल करने की बल्ली, बीज बोने की नली, फावड़ा, खुरपी, पानी निकालने के विभिन्न साधन, गैंती, कुदाली और हेंगी की सहायता से तिल, दाल, गेहूँ, चावल, आदि की खेती की जाती थी।[7] अनाज भंडार संचित करने का सामान्य तरीका गड्ढों या खत्तियों में रखने का था जिससे बहुत समय तक अनाज सुरक्षित रखा जा सकता था। यह गड्ढा ऊँची सूखी भूमि पर रहता था। इसकी ऊँचाई मिट्टी की प्रकृति पर निर्भर

करती थी। बनाते समय उसमें कुछ वनस्पतियाँ भस्म की जाती थीं और उसके किनारे और धरातल पर गेहूँ या जौ की बालें लगाई जाती थीं। तब अनाज गड्ढे में डाल दिया जाता था और उसे पुआल से ढाँककर उसके ऊपर गड्ढे के मुख से ऊपर निकाला हुआ 18 इंच ऊँचा मिट्टी का चबूतरा खड़ा किया जाता था। इस पर मिट्टी और गोबर लीप दिया जाता था जो मानसून से टक्कर ले लेता था। पानी की बौछार से क्षतिगस्त होने पर उसे फिर से छोप दिया जाता था। इस प्रकार अनाज बिना क्षति के वर्षों तक रह सकता था; जबकि उससे उत्पन्न गर्मी कीटाणुओं को रोकती थी और चूहों तथा दीमकों को दूर रखती थी। मसालिक-उल्-अबसार के अनुसार, काफ़ी समय तक संचित रहने के कारण अनाज का रंग बदल जाता था। कपास के पौधे की लम्बाई 6 हाथ और आयु 20 वर्ष होती थी। 12 वर्ष तक इस पेड़ में अच्छा बुनाई का कपास होता था।[8] गुड़, महुआ, जौ की रोटी और चावल से मदिरा तैयार की जाती थी। पेयों के निर्माण में गन्ने का भी प्रयोग होता था।[9] गुजरात में नक़ली मोती बनाने की दक्षता और यांत्रिक प्रतिभा का वर्णन बारबोसा ने किया है।[10] बलबन के शासनकाल के दौरान गुजरात और दिल्ली में कागज़ बनाया जाता था। अमीर खुसरो ने शक्कर तैयार करने की तकनीक पर प्रकाश डाला है।[11] वह लिखता है–गन्ने के टुकड़े कर लिए जाते थे, फिर उन्हें चरखी में दबाया जाता था; निकले हुए रस को लोहे की बड़ी-बड़ी कढ़ाइयों में तब तक गरम किया जाता जब तक वह रवेदार गुड़ का रूप न धारण कर लेता था, तब उसे गुड़ की भेलियों में परिवर्तित कर लिया जाता अथवा थोड़ा और साफ करके उसकी खाँड़ बना ली जाती थी। शक्कर का स्वच्छतम रूप रवेदार सफ़ेद कन्द था। बंगाल में दानेदार शक्कर से फलों के मुरब्बे तैयार किए जाते थे।

भारतीय किसान कृषि कार्य में वैज्ञानिक दृष्टि रखते थे। 13वीं शताब्दी में बंगाल के किसान सिंचाई के लिए जल-चक्र का प्रयोग करते थे। आगरा और बयाना में बैलों की जोड़ी द्वारा खींचे जानेवाली चमड़े की विशाल बाल्टी और लगातार पानी देने के लिए ढेकुली के प्रयोग की चर्चा मिलती है।[12] फ़ीरोज़ तुग़लक के शासनकाल में दिल्ली के आसपास सात प्रकार के अंगूर पैदा करने की तकनीक विकसित हुई।[13] सिकन्दर लोदी ने सरकारी गणना हेतु **गज़** का नवीन माप चालू किया, जो (एक इंच के 1/84 अंश को जोड़ते हुए) वर्तमान 30 इंचों के तुल्य होता था।[14] इब्नबतूता ने ऐसे बावली अथवा सरोवर की चर्चा की है जिसमें पानी की सतह तक सीढ़ियाँ रहती थीं।

मुहम्मद बिन तुग़लक के समय काँसे का सिक्का ढालकर निर्मित करने की तकनीक विकसित हुई। यादव राजवंश[15] का सिंघन (1210-1247) नामक राजा के दरबार में चंगदेव नामक एस्ट्रोनॉमर था, जिसने एस्ट्रोनॉमी के अध्ययन

के लिए एक मठ (महाविद्यालय) स्थापित किया। तुग़लक सुल्तानों के समय चरखे से धागा बनाने की तकनीक विकसित हुई और बुनकरों द्वारा कपड़ा बुना जाने लगा। 14–15वीं शताब्दी में काग़ज़ बनाने और किताब में जिल्द बाँधने की तकनीक विकसित हुई। इसी समय से लड़ाई में बारूद का प्रयोग प्रारम्भ हुआ। फ़ीरोज़ तुग़लक द्वारा करीब 200 नगर बसाए गए जो विज्ञान और तकनीक जाने बग़ैर संभव नहीं था। दिल्ली में कुतुबमीनार बनी जिसकी ऊँचाई 71.4 मीटर है। किताबों में चित्र बनाने की तकनीक विकसित हुई। चित्रकार चित्र लिखने के लिए गिलहरी अथवा उससे मिलते-जुलते जानवरों की पूँछ के रोएँ से बनी जिस तूलिका का उपयोग करते थे उसे वे **कलम** कहते थे। कूर्च कुश को कहते थे। उसी से कूँच शब्द बना है, अर्थात् किसी वस्तु को आघात द्वारा कूर्च जैसा बनाना होता है। अतः कूँची उस उपकरण को कहते थे जो बाँस या सरकंडे का छिलका आदि कूचकर बनाते थे, जिनसे राजमज़दूर घरों की सफ़ेदी आज भी करते हैं। एक तल या सतह पर, चाहे वह सम हो अथवा असम, पानी अथवा तेल में घोले हुए अथवा सूखे, एक अथवा एकाधिक रंग से आलेखन करके आकृति एवं लम्बाई, चौड़ाई तथा मुटाई दर्शाने को **चित्रण** कहते हैं। उक्त आधारभूत सतह मुख्यतः पत्थर, काठ, हाथीदाँत, चमड़ा, कपड़ा, तालपत्र अथवा काग़ज़ होती थी।

जौनपुर के इब्राहिमशाह शर्की (1401–1437) तथा उसके पौत्र हुसेनशाह शर्की (1457–1476) के दरबारों में ख़याल-गायकी की एक नई पद्धति चली और कम-से-कम तीन नए रागों की उपज हुई। 15वीं सदी में राजस्थानी चित्र शैली विकसित हुई। अलाउद्दीन खिलजी के दरबारी कवि अमीर खुसरो ने फ़ारसी और भारतीय शैलियों के मेल से नवीन रागों को बनाया। क्लासिकल शैली में **ख़याल** और **कव्वाली** की शुरुआत खुसरो ने की। पर्सियन वाद्य तंबूरा और वीणा के संगम से **सितार** का उसी ने आविष्कार किया। इसी समय से भारतीय संगीत दो शैलियों में–उत्तर अर्थात् हिन्दुस्तानी और दक्षिण अर्थात् कर्णाटक–विभाजित हो गया।

खुसरो ने बताया है कि दिल्ली के राजगीर और संगतराश समग्र मुस्लिम जगत के कारीगरों से श्रेष्ठ थे।[16] इन्हें राजकीय संरक्षण प्राप्त था। फ़ीरोज़ तुग़लक के समय राजगिरी का प्रशिक्षण दिया जाता था। इसी समय से मीनाकारी वाले खप्परों और ईंटों का प्रचलन भारत में होने लगा।[17] उसने एक चिकित्सालय (शिफ़ाख़ाना) स्थापित किया जिसमें जनता की मुफ्त चिकित्सा के लिए अनेक चिकित्सक रखे गए। औषधियाँ मुफ्त दी जाती थीं और कुछ मामलों में भोजन भी। चिकित्सालय के रखरखाव के लिए सुल्तान ने कुछ गाँव निश्चित कर दिए थे।

13वीं सदी की रचना *शाङ्र्गधरपद्धति* में नब्ज़ देखकर बीमारी की जानकारी प्राप्त करने की प्रथम चर्चा है। इस ग्रन्थ में लोहे पर पानी चढ़ाने (Tempering) की चर्चा है जिसके अनुसार पिप्पली, सैंधवनमक और कूठ को गोमूत्र में पीसकर लेप बनाया जाता था। इस लेप को शस्त्र पर लगाकर आग में गरम कर पानी में बुझाया जाता था। इससे लोहे पर पानी चढ़ जाता था। बाल काला करने के तरीके *शाङ्र्गधरपद्धति* में बताए गए हैं। छह भाग त्रिफला, दो भाग अनार का मूल, तीन भाग हल्दी–इन सबको पीसकर मिला दिया जाता था। इसमें साठी चावल एक भाग तथा भांगरे का रस बीस भाग मिलाया जाता था। इन सारे को लौह-पात्र में रखकर गाड़ दिया जाता था। फिर इसे निकालकर इसमें दूध मिलाकर इसे सिर और माथे पर लगाया जाता था। ऊपर से एरण्ड (खरबूजा या पपीता) के पत्ते बाँधकर रात को सो जाना पड़ता था। दूसरे दिन सबेरे स्नान किया जाता था। यदि यही प्रयोग सात-सात दिन छोड़कर किया जाता तो मनुष्य के बाल सदा काले रहते थे।

14वीं सदी में जैन मंगल राज ने कन्नड़ भाषा में *खगेन्द्रमणिदर्पण* नामक ग्रन्थ की रचना की। इसमें विषचिकित्सा का विशद् वर्णन है। कर्णाटक में *बसवराजीयम्* नामक ग्रन्थ की रचना 13वीं शताब्दी में हुई। इसमें ज्वारादि रोगों की निदान-चिकित्सा का विषद् वर्णन है। 16वीं शताब्दी में देवेश्वर उपाध्याय ने स्त्रीरोग विज्ञान पर *स्त्रीविलास* की रचना की। रामबाँस (Agave) मैक्सिको (मध्य अमेरिका) का मूल निवासी है। 16वीं शती में पुर्तगालियों द्वारा भारत में इसका प्रचलन प्रारम्भ हुआ।[18] 15वीं शताब्दी में शर्की सुलतान हुसेन शर्की ने जिस संगीत शैली की शुरुआत की उसे **ख़याल** कहा जाता है।[19] ग्वालियर के राजा मानसिंह (1486-1516) ने गायन की ध्रुपद शैली को वर्तमान स्वरूप प्रदान किया। टपके हुए आमों को चुनकर इनमें नमक छिड़ककर आचार बनाया जाता था। खुसरो ने लिखा–पान भारत के प्रसादों में से एक है क्योंकि यह मुँह की दुर्गंध को घटाता तथा दुर्बल दाँतों को सबल बनाता है। जिसे भूख नहीं लगती, उसकी भूख बढ़ाता है, किन्तु कोई क्षुधा का अनुभव कर रहा हो तो उसे यह शान्त करता है।[20]

भारत में 14वीं शताब्दी से प्लेग फैलना प्रारम्भ हुआ। सम्भवत: मध्य एशिया से मुसलमानों के साथ प्लेग भारत में आया।[21] यह महामारी 14वीं शताब्दी में चीन से एशिया और यूरोप पहुँची। प्लेग का प्रारंभिक लगाव चीन से रहा। प्राचीन दक्षिण भारतीय कांस्य वस्तुओं में परम्परागत शैली के सहज मूर्ति-विधान, कलात्मक अलंकरण और उत्तम सानुपातिकता का मणिकांचन संयोग[22] दिखाई देता है। दक्षिण भारत के लोग धातुकर्म एवं मूर्तिकला दोनों को प्रागैतिहासिक काल से जानते थे। तत्कालीन धातुकर्मियों को धातु की विभिन्न

किस्मों और मिश्रधातुओं का अच्छा ज्ञान था। वे जानते थे कि बन्द साँचों में उत्तम ढलाई के लिए कच्चे ताँबे के शोधन की आवश्यकता होती है। उनको आर्सेनिक व एण्टीमनी धातुओं द्वारा कठोरता और सीसे द्वारा धातु की मलनीयता बढ़ाने की कला की उत्तम जानकारी थी।

मध्यकालीन दक्षिण भारतीय कांस्य प्रतिमाएँ व मूर्तियाँ उत्तर भारतीय मूर्तियों से इस बात में भिन्न जान पड़ती हैं कि दक्षिण भारत में निर्माणशैली को निर्माण की तकनीक की तुलना में अधिक महत्त्व दिया जाता था।[23] उत्तरी भारत में कांस्य की सम्पदा में पाषाणकाल की वस्तुओं को गढ़ने के लिए निर्धारित नियमों की परम्परा की प्रवृत्ति मिलती है। दक्षिण भारत में कांस्य मूर्तियाँ **पंचलोह** (पीतल, ताम्र, रजत, स्वर्ण एवं टिन के मेल से बनी मिश्रधातु) से बनी हैं। यह विज्ञान और संस्कृति के उत्तम संयोग के उदाहरण हैं। दूसरी शताब्दी से सत्रहवीं शताब्दी तक की अनेक कांस्य प्रतिमाओं का विस्तृत विवरण और वर्गीकरण उनके आभूषणों, वेशभूषा और शारीरिक विशेषताओं के आधार पर किया जाता है। दक्षिण भारतीय राजाओं, जैसे–पल्लवों, प्रारंभिक चोलों, पश्च–चोलों, प्रारंभिक विजयनगरीय व पश्च–विजयनगरीय राजाओं और नायकों (750 ई. से लेकर 1700 ई. तक) के संरक्षण में ताम्र–कांस्य–मूर्ति–निर्माण–कला को पर्याप्त प्रोत्साहन मिलता रहा।

लुप्त मोम–विधि से कांस्य मूर्तियों के निर्माण को 'मधूच्छिष्ट विधानम्' कहा जाता था। मधूच्छिष्ट (मधु+उच्छिष्ट) का अर्थ है मधुमक्खी का जूठा (मोम)। इसके अन्तर्गत मिट्टी के आधार पर एक मोम की आकृति बनाई जाती थी। मोम की मोटाई धातु की वांछित मोटाई के बराबर होती थी। इसके ऊपर मिट्टी का एक बाहरी ढाँचा बनाया जाता था जिसमें एक छिद्र पिघली हुई धातु के आने व दूसरा छिद्र उसके निकलने के लिए बनाया जाता था जिसमें एक छिद्र पिघली हुई मोम और अतिरिक्त धातु छिद्र से बाहर आ जाती थी। धातु के ठंडे हो जाने पर साँचे को तोड़ दिया जाता था। ढलाई की खोखली विधि में साँचे को पिघली हुई धातु से भर दिया जाता था जो साँचे की दीवारों के सम्पर्क में आते ही जमना प्रारम्भ हो जाती थी। धातु के मध्यस्थ भाग द्रव अवस्था में रहते थे। इसे शीघ्र उलट देने से पिघली धातु बाहर आ जाती थी। फलस्वरूप खोखली ढलाई द्वारा मूर्तियों का निर्माण होता था।

लुप्त मोम–पद्धति का इस्तेमाल कर पश्चिमी यूरोप में (5वीं से 17वीं शताब्दी तक) बनाई गई कांस्य वस्तुओं में स्पंजी होने और उत्तम गढ़ाई के न होने से दोष विद्यमान है। इसको रूपण एवं फिनिश देना प्रायः असंभव ही था। इसके विपरीत भारतीय कांस्य मूर्तियों के जटिल एवं कठिनाई से ढाले जा सकनेवाले अंशों के परीक्षण से वे पूर्णतः निर्दोष सिद्ध होती हैं। यह गुणवत्ता

की दृष्टि से प्राचीन भारतीय धातु कारीगरों की उत्कर्ष उपलब्धि का प्रमाण है। *मानसोल्लास*[24] (1127-1138ई.) में सोमेश्वर ने मूर्तियों की ढलाई का विस्तृत निरूपण किया है। मूर्तियों को बनाते समय मूर्तिकार उनकी भाव-भंगी व वेश-भूषा का नख से शिख तक पूरा-पूरा ध्यान रखते थे। यही ध्यान उस मूर्ति के विधायकों एवं उपासकों के लिए सूत्ररूप में मूर्ति के ध्यान श्लोक में मूर्तिमत होता था। दक्षिण के कोलायुर, वडक्कलातुर तिरुवान्काडु, कोनेरीराजपुरम् कुम्भकोणम्, स्वामी मलाई, पारूथीयुर, वडक्कलातुर, तिरुवेल्लीकुडी और पाथुर (तंजौर ज़िले में) एवं दक्षिण अर्काट के चिदम्बरम् ज़िले के मन्दिरों में उपलब्ध उत्कृष्ट कांस्य कलाकृतियाँ देव-मूर्तियों व प्रतिमाओं के रूप में मिलती हैं। इनमें मुख्य हैं नटराज, वीणाधर दक्षिणामूर्ति, कल्याणसुन्दर, पार्वती, राम, लक्ष्मण, सीता और हनुमान की मूर्तियाँ। बम्बई में जोगेश्वरी की गुफाओं में प्राप्त दीपाधार प्रारंभिक पश्चिमी चालुक्य काल की आठवीं शताब्दी की कला का उत्तम उदाहरण है।

तिरुवलंगाटु से नटराज की कांस्य 114.5 से.मी. से ऊँची प्रतिमा जो चोल राजाओं के काल (1000 ई.) की मूर्ति-कला का प्रतिनिधित्व करती है, निःसन्देह अपने ढंग की मूर्ति का अन्यतम उदाहरण प्रस्तुत करती है। 1200 से 1300 ई. में बनी भैरव, त्रिशूल एवं रुक्मिणी की कांस्य प्रतिमाएँ भी विशेष उल्लेखनीय हैं। शंकर जी के भैरवरूप व सजीव सम्मूर्तन चोल राज्यकाल की मूर्तिकला के अनुरूप हैं। त्रिशूल के मध्य में भगवान शंकर की प्रतिमा है एवं बाहर के दोनों शूल गोलाई में घूमे हुए हैं। यह पल्लव-काल की कला का संकेत हैं। इसके विपरीत द्रविड़ परम्परा में शित्रूल के बाहरी शूलों को वृत्ताकार न रखकर समानान्तर रखने की रीति प्रचलित है। रुक्मिणी (भू-देवी) की प्रतिमा स्त्रीसुलभ लज्जा एवं मातृत्व के भाव को साकार करती है। यह तेरहवीं या चौदहवीं शताब्दी की है।

बौद्ध एवं जैन धर्मों ने अपने ढंग से मूर्ति कला के विकास व प्रचार-प्रसार में प्रचुर योगदान किया। काश्मीर से दसवीं शताब्दी में बौद्ध धर्म का महायान सम्प्रदाय लद्दाख पहुँचा और तब से लद्दाख को बौद्ध धर्म के एक महत्त्वपूर्ण तीर्थकेन्द्र की महिमा प्राप्त हुई। लद्दाख को सांस्कृतिक स्तर पर लघु तिब्बत भी कहा जाता है। यहाँ के चैत्य एवं विहारों में प्राप्त गौतम बुद्ध एवं उनके अन्य अवतारों एवं शिष्यों की विशाल ताम्र एवं कांस्य प्रतिमा देखकर यह कल्पना करना कठिन है कि उस काल में कैसे इतनी बृहद् मूर्तियाँ बनाई जा सकी होंगी। लेह से 10 मील दूर सिन्धुघाटी नदी पर तिक्से नामक बौद्ध-विहार में बुद्ध की नौ मीटर ऊँची एक बैठी हुई मुद्रा में मूर्ति है जो बारहवीं शताब्दी की है। लेह में ही एक अन्य बौद्ध-विहार में बड़ी मूर्ति स्थापित है। पूरे लद्दाख

भर में बुद्ध की सैकड़ों छोटी-छोटी मूर्तियाँ स्थापित हैं। धातु की ढलाई एवं साँचों को बनाने की कला उस समय कितनी विकसित रही होगी, इसका अनुमान इन मूर्तियों को देखकर लगाया जा सकता है। दक्षिण भारत में पल्लवों और चोल राजाओं के संरक्षण में तंजौर, मदुरै, विजयनगर आदि केन्द्रों में जो कांस्य मूर्तियाँ मिलती हैं, वे न केवल वैष्णव, शैव, शाक्त, बौद्ध,जैन और तंत्र-परम्परा के प्रतिमाविज्ञान के विविध आयामों को रूपायित करनेवाली अमर कृतियाँ हैं, बल्कि भारतीय धातुकर्म व मूर्तिकला के स्थानीय वैभव और आन्तरिक जीवन्तता का पुष्ट प्रमाण भी हैं।

सीराते फ़ीरोज़शाही[25] में लिखा है कि फ़ीरोज़ तुग़लक आरोग्य विद्या में कुशल था। मानव-शरीर-रचना से संबद्ध मानव कंकाल, धमनियाँ, शिराएँ, मांसपेशियाँ और हड्डियाँ आदि पर उसका विद्वत्तापूर्ण व्याख्यान सुनकर चिकित्सक आश्चर्यचकित रह जाते थे। सिकन्दर लोदी ने चिकित्सा विज्ञान को समृद्ध बनाने में रुचि ली। उसके समय में चिकित्सा से सम्बद्ध ग्रंथ का अनुवाद हुआ और उसका नाम *तिब-ए-सिकंदरी* रखा गया।[26] गयासुद्दीन तुग़लक के समय पशु-चिकित्सा विज्ञान से सम्बद्ध एक ग्रन्थ का फ़ारसी में अनुवाद करके उसका नाम *कुसरतुल-मुल्क* रखा गया। मुहम्मद बिन तुग़लक चिकित्सा जगत का अनोखा नक्षत्र था। मूर्च्छा से मुक्ति पाने के लिए तथा दिल की धड़कन शान्त करने की औषधियाँ वह अपने साथ रखा करता था।[27] 'कश्मीरी अकबर' सुल्तान जैनुल-आबेदिन ने श्रीभट्ट और मंसूर-बिन-अहमद जैसे वैद्यों को संरक्षण प्रदान किया। मंसूर-बिन-अहमद ने *कफ़ाया-ए-मुजाहिदिया* नामक पुस्तक लिखी, जिससे भावी वैद्य लाभान्वित हुए।[28] ईरान, तुर्किस्तान, समरकन्द, बुखारा तथा काबुल से अनेक चिकित्सक एवं शल्यचिकित्सक भारत आए और नवीन चिकित्सा पद्धति को स्थापित किया। फ़ीरोज़ के आदेश से हिन्दू ज्योतिष-विद्या तथा खगोल विद्या पर एक पुस्तक का अनुवाद फ़ारसी में किया गया जिसे *दलाइल-ए-फ़ीरोज़शाही* की संज्ञा दी गई।[29] सिकन्दर लोदी के शासनकाल में ही हिन्दुओं विशेषकर कायस्थों ने फ़ारसी भाषा और साहित्य का अध्ययन प्रारम्भ किया था।[30] उसने 120 सराय बनवाईं। इन सरायों के निर्माण के लिए उसने सार्वजनिक निर्माण विभाग की स्थापना की। विभिन्न प्रकार के कारीगरों को एकत्रित कर उनके प्रत्येक समूह को एक शहना (अधिकारी) के अधीन रखा गया था। सार्वजनिक निर्माण विभाग के निदेशक मालिक गाजी और अब्दुलहक़ उर्फ़ जाहिर सोंधार मुख्य अधिकारी थे।

फ़ीरोज़ ने अशोक की दो लाटें खोजीं। बड़ी लाट दिल्ली से करीब 90 कोस दूर पहाड़ियों की तलहटी में सालूरा और खिज़्राबाद ज़िले के अन्तर्गत नावरिया ग्राम में और छोटी मेरठ के निकट है। उसे यह ज्ञात नहीं था कि वे

क्या थे किन्तु उन्हें दिल्ली लाने का निश्चय किया। किसी प्रकार विशाल पत्थर की लाट (स्तंभ) को जिसे फ़ीरोज़ 'सोने का स्तंभ' कहता है, लाया गया और दिल्ली में स्थापित किया गया। हज़ारों मज़दूर, कारीगर और बड़े-बड़े अभियन्ता तक इस कार्य में लगाए गए। लाट को टूटने से बचाने के लिए मज़बूत खालें और सरकंडे लाट के चारों ओर लपेटे गए थे। नींव खोदने पर उन्होंने देखा कि लाट चौकोर पत्थर के एक छेद में दृढ़ता से लगाई गई थी। यह पत्थर भी खोदा गया और लाट के साथ लाया गया। लाट के निकट पेड़ के तने काटकर एकत्रित किए गए और ढेरों ऊन और कपास से उसे ढका गया। लाट सावधानी से उन तनों के ढेर पर झुकाई गई और फिर तने काटकर एकत्रित किए गए और ढेरों ऊन और कपास से ढका गया। लाट 42 पहियों वाली गाड़ी पर रखी गई। 200 व्यक्ति रस्सियों से प्रत्येक पहिया खींचते हुए यमुना के तट पर लाए। उन दिनों यमुना यातायात का एक महान साधन थी और 2 हज़ार से 5 हज़ार मन अनाज ले जानेवाली नावें उपलब्ध थीं। बड़ी नावें एक साथ बाँध दी गई और लाट फ़िरोज़ाबाद लाई गई। यहाँ लाट के लिए एक नया ढाँचा बनाया गया था। लाट सीधी खड़ी करने के लिए लकड़ी की चर्खियों का प्रयोग किया गया और तत्पश्चात् उसे जबर्दस्त शारीरिक श्रम के ज़रिए आधा गज़ प्रतिदिन के हिसाब से सीधा किया गया। जैसे-जैसे लाट ऊपर उठाई जाती भवन का निर्माण होता जाता था। अन्त में लाट भवन के शिखर पर रख दी गई। लाट 32 गज़ लम्बी थी, जिसमें 8 गज़ भवन के अन्दर थे और 24 गज़ उसके ऊपर थे। भवन के ऊपर लाट की लम्बाई नापी जा सकती है। यह 37 फीट है। इस तरह फ़ीरोज़शाह का गज़ 18.54 इंच लम्बा रहा होगा। दूसरी लाट पहाड़ी के ऊपर कुश्के शिकार (शिकार खेलने के लिए बनाया गया मकान) में स्थापित की गई। जिन 5 खंडों में यह टूट गई थी उन्हें अब एक साथ रख दिया गया है। यह 32 फीट से थोड़ी अधिक लम्बी है।

उन दिनों दिल्ली के निकट 1200 फलों के बगीचे थे। फ़ीरोज़ के निजी उद्यान साम्राज्य भर में थे और मालियों का भाग निकालकर उनकी कुल आय एक लाख 80 हज़ार टंके थी। इब्नबतूता के अनुसार 14वीं शताब्दी में भारत के लोग साल में दो फसलें बोते थे।[31]

बाबर को अपने विश्राम-प्रकोष्ठों में और बैठकख़ाने के लिए संभवत: हिन्दुस्तान में पहली बार लाल पत्थरों का प्रयोग करने का श्रेय प्राप्त है। पुराने महलों के सामान्य तत्त्वों में बाबर ने अनेक संशोधन किए, जिसमें से आगरा में ग्रीष्मगृह (चौखंडी), फूलों की क्यारियाँ, संगमरमर के स्नानागार और बावली तथा फब्वारे अधिक महत्त्वपूर्ण हैं।[32] शाही भवनों की योजना के लिए कोई निश्चित नियम नहीं थे। सब कुछ शासकों की खुशी और सनक पर निर्भर

रहता था। हुमायूँ ने 'रहस्यमय घर' नामक तैरता हुआ महल बनवाया। उसने एक 'तैरता हुआ बाज़ार' बनवाया। इसी बाज़ार के नमूने पर तैरता हुआ महल निर्मित किया गया था। यह महल दो विशाल नौकाओं पर खड़ा किया गया था। राजधानी के काष्ठ-शिल्पियों, धातु-शिल्पियों, सजावट करनेवालों और उपस्कर बनानेवालों ने इस महल को अत्यन्त सुन्दर रूप देने में अपना सारा चातुर्य और कौशल लगा दिया था। तैरते हुए महल में तीन मंजिलें थीं। यह आगरा में यमुना के तट पर बनाया गया था। इसमें फ़र्श पर साथ में लगे हुए तीन कमरे थे। मध्य का कमरा आकार में अष्टभुजी था और उसमें पानी का एक सरोवर था। इस सरोवर के ऊपर एक मेहराबदार आला बनाया गया था, जहाँ से हर एक गुप्त मार्ग संलग्न कमरों में जाता था। यह सावधानी बरती जाती थी कि पूरा भरा होने पर भी सरोवर का पानी इन लगे हुए कमरों में न जाने पाए। जब कोई व्यक्ति सरोवर में प्रवेश करने पर मेहराबदार आले में पहुँचता और उसके घुमावदार द्वारों से होते हुए इन कमरों में पहुँचता तो वह आश्चर्यजनक रूप से स्वयं को जलपान, संगीत और गायन के मध्य पाता था।[33]

मुग़लकाल में शाही पलंग आज के समान ही चार पायों पर आधारित चार लकड़ी के पटियों से बनते थे। सोने और चाँदी के काम से अलंकृत और रेशमी गद्दों वाले पलंग उपयोग में लाए जाते थे। कटहल की लकड़ी और मूंगे की बनी तथा सूती धागे से बुनी पीढ़ियों का प्रयोग किया जाता था। हुमायूँ ने **लबादे** के एक नए डिजाइन का आविष्कार किया जो कमर में कटा होता और सामने खुला रहता था।[34] दिल्ली में कई प्रकार के जूते बनाए जाते थे। इनमें से सबसे हल्का जूता 'सलीमशाही जूता' के नाम से प्रसिद्ध था। सोने की किनारे वाले चमड़े के जूते गुजरात में बनाए जाते थे जो धनी महिलाओं के बीच लोकप्रिय थे। सिर के बाल धोने के लिए रीठा, आँवले आदि का प्रयोग किया जाता था। पूरियाँ मुग़लकाल में घी में तली जाती थीं।[35]

भित्ति-चित्रकारी की तकनीक अकबर के ज़माने में विकसित हुई। भित्ति-चित्र बनाने के लिए दीवार की ज़मीन सरेस से चिकनी की जाती थी। भैंस की ताज़ा खाल से सरेस तैयार किया जाता था। इसके बाद भावुक एवं सूक्ष्म रेखा-विशारद् चित्रकार चिन्तन द्वारा अर्थात् अन्तर्दृष्टि से देखकर, उस पर अनेक भाव और रसवाले चित्र अच्छी रेखाओं और समुचित रंगों से बनाते थे। पेंसिल जैसा किसी औजार से वह पहले आकार टीपता था, फिर गेरू से उसकी टिपाई करता और तब जाकर रंग भरता था। ऊँचाई दिखाने के लिए उजला और निचाई के लिए साया (शेड) देता था। तैयार चित्र के हाशिए की पट्टी काले रंग से करता था। वस्त्र, आभूषण आदि की खुलाई महावर (आलता) से करता था। लाल (सिन्दूर, हिंगुल तथा महावर), पीला (हरताल एवं संभवतः प्योड़ी), नीला

(लजावर्ती तथा नील), सफ़ेद एवं काला, ये मूल रंग तथा इनके मिश्रण से उत्पन्न हरे, गुलाबी, बैंगनी आदि रंगों का प्रयोग किया जाता था। धीरे-धीरे रंग बनाने का तरीका उन्नत होने लगा। अबुल फ़ज़ल ने चुहचुहाते एवं दमकते हुए रंगों-सिन्दूर, प्योड़ी (पीला) और लाजवर्ती (नील) की चर्चा की है। सम्राट जहाँगीर के काल में 14 प्रकार के रंगों का प्रयोग होता था, जो 4 वर्गों में बँटे थे। (1) खनिज जिसमें गेरू, हिरौंजी, रामरज, रादाढाबा, लाजवर्ती (लाजवर्त को बूककर पानी में नितारते थे। पथरीला अंश नीचे बैठ जाता था और रंग ऊपर उतर आता था।) एवं सोना तथा चाँदी (तबक हल करके) आते थे। (2) रासायनिक जिसमें सफ़ेदा (फुँका जस्ता), सिन्दूर (फुँका सीसा), प्योड़ी (केवल आम की पत्ती खिलाकर गाय को एक खास तरह की मिट्टी पर बाँधते थे, जो उसके मूत्र से बड़ी स्थायी एवं तेज़ पीली हो जाती थी), स्याही (काजल), जंगाल (सिरके के प्रभाव से ताँबे का रूपान्तर) आते थे। (3) जान्तविक जिसमें गुलाली (एक प्रकार के कृमि को सुखाकर कई मसलों के संग पकाते जिसके फलस्वरूप यह रक्त जैसा लाल रंग तैयार होता था।) आते थे। (4) वानस्पतिक जिसमें नील (नील क्षुप का सार) आता था। मूल-रंग पाँच माने गए हैं–नीला, पीला, लाल, सफ़ेद एवं काला। कुछ चित्रों को देखकर ऐसा महसूस होता है कि इन्हें बनाने में कूँची का प्रयोग नहीं बल्कि निब की तरह किसी धातु की कलम से किया गया है। कलम से लिखाई में एक तेजी रहती है और उसकी रेखाएँ छोर तक पहुँचते-पहुँचते पतली हो जाती हैं।

16वीं सदी में तोपों का निर्माण मुख्य भारतीय उद्योग था। हाथ बन्दूक की निर्माण शैली उन्नतशील हो गई। 17वीं सदी में भारतीय बन्दूकों में फ्लिंट लॉक लगाया गया। चपटे लोहे को लपेटकर बन्दूक की नली बनाई जाती थी। नली का एक सिरा एक-दूसरे पर मोड़कर लपेटा जाता था। उसके बाद इसे गर्म कर बेल्डिंग किया जाता था और फिर अन्दर में उसमें छेद कर दिया जाता था। 16वीं सदी के अन्तिम चरण में दुनिया की सबसे बड़ी तोपें भारत में ढाली जाती थीं। राकेट प्रक्षेपशास्त्र लोहे के और इनके अन्दर ज्वलनशील पदार्थ रखा जाता था। 17वीं सदी में नौकाचालन में कई बदलाव आए। जहाजों में इस्तेमाल होनेवाले औजारों में वेधशाला आई जिससे समय और अक्षांश का निश्चय किया जाता था। भारतीय नागरिकों ने पानी पर तैरनेवाली चुम्बकीय सुई का, जो कम्पास की तरह थी, प्रयोग में की जाती थी। मुग़लों के ज़माने में कृषि-विस्तार काफ़ी हुआ। कृषि की एक उन्नत तकनीक शुरू हुई और वह थी छिद्रारोपण। इस तकनीक का विकास मुख्यत: कपास की खेती में किया जाता था। शाहजहाँ के काल में फलों और सब्जियों की कलम लगाई जाने लगी। इस समय सन्तरा, आम आदि की किस्मों में बहुत सुधार हुआ। अनेक नए पौधों की बेहतरी के

लिए प्रयास किए गए। पुर्तगालियों द्वारा अन्नास को लैटिन अमेरिका से भारत लाया गया। मुग़लकाल वास्तुकला बहुत आगे रही। ताजमहल 22 वर्षों में बनकर तैयार हुआ। इसे बनाने में आज के हिसाब से 900 करोड़ रुपये ख़र्च हुए थे। इसका प्रधान शिल्पी उस्ताद अहमद अल मीमार लाहौरी महान गणितज्ञ था। उसने गणित और ज्यामिति पर कई किताबें लिखीं। इस समय सम्पूर्ण भारतवर्ष में निर्माण सामग्री के रूप में पत्थर और ईंट, चूने का प्लास्टर या ऊपर पत्थर जड़ने में विशेष उन्नति हुई। स्थापत्य में अनेक शैलियों का मिश्रण हुआ। इमारतों के डिजाइनों में नवीनता आई। पार्कों तथा बगीचों में पानी पहुँचाने के लिए फ़व्वारे लगाए गए।

भारत के विभिन्न क्षेत्रों में मिट्टी की उर्वरता अलग-अलग थी। कुछ क्षेत्र वर्ष में तीन[36] या चार[37] (17वीं सदी का एक इतिहासकार भीमसेन ने तंजौर का वर्णन करते हुए इस क्षेत्र में प्रतिवर्ष उगाई जानेवाली फसलों का उल्लेख किया है।) फसलें तक पैदा करने में समर्थ थे, तो अजमेर जैसे ऐसे भी क्षेत्र थे जहाँ साल में कमोबेश एक ही फसल होती थी[38]। अकबर के ज़माने में और उसके बाद कृषि करनेवाला हल अगर हल्का और साधारण था, उसमें लोहे की मात्रा कम थी तो इस कारण से उसकी कार्यक्षमता में कोई कमी नहीं आई, क्योंकि गहरी खुदाई के लिए नहीं बल्कि नीचे की नम मिट्टी ऊपर उलट देना था[39]।

मृगावत (16वीं सदी) में सिंचाई के लिए ढेकुली के समान एक उपकरण की चर्चा है। 17वीं शताब्दी के अन्त में एक यात्री फ्रायर[40] ने भी इसका वर्णन किया है। इस यंत्र के नीचे उथले कूप के किनारे पर खूँटी गड़ी होती थी और एक काँटे के आकार का दूसरे किनारे पर। इस काँटे के बीच में एक लम्बा खम्भा उत्तोलक सिद्धान्त के तहत लगा रहता था। इस खम्भे में कुएँ के किनारे पर एक बाल्टी लटकी होती और दूसरे किनारे पर भारी पत्थर रहता था। एक आदमी इस यंत्र (ढेकुल) को रस्सी से खींचकर चला सकता था। रस्सी को कुएँ के अन्दर खींचा जाता और पानी से भरी बाल्टी खम्भे से उठाकर खोल दी जाती, जिससे पानी खेतों में पहुँच जाए। इस उपकरण के लिए कड़े परिश्रम की आवश्यकता होती और यह केवल उथले पानी में इस्तेमाल किए जाने योग्य था। इसलिए यह कुएँ के आसपास के केवल छोटे खेतों की सिंचाई कर सकता था। इसमें मामूली ख़र्च आता, अत: ग़रीब किसान भी इसे प्रयोग में ला सकते थे।

बाबरनामा[41] में बाबर ने चड़स नामक सिंचाई-उपकरण का वर्णन किया है। काँटेदार खम्भे से एक घिरनी कुएँ के ऊपर धुरी के सहारे बनी होती थी। चमड़े की एक बड़ी बाल्टी (चड़स) घिरनी से नीचे कुएँ में डाल दी जाती थी। बाल्टी के भर जाने पर बैल रस्सी को कुछ दूरी तक खींचते और इस तरह बाल्टी को ऊपर खींचा जाता था। इसके पानी को एक या दो आदमियों द्वारा

नहर में डाल दिया जाता और नहर के माध्यम से यह पानी खेत में पहुँच जाता था। ढेंकुली के मुकाबले चड़स ज़्यादा गहरे कुएँ से पानी खींच सकता था।

अरघट तक ऐसा घेरा होता जिसके चारों ओर हाँडिया लगाई जाती थीं। यह मानव-शक्ति से चलता और पोखर की सतह या नदी के किनारे से पानी एकत्रित करता था। इसके द्वारा सिंचाई की संभावनाएँ उन खेतों तक सीमित हो गईं जो गाँव के किसी पोखर या नदी के पास होते थे। फ़ारसी रहट में एक ओर घेरे पर हाँडियों की चेन लगाई जाती थी, जिससे वह कुएँ में से पानी निकाल सके; दूसरी ओर गियर की वजह से उसे चलाने के लिए बैल की शक्ति का प्रयोग किया जाता था। इसने सिंचाई को ज़्यादा प्रोत्साहित किया; खास कर मध्यम जलस्तर वाले क्षेत्र में। फलस्वरूप जो कोई पक्के कुएँ और फ़ारसी रहट का खर्चा वहन करने में समर्थ होता वह अपनी इच्छानुसार खेतों की सिंचाई कर सकता था। बैलों के कारण मानव ऊर्जा बच जाती जो दूसरे किसी कृषि कार्य में इस्तेमाल की जा सकती थी।[42]

17वीं शती के उत्तरार्द्ध तक पूर्वी राजस्थान के 18 गाँवों के कुल 528 कुओं में से केवल 41 कुएँ ही पक्के थे[43] मध्यकालीन स्रोतों में ओसाने की टोकरी और छन्नी का उल्लेख मिलता है[44]। 17वीं शताब्दी में दो प्रकार के पौधों को मिलाकर कलम बनाने की तकनीक विकसित हुई[45]। 13-14वीं शताब्दी में गंगा के मैदान के बड़े भू-भाग में घने जंगल थे। 16वीं शताब्दी के अन्त तक जंगल का बहुत बड़ा हिस्सा कृषि-अधीन भूमि में बदल गया। 17वीं शताब्दी तक फसलों की संख्या 40 से ज़्यादा बढ़ गई[46]।अकबर के ज़माने में फ़ारस से गुलाब के पौधे लाकर भारत में लगाए गए। 1612 में नूरजहाँ की माँ ने गुलाब के अतर का आविष्कार किया।[47] अन्नास ब्राजिल (दक्षिण अमेरिका) का मूल निवासी है। इसका प्रवेश भारत में 1594 ई. में हुआ। यह फल पुर्तगालियों द्वारा सर्वप्रथम बंगाल में प्रचलित किया गया। इसका उल्लेख *आईने अकबरी* और *जहाँगीरनामा* में मिलता है।

अस्त्र-शस्त्रों के निर्माण में ताँबे व उसकी मिश्रधातुओं का उपयोग सभ्यता के आदिम युग से मनुष्य करता आया है। चीन में बारूद और ईरान में आतिशबाजी का आविष्कार दोनों घटनाएँ धातुओं के इतिहास को एक नया मोड़ देनेवाली सिद्ध हुईं। उत्तर भारत में काबुल से बाबर के आक्रमण एवं दिल्ली के सुलतान इब्राहिम लोदी पर उसकी पानीपत की लड़ाई में हुईं विजय ने मुग़ल साम्राज्य को पहली बार भारत में स्थापित कर दिया। कहा जाता है कि बाबर की सेना के तोपख़ाने ने ही उसे सफलता दिलाई। भारत में तोपों और बन्दूकों का इतिहास 1526 ई. में बाबर के इस आक्रमण से ही प्रारम्भ हुआ। अपने संस्मरणों की पुस्तक (*तुजुके बाबरी*) में बाबर इन तोपों के निर्माण की

जानकारी देते हुए लिखता है, 'साँचे के पास उन्होंने आठ भट्ठियाँ धातु (ताँबे) को पिघलाने के लिए लगा रखी थीं। प्रत्येक भट्ठी की तली से एक नाली थी जो साँचे में पिघली धातु को डालती थी। पिघली हुई धातु इनके द्वारा उबलते हुए पानी की भाँति साँचे तक पहुँचती थी जब तक वह पूरा न भर जाए। एक या दो दिन के बाद साँचे के पूरी तरह ठंडा हो जाने पर उसे खोला जाता था। इसके छिद्र (Bore) में कोई त्रुटि नहीं होती एवं इसके ऊपर एक कोष्ठ (Chamber) आसानी से बनाया जा सकता था। तोप के कलेवर को तब उस पर चढ़े आवरण को हटाकर कारीगरों को सौंप दिया जाता था जो इसको तैयार करते थे।' कालान्तर में पीतल और काँसे का उपयोग प्रचुर मात्रा में तोपें बनाने में होने लगा। यह कहा जाता है कि मुग़ल सम्राट औरंगज़ेब के प्रारंभिक शासन में युद्ध के लिए उसके साथ पीतल की करीब सत्तर जंगी तोपें साथ रहती थीं। इनमें से कुछ इतनी बड़ी थीं कि उनको ले जाने के लिए बीस बैलों की जोड़ी से खिंचवाना पड़ता था।

मुग़लकाल में बनी तोपों में आगरे की बड़ी तोप और बीजापुर की 'मालिक-ए-मैदान' और 'कड़क-बिजली' नामक तोपें सुप्रसिद्ध हैं। भारत के विभिन्न भागों में छोटे आकार की पीतल की अनेक तोपें आज भी मिलती हैं। इनमें से कुछ जो सोलहवीं शताब्दी में बनाई गई थीं 'ईसा ख़ाँ की तोपों' के नाम से बंगाल में खोज निकाली गई हैं। इनके विश्लेषण से इनमें ताँबा 87.72 प्रतिशत, जस्ता थोड़े लोहे के साथ 10.32 प्रतिशत एवं टिन 1.83 प्रतिशत मिलता है। 289 मि.मी. लम्बाई एवं 243 मि.मी. बोर की एक छोटी तोप बीजापुर में फ़तह दरवाज़े पर मिली थी। इसको भी 'मालिक-ए-मैदान' नाम की तोप की ढलाई 1549 ई. के लगभग अहमदनगर में की गई थी। इटली के पीयत्रो डेल्ला वाल्ले ने जो 1623 ई. में भारत-यात्रा पर था, अपने संस्मरणों में इसका उल्लेख किया है। उसके अनुसार, 'निजाम के पास जो आश्चर्यजनक वस्तुएँ थीं, उनमें लोगों ने एक तोप की चर्चा की थी जिसमें लगाने के लिए 6804 किलोग्राम बारूद की आवश्यकता होती थी।' इतालवी यात्री के अनुसार, 'यह युद्ध के लिए बेकार और झूठी शान-शौकत की ही वस्तु थी। इसके बावजूद बीजापुर का राजा आदिलशाह इसकी बड़ी इज़्ज़त करता था और इसको सदैव सुनहले कपड़े से ढककर रखता एवं वर्ष में एक बार स्वयं आकर इसकी पूजा किया करता था।' मालिक-ए-मैदान का वजन 50,000 किलोग्राम से अधिक है और इस पर अंकित विवरण के अनुसार इसको तुर्की के हसन रोमी के पुत्र मुहम्मद ने बनाया था। तोप के शीर्ष पर अंकित विवरण में मुहम्मद का नाम, इसके बनाने का वर्ष 1549 ई. एवं तोपखाने के विशेषज्ञ खान मुराद का नाम है। इसके साथ अब्दुस गाजी निजामशाह का नाम है, जिसके संरक्षण

में अहमदनगर में यह इतनी बड़ी तोप तैयार हुई थी। तोपची खान मुराद ने बीजापुर पर बाद में राजा आदिलशाह का कब्ज़ा हो जाने के बाद उसकी अधीनता में रहना स्वीकार कर लिया। बीजापुर विजय के पश्चात् इस तोप पर 1685 ई. में औरंगज़ेब का कब्ज़ा हो गया जिसका विवरण इसी पर तीसरे अभिलेख में अंकित है। तोप की लम्बाई 4368 मि.मी. एवं इसका अधिकतम व्यास 1498 मि.मी. है। इसका बोर खुले ओर से 711 मि.मी. एवं बारूद कोष्ठ के पार्श्व की ओर से 660 मि.मी. है। इसकी धातु का विश्लेषण करने पर 80.43 प्रतिशत ताँबा एवं 19.57 प्रतिशत टिन वाली मिश्रधातु प्राप्त हुई है। साँचे के लिए उपयोग किए जानेवाले पदार्थ के रूप में स्थानीय रेत और मिट्टी का इस्तेमाल हुआ होगा जिसमें शीरे आदि का उपयोग बन्धकों (Binders) के रूप में हुआ होगा। साँचे की दीवार ईंटों की बनाई गई थी एवं इनमें सूखी घास को छिड़ककर पर्याप्त वायु जाने का अवकाश रखा गया था। लकड़ी का प्रयोग मुख्य ईंधन के रूप में एवं वायु प्रवहन के लिए धौंकनियों का उपयोग किया जाता था। भट्ठी के फ़र्श (गोल अंडाकार 2438 से 2743 मि.मी. अर्धव्यास एवं 304 से 431 मि.मी. गहराई) की धारिता 60000 से 70000 किलोग्राम धातु रही होगी। चारकोल चूर्ण का आवरण प्रयोग कर पूर्ण प्रक्रम में ताँबे के ढेरों, टिन, कांस्य और लकड़ी को डालकर निरन्तर धौंकनियों से धौंका जाता रहा होगा ताकि वांछित गुणों वाली पिघली हुई धातु उपलब्ध हो जाए। धातु मल आदि की निकासी की उचित व्यवस्था की गई थी। धातु को निरन्तर हिलाते रखने का भी सम्यक् प्रबन्ध था ताकि समांग धातु बने। 900 डिग्री सेल्सियस पर मिश्रधातु के पिघलने पर वांछित साँचे में ढालकर उसे गढ़े में एक सप्ताह तक पिघलने दिया गया और तब खोला गया। इसको तैयार करने के पश्चात् इसे पहियों पर रख दिया गया। इसी साँचे में ढाली गई अन्य बीजापुरी तोप थी 'कड़क-बिजली'। यह मालिक-ए-मैदान से भी बड़ी और लम्बी तोप थी जो अहमदनगर से बीजापुर लाकर चीनी महल नामक क़िले की रक्षा के लिए परकोटे पर लगाई गई थी। इस पर अभिलेख में 'अबू-ए-मजहर आदिल शाह' खुदा हुआ है। मालिक-ए-मैदान तोप को 1564 ई. में तालीकोट के युद्ध-स्थल में लाया गया था जहाँ विजयनगर (हैम्पी) के राजा रामराय की सेना का दक्कन के बहमनी राजाओं की सेना से सामना हुआ। निजाम शाह की जीत के पश्चात् इसे शोलापुर के उत्तर-पश्चिम में पचास मील दूर पर जहाँ निजाम शाह का अधिकार था, रख दिया गया था। बाद में बीजापुर पर आदिलशाह का अधिकार हो जाने पर यह तोप युद्ध में उसकी विजय के रूप में क़िले की प्राचीर पर रख दी गई। 'कड़क-बिजली' के बारे में कुछ विवरणों से पता चलता है कि तालीकोट के युद्ध के बाद इसको कृष्णा नदी में डुबो दिया गया

था। दूसरे विवरणों के अनुसार औरंगज़ेब का बीजापुर पर आधिपत्य हो जाने के पश्चात् वहाँ की सारी तोपें निकालकर सुरक्षित स्थान पर ले जाई जा रही थीं ताकि वहाँ वे उसके ख़िलाफ़ युद्ध में कभी उपयोग में न लाई जा सकें। औरंगज़ेब ने इसे ले जाने के लिए हाथियों को लगाया किन्तु यह मालाप्रभा एवं कृष्णा नदियों के संगम पर जल में गिर पड़ी। 'मालिक-ए-मैदान' नामक तोप की आगे की कहानी भी कम रोचक नहीं है। 1854 ई. में किसी ग़लतफ़हमी के कारण उसकी नीलामी बोल दी गई। इसको स्थानीय अवर अधीन मजिस्ट्रेट द्वारा कुल 150 रुपये में बेच दिया गया था। बाद में सतारा के कमिश्नर के बीच बचाव करने पर इसकी नीलामी निरस्त कर दी गई और इसे बचा लिया गया। बम्बई के अंग्रेज सरकारी अफ़सरों ने इसे 1923 ई. में इंग्लैंड के सम्राट को भेजने का मन बना लिया था एवं इसके परिवहन की जाँच के लिए एक इंजीनियर को तैनात किया गया था। किन्तु सड़क परिवहन की स्थिति ऐसी थी कि इस भीमकाय धातु के कलेवर को ले जाना प्रायः पूर्णतया असम्भव ही था। बाद में इसको ब्रिटिश संग्रहालय भेजने का प्रस्ताव रखा गया किन्तु यह भी सम्भव न हो सका। फलतः आज भी भारतीय धातुकर्म का यह भव्य स्मारक अपने अतीत को समेटे बीजापुर में विद्यमान है।

मुग़ल खगोलशास्त्री अच्छी-खासी सटिकतावाले वेधयंत्रों, सौर-घड़ियों, घिसे हुए शीशों और जल-घड़ियों का प्रयोग करते थे। गणित की प्रसिद्ध पुस्तक भास्करकृत *लीलावती* का अकबर के दरबार में 1587 में फ़ारसी अनुवाद कराया गया था। यह अनुवाद प्रसिद्ध शायर फ़ैज़ी ने किया था जो अबुल फ़ज़ल का बड़ा भाई था। पुच्छल तारों, उल्काओं और ग्रहण के सम्बन्ध में मुग़लकाल में अन्धविश्वास की बात पाते हैं। आरिफ़ कंधारी[48] लिखते हैं कि 7 नवम्बर, 1577 की रात में एक चमत्कार तारा पश्चिम में दिखाई पड़ा जो दक्षिण की ओर झुका हुआ था। यह अशुभ था, क्योंकि इसी के कारण 26 नवम्बर, 1577 को फ़ारस के शाह इस्माइल का कत्ल इसी तारे के प्रभाववश हो गया। *अकबरनामा*[49] में लिखा है कि अकबर ने टोडरमल को आदेश किया कि खगोलशास्त्रियों को जमा करके भविष्यवाणी कराई जाए। गहरे सोच-विचार के बाद एक सिद्धहस्त ज्योतिषी जोतिक राय के नेतृत्व में खगोलशास्त्रियों ने यह निष्कर्ष निकाला कि पुच्छल तारा दिखाई देने से हिन्दुस्तान को कोई खतरा नहीं था। अबकर के ज़माने में वैज्ञानिक सिद्धान्तों पर चर्चा करने के बावजूद वैज्ञानिक प्रेरणाएँ इतनी शक्तिशाली नहीं थीं कि भारतीय वैज्ञानिक ढाँचे में कोई विशेष परिवर्तन आता। *तारीख़े-अकबरी* में लिखा है कि अकबर जब सफर पर निकलता तो उसका खेमा 500 ऊँटों पर लादा जाता था। 18 मकान होते जो लकड़ी के तख़्तों से बने थे। हरेक में एक ऊपरी मंजिल और छज्जा था जो किसी मुनासिब और

आकर्षण स्थान पर गाड़ दिए जाते थे। खानगी के वक़्त हर तख़्ते को अलग कर दिया जाता था और खेमा डालने के वक़्त लोहे के छल्लों से आपस में जोड़ दिए जाते थे। इन मकानों का आन्तरिक भाग यूरोपी मखमल से ढका जाता था और बाहरी हिस्सा चौड़े ऊनी कपड़ों से। अकबर के समय से किमखाब को, कालीनों और रंगीन पर्दे को बनाने की तकनीक विकसित हुई। ऊन की बनी रंगीन शाल अकबर के ज़माने से प्रयोग में आने लगी। उस समय अकबर ने पता लगाया कि उन पर लाल रंग नहीं चढ़ता था। *आईने-अकबरी* में लिखा है कि अकबर ने ऐसी रहटें बनवाईं और उनमें ऐसे पहिये लगाए कि दूर-दराज की नीची जगहों से पानी ऊँचाई तक ले जाया जा सके, दो बैल एक ही साथ चार पहियों (चर्खे) को घुमा सकें और इसके अलावा एक ही बैल से दो पहियों को घुमाकर पानी दो कुओं से निकाला जा सके और एक पनचक्की चलाई जा सके। बदायूँनी[50] के अनुसार, 20 मार्च, 1583 को जब नौरोज का त्योहार मनाया गया तब एक बाज़ार लगवाया गया जिसमें कई दुकानें थीं। एक दुकान में शाह फ़तहुल्ला शीराज़ी ने विभिन्न प्रकार की कुशलताओं (तैयार उत्पादित वस्तुएँ) को पेश किया जिनमें बोझ हिलाने-डुलानेवाली मशीनें (जर्रे असकाल) और अजीबोग़रीब यंत्र भी थे। *तबकाते-अकबरी*[51] के अनुसार 1593 के आसपास कुछ कारीगरों ने एक गाड़ी पर रखी एक चक्की ईजाद की जो अपने आप चलती और ज़्यादा पिसती थी; उन्होंने एक आइना बनाया था जिसमें दूर और पास से अलग-अलग शक्लें दिखाई देती थीं। यह कारनामा फ़तहुल्लाह शीराजी के थे। वह यांत्रिक आविष्कारक था और 1582 तथा 1589 के बीच अकबर के दरबार में रहा।[52] अबुल फ़ज़ल के अनुसार, अकबर ने एक ऐसी बड़ी गाड़ी आविष्कार कराई जिसे एक हाथी खींचता था। वह गाड़ी इतनी बड़ी थी कि उस पर भाप-स्नान के अनेक कमरे बने हुए थे जिनमें स्नान करना आनन्दमयी होता था। धौंकनी से आग जलाकर पानी को गर्म किया जाता होगा। एक ऐसे पहिये का आविष्कार अकबर के ज़माने में हुआ जो एक बैल के घुमाने पर बहुत कम समय में 16 बन्दूकों की नलियों को चिकना बना सकता था।[53] अकबर के ज़माने में बन्दूक की नाल बनाने का एक नया तरीका शुरू किया गया-(1) एक लोहे की चपटी चादर को मरोड़कर, लगातार तपाकर, बढ़ती लम्बाई में गोल-गोल इस तरह घुमाया जाता कि चादर का एक सिरा दूसरे सिरे के ऊपर चढ़ा रहे और फिर (2) ऐसे मरोड़े हुए गर्म टुकड़े को लोहे की एक छड़ पर चढ़ाकर ताकि एक नाल बन जाए। इस तरह नाल में कोई कमजोर जोड़ नहीं बचता था। इस तकनीक को नाल में विस्फोट के भारी दबाव को झेलने योग्य बनाया।[54]

अकबर के समय एक ऐसी तोप बनाई गई जिसके पुर्जों को अलग-अलग करके चढ़ाई के वक़्त आसानी से यहाँ-वहाँ ले जाया सकता था। जब उसे

चलाने की ज़रूरत पड़ती तो उसे फिर अच्छी तरह जोड़ा जा सकता था।[55] अकबर के समय 17 तोपों को एक सूत्र में बाँधने का आविष्कार हुआ और एक ही पलीते से सभी 17 तोपें दागी जा सकती थीं।[56] लाहौर में 1594 में एक जहाज बनाया गया। इसका ढाँचा लकड़ी की शहतीर पर खड़ा किया गया। इस शहतीर की लम्बाई करीब 93 फीट थी। इस शहतीर के ऊपर 2936 बड़े तख़्ते रखे गए। इन तख़्तों की लकड़ी साल और चीड़ की थी। इस जहाज को बनाने में 468 मन लोहे का इस्तेमाल किया गया था। तख़्तों को आपस में जोड़ने के लिए क़ीलों, पहियों, छल्लों (जंजीर) आदि में इस लोहे का इस्तेमाल किया गया। इस जहाज को बनाने में 240 बढ़इयों, लुहारों और दूसरे लोगों को लगाया गया था। इस जहाज को नदी में पहुँचाने में 10 दिन लगे। इसमें हज़ार आदमियों के बैठने की व्यवस्था थी। लाल सागर की यात्राओं के लिए यह जहाज बनाया गया था। 15 हज़ार मन का वजन ढोनेवाला एक अन्य जहाज बनाया गया। यह 99 फीट लम्बा था। इसे बनाने में 16,338 रुपये ख़र्च हुए थे। झेलम नदी और उससे जुड़ी कश्मीर की झीलों में चलाने के लिए पतवार वाले छोटे जहाज बनाए गए। छोटी नाव पर बैठकर अकबर सैर किया करता था।[57]

भाव मिश्र अकबर का समकालीन और उत्तर प्रदेश का निवासी था। उसने *भाव-प्रकाश* नामक ग्रंथ की रचना की। पुर्तगालियों द्वारा गोवा में लाए गए रोगों के इलाज के लिए रसकर्पूर और चोपचीनी (China root, Smilax China और Linn) के प्रयोग का वर्णन इस ग्रंथ में है। 16वीं सदी में रचित *रसप्रदीप* नामक ग्रंथ में उन यौनरोगों के इलाज का वर्णन है जो पुर्तगालियों द्वारा भारत में लाए गए। इन यौनरोगों का इलाज गोवावासियों ने चीनी व्यापारियों से सीखा। यह इलाज रसकर्पूर और चोपचीनी द्वारा होता था। *रसप्रदीप* में इस इलाज का वर्णन है कि पान के रस में गैरिक, रसकर्पूर (Calomel) और उपला (शक्कर) से अलग-अलग एक-एक (4 माशा) लेकर पीस लें और 14 गोलियाँ बना लें तथा एक-एक गोली सबेरे-शाम सात दिनों तक खाएँ। घी लगी गेहूँ की रोटी खाने से फिरंग रोग (पुर्तगालियों द्वारा लाए गुप्तरोगों को *रसप्रदीप* में फिरंगी रोग कहा गया है।) दूर हो जाएगा। रसप्रदीप में फिटकरी, नौसादर, शोरा और गन्धक मिलाकर मिट्टी के भाण्ड में गरम करके एक रसायन पदार्थ बनाने की चर्चा है जिसे **शंखद्रवारस** कहा गया है। यह ऐसा खनिजाम्ल (mineral acid) था जिसमें शंख भी घुल जाते थे। इसी काल का दूसरा ग्रंथ *धातुक्रिया* है जिसमें ताँबे से तूतिया बनाने की चर्चा है। इसके अनुसार शुल्व (ताँबा) और खर्पर (Calamina of zinc carbonate) के योग से पीतल और वंग तथा ताँबे के योग से काँसा बनता था। जस्ता के लिए यहाँ **खर्पर** शब्द का प्रयोग किया गया है।

17–18वीं शताब्दी का ग्रन्थ *शुक्रनीति* में अग्निचूर्ण (बारूद) और नालिक (guns) तथा बृहन्नालिका (तोप) का वर्णन है। जयपुर के महाराज सवाई जयसिंह द्वितीय (जन्म 1608) ने ग्रहों की सूक्ष्म से सूक्ष्म गति का निर्णय करने के लिए बड़े-बड़े यंत्रों का निर्माण कराया। इनकी बनाई वेधशालाओं में जयपुर, दिल्ली, उज्जैन और काशी की वेधशालाएँ प्रसिद्ध हैं। **जिजमुहम्मदशाही** नामक ज्योतिषसारिणी जयसिंह ने मुहम्मद शाह के नाम पर बनवाई। इसमें 48 नक्षत्रों की सूची है। जयसिंह की वेधशालाओं में कुछ यंत्र प्रचलित मुसलमानी यंत्रों की नक़ल थे परन्तु तीन यंत्र नए थे। इनमें पहला यंत्र **सम्राटयंत्र** था जिसके बीच में दो समानान्तर भीतियाँ बनी हैं। इनका ऊपरी छोर ठीक ध्रुव की ओर है। अगल-बगल अर्धबेलनाकार सतहें बनी हैं, जिनमें दिन में तुरन्त ठीक समय का ज्ञान हो जाता है। दीवार की कोर भी अंकित है; बेलनाकार सतह के छोर पर आँख लगाकर और यह देखकर कि दीवार की कोर के किस बिन्दु की सीध में कोई तारा दिखाई देता है, तारे या ग्रह आदि की स्थिति भी जानी जा सकती है।

मुग़लकाल में मनसबदारों को बड़ी-बड़ी तनख़्वाहें मिलती थीं। परन्तु इनके मरने के बाद सम्पत्ति का वारिस बादशाह होता था। अतः अपने जीवनकाल में ये मनसबदार दौलत को खुले हाथ से ख़र्च करते थे। इसी विलासमय जीवन को पूरा करने के लिए आयुर्वेद में मकरध्वज आदि रसों की फलश्रुतियाँ बढ़ाई गईं और इस तरह रसशास्त्र का प्रयोग प्रारम्भ हुआ। रसौषधम् में अफीम, संखिया आदि वस्तुओं का मिश्रण हमें प्रथम बार इसी समय मिलता है। फ़र्रूखसियर के विवाह के समय अंग्रेज चिकित्सक हैमिल्टन आया था। 1715 ई. में उसने फ़र्रूखसियर की बीमारी (बवासीर) का इलाज किया। फ़र्रूखसियर ने उसे इनाम देना चाहा, तब उसने स्वयं कुछ लेने के बजाय यह अनुरोध किया कि बंगाल में अंग्रेज जो विलायती माल बेचें, उस पर चुंगी न ली जाए। अकबर के ज़माने में कासिम ख़ाँ को जल एवं स्थल का सेनापति इसलिए बनाया गया कि फूल-पत्ते, जड़ी-बूटियों की उन्नति हो। अकबरकालीन विद्वान अबुल फ़ज़ल का भाई विद्वान फ़ैज़ी दमा का मरीज़ था। उसे यक्ष्मा भी हो गया जिसके कारण उसकी मृत्यु हुई। इटालियन लेखक मनूची एक चिकित्सक भी था। औरंगज़ेब और शाहआलम के समय उसे राजमहल में कई बार चिकित्सा कार्य करना पड़ा था। विष के रोगियों की, आँतों की फटने की चिकित्सा के अलावा कई बार शिरावेध चिकित्सा उसने की थी। मनूची (Niccolao Manucci) ने लिखा कि 1670 में औरंगज़ेब ने बीजापुर पर आक्रमण किया। बीजापुर वाले यदि किसी मुग़ल को पत्ते काटते या घास-फूस इकट्ठा करते हुए देखते तो वे उसे पकड़कर उसकी नाक काटकर छोड़ देते थे। जर्राह द्वारा इनकी नाक ठीक की जाती थी। भौंह के ऊपर माथे पर से मांस काटकर उसे जर्राह नाक के ऊपर

आने देते थे। वहाँ पर इस मांस को जोड़कर नाक पर इस प्रकार बिठाते थे कि वह दूसरे मांस के साथ बैठ जाए। इसके ऊपर वे जख़्म को भरनेवाला लेप लगा देते थे। थोड़े समय में व्रण भर जाता था। ब्लडप्रेशर कम करने के लिए मुग़लकाल में शरीर से रक्त निकाला जाता था। मनूची लिखता है कि बेगमों और राजकुमारियों के रक्त निकालने पर उसे दो सौ रुपये और एक सिक्का उपहार में मिलता था। राजकुमार का रक्त निकालने पर चार सौ रुपये और एक घोड़ा भेंट किया जाता था। शाहआलम प्रत्येक बार रक्त की मात्रा पूछता था कि कितना रक्त निकाला गया। मुग़ल दरबार में चिकित्सक बहुत सोच-विचार कर परीक्षा करके रखे जाते थे। मनूची लिखता है कि चिकित्सक का प्रवेश जब महल में होता तो उसे सिर से पैर तक ढाँप दिया जाता था। बीमारी की जाँच के लिए नब्ज़ दिखाई जाती थी। मुग़ल काल में परदे की प्रथा बहुत बढ़ जाने के फलस्वरूप नाड़ीज्ञान का विकास इसी समय से हुआ। अरब के हकीमों द्वारा नब्ज़ देखकर बीमारी जानने की तकनीक 13वीं सदी में भारत में आई। नाड़ी ज्ञान की प्रथम चर्चा भारतीय ग्रन्थ (13वीं सदी) *शारंगधर* (अध्याय 3) में मिलती है। 13वीं शताब्दी में नब्ज़ देखने में होशियार हकीम **नब्बाज़** थे। उन्हीं के नाम पर **नब्ज़** शब्द लोकप्रिय हुआ। नाड़ी ज्ञान अभ्यास पर आधारित था। जिस प्रकार वीणा के तारों की झंकार द्वारा जाननेवाला व्यक्ति कर्णध्वनि से शब्दलहरी के राग को पहचान लेता है; उसी प्रकार अँगुली की त्वचा के स्पर्श से नाड़ी स्पंदन का अनुभव लेकर चिकित्सक अपने ज्ञान से रोग को समझता था। मुग़लकालीन विलासी जीवन के फलस्वरूप उत्पन्न रोगों के इलाज के लिए रसविद्या का प्रवेश चिकित्सा में हुआ। अफीम और संखिया का उपयोग मुस्लिम हकीमों की देन है। इससे पूर्व चिकित्सा में इतनी तेज़ औषधियाँ प्रयोग में नहीं लाई जाती थीं। 17वीं शताब्दी में लिखित *योगरत्नाकर* पहला ग्रन्थ है जिसमें तम्बाकू के नाम और हुक्के का उल्लेख है। *योगरत्नाकर* में बालकों के एक नवीन रोग उत्फुल्लिका का वर्णन किया गया है। तम्बाकू को दाँत की पीड़ा को नाश करनेवाला बताया गया है। फ़िरंगरोग का वर्णन सर्वप्रथम *भावप्रकाश* (16वीं शती) में मिलता है और रसकर्पूर तथा चोपचीनी के द्वारा उसकी चिकित्सा भी। 17वीं सदी में त्रिमल्लभट्ट ने *वृहद्योगतरंगिणी* की रचना की जिसमें संखिया का प्रयोग फ़िरंगरोग में सर्वप्रथम किया (भाग 2 तरंग 27)। 18वीं शती का ग्रन्थ *भैषज्यरत्नावली* में शीर्षाम्बु आदि रोगों की चर्चा है। 17वीं शताब्दी में मगध के गया निवासी विद्वान भावमिश्र ने *भावप्रकाशनिघंटु* की रचना की। इसमें हाजीपुर के स्वादिष्ट केला के उत्पादन पर वैज्ञानिक प्रकाश डाला गया है। यहाँ से 49 हाथी पर केला लादकर मुग़ल बादशाह जहाँगीर को भेजे गए थे। कुछ केले खाने के बाद जहाँगीर ने लिखा—मैंने ऐसे स्वादिष्ट केले कभी नहीं खाए थे। वे

अँगुली के बराबर हैं किन्तु अत्यन्त मधुर और सुगंधित हैं। इस ग्रन्थ में बिहार में पैदा होनेवाले सुथनी, मखाना, कुमुदबीज (ज्वर के बाद पथ्य में बिहार के वैद्य देते थे।) आदि पर प्रकाश डाला गया है।

दक्षिण भारत में 16वीं शताब्दी तक मन्दिरों के अतिरिक्त कुछ भी दीर्घस्थायी सामग्रियों से नहीं बनाया जाता था। दक्षिण में काष्ठ प्रचुर मात्रा में उपलब्ध होने के कारण प्रासाद, नागरिक भवन, इत्यादि उससे ही बनाए जाते थे और इसलिए सुरक्षित नहीं रह सके। नागरिक निर्माण में प्रस्तर का उपयोग 12वीं शती में जाकर ही शुरू हो पाया। 700 ई. में एक नए बन्दरगाह नगर की नींव डाली गई, जिसे उसके संस्थापक मामल्ल के सम्मान में **मामल्लपुरम्** नाम दिया गया। पल्लव नरेश नहरों, बाँधों और जलाशयों के निर्माण के लिए प्रसिद्ध थे। इस काल के मूर्ति-शिल्पी अपने काम में दक्ष थे। मामल्लपुरम् में म्यूनिसिपल जलप्रवाह व्यवस्था थी। इसके लिए बंगाल की खाड़ी में गिरनेवाली पलार नदी से निकाली हुई नहर से पानी आता था। तट-मन्दिर के प्रस्तर दीवार में कई छोटे हौज थे जो स्नानकुंड की भाँति ही पानी से भरे रहते थे। पानी के प्रवाह पर नियंत्रण करने के लिए जगह-जगह जलद्वार बने हुए थे और अनावश्यक पानी नीचे समुद्र में छोड़ दिया जाता था। नहरों, नालियों, टंकियों, कुंडों और निस्सीम सागर की यह जल प्रणाली नगर का एक अभिन्न अंग थी। मामल्लपुरम् का तट-मन्दिर दक्षिण भारत में तराशे हुए पत्थरों से निर्मित पहली इमारत थी। पल्लवों की राजधानी काँचीपुरम् के **कैलासनाथ मन्दिर** को द्रविड़ संस्कृति का पहला आधारस्तंभ कहा जाता है। तंजौर के राजराजेश्वर मन्दिर में एक हज़ार से अधिक भृत्य थे जिनमें राजमिस्त्रियों, बढ़इयों, चिकित्सकों, कुम्हारों, दर्जियों, धोबियों और नाइयों का उल्लेख मिलता है। इस मन्दिर में विविध ज्ञान-विज्ञानों की भी शिक्षा दी जाती थी। छठी से लेकर 17वीं शताब्दी तक के दक्षिण भारतीय मन्दिर-नगर के विकास का एक सबसे ठेठ नमूना **श्रीरंगभ्** है। यह भारत के उन गिने-चुने नगरों में से है, जिनके निर्माण में शास्त्रीय विधानों का कठोरतापूर्वक पालन किया गया।[58]

मुग़लकालीन शाही बर्तन रत्नखंडों से जड़े हुए सोने के पत्रों से बनते थे। सम्राट जहाँगीर ने 1620 ई. में सोने के सिक्के चलाए थे। इनमें एक नई ईजाद थी 12 राशियों के सिक्कों की[59] जिनको जहाँगीर ने अपनी मौलिक देन कहा था। शाहजहाँ के शासनकाल में बने मयूर सिंहासन के मूल्य को भारत-यात्रा पर आए फ्रेंच जौहरी टेवर्नियर ने 60 लाख डॉलर[60] से अधिक का बताया था।

औषधि के रूप में सोने का उपयोग धनी लोगों के बीच हमेशा रहा है। बाबरकालीन *जवाहीरनामा*[61] में स्वर्ण के इस पक्ष का विस्तृत विवरण दिया गया है। तंत्र-मंत्र की दृष्टि से ही नहीं बल्कि यथासम्भव वैज्ञानिक दृष्टि से औषधि

के रूप में स्वर्ण का प्रयोग किए जाने की चर्चा इस स्रोत में है। इस धातु को शीतल प्रकृतिवाला बताया गया है। पुनः यह भी बताया गया है कि इसका स्वभाव न गर्म होता है और न ही ठंडा। दिल को मज़बूत बनाने के लिए स्वर्ण का प्रयोग महत्त्वपूर्ण माना जाता है। अमराजे सौदवी खिफ्कान और मिर्गी जैसी बीमारियों से राहत दिलाने और शारीरिक शक्ति में वृद्धि के लिए स्वर्ण का महत्त्व था। सोना ही एक ऐसी धातु थी जिसे धारण करनेवाले के शारीरिक हिस्से पर निशान नहीं पड़ता। सोने से बना हुआ दाग़ कष्टरहित और तुरन्त समाप्त हो जाता है। सोने की सिलाई (काँटा) से आँखों में सुरमा लगाने से आँखों को विशेष ठंडक मिलती थी और रोशनी बढ़ती थी। पेट की बीमारी से मुक्ति और मुँह को खुशबूदार बनाने में सोना महत्त्वपूर्ण भूमिका निभाता था। सोना को हमेशा देखनेवाला पीलिया का मरीज़ नहीं हो सकता।

अधिकांश मुस्लिम स्रोतों में सोने को जादुई महत्त्व का नहीं बताया गया है, क्योंकि जादू को इस्लाम धर्म महत्त्व नहीं देता। बहुमूल्य धातु को आभूषणों के रूप में प्रयोग की बात भी कम पाते हैं। इसका कारण था कि पुरुषों को आभूषण धारण करने की अनुमति इस्लामी क़ानून नहीं देता। इसके बावजूद सोने का महत्त्व सुल्तानों और बादशाहों के काल में काफ़ी रहा। व्यापार में राजपरिवार एवं धनी मुस्लिम स्त्रियों के अलावा सामान्य हिन्दू-मुस्लिम महिलाओं के बीच स्वर्ण एवं स्वर्णाभूषण का प्रचलन काफ़ी रहा। स्वर्ण सिक्के, बर्तन, स्वर्णतार जटित वस्त्रों तथा राजकोष के रूप में सोने का महत्त्व काफ़ी रहा। इस काल का महत्त्वपूर्ण पक्ष रहा सोने के साथ-साथ बहुमूल्य रत्नों के महत्त्व में वृद्धि और इनका स्वर्णाभूषणों के रूप में बड़े पैमाने पर प्रयोग।

आईने-अकबरी[62] के अनुसार, जब सोने के वरकों पर जाँच की मुहर लग जाती तो सोने का मालिक उनका खोटापन पारखी की कार्य-पटुता के साथ ढंग से दूर करता। जलाली अशर्फियों के बराबर वजन के लिए 4 सेर शोरा नमक और 4 सेर कच्ची ईंट की पिसी हुई मिट्टी लाते थे। पहले वह वरकों को साफ पानी में धोते और इसके बाद उनकों मशालों (शोरा, नमक और ईंट की मिट्टी) में डालते थे। तत्पश्चात् एक को दूसरे पर रखकर बिनवा कडों से ढाँक देते जिन्हें हिन्दी भाषा में **उपला** कहते हैं और जो जंगली गाय का सूखा गोबर था। इसके बाद उसमें आग लगा देते थे। धीरे-धीरे उपले जलकर राख हो जाते और जब राख ठंडी हो जाती तब उसे चारों तरफ़ से हटाकर अपने पास रख लेते थे। इसको फ़ारसी में **ख़ाके खलास** और हिन्दी में **सलोनी** कहते हैं। इस राख से चाँदी निकाल ली जाती थी। बरकों को नीचे की राख के साथ उसी तरह छोड़ देते थे। दो बार फिर आग जलाते और पहली क्रिया को काम में लाते थे। जब तीन आँचें पूरी हो जातीं तो उसको **सिताई** कहते थे। दूसरी बार साफ

पानी से धोते थे और वही मसाला मिलाकर तीन बार आग देते और राख को अलग कर लेते थे। इसी प्रकार छह बार मसाले मिलाते और 18 आँच देते थे। इसके बाद धोते थे। पारखी एक को तोड़ता था। यदि आवाज़ नर्म होती तो सोना पक्का समझा जाता और यदि आवाज़ सख़्त होती तो सोने को एक बार हवा में रखकर तीन बार और आग देते थे। इसके बाद हर वरक से एक-एक माशा सोना काटकर एक **वरक** बनाते थे। परन्तु प्राय: ऐसा होता कि तीन-चार आँच में उद्देश्य सिद्ध हो जाता था। दूसरे ढंग से भी सोने को परखते और खरा करते थे। 2 तोला शुद्ध सोना और 2 तोला तपाया हुआ सोना लेते और दोनों प्रकार के सोने की 20-20 एक ही वजन की पत्तर बनाते थे और इन पर उपरोक्त मसाला मलकर आँच देते थे। इसके बाद धोकर तौलते थे। यदि दोनों वजन में बराबर होते तो यह समझा जाता था कि खोटा सोना खरा हो गया।

स्वर्णकारों की कारीगरी दिल्ली के सुल्तानों के अधीन काफ़ी विकसित हो चुकी थी। मुस्लिम वृत्तान्तों में इसके कई उदाहरण मिले हैं। आभूषणों के अतिरिक्त अन्य स्वर्ण वस्तुएँ बड़े पैमाने पर बनाई जाने लगीं। सोने की तरबूज[63] की चर्चा है जो बिलकुल सच्चे फल के समान दिखते थे। धातु कार्य की अन्य लोकप्रिय वस्तु थी बहुमूल्य धातुओं और जवाहरातों से बना हुआ नक़ली बगीचा।[64] सुल्तान मुबारक शाह खिलजी अपने ज्येष्ठ पुत्र के जन्म के उपलक्ष्य में एक नक़ली उद्यान बनवाया था जिसमें फल एवं वृक्ष सोने और पत्ते पन्ने के बनाए गए थे। घास की हरियाली दर्शाने के लिए फ़र्श पर प्रचुर मात्रा में पन्ने कुशल सुनारों द्वारा बिखेर दिए गए थे। एक वृक्ष पर सोने का गिद्ध चोंच में मोती लिए बैठा था। सोनारों द्वारा बनाया गया यह कारीगरी का उत्कृष्ट नमूना था।

14-15वीं सदी में स्वर्णकार मुकुट, नक्काशी के काम वाले कमरबन्द, हार एवं स्वर्ण-बर्तन काफ़ी बारीक ढंग से बनाने में निपुण थे।[65] बारबोसा गुजरात के बहुत अच्छे स्वर्णकारों के अति उत्तम कार्य का प्रमाण देता है। सल्तनत काल में कान में छल्ले पहनना अभिजात कुल का चिह्न माना जाता था। राजपूत योद्धा को उसके ऊपर की ओर ऐंठे हुए गलमुच्छों और उसके कान के छल्लों से पहचाना जा सकता था। गुजराती सेठ अनेक बहुमूल्य पत्थरों वाले कान के छल्ले, अँगुलियों में अँगूठी और कपड़ों के ऊपर एक स्वर्णाभूषण-कमरधनी पहनते थे।[66] सोने की कटार, तलवार आदि की चर्चा है। जूड़े में स्त्रियाँ सोने का काँटा लगाती थीं। अलंकारों के चुनाव में उत्कृष्टता और सुन्दरता की अपेक्षा परिमाण और मूल्य का प्रथम स्थान था। स्त्रियाँ स्वाभाविक सौंदर्य से ज़्यादा महत्त्व अलंकारों से बढ़ानेवाले सौन्दर्य को देती थीं।[67] प्राचीन काल की तरह इस काल में भी सुहाग या वैवाहिक जीवन का तात्पर्य सम्पूर्ण शरीर का आभूषणों से ढँकना था। विधवाएँ आभूषण नहीं धारण करती थीं।

13वीं–14वीं या उसके बाद सिर, हाथ, नाक, कान, अँगुली, कमर, जंघाओं और पैरों में पहने जानेवाले अलंकारों के प्रकारों की सही संख्या बताना आसान नहीं। सामान्य स्त्रियाँ कर्णफूल, नथुनी, हार या सिकड़ी, कमरधनी, पायल या कड़ा आदि पहनती थीं। ये सोने–चाँदी के बने होते थे।

गले में हार, कमर में कमरधनी, पैरों में पायल, स्त्रियाँ पहनती थीं।[68] शीशफूल, माँगटीका, बिन्दी, कुंडल, कर्णफूल, बाली, बाला, तकड़ी, झुमका, झुमकी, नथ, नथफूल, नथुनी, हार, हँसुली, कंठी, कंठमाला, बाजूबन्द, कंगन, चूड़ियाँ, मुंदरियाँ, मेखला, किंकणी, पायजेब, पायल, नुपूर, घुँघरू, बिंदिया आदि आभूषण हिन्दू–मुस्लिम स्त्रियाँ धारण करती थीं।[69] मुल्ला दाउद ने *चन्दायन*[70] में कुंडल, गले का हार, पैरों की अँगुलियों में अँगूठी, कलाई में कंगन, पैरों में कड़े, नुपूर, पायल, पैजनियाँ आदि की चर्चा की है। उच्च एवं मध्यम वर्ग की स्त्रियाँ आभूषण धारण करती थीं। आभूषण की बनावट एवं सजावट में अनेक विभिन्नताएँ थीं। अहमद यादगार[71] के अनुसार, एक स्वर्णकार ने हाजिद ख़ाँ के सम्मुख 5, 3 एवं 2 लाख टँके के मूल्य के माँगटीका बिक्री के लिए प्रस्तुत किया था। अल्लाउद्दीन खिलजी फ़ारस के शासक को सोने के 30 बर्तन जिसमें से एक बंगाल का बना था, भेजा।

सामाजिक प्रतिष्ठा के लिए आभूषण पहने जाते थे। बादशाह, शाही परिवार एवं सामंत वर्ग के द्वारा विशेष रूप से रत्नजटित आभूषण धारण किए जाते थे।[72] जेवर उद्योग देशव्यापी था। मुग़लकालीन स्त्रियाँ सिरों पर शीशफूल नामक आभूषण धारण करतीं थीं। टीका या माँगटीका, झूर या बिन्दी माथे के आभूषण थे। माथे पर बिन्दी लगाने का आम रिवाज था। कानों के आभूषण कर्णफूल, कुंडल, झुमका और बाली थे। मोतीजटित नथ, बुलाक और लौंग नाक के आभूषण थे। गले के आभूषण चन्द्रहार, माला, मोहनमाला, माणिक्य माला, चंपाकली, हंसुली, दुलारीस, तिलारी, चौसर, पंचलरा और सतलरा थे। दुलारी दो लड़ी, तिलारी तीन लड़ी, चौसर चार लड़ी, पंचलरा पाँच लड़ी और सतलश सात लड़ी का आभूषण था। कमर का आभूषण तगड़ी या कमरधनी था। इसमें घुँघरू लगे होते थे जो चलते–चलते बजते थे। अँगूठी या मुन्दरी अँगुली के आभूषण थे। आरसी अँगूठे का आभूषण था जिसमें दर्पण लगा होता था। पौंची, कंगन, कड़ा, चूड़ी और दस्तबन्द कलाई के आभूषण थे। भुजा के आभूषण भुजदंड या भुजबन्द थे। पैरों के आभूषण पायजेब और कड़ा थे। पैरों की अँगुलियों में बिछुए पहने जाते थे। पैरों के आभूषण ज़्यादातर चाँदी के बने होते; जबकि बाकी सब सोने के बनते थे।[73]

सन् 1538 में बाबर के दुश्मन शेवानी ख़ाँ को मारकर उसकी खोपड़ी[74] का प्याला बनाया गया, जिस पर सोना एवं जवाहरात जड़ा गया। हुमायूँ के पास

एक ऐसा हीरा था जिसका मूल्य 320 (8 मिशकल) था। मीनाकारी के खंजर एवं कटारपेटी, कमदान, तिपाई आदि बाबर के पास थी। रत्नजटित पड़ताला, रत्नजटित तलवार, रत्नजटित पेटी तथा कोहिनूर हीरा बाबर के पास था।

1532-33 में हुमायूँ ने एक मुकुट बनवाया[75] जो उच्चतम कारीगरी के लिए प्रसिद्ध था। इस्लाम धर्म में 7 अंक का विशेष महत्त्व होने के कारण इस मुकुट के निर्माण में 7 को अधिक महत्त्व दिया गया था।[76] यह ताज ज्योतिष के आधार पर बना था जिसे धारण करनेवाला व्यक्ति भाग्यशाली होता था। मुग़लकालीन स्त्रियाँ आभूषणों की काफ़ी शौकीन थीं। अधिक आकर्षक और सुन्दर दिखने के लिए वे आभूषण धारण करती थीं।[77] सिर से पैर तक बारह[78] प्रकार के आभूषण स्त्रियाँ धारण करतीं–नुपूर, किंकिण, कलव, अँगूठी, कंकण, अंगद, हार, कंठश्री, बेसर, खुत, टीका और शीशफूल। अकबर का दरबारी कवि अबुल फ़ज़ल ने अपनी पुस्तक *आईने-अकबरी*[79] में शीशफूल, मंग, कोट, विल्दार, सेकर, विंदुली, खुटील, कर्णफूल, दूरबच्छ, पीपल पत्ती, चम्पाकली, मोर भँवर, वीसूर, फूली, लौंग, नथ, गुलबन्द, हार, हंस, कंगन, गजरा, जामे, चूर, वाहु, चूड़ी, भुजबन्द, टाड, अँगूठी, मण्टिका, चूड़ा, कटि, मेखला, जेहर, पायल, भंक, बिच्छुआ और अनवत नामक आभूषणों की चर्चा की है। शीशफूल नामक आभूषण सिर पर पहना जाता था।[80] राजपूताना में इस आभूषण को राखारी कहते थे।[81] घंटीनुमा आकार का यह आभूषण होता था, जिसमें घुँघरू लटकते रहते थे।[82] ललाट पर धारण करनेवाला आभूषण कोटिविल्ड कहलाता था।[83] बालों के मध्य में मोतियों की एक लड़ी इस आभूषण में लटकी रहती थी।[84] इसमें सूर्य और चन्द्रमा के प्रतीक के रूप में कई रत्न लटके रहते थे।[85] राजपूताना में इस आभूषण को टीका कहते थे।[86]

कान में फूलों के समान पहननेवाला आभूषण कर्णफूल कहा जाता था। पीपलपत्ती और मोरपक्षी (मोर भँवर) के आकार के आभूषण तथा बाली नामक आभूषण भी कानों में पहने जाते थे।[87] कानों में आभूषण लटकने की चर्चा विदेशी यात्री टेरा[88] ने भी की है। स्त्रियाँ नाक में नथ, आदि पहनतीं। नाक छिदवाने की प्रथा प्रचलित थी।[89] धनी स्त्रियों के नाक के आभूषण रत्नजटित होते थे।[90]

गले का टाइट स्वर्णाभूषण गुलबन्द कहलाता था, जिसमें 5 या 7 गुलाब के स्वर्णफूल के बटननुमा टुकड़ों की लड़ी होती थी।[91] गले में हार[92], हँस (हँसुली)[93] और कंठा स्त्रियों द्वारा धारण किया जाता था। जहाँआरा बेगम ने एक मुक्ताहार भेंट प्राप्त किया था, जिसकी कीमत 19000 रुपये थी।[94] कलाई में धारण किया जानेवाला आभूषण शुभ लक्षण था।[95] बाँह के ऊपरी भाग पर पहना जानेवाला आभूषण बाजूबन्द[96] कहलाता था। यह प्रायः दो ईंच चौड़ा और

मोतीजटित होता था।[97] बाजूबन्द के थोड़ा नीचे पहना जानेवाला आभूषण टाँड़ कहलाता।[98] गजरा या ब्रासलेट नामक आभूषण स्त्रियों द्वारा कलाई पर पहने जाते।[99] कलाई में पहुँची (पौंची) नामक आभूषण स्त्रियों में प्रचलित था[100] जहाँगीर ने चार शेरों को मारने की खुशी में एक जोड़ा पहुँची नूरजहाँ को भेंट दी थी।[101]

अँगुलियों को अँगूठियों से अलंकृत किया जाता था। दाएँ अँगूठे में पहना जानेवाला आभूषण अरसी (आइना) कहलाता था। मोतियों के बीच एक छोटा-सा दर्पण इस अँगूठी (अरसी) में लगा रहता था।[102] स्त्रियों के बीच अरसी सर्वाधिक प्रचलित आभूषण होता था, जिसमें वे जब चाहतीं अपना चेहरा देख सकती थीं।[103] ये अँगूठियाँ स्वर्ण की बनी होतीं।[104] छोटे-छोटे घुँघरुओं से जटित स्वर्ण पेटी (चुढ़र कण्टिका) स्त्रियाँ कमर में धारण करती थीं।[105] इस स्वर्णाभूषण पर फूल-पत्तियाँ बनी होती थीं।[106] सामान्य स्त्रियाँ पैरों में पायल धारण करती थीं।[107] इसमें घुँघरू होते जो चलने पर झनझनाते थे।[108] पैर की अँगुली में बिछुआ (छोटी अँगूठी) धारण किया जाता था।[109] पैर के अँगूठे को भी एक विशेष प्रकार के अँगूठी से अलंकृत किया जाता था।[110] धनी स्त्रियाँ पैरों में स्वर्ण की अँगूठी पहनती थीं।[111] स्त्रियों में प्रचलित ये आभूषण सोने-चाँदी के बने होते थे। कुछ स्वर्णाभूषण रत्नजटित भी होते थे। राजपरिवार की स्त्रियाँ डिजाइन स्वयं बनातीं और उसी के अनुसार स्वर्णाभूषण स्वर्णकारों से बनवाती थीं।[112]

जहाँगीर ने अपने प्रथम बारह शासन वर्षों (1605-1617) के सम्बन्ध में स्वयं लिखा जो *तुजुक-ए-जहाँगीरी*[113] के नाम से प्रसिद्ध है। इसमें स्वर्ण से बनी अनेक प्रकार की वस्तुएँ, बहुमूल्य पत्थर एवं स्वर्णकारों पर काफ़ी चर्चा की गई। दूसरी बात की जानकारी यह होती है कि स्वर्णाभूषणों का प्रकार काफ़ी परिवर्तित हो गया। कुरान के अनुसार स्वर्ण धारण करना पुरुषों के लिए उचित नहीं माना जाता। फलतः मुसलमान पुरुषों के द्वारा स्वर्णाभूषण कम धारण किए गए। अधिकांश आभूषणों के बदले स्वर्णपात्रों, स्वर्णसिंहासन आदि की संख्या काफ़ी बढ़ गई। पुनः हम वैसे मुसलमान पुरुषों को स्वर्णाभूषण धारण करते हुए पाते हैं जो भारतीय संस्कृति से प्रभावित हो चुके थे। तंत्र-मंत्र आदि की राशि से बादशाहों एवं अन्य मुसलमान पुरुषों के बीच स्वर्णाभूषणों का प्रयोग होता रहा।

तुजुक-ए-जहाँगीरी के अध्ययन से एक अन्य महत्त्वपूर्ण तथ्य की जानकारी यह होती है कि बादशाह को बड़े पैमाने पर बहुमूल्य पत्थर एवं स्वर्ण वस्तुएँ भेंट के रूप में प्राप्त होती थीं। जो जितनी अधिक भेंट देता, बिना हिन्दू-मुसलमान पर ध्यान दिए उसे उतना ही बड़ा पद प्राप्त होता था। इस काल में एक बात

और काफ़ी परिपक्व ढंग से उभरकर सामने आई कि स्वर्ण से ज़्यादा महत्त्वपूर्ण बहुमूल्य पत्थरों, जैसे–लाल, मोती, हीरा, पन्ना आदि का हो गया। इस काल में राजधानी आभरण स्वर्ण, चाँदी एवं बहुमूल्य पत्थरों का विश्व प्रसिद्ध बाज़ार हो चुका था।[114]

जहाँगीर के काल में अलग-अलग वजन के स्वर्ण एवं रजत सिक्के बनाए गए।[115] इनमें से कुछ सिक्कों का नाम नूरशाही[116], नूरसुल्तानी[117], नूरदौलत[118], नूरकरम[119], नूरमिहिर[120], नूरजहाँनी[121], नूरानी[122], खाजी[123], ककिव-ए-ताली[124], कोकब-ए-इक़बाल[125], कोकब-ए-बख़्त[126], कोकब-ए-मुराद[127], जहाँगीर[128], जहाँगीरी सुल्तानी आदि थे।[129]

जहाँगीर द्वारा अपने बेटों को मोतियों की माला दी गई, जिसमें 72,000 रुपये के लाल लगे थे।[130] अपने एक पुत्र को उसने एक ऐसी अँगूठी दी थी जिस पर बादशाह की छाप थी।[131] जहाँगीर को वर्ष में दो बार सोना एवं चाँदी से तौला जाता था।[132] परवेज को 100 मोती और चार लाल वाली एक माला जहाँगीर द्वारा दी गई।[133] रत्नजटित कलम[134], खंजर[135] आदि की चर्चा है। शाहज़ादे का स्वास्थ्य ठीक करने के लिए उसे पवित्र धातु सोना से तौला गया और उस सोने को ग़रीबों एवं फ़कीरों में बाँट दिया गया।[136] पियाजी रंग की एक लाल (माणिक) की कीमत 100 थी।[137] जहाँगीर को मुर्तजा ख़ाँ ने एक अँगूठी भेजी जो एक ही लाल की बनी हुई थी। उसका रंग अच्छा और पानी उत्तम था। एक ही टुकड़े की सारी अँगूठी बनी थी। तौलने पर वह डेढ़ टंक एक सुर्ख एक जो एक मिसकल और 15 शुर्ख के बराबर थी। इसकी कारीगरी जहाँगीर को सर्वोत्तम लगी थी।[138] जहाँगीर को भेंट में एक लाल मिला जिसका मूल्य 7,50,000 रुपये था। इन आभूषणों से तत्कालीन विकसित तकनीक और स्वर्णकारों की वैज्ञानिक प्रतिभा को समझा जा सकता है।[139]

जहाँगीर के पिता ने अबुल फ़ज़ल को 20 हज़ार रुपये का सोना दिया ताकि सुल्तानपुर के पास वह नदी में बाँध बनवा दे।[140] जहाँगीर द्वारा तीन व्यक्तियों को तीन रत्नजटित खंजर दिए गए।[141] बुरहानपुर (महाराष्ट्र) के सेवक ने सम्राट को 3 लाख रुपये की मोतियों की 2 लड़ियाँ, कुछ लाल और कुछ पन्ना दिया।[142] बंगाल के दीवान ने भी एक लाल भेंट किया।[143] असफ़ ख़ाँ ने बादशाह को एक लाल भेंट किया जिसे उसने खम्भात (गुजरात) के बादशाह से 75,000 रुपये में खरीदा था। इस लाल का वजन 7 टंका था। बादशाह ने इसका दाम 60,000 लगाया था।[144] वह स्वयं पत्थरों को पहचानना जानता था।

जहाँगीर ने 60,000 का एक लाल परवेज[145] तथा 80,000 के दो मोती खुर्रम को दिए।[146] परवेज को उसने मोतियों की एक लड़ दी जिसकी कीमत 10,000 रुपये थी।[147] हिन्दुओं के बीच प्रचलित संक्रान्ति के अवसर पर 1,000

तोला सोना और चाँदी दान दिया।[148] सरदार ख़ान-ए-आजम ने बादशाह को 4,000 कीमत का एक मोती भेंट किया।

सोने[149] एवं चाँदी से अनेक प्रकार की बनी वस्तुएँ जहाँगीर को मिलीं। चाँदी का एक राजसिंहासन[150] जहाँगीर को भेंटस्वरूप जुमरात से मिला। इसका आकार और शैली नए प्रकार की थी। बादशाह द्वारा आम आमरा के पास रहनेवाले ग़रीबों के बीच सोना-चाँदी वितरित कराया गया।[151] रत्नजटित खंजर[152] और घोड़े की रत्नजटित जीन की चर्चा है। रत्नजटित खंजर बादशाह ने रजाक विर्दी उजवेग को दिया।[153] ख़्वाजा अबुल हसन ने 2 लाल,[154] एक शाही मोती[155] और 10 अँगूठियाँ[156] बादशाह को भेंट दी। भेंट में एक लाल[157] और तीन मोती[158] बादशाह को मिले।

नूरजहाँ बेगम की ओर से राजपूत राजकुमार कर्ण को रत्नजटित तलवार[159], खंजर[160] और जीन[161] दी गई। मोतियों की माला[162] और लाल[163] तथा पन्ना[164] जटित दो अँगूठियाँ और स्वर्ण पात्र[165], बादशाह ने दिए। दयानत ख़ाँ ने बादशाह को 28,000 रुपये के लाल[166] एक मोती[167] और एक स्वर्ण तश्तरी[168] भेंट की। सौर तुला की जलसा में बादशाह को 6514 तोला सोना[169] प्राप्त हुआ। बादशाह ने अपने शहजादे खुर्रम को मोतीजटित एक झालर[170], एक रत्नजटित आभूषण[171] और रत्नजटित तलवार[172] राणा द्वारा एक थाल मोतियों[173] और जड़ाऊ आभूषणों[174] को दिया गया। जहाँगीर को मुकर्रर ख़ाँ ने एक हीरा[175] भिजवाया जिसका तौल 23 सुर्ख (चरमू) था। जौहरियों ने इसका मूल्य 30,000 रुपया बताया[176]। यह बढ़िया पानी वाला हीरा था।[177]

बाँसवाड़ा का ज़मींदार (उदय सिंह का पुत्र) अमरसिंह ने बादशाह को रत्नजड़ित पानदान[178] एवं कमरपेटी[179] भेंट की। बिहार का सूबेदार इब्राहिम ख़ाँ फ़तहजंग ने सम्राट को 15 हीरे[180] भेजे। इनमें से एक हीरा का वजन 14 टंक और मूल्य एक लाख था।[181] 30 हज़ार रुपये का एक लाल[182] बादशाह ने सिर से बाँधा था। इस लाल को उसने सईद अब्दुला को दिया। सोने एवं चाँदी के तार से बनी एक कमरपेटी[183] बादशाह ने अपने लिए बनवाई। सुल्तान ख़्वाजा का पुत्र मीर बंगश ने सम्राट् को एक लाल[184] और 2 मोती[185] दिए। नूरजहाँ बेगम ने शाहजहाँ को विजय के उपलक्ष्य में एक दुर्लभ मोती[186] जटित नादिरी, बहुमूल्य रत्नजटित[187], सरपेच, एक पगड़ी जिस पर मोती[188] लटके हुए थे, रत्नजटित कमरपेटी[189], रत्नजटित तलवार[190], एक रत्नजटित जीन एवं उनके स्वर्णाभूषण दिए। इस काल में चाँदी एवं स्वर्ण सिक्कों[191] की एंक तरफ़ बादशाह का नाम लिखा था, मोहम्मद रुस्तम को बादशाह ने हीरा[192], लाल[193], नीलम[194] और पन्ना[195] की बनी चार अँगूठियाँ दीं। राजा लक्ष्मीनारायण को भी हीरा[196], लाल[197], नीलम[198] आदि पत्थरों से जटित चार अँगूठियाँ दीं।

नए वर्ष के प्रथम वृहस्पतिवार (10 मार्च, 1619) को शाहजहाँ ने अपने पिता बादशाह जहाँगीर के लिए एक उत्सव किया। इस अवसर पर बादशाह को 22 सूर्ख वजन का एक लाल[199] मिला जिसका रंग पानी और आकार के आधार पर जौहरियों ने इसका मूल्य 40,000 रुपये बताया। दूसरा लाल[200] कुतबी था जो काफ़ी कोमल और वजन 3 टंक था। जौहरियों ने इसे 40,000 रुपये का बताया। छह मोतियाँ[201] मिलीं जिनमें से एक का वजन एक टंक और 8 सूर्ख था जिसे शाहजहाँ के वकीलों ने 25,000 रुपये में [202] और शेष 5 को 33,000 रुपये में खरीदा था।[203] 18000 कीमत का एक हीरा[204] जहाँगीर को भेंट किया। एक रत्नजटित पर्दा और एक रत्नजटित तलवार की मूठ शाहजहाँ ने दी। ये दोनों वस्तुएँ सुनार[205] की दुकान में बनाई गई थीं। सुनार ने ही इनमें रत्नों को जड़ा था।[206] इसके फलस्वरूप उसने बड़ी दक्षता प्रकट की थी।[207] राजदरबार के अपने सुनार होते थे। रत्नजटित ये सारी वस्तुएँ सुनारों ने बनाई थीं। इनकी विकसित तकनीक और अच्छी आर्थिक स्थिति को इसी से समझा जा सकता है। भारतीय स्वर्णकला को अनेक रूपों में विकसित कर उसे अन्तरराष्ट्रीय ख्याति का बनाने में मुग़लकालीन सुनारों की प्रतिभा अद्वितीय रही। यह सच है कि स्वर्णाभूषणों से ज़्यादा महत्त्व इस काल में बहुमूल्य पत्थरों का रहा, लेकिन सुन्दरता सदा आभूषणों के रूप में ही रही। कुछ बहुमूल्य पत्थरों को माला के रूप में तैयार कर बादशाहों ने अंगों को अलंकृत किया तो कुछ पत्थरों से हाथी, घोड़े, राजसिंहासन एवं राजभवन सजाए गए। पुनः अनेक पत्थरों को स्वर्णाभूषणों में जड़कर मुग़ल बेगमों को आकर्षक बनाने में स्वर्णकारों का महत्त्वपूर्ण हाथ रहा। हिन्दू धर्म, तंत्र-मंत्र एवं शकुन-अपशकुन की भावना से प्रभावित मुग़ल शासकों एवं दरबारियों के लिए स्वर्णाभूषण धारण करना आवश्यक हो गया था। स्वर्णकारों ने जहाँगीर के लिए दो ढोलक बनाई जो सोने की बनी थीं।[208] उन्होंने अन्य अनेक वाद्ययंत्र चाँदी के बनाए।[209] इन सारे वाद्ययंत्रों की कीमत 65000 रुपये थी। राजकीय स्वर्णकारों द्वारा सोने का हौदा[210] बादशाह के लिए बनाया गया जो 30,000 रुपये का था। एक चाँदी का हौदा[211] भी बादशाह को भेंट स्वरूप मिला। इतिमादुदौला ने बादशाह को सोने और चाँदी से बना राजसिंहासन[212] दिया जो शेरों के ऊपर रखा हुआ था। इसे तीन वर्षों में तैयार किया था।[213] इस राजसिंहासन पर 4,50,000 रुपये ख़र्च हुए थे। इसे तैयार करने में एक यूरोपीय कारीगर की महत्त्वपूर्ण भूमिका थी जो सोने और जवाहरात के काम में काफ़ी कुशल था।[214] मिर्ज़ा राजा भावसिंह ने जहाँगीर को एक लाल[215] भेंट किया जिसका टाँक और कीमत 1,25,000 रुपये थी। जिस यूरोपियन ने सोने-चाँदी का राजसिंहासन तैयार किया था उसे सम्राट ने **हुनरमन्द** की उपाधि, 3000 दरब, एक घोड़ा और हाथी दिया।[216] ईरानी

राजदूत द्वारा बादशाह को एक रत्नजटित स्वर्ण मद्य प्याला मिला।[217] दशहरा त्योहार के अवसर पर मुतामिद ख़ाँ ने बादशाह को एक सोने का तख़्त[218] और एक लाल[219] भेंट किया। ईरान के राजदूत को जहाँगीर ने पगड़ी का एक रत्नजटित आभूषण दिया[220]। एक रत्नजटित पात्र[221] और दूसरे आदमी को एक रत्नजटित खंजर[222] दिया।

मुकर्रबख़ाँ के वकीलों ने बादशाह को 91 लाल[223] और 4 हीरे[224] दिए। ईरान से बादशाह को 50,000 मूल्य की एक कलंगी[225] और 12 टांक वजन का एक लाल[226] भेंट में मिला। एक सरपेच में लगाकर यह लाल जहाँगीर को मिला था जिस पर उसके पूर्वजों का नाम लिखा था। बादशाह (जहाँगीर) ने सुनारों के महकमे के अफ़सर को बुलाकर आदेश किया कि इस लाल के दूसरे कोने में ये शब्द खुदवा दिए जायं-'जहाँगीरशाह बिन अकबर शाह' और इस समय की तारीख[227]। इससे पता चलता है कि स्वर्णकारों की संख्या काफ़ी थी जिन पर एक सरकारी अधिकारी होता था। मुग़लकाल में सोने का प्रयोग, स्वर्णाभूषण, सिक्का, मूर्त्ति, फर्नीचर, बर्तन आदि में होता था। 'सोने के' तार से फूल-पत्तियाँ बनाई जाती थीं।[228]

सम्राट जहाँगीर (1605-1627) खुद एक अच्छा चिकित्सक था और उसने शिलाजित पर शोध किया। उसके दरबारी हकीम सदरा ने चिकित्साशास्त्र को आगे बढ़ाया। जहाँगीर के पुत्र शाहजहाँ ने तो एक क़दम और आगे बढ़ाया और ***सतीउन्निसा ख़ानम*** नामक महिला चिकित्सक को प्रोत्साहन दिया जो शाही हरम में बेगमों की चिकित्सा करती थी। शाहजहाँ के ही काल में मुहम्मद अकबर अरजनी नामक विद्वान हुए जिन्होंने *तिब्बे-अकबर* तथा *तिब्बे-हिन्दी* जैसी अनेक पुस्तकों की रचना की। ये पुस्तकें यूनानी चिकित्सा-सम्बन्धी कॉलेजों के पाठ्यक्रम में पढ़ाई जाने लगीं।

यूनानी चिकित्सा-पद्धति की भारत में जड़ें इस कदर गहरी हो चुकी थीं कि जब पुर्तगालियों, फ्रांसीसी और अंग्रेजों के साथ एलोपैथिक चिकित्सा-पद्धति भी भारत आई तो भी यूनानी चिकित्सा-पद्धति का विकास जारी रहा। हकीम सय्यद मुहम्मद हुसैन ने *मखजनुल अदबेयह* की रचना की। इसमें भारत में पाई जानेवाली 1500 चिकित्सा-वनस्पतियों का विस्तृत वर्णन है। उनके समकालीन हकीम आज़म ख़ान ने चिकित्सा-सम्बन्धी अनेक महत्त्वपूर्ण किताबों की रचना कर डाली। उनकी रचना *मोहिते-आज़म* यूनानी चिकित्सा से सम्बन्धित एक उत्तम ग्रन्थ है और चार भागों में संकलित उस रचना में कई हज़ार दवाओं की विशेष जानकारियाँ संचित तथा आज भी प्रयोग में आती हैं। उनके पुत्र हकीम मुहम्मद नज़्मुल गनी ने *ख़ाजाएनुल अदबेयह* लिखकर इस क्षेत्र में महत्त्वपूर्ण योगदान किया और 2500 से अधिक दवाओं के विशेष गुणों का वर्णन भी।

हकीम अजमल ख़ाँ ने अपने शिष्यों डॉ. रशीद सिद्दीकी आदि को प्रेरित करके पाँच अलक्लाइड्स की खोज कराई, जिनमें तीन अलक्लाइड्स (अजमलैन, अजमलीइन तथा अजमलेनिन) का नाम अजमल ख़ाँ के नाम पर रखा गया। उन्होंने सर्पगंधा नामक औषधि का विकास कराया। चिकित्सा विज्ञान की ही तरह कृषि विज्ञान का भी आयात-निर्यात हुआ। **चीन** से रेशम के कीड़े पालने की तकनीक भारत आई और यहाँ बड़े पैमाने पर रेशम की खेती होने लगी। भारतीय रेशम सारी दुनिया पर छा गया। जब पुर्तगाली भारत आए तो भारत में कुछ नए खाद्य पदार्थ उगाने की तकनीक भी अपने साथ लाए। अब आलू, टमाटर, मिर्च, कद्दू, पपीता, अनन्नास की नई-नई किस्मों की खेती होने लगी। अमरूद, मूँगफली, तम्बाकू, रबर आदि भी उगाए जाने लगे।[229]

सल्तनत एवं मुग़लकाल में विज्ञान एवं प्रौद्योगिकी के क्षेत्र में जिन गतिविधियों की चर्चा की गई है। उनसे पता चलता है कि स्थानीय स्तर पर शासकों द्वारा निजी लाभ एवं सुविधा के लिए विज्ञान और प्रौद्योगिकी में रुचि ली गई। पश्चिमोत्तर भारत वैज्ञानिक गतिविधियों से विशेष लाभान्वित हुआ। जनसाधारण को नज़रअन्दाज़ किया गया। राष्ट्रीयता की भावना का अभाव पाने से राष्ट्रीय स्तर पर शायद ही कोई वैज्ञानिक उपलब्धि दिखाई पड़े। शासक वर्ग और शासित वर्ग में करीबी रिश्ते का अभाव पाते हैं। नए शहर बसाने पर शासकों ने विशेष ध्यान दिया; ग्रामीण आबादी पारम्परिक तरीके से जीवन व्यतीत करती रही। भवन एवं मन्दिर-निर्माण में विज्ञान एवं तकनीक पर शासकों द्वारा ध्यान दिया गया। आम आदमी का काम भगवान भरोसे चलता रहा। खस, इत्र, गुलाबजल, ठंडाघर, हवाखोरी, बाग़-बग़ीचे, खाने की नवीन सामग्रियाँ, फ़ैशनेबुल सामान, श्रृंगार-साधन, फ़व्वारा, नृत्य-संगीत आदि में वैज्ञानिक नवीनता आई, जिनका सम्बन्ध धनी लोगों एवं शासक तथा उनके परिवारों से ज़्यादा रहा। इसी के साथ-साथ कलम-दवात, काग़ज़, काग़ज़ का नोट, मापने का गज, शिक्षा-केन्द्र, नगरीकरण, किताब और उसमें जिल्द बाँधना, नहरों में विस्तार और कृषि लायक भूमि की मात्रा में वृद्धि, सोनार, लोहार, बढ़ई, कांस्यकार, रजतकार, ताम्रकार, संगतराश आदि के द्वारा नवीन आविष्कार करने का अनुकूल माहौल मुस्लिम शासकों ने प्रदान किया।

जीरा, मरीच, लौंग, इलाइची, धनिया, लहसुन, हल्दी आदि को आम बोलचाल में **मसाला** कहते हैं। **मसाला** फ़ारसी शब्द है जिसका शुद्ध उच्चारण **मसालेहा** होता है। इस शब्द का अर्थ *दोस्ती का सामान* अथवा *सुधार की वस्तु* होता है। बाहर से आए मुसलमानों के लिए भारतीय वातावरण एवं जलवायु के साथ सन्तुलन स्थापित करने के उद्देश्य से भोजन बनाने के ढंग मसाले के रूप में प्रचलित हुए। **हलवा** अरबी शब्द है और इसे बनानेवाला हलवाई के

नाम से जाना गया। कुर्सी, सोफा, मेज़, तख़्त, चौकी, चादर, तकिया, गिलाफ़, लिहाफ़, रजाई, तोशक, दरी, जाजिम, काग़ज़[230], कलम, दावात आदि सब मुसलमानों के साथ बाहर से आए हैं।[231] दुनिया में मुसलमानों की पहचान मात्र भारतीयता है।[232]

भारत में फ़ारसी के स्थान पर उर्दू को मुसलमानों की सांस्कृतिक भाषा होने का गौरव प्राप्त हुआ तो भारत में इस्लामी तारीख इस्लामी इतिहास-लेखन उर्दू में प्रारम्भ हो गया। अरबी और फ़ारसी के महत्त्वपूर्ण सैकड़ों ग्रन्थों का उर्दू में अनुवाद हुआ। इस्लामी साहित्य में दर्शनशास्त्र को **फ़लसफ़ा** कहते हैं।

भारत के मुसलमान खाने-पहनने के शौकीन रहे। यहाँ के माहौल में वे इस तरह घुलमिल गए कि उनके विदेशी होने का कोई एहसास नहीं होता। कमीज़, पाजामा, शेरवानी, साफा, दस्ताना, रूमाल आदि को इन्हीं लोगों ने यहाँ प्रचलित किया। पुलाव, बिरयानी, मुतंजन, मुजाफर, बाकरखानी, रोगनजोश आदि खाने की वस्तुओं को उन्होंने ही भारत में आविष्कृत किया।

इस्लाम में विज्ञान को **इल्म** कहा गया है। ज्ञान विषयक खोज ही इल्म होता है जिसका आधार सत्य और शाश्वत विधान है। यूरोपीय वैज्ञानिक खोज को कई विद्वान प्रकृति के शोषण पर आधारित बताते हैं। विज्ञान के तीन प्रकार बताए गए हैं-(1) निम्नस्तरीय विज्ञान को भौतिकी (2) मध्यवर्गीय विज्ञान को गणित, तथा (3) उच्चवर्गीय विज्ञान को तात्त्विक कहा गया।

इस्लामी औषधि विज्ञान को **हिकमत** कहा गया और इसी से 'हकीम' शब्द बना है। सुल्तान सिकन्दर लोदी के समय फ़ारसी में *मादन-उल-शिफ़ा* नामक आयुर्वेदिक ग्रन्थ की रचना सिकन्दर शाही बहूद ने की। इसी प्रकार का *अख़्तियारते-कासिमी* नामक ग्रन्थ की रचना इतिहासकार फ़रिश्ता ने की। बाबर के मंत्री एवं चिकित्सक यूसुफ़ मुहम्मद यूसुफ़ी हरवी को चिकित्साशास्त्र से सम्बद्ध अनेक शब्दावलियों की जानकारी थी। हुमायूँ के ज़माने का प्रसिद्ध चिकित्सक मुहम्मद बेग बाबर के साथ भारत आया था। हकीम अबुल फ़त्ह बेग बाबर के साथ भारत आया था। हकीम अबुल फ़त्ह गीलानी के परामर्श से अकबर ने कई चिकित्सालय स्थापित किए। हकीम हुम्माम अकबर के दरबार में प्रसिद्ध हकीमों में था।[233] इसी बादशाह के समय मीर फ़त्ह-उल्लाह शीराजी ने उच्चकोटि की औषधियों का निर्माण किया था। हकीम हुम्माम अकबरी दरबार के प्रसिद्ध हकीमों में था। इनके अलावा अन्य कई अकबरकालीन चिकित्सकों की जानकारी मिलती है जिन्होंने कई मशहूर ग्रन्थों की रचना भी की।

सम्राट जहाँगीर के शासनकाल में हकीमों की मान-मर्यादा बनी रही। उसके आदेश से सभी बड़े नगरों में चिकित्सालय स्थापित किए गए और रोगियों के इलाज के लिए प्रतिभाशाली चिकित्सक नियुक्त किए गए। नवाब

मुकर्रब ख़ाँ जहाँगीरी दरबार का योग्य हकीम और नामवर जर्राह (नाई) था। शाहजहाँ के समय हकीम ऐन-उल-मुल्क नूरउद्दीन मुहम्मद अब्दुल्हा शीराजी नामचीन चिकित्सक था। उसने *अलफ़ाजे-अदविया* नामक पुस्तक शाहजहाँ को समर्पित की। शाहजहाँ द्वारा स्थापित शिफ़ाख़ाना (चिकित्सालय), अहमदाबाद का प्रबन्धक प्रतिभाशाली चिकित्सक मीर हासिम गीलानी मसी*हुज्जमाँ ख़ानबहादुर* था। चिकित्सालयों में चिकित्सकों की नियुक्ति उनकी योग्यता के आधार पर औरंगज़ेब स्वयं करता था। उसके अमीरों में नेअमत ख़ान अली (मृत्यु 1710 ई.) अपने ज़माने का सर्वश्रेष्ठ चिकित्सक और प्रधान रसोइया था।

गोलकुंडा में ज्ञान-विज्ञान को संरक्षण प्रदान करने में सुल्तान मुहम्मद कुली कुत्बशाह (मृत्यु 1612) का कोई मुकाबला नहीं था। मीर मोमिन ने *रिसाला-ए-मिकदारिया* की रचना की, जिसमें माप एवं भार का विवेचन है। स्वास्थ्य सम्बन्धित सिद्धान्तों पर हकीम शम्सउद्दीन द्वारा लिखित *जिब्बत-उल-हकम* नामक ग्रन्थ प्रसिद्ध है।[234]

अनेक उदाहरण मिल जाएँगे कि मन्दिरों तथा अन्य धर्मावलम्बियों की सम्पत्ति तोड़कर उसी के सामान से मस्जिद तथा अन्य भवन निर्मित हुए। हम उनके इस दुष्कार्य को अ-इस्लामी घोषित कर अपने को जितना भी चाहें अगल करने की घोषणा करें, परन्तु इस ऐतिहासिक सत्य से कैसे इनकार किया जा सकेगा। इसका एक पक्ष निर्माण हेतु सुविधावादिता भी हो सकता है, क्योंकि विजय के पश्चात् नगरों को नष्ट-भ्रष्ट कर दिया जाता था, तो इमारती मसाला ढेर हो जाता था, जो विभिन्न प्रकार के निर्माण हेतु सुविधापूर्वक उपलब्ध होता था। राज-मज़दूर पराजित क्षेत्रों के होते थे, जो अपनी सुरुचि एवं प्रशिक्षण के आधार पर भवनों का निर्माण करते थे। विदेशी वास्तुकला विशेषज्ञ इन शासकों के प्रतिनिधि रूप में भवनों के निर्माण को निर्देशित करते। स्थानीय राज-मज़दूर दीवारें, स्तम्भ, द्वार तथा उनकी साज-सज्जा का कार्य सम्हालते। परिणामस्वरूप, इस प्रकार की समस्त इमारतों में, चाहे मस्जिदें हों या कुछ और, पुरानी इमारतों के मसाले के प्रयोग में हिन्दू वास्तुकला के चिह्न सुविधापूर्वक देखे जा सकते हैं।

दिल्ली सल्तनत की पहली यादगार इमारत ***मस्जिदे-कुव्वत-उल-इस्लाम*** है, जिसका निर्माण-कार्य 1193 ई. से एक पूर्व जैन मन्दिर के प्रांगण में निर्माण-कार्य प्रारम्भ हुआ, परन्तु अन्य हिन्दू मन्दिरों की निर्माण-सामग्री भी प्रयुक्त की गई। निर्माण-कार्य **सिल्जूकी शैली** में हुआ। इस मस्जिद में कुर्आनी आयतों की किताबत में गुलकारी हिन्दू शैली पर आधारित है, जिससे स्पष्ट होता है कि भारतीय कलाकारों ने अपनी सुरुचि एवं प्रशिक्षण के आधार पर निर्मित किया है। इल्तुतमिश ने 1230 ई. में *मस्जिदे-कुव्वत-उल-इस्लाम* का विस्तार किया। उसके द्वारा निर्मित मीनार सिल्जूकी शैली में है, उसने हिन्दू

वास्तुकला का प्रभाव सम्मिलित न होने दिया। इसके निकट ही विश्वविख्यात कुतुबमीनार है, जो सिल्जूकी मीनारों की शैली में चार मंजिली है। इसका निर्माण 1199 ई. में प्रारम्भ हुआ, प्रत्येक मंजिल एक-दूसरे पर स्थित है, जिसके सिरे आगे को निकले हुए हैं, गौदुम ताकचों पर स्थापित हैं। कलात्मक कुर्आनी कतबे इस्लामी तथा हिन्दू शैली की समन्वित साज-सज्जा प्रस्तुत करते हैं। कुतुबमीनार की आखिरी मंजिल 1368 ई. में फ़ीरोज़शाह तुग़लक ने निर्मित कराई। अजमेर में **ढाई दिन का झोपड़ा** 1200 ई. में निर्मित हुआ। इसमें पाँच कोर की कमानें तथा कोनों पर पुश्ते हैं। जालियों में सुन्दर खुदाई की गई है। इल्तुतमिश ने बदायूँ में एक मस्जिद बनवाई थी, जिसका भीतरी भाग हिन्दू-मुस्लिम वास्तुकला के समन्वय का अछूता नमूना है। अन्य महत्त्वपूर्ण निर्माणों में इल्तुतमिश के ज्येष्ठ पुत्र का मक़बरा है, जो महीपालपुर में स्थित तथा हिन्दू[235] वास्तुकला पर आधारित है।

सिकन्दर लोदी (1489-1517 ई.) का मंत्री मियाँ भुआ विद्या-प्रेमी तथा विद्वानों का संरक्षक था। उसे फलित ज्योतिष के प्रति विशेष रुचि थी। उसने मिर्ज़ा उलूगबेग़ (1447-49) द्वारा सम्पादित फलित ज्योतिष पंचांग को पुनः सम्पादित किया, जिसको ख़्वाजा नसीरउद्दीन तूसी ने अपने संरक्षक हिलाकू ख़ाँ (1256-65 ई.) के लिए आविष्कार किया था। उसके चन्द्रक वर्ष में 354 दिन, 8 घंटे, 48 मिनट और 36 सेकेंड थे। इसी के आधार पर अकबर के युग में बने **इलाही सौर वर्ष** की संरचना हुई, जो 365 दिन, 5 घंटा, 49 मिनट, 15 सेकेंड पर आधारित था। महीनों के लिए 29-32 तक निश्चित किए, 31 और 32 तिथियों का नाम *रोजो-शब* रखा। महीनों के नाम ईरानी यजदी-महीनों के नामों के आधार पर रखा।

हुमायूँ (मृ. 1556 ई.) भी फलित ज्योतिष तथा ज्योतिषशास्त्र का संरक्षक था। अकबरी दरबार के नौ रत्नों में शाह फ़त्हउल्लाह शीराजी को खगोल विज्ञान तथा ज्योतिषशास्त्र में विशेषज्ञ के रूप में जाना-माना जाता था। शाह फ़त्हउल्ला शीराजी के शोध के आधार पर शाहजहाँ के शासनकाल (1627-58 ई.) तथा मुहम्मद शाह के शासनकाल (1719-48 ई.) में विशेष उन्नति हुई। काज़ी नूरउल्लाह शूशतरी (मृ. 1619 ई.) को गणितशास्त्र में विशेष मर्मज्ञता प्राप्त थी।

इस्लामी शब्दावली में संगीत के लिए मूसीकी का प्रयोग होता है। मूसीकी यूनानी शब्द है, अर्थात् रागों का ज्ञान। लातिनी में मुसिका कहा गया। दसवीं सदी ईस्वी तक अरबों में मूसीकी की गणना गणित विद्याओं में होती थी। *रिसायल-अखवान-उस-सफ़ा* में लिखा है : मूसीकी से **गिना** (राग) अभिप्राय है तथा मूसीकार (संगीतज्ञ) से मुगन्नी (गायक) तथा मूसीकात (गायनयंत्र)

हैं।[236] इस्लाम-पूर्व काल में संगीत की अरबी-ईरानी शाही अतालीक (राजगुरु) मलिक अम्बर (मृ. 1626 ई.) ने नया नगर **खिड़की** बसाया, जो कालान्तर में मुग़ल राजधानी **औरंगाबाद** (महाराष्ट्र) कहलाया। इसमें दो मस्जिदें हैं–जामा मस्जिद और काली मस्जिद। दोनों बीजापुरी वास्तुकला में हैं। बीदर और बरार की सल्तनतें अधिक समय तक स्थापित नहीं रह सकीं। उनके शासकों ने बहुत कम यादगारें छोड़ी हैं। बस उनके मक़बरे वास्तुकला की याद दिलाते हैं। गोलकुंडा के पूर्वी मैदान में मूसा नदी के तट पर हुसैन सागर के निकट बाग़ों में एक नगर **हैदराबाद** के नाम से आबाद हो गया, जिसको सुल्तान मुहम्मद कुली कुत्बशाह (मृ. 1612 ई.) ने स्थापित किया।

बादशाही आशूरख़ाना कुत्बशाही काल का सर्वाधिक महत्त्वपूर्ण आशूरख़ाना है, जो हैदराबाद में ही मुहल्ला पत्थरगट्टी के निकट **चारमीनार** के रूप में स्थित है। इसके मुख्य द्वार पर कतबा अंकित है–बाबे-फ़ैज़े-इमामे-आलमयान। इसको सुल्तान मुहम्मद कुली कुत्बशाह 66 हज़ार सिक्के व्यय करके 1592 ई. में प्रारम्भ किया तथा 1596 ई. में सम्पन्न हुआ।[237]

लाहौर का क़िला जहाँगीरी निर्माण की मिसाल है। लाहौर को जहाँगीर ने अपनी राजधानी बनाया था। क़िले में उसका ख़्वाबगाह रोचक है, परन्तु क़िला की इमारत निःसन्देह अकबर की बनवाई हुई है, जिसमें उसी प्रकार की गुलकारी है, जैसी गुलकारी आगरे में अकबर द्वारा निर्मित जहाँगीरी महल में है। दालान के बीच मेहराबदार गुलाम-गर्दिश संगमरमर के स्तम्भों पर स्थित है और सबसे बढ़कर दीवारों पर उसी प्रकार हाथियों, मोरों तथा अन्य पशुओं के काल्पनिक चित्र अंकित हैं, जो धार्मिक जहाँगीर के लिए सम्भव नहीं है। जहाँगीर की श्रेष्ठ इमारतें ढाका (बांग्लादेश) में हैं, जो ईंटों से बनाई गई हैं और चूने का पलस्तर किया गया है। स्तम्भों तथा देवगिरियों में पत्थर का प्रयोग हुआ है। समय बीतने से अधिकतर इमारतें नष्ट हो चुकी हैं, वरन् 1600 ई. में जहाँगीर ने लाहौर में मोती मस्जिद बनवाई थी, वह अपने प्रकार की एकमात्र इमारत है। लाहौर में अनारकली का मक़बरा भी निर्मित कराया था। श्रीनगर (कश्मीर) में उसने शालीमार बाग़ तथा उसके कौशक और चश्मा-ए-शाही का निर्माण करवाया था। जालन्धर के निकट नूरमहल की सराय का सुन्दर दरवाज़ा भी उसके द्वारा ही निर्मित बताया जाता है। ये समस्त इमारतें अकबर महान द्वारा पोषित वास्तुकला के अनुसरण में हैं। इनमें कोई ऐसी नवीनता नहीं है कि इनको अकबरी वास्तुकला का विकास-क्रम कहा जा सके।[238]

ताजमहल के मूल-निर्माता के नाम के विषय में विवाद है।[239] वास्तुकला विशेषज्ञ इतिहासकार एवं विद्वान जेम्स फ़र्गुसन बलपूर्वक ताजमहल के नक़्शानवीस और मूल वास्तुकार के रूप में अली मर्दान ख़ाँ का नाम लेता है, जो ताजमहल

की संरचना में स्वप्नमय वातावरण की उपस्थिति में अधिक स्वाभाविक भी लगता है। वास्तविक रूप में देखा जाय, तो यह किसी एक व्यक्ति की उपलब्धि नहीं है। भारत, ईरान तथा मध्य-एशिया के वास्तुकार विशेषज्ञों ने सामूहिक रूप में चिन्तन-मनन के बाद परियोजना बनाई। उच्चकोटि के वास्तुकारों, राजगीरों, शिल्पकारों तथा खत्तातों के दल ने रात-दिन काम किया। प्रतिदिन 20 हज़ार मज़दूरों का खून-पसीना बनकर बहता रहा, तामीरी मसाला कड़ी जाँच-पड़ताल करके समस्त देश से ही, मध्य-एशिया से भी लाया जाता रहा, तब कहीं 23 वर्षों (1632-43 ई.) के निरन्तर परिश्रम से चार करोड़ रुपये की लागत से तैयारी की स्थिति उत्पन्न हुई। इसमें उन 20 हज़ार मज़दूरों का पारिश्रमिक सम्मिलित नहीं है, जो बेगारी में लाए गए थे और जिनको कोई पारिश्रमिक नहीं दिया गया था। यह मक़बरा 1643 ई. में सम्पन्न हुआ, परन्तु इसकी मस्जिदें, चहारदीवारियाँ तथा दरवाज़े 1649 ई. में बनकर तैयार हो सके।

ताजमहल की इमारत समकोण 5'80 x 304 मीटर उत्तर-दक्षिण है। बीच में एक सुन्दर बाग भी उत्तर-दक्षिण में है, जो बीच में दो भागों में विभाजित हो गया है। दक्षिण में बुलन्द दरवाज़ा है, जो पत्थरों से बना है। उससे सटे हुए कर्मचारियों के कमरे हैं। उत्तर में यमुना नदी है, जिसका पानी मक़बरे के दामन को भिगोता रहता है। मक़बरे से सटी हुई मस्जिद और जवाब-मस्जिद है। चहारदीवारी काले पत्थरों से निर्मित है। मूल मक़बरा की बुनियाद 7 मीटर ऊँचे संगमरमर के चबूतरे पर रखी गई है। मक़बरे की इमारत चारों ओर से 33 मीटर ऊँची है, जिसमें चार समान छज्जे, सलामी कोने तथा अनेक मेहराबें हैं। गुम्बद का आकार प्याज के समान है, जो स्तम्भों पर स्थिर है। मक़बरे के चारों किनारों पर एक-एक तीन मंजिला मीनारें हैं। तहख़ाना में दो क़ब्रें हैं, एक में मलिका मुमताज महल का तथा दूसरी में शाहजहाँ का पार्थिव शरीर दफ़न है। भीतरी भाग पर उच्चस्तर की कलाकारी से साज-सज्जा की गई है। ताजमहल मकरान के विशिष्ट संगमरमर से निर्मित हुआ है। शाहजहाँ की वास्तुकला मूल रूप में ईरानी है,परन्तु कलात्मक प्रस्तुति का परिप्रेक्ष्य भिन्न है। इस्फहानी एवं इस्ताम्बूली वास्तुकला के अनुपात में इसका विशेष गुण संगमरमर का व्यापक रूप में प्रयोग है। इसमें सुन्दर जड़ाऊ काम ने सोने पर सुहागा किया है। सूक्ष्मता एवं सुन्दरता से निर्मित जालियाँ सौन्दर्यानुभूति प्रदान करती हैं, एक प्रकार का स्वप्नमय वातावरण उत्पन्न करती हैं।[240]

शाही दरबार अवध के तबीबों में हकीम मीरशाह मिर्ज़ा ख़ाँ मौलवी रिजवी ने *चिकित्सा-शब्दकोश* पर आधारित *फ़वाकहाते-शाही* नामक पुस्तक की रचना और नसीरुद्दीन हैदर के नाम समर्पित की। दरबारे-खुदादाद मैसूर में हकीम मिर्ज़ा मुहम्मद नसीर अफ़शार तुर्क ने *तुहफ़ा-ए-मुहम्मदी* लिखकर टीपू सुल्तान

के नाम समर्पित किया। अर्काट के दरबार के हकीम सैय्यद मुहम्मद ने *तिब्बे-आजम* की रचना की और अपने अन्नदाता को समर्पित किया। वैदिक चिकित्सा एवं औषधि से सम्बद्ध *मुजर्बाते-अकबरी* की रचना हकीम मुहम्मद अकबर अरजानी ने की। हकीम मुहम्मद हुसैन ख़ाँ मुर्शिदाबाद (बंगाल) के एक सम्भ्रान्त परिवार से सम्बद्ध थे। वे प्रतिभाशाली चिकित्सक थे। उनके द्वारा लिखित *मजमूअ-उल-जवामे* नामक प्रसिद्ध पुस्तक कई बार प्रकाशित हुई। यह चिकित्सा विज्ञान पर आधारित है। 1850-55 ई. के दौरान हकीम मुहम्मद शरीफ़ ख़ाँ देहलवी दिल्ली के सर्वश्रेष्ठ चिकित्सकों में एक माने जाते थे। वैदिक चिकित्सा के सम्बन्ध में *तालीफ़े-शरीफ़* नामक उनके द्वारा लिखित ग्रन्थ काफ़ी प्रसिद्ध है। दस्तकारी अर्थात् अंगों का पुनःस्थापन और जर्राही में अतिकुशल हकीम वायजीद थे। वे कई महत्त्वपूर्ण ग्रन्थों के रचनाकार थे।[241]

हकीम अब्दुल मजीद ख़ाँ के सुपुत्र हकीम अब्दुल हमीद ने इल्मे-तिब के विकास के लिए अपना पूरा जीवन समर्पित कर दिया। उन्होंने **हमदर्द ट्रस्ट** के नाम से एक विशाल समाजसेवी संस्था स्थापित की।[242] इस संस्था ने कई महत्त्वपूर्ण कार्य किए हैं। इस संस्था से सम्बद्ध हमदर्द डीम-यूनिवर्सिटी दिल्ली में है।[243] 1857 में म्यो आर्ट स्कूल स्थापित हुआ। इससे पूर्व 1850 में मद्रास, 1854 में कलकत्ता और 1857 में ही बम्बई में आर्ट स्कूल स्थापित हो चुके थे।

लाहौर की सिक्ख पीठ भी मुग़ल चित्रकला का विस्तार ही है। इसकी परम्परा काँगड़ा से प्रारम्भ होती है। प्रारम्भ में ग्वालियर राज्य से कुछ चित्रकार लाहौर आए, जिनको स्थानीय शासकों ने प्रोत्साहित किया। लाहौरी कलम में किसी प्रकार की पेंचीदगी, दुरूहता तथा असाधारण सूक्ष्मता नहीं होती। इसमें काव्यात्मक भावनाएँ अथवा अध्यात्म भी नहीं दीखता, जो अन्य पीठों में अनिवार्य रूप में मिलता है, वरन् रंगों में चटकपन होता है, जो सिक्खों के भड़कीले वस्त्र, गहरे रंगों (नीले, हरे, नारंगी तथा लाल), पगड़ी, अस्त्र-शस्त्र, बैठने की कुर्सियों, गावतकियों तथा सिर पर छतरी तक सीमित है। अंग्रेज आधिपत्य (1841 ई.) के बाद लाहौर चित्रकला का प्रशिक्षण केन्द्र बन[244] गया।

पच्चीकारी अथवा जड़तकला को इस्लामी विद्वानों ने *तकफ़ियत* कहा है अर्थात् किसी मूल्यवान् धातु को किसी साधारण धातु के अन्दर पच्ची करके जमा देना। इसी को **ततईम** भी कहते हैं, जिसका अर्थ है पैबन्दकारी। इन दोनों शब्दावलियों के बीच अन्तर यह है कि **तकफ़ियत** धातु की पच्चीकारी को कहते हैं तथा **ततईम** लकड़ी के काम में हाथीदाँत या आबनूस या सीप की पच्चीकारी को भी कहते हैं। धातु की पच्चीकारी करनेवाले को **कुफ़्ती** तथा इस प्रकार के काम को **कुफ़्त** कहते हैं। अरबी कुफ़्त फ़ारसी क्रिया कूबीदन या कूफ़्तन से उद्धृत है, जिसका अर्थ है कूटना। जर या तिला कूफ़्त अर्थात् सोने

की जड़तवाली वस्तु, सीम या नकरा कूफ़्त अर्थात् चाँदी की जड़तवाली वस्तु अथवा मिस कूफ़्त अर्थात् ताँबे की पच्चीकारीवाली वस्तु। कुफ़्तगर अर्थात् सोने की पच्चीकारी करनेवाला। कूफ़्तगरी अर्थात् सोने की पच्चीकारी। कूफ़्ता करदन्द अर्थात् किसी बहुमूल्य धातु को किसी साधारण धातु में जड़ने को कहते हैं।

भारत में बर्तनों की पच्चीकारी का एक विशेष रूप दकन में अधिक प्रचलित रहा, परन्तु लखनऊ, पूर्णियाँ तथा मुर्शिदाबाद में भी पच्चीकारी को विशेष महत्त्व प्राप्त रहा, जिसको **बदरी** कहा जाता था। पाश्चात्य लेखकों ने इसे बिदरी तथा बिदरे लिखा है। वास्तविक रूप में यह कला बीदर से सम्बद्ध है, जो आन्ध्र प्रदेश का एक प्रमुख नगर है, जो किसी समय में इस कला का बड़ा केन्द्र था। कारीगर मुसलमान भी थे तथा हिन्दू। इस कला में गुलाबपाश, डिब्बे, प्याले, हुक्के की फ़र्शियाँ बनाने का प्रचलन था, जो जस्ता और ताँबे की मिश्रित धातु से बनती थीं, जिस पर चाँदी की जड़त के बाद बर्तन को काला कर देते थे।

धातुओं में पच्चीकारी का एक विशेष प्रकार यह है कि टकाई द्वारा सोने या चाँदी में इसका प्रयोग करते हैं। इसी प्रकार लकड़ी पर भी पच्चीकारी का काम सर्वप्रिय हुआ, जिसके तीन विशेष उदाहरण हैं, एक में साधारण रूप में हाथीदाँत की छोटी-छोटी इकाइयाँ और कोई मूल्यवान् लकड़ी, जैसे आबनूस प्रयोग की जाती है। उन्हें मिलाकर जड़ाई के रूप में लकड़ी पर जमा दी जाती है। नाना प्रकार की पच्चीकारियाँ शुद्ध इस्लामी हस्तकला के अनुपम उदाहरण प्रस्तुत करती हैं, जिसमें शीशे पर मीनाकारी अथवा मिट्टी के बर्तनों पर विभिन्न प्रकार के तैलचित्रों का प्रयोग तथा चमक 'लस्टर' से सजावट, साधारण मैले-से रंग की वस्तु को गहरी चमकदार सतह उपलब्ध करा दी जाती है। इस प्रकार के प्रयोग से मानो उस वस्तु पर एक कालीन-सा बिछाकर और कालीन अपने-आपमें इस्लामी सुरुचि की द्योतक है, उसे गौरवमान् एवं विशेष बना दिया जाता है।[245]

हर्षवर्द्धन, पाल और सेन शासकों के पतन के पश्चात् उत्तर भारत में राजपूत राजवंशों के बीच आपसी लड़ाइयों से राजनीतिक विखंडन का माहौल बना रहा। उत्तर भारत का अधिकांश इलाका सैकड़ों वर्षों तक जंगली और वीरान बना रहा। भूत-प्रेत, जादू-टोना, तंत्र-मंत्र और अन्धविश्वास का इस अवधि में एक अवैज्ञानिक माहौल बना रहा। अधिकांश लोग बिना कपड़े के रहते थे। वस्त्र बनाने की तकनीक अविकसित थी। नगरों का कुछ अता-पता नहीं था। दिल्ली सल्तनत की स्थापना के साथ उत्तर भारत में क्रान्तिकारी बदलाव आया। दिल्ली, हरियाणा और पंजाब से लेकर उत्तर बिहार में सुल्तानों द्वारा करीब 600 शहर बसाए गए। आगरा और दिल्ली को प्रमुख नगर इसी

अवधि में बढ़ाया गया। कपड़ा और काग़ज़ के नवीन उद्योग विशाल पैमाने पर कायम हुए। सब्ज़ी-फल-मूल के प्रकारों में काफ़ी वृद्धि हुई।

इतिहास में उत्पादन (Production) और वितरण (Distribution) को काफ़ी लोकप्रियता प्राप्त रही है। उत्पादन तत्कालीन समाज का आर्थिक आधार होता है। विज्ञान एवं तकनीक उत्पादन का मूल आधार होता है। सामाजिक और आर्थिक परिवर्तन वैज्ञानिक तकनीक (Scientific Technology) पर निर्भर करता है। मध्यकालीन प्रौद्योगिकी (तकनीक) का अध्ययन का मार्ग कई दिक्कतों से भरा पड़ा है। मध्यकालीन विद्वान ने अपनी रचनाओं में वैज्ञानिक गतिविधियों को बताने में उतनी रुचि नहीं ली। इतिहास-निर्माण में मूल भूमिका विद्वान की होती है और इतिहासकारों द्वारा इस तथ्य को समझने की आवश्यकता महसूस नहीं की गई।

मध्यकाल में चरखा वस्त्र-निर्माण के क्षेत्र में श्रम की बचत करनेवाला एक महान उपकरण साबित हुआ। प्रारम्भ में लकड़ी की चरखी का प्रयोग सूत कातने में किया जाता था। इसे बेलना, रेस्ता, न्योथा आदि के नाम से भी जानते थे। इस उपकरण में दो रोलर आपस में दाँतेदार पहियों से इस प्रकार जुड़े होते कि हत्थे से एक को घुमाने पर दूसरा उससे उल्टी दिशा में घूमा करते थे। कपास रोलरों के बीच डाली जाती जो उसे बीजों से अलग कर देते थे। कमान की तान्त दूसरा उपकरण होता था, जिसका कम्पन और धुनाई से रुई के रेशों को ढीला और अलग कर देते थे। चरखा प्रायः स्त्रियाँ प्रयोग करती थीं।

वैसे तो कपास का अवशेष और वस्त्र का प्रमाण सिन्धुकाल से मिलने लगता है, किन्तु इसका प्रचलन प्राचीन काल में ज़्यादा होने के प्रमाण नहीं मिलते। वस्त्र तैयार करने के उपकरण विकसित नहीं थे। पश्चिमोत्तर भारत में अवस्थित गांधार के इलाके में वस्त्र प्रयोग करने के कई प्रमाण कुषाण काल तक मिलते हैं, किन्तु भारत के अन्य क्षेत्रों में परिधान का प्रयोग नहीं के बराबर होता था। स्त्रियों द्वारा कमर से ऊपर प्रायः वस्त्र धारण नहीं किए जाते थे। कपास भारत के सभी इलाकों में नहीं पाया जाता था। जहाँ पाया जाता वहाँ भी कपास से वस्त्र बनाने की बेहतर तकनीक विकसित नहीं हो पाई थी। गुप्त एवं गुप्तोत्तर काल में जितने मन्दिर निर्मित हुए उनमें स्थापित मूर्तियाँ अगर तत्कालीन समाज का प्रतिनिधित्व करती हैं तो इस आधार पर भी यही निष्कर्ष निकलता कि प्राचीन काल में वस्त्र धारण करने का प्रचलन बहुत कम था। अधिकांश मूर्तियाँ निर्वस्त्र हैं; कपड़े के नाम पर केवल एक छोटी-सी लंगोटी है। दूसरी तरफ़ मुग़लकालीन चित्रों मे ग़रीब लोगों के तन पर अधिक कपड़े हैं। इस स्थिति में चरखे और कमान की तान्त को श्रेय देना पड़ेगा जिनकी व्यापक उपस्थिति सल्तनत काल में मिलती है। 1850 ई. के बाद ही कताई

और बुनाई उद्योग का मशीनीकरण हो सका। इसी समय से बुनकरों में बेकारी और निर्धनता बढ़ने लगी। कपास जैसे अखाद्य कच्ची वस्तुओं के उत्पादन में वृद्धि का प्रमाण 13-14 वीं शताब्दी से मिलने लगता है।

आज भी धुनिया द्वारा रुई को कोमल बनाने के लिए कमान की तान्त पर चोट मारी जाती है। इस उपकरण का प्रयोग ग्यारहवीं सदी के बाद से करने के प्रमाण मिलते हैं। कुछ विद्वानों ने इस उपकरण का आविष्कार भारत में होना माना है। किन्तु इसका ठोस आधार हमारे पास उपलब्ध नहीं है। इरफ़ान हबीब ने अनुमान लगाया है कि लकड़ी की चरखी का आविष्कार भारत में हुआ। धुनिया की कमान से रुई मुलायम करने की तकनीक भारत में तेरहवीं शातब्दी के बाद मुसलमानों द्वारा लाई गई।

100 ई. के आसपास चीन में काग़ज़ का आविष्कार हुआ। आठवीं शताब्दी में समरकन्द और बगदाद के लोग काग़ज़ से परिचित हुए। 12वीं शताब्दी में स्पेन और फ्रांस इससे परिचित हुआ। जर्मनी 14वीं शताब्दी में काग़ज़ से परिचित हुआ। भारत में काग़ज़ का प्रमाण 1223-24 में गुजरात से मिलता है। ज्ञान और शिक्षा के प्रसार में काग़ज़ की भूमिका प्रशंसनीय रही। अलबरूनी बताता है कि ग्यारहवीं शताब्दी के प्रारम्भिक वर्षों में मुसलमानों द्वारा काग़ज़ पूरी तरह इस्तेमाल किया जाता था, किन्तु हिन्दू लोग ताड़ के पत्तों और छाल पर अभी भी लिख रहे थे। भारत में काग़ज़ का निर्माण 13वीं शताब्दी से प्रारम्भ हुआ किन्तु छोटे पैमाने पर। अशरफ़ ने लिखा है कि बलबन ने कुछ शाही आदेश रद्द किए तो जिन काग़ज़ों पर वे लिखे गए थे, उन्हें फाड़ा नहीं गया, केवल धो लिया गया।

ग्यारहवीं शताब्दी में जहाजरानी के लिए पानी पर तैरती चुम्बकीय सुई का प्रयोग चीन में किया गया। 12वीं शताब्दी में इसका प्रयोग यूरोप में किया जाने लगा। 13वीं शताब्दी के प्रारम्भिक चरण में इस यंत्र का प्रयोग भारतीय बन्दरगाहों पर आनेवाले जहाजों में किया जाने लगा। इस यंत्र ने जहाजों को विश्वास के साथ बड़े समुद्र में खेने योग्य बनाया। इससे भारत के समुद्री व्यापार में वृद्धि हुई।

सैनिक प्रौद्योगिकी (Army Technology) की दृष्टि से छोटी रकाब जैसे उपकरण का प्रयोग पश्चिमोत्तर भारत में कुषाणों के समय किया जाने लगा था किन्तु भाला या बल्लम से आक्रमण करते समय घुड़सवार उस कमजोर रकाब पर खड़ा होकर युद्ध नहीं कर सकता था। नौवीं शताब्दी के कन्नौज की मूर्त्तिकला में घुड़सवारों की आकृतियाँ देखने से पता चलता है कि उनमें किसी प्रकार के रकाब का कोई चिह्न नहीं है। पी.के. गोडे के अनुसार संस्कृत में रकाब के लिए कोई शब्द नहीं है। 12वीं शताब्दी से पहले प्राचीन भारत में

रकाब का कोई लिखित उल्लेख भी अब तक नहीं मिला है। निधम ने लिखा है कि भारत में रकाब के प्रयोग का प्रत्यक्ष प्रमाण इल्तुतमिश के शासनकाल में मिलता है। भुवनेश्वर में अवस्थित राजरानी मन्दिर में निर्मित घुड़सवारों की मूर्तियों में रकाब का कोई चित्रण नहीं है। ग्यारहवीं शताब्दी में खजुराहो की एक मूर्त्ति में यह पहली बार चिह्नित है। इन तथ्यों से पता चलता है कि भारत में लोहे की रकाबों का प्रयोग 13वीं शताब्दी के पूर्व नहीं होता था।

घोड़े के पैरों में प्रारम्भ में चमड़े का और बाद में लोहे की नाल ठोकने की तकनीक का विकास अरब (बुखारा) में 12वीं शताब्दी के दौरान हुआ। इससे पूर्व ग्यारहवीं शताब्दी में यूरोप में इस तकनीक का प्रचलन था। बाद में चलकर भारत में बैलों के पैरों में नाल ठोकी जाने लगी। फलस्वरूप पथरीली ज़मीन पर बैलगाड़ी से परिवहन में काफ़ी सहायता मिली। नाल लगाने का काम लोहार करते थे। नाल और रकाब ने घुड़सवार सेना की विलक्षण शक्ति में अत्यधिक मदद की। तेरहवीं शताब्दी से भवन निर्माण में चूने की खरल और गुम्बदनुमा छत बनाने की तकनीक विकसित हुई। छेद करने के लिए बरमा का प्रयोग किया जाने लगा। नई तकनीक के फलस्वरूप कुशल कारीगरों के लिए प्रशिक्षण का अनुकूल माहौल बना। नवीन तकनीक ने भारतीय अर्थव्यवस्था को प्रभावित किया।

12वीं शताब्दी से भवन निर्माण से सम्बद्ध इंजीनियरों ने भवन निर्माण में कड़ी और शहतीर (griders and beams) का प्रयोग करना प्रारम्भ किया। पुरी और कोणार्क (उड़ीसा) के मन्दिरों में सबसे पहले लौह-शहतीर का प्रयोग किया गया। पुरी के मन्दिर में 239 लौह-शहतीर का प्रयोग किया गया है। कोणार्क के मन्दिर में एक लौह-शहतीर 35 फीट लम्बी है। इन सभी शहतीरों के लोहे में 99.64 प्रतिशत शुद्धता है। ये सभी शहतीरें दिल्ली के लौह-स्तम्भ जैसी हैं। 14वीं शताब्दी से उच्च गुणवत्ता वाले लोहे को बनाने का तकनीक विकसित हुई। ताँबा, सीसा (lead) और टीन को मिलाकर बिदरी (Bidari) बनाने की तकनीक दक्कन में विकसित हुई। 16वीं शताब्दी के दौरान विश्व में सबसे पहले वजनदार बन्दूक का निर्माण भारत में किया जाने लगा। 1857 से पूर्व ही जयगढ़ का तोप कारख़ाना (Cannon Factory) भारत में सबसे विख्यात था। जयपुर के राजपूतों का दावा था कि एशिया में सबसे ज़्यादा वजनदार तोप बनाने में वे कुशल थे।

तकनीकी विकास में सामाजिक आवश्यकताओं की भूमिका महत्त्वपूर्ण रही। भौगोलिक बनावट और जलवायु संकट से मुकाबला करने के लिए जलयोजना से सम्बद्ध तकनीक विकसित हुई। कुआँ, तालाब और नहरें बनीं। सिंचाई के नवीन साधनों की खोज की गई। ई.पू. तीसरी सदी में गिरनार

(काठियावाड़) में जलाशय (reservoir) से 100 फॉट मोटा एक बाँध बनवाया गया। भोजपुर (भोपाल) में ग्यारहवीं शताब्दी में राजा भोज द्वारा एक कृत्रिम झील 250 मील में बनवाई गई। दक्षिण में कावेरी नदी से 16 मील लम्बा एक बाँध ग्यारहवीं शताब्दी में बनवाया गया। नहर के पानी को रोकने अथवा खोलने के लिए इस बाँध में पत्थर का प्रयोग किया गया था। इस नहर का प्रयोग सिंचाई के लिए किया जाता था। राजस्थान के रेगिस्तानी इलाके में राजपूत शासकों ने कृत्रिम झीलों का निर्माण कराया।

सन्दर्भ-ग्रन्थ

1. हबीबुल्ला, *The Foundation of Muslim Rule in India*, Allahabad, 1961, p. 76
2. हबीब एवं निजामी, *दिल्ली सल्तनत*, जिल्द-एक, मैकमिलन, दिल्ली, 1978, पृ. 488; *तारीख़े मुबारकशाही* (याहिया सरहिन्दी, एम. हिदायत हुसैन द्वारा संपादित *बिब्लिओथिका इंडिका*, 1931), पृ. 125-26; *फुतुहाते फ़ीरोज़शाही* (अंग्रेजी अनु. और टिप्पणी सहित संपादित एस.ए. रशीद तथा एम. ए. मखदूमी, अलीगढ़) पृ. 12-15)
3. *फुतुहाते फ़ीरोज़शाही*, पृ. 12-15
4. हबीब एवं निजामी, पृ. 490-91 एवं *तारीख़े मुबारकशाही*
5. *तारीख़े फ़ीरोज़शाही* (शम्स सिराज अफीक, मौलवी विलायत हुसैन द्वारा संपादित पाठ, *बिब्लिओथिका इंडिका*, कलकत्ता, 1890, पृ. 254-67)
6. *तारीख़े खाने जहानी व मखजने अफगानी* (ख़्वाजा नयामतुल्लाह हरवी, हमाद्दीन द्वारा सम्पादित ढाका, 1960, भाग 1, पृ. 195)
7. के.एम. अशरफ़, *हिन्दुस्तान के निवासियों का जीवन और उनकी परिस्थितियाँ*, दिल्ली, 1990, पृ. 121-22
8. अशरफ़, 122
9. जे.सी. रे, 'हिन्दू मेथड ऑफ मैन्यूफैक्चरिंग स्पिरिट्स', *जर्नल ऑफ द एशियाटिक सोसायटी ऑफ बंगाल*, कलकत्ता, 1906; अमीर खुसरो कृत *कुल्लियाते खुसरो*, ब्रिटिश म्यूजियम; अशरफ़, 126
10. द्वार्ते बरबोसा, *दि बुक ऑफ–(हक्लत सोसायटी)*, दो जिल्दों में, लंदन 1918-21
11. *कुल्लियाते खुसरो*, 74
12. अशरफ़, 121
13. *वही*, 123
14. *तारीख़े फ़रिश्ता* (दो जिल्दें), ब्रिग्स और खैरात अली, बम्बई, 1831, भाग प्रथम, पृ. 394-95; अशरफ़, पृ. 291
15. इसका राज्यविस्तार महाराष्ट्र और मध्य प्रदेश के दक्षिणी भाग तक फैला था।
16. अमीर खुसरो कृत *खजाइन-उल-फुतूह*; अशरफ़, पृ. 136
17. अशरफ़, 136
18. Claus Vogel, *Wealth of India*, *CSIR*, Vol. I-IX, New Delhi, 1948-72, Vol. 1, p. 38

19. राजा सर सौरीन्द्र मोहन टैगोर, *यूनिवर्सल हिस्ट्री ऑफ म्यूजिक*, कलकत्ता, 1956, पृ. 55
20. खुसरो, *कुल्लियात-ए-खुसरवी*, भाग 2, अलीगढ़, 1918, पृ. 94; साहु, 52 एवं 55
21. इब्नबतूता, *भारत-यात्रा विवरण*, पृ. 727
22. बलदेव राज एवं सी. बी. सुन्दरम 'एंशियेंट इंडियन मेटरलॉजिकल ए कम्प्लिशमेंट्स', *सावेनियर*, 44वां एनुअल टेकनिकल मीटिंग ऑफ दी आई आई एम, तिरुचिरपल्लि, 14-17 नवम्बर, 1980, द इंडियन इंस्टीच्यूट ऑफ मेंटल्स, कलकत्ता, 1990, पृ. 21-28
23. जी.एस. उपाध्याय एवं ए.सी. वाजपेयी, *धातुओं का इतिहास*, लखनऊ, 1997, पृ. 24-26
24. महाराज सोमेश्वर भूलोकमल्ल कृत *अभिलषितार्थ चिन्तामणि मानसोल्लास*, सं.डॉ. आर. शामशास्त्री, मैसूर, प्रकरण एक
25. रिजवी, *उत्तर तैमूरकालीन इतिहास*, भाग 1, पृ. 263; यह ग्रंथ खुदाबख़्श लाइब्रेरी, पटना में है; किशोरीप्रसाद साहु, *मध्यकालीन उत्तर भारतीय सामाजिक जीवन के कुछ पक्ष*, पटना, 1981, पृ. 131-34
26. सैयद हसन अस्करी, 'मेडिसंस एंड हॉस्पीटल्स इन मुस्लिम इंडिया', *प्रोसिडिंग्स ऑफ द इंडियन हिस्ट्री कांग्रेस*, 1957, पृ. 174
27. साहु, 132
28. अस्करी, 175
29. अजीज, अहमद *Studies in Islamic Culture in the Indian Environment*, London, 1964, p. 219; अस्करी, 175
30. ए. एल. श्रीवास्तव *Medieval Indian Culture*, आगरा, 1964, पृ. 113; लक्ष्मण प्रसाद एवं विनोद कुमार मिश्र, *भारत में विज्ञान एवं वैज्ञानिक*, दिल्ली, 2007, पृ. 45
31. इब्नबतूता, द *ट्रैवल्स ऑफ इब्नबतूता*, सं. एच. आर. गिब्ब, खंड 3, कैम्ब्रिज, 1971, पृ. 609-10
32. अशरफ़, 210
33. *वही*, 207
34. *वही*, 215
35. जायसी, *पद्मावत*
36. अबुल फ़ज़ल, *आइन*, खंड 1, पृ. 513 एवं अनु. जैरेट खंड 2, पृ. 283, जहाँ दिल्ली सूबा तीन फसलों वाला कहा गया है या चार
37. *नुस्ख़ा-ए-दिलकुशा*, अनु. सर यदुनाथ सरकार, बम्बई, 1972, पृ. 194-95
38. अबुल फ़ज़ल, *आईन* (अनु.) खंड 2, पृ. 273
39. हरवंश मुखिया, *मध्यकालीन भारत : नए आयाम*, दिल्ली, 2001, पृ. 188
40. जॉन फ्रायर, *न्यू एकाउंट ऑफ ईस्ट इंडिया एंड पर्शिया*, 1672-81; हरबंस, 203
41. अनु. ए. एस. ब्रेवरिज, दिल्ली 1970, पृ. 487
42. इरफ़ान हबीब, प्रेसीडेंशियल एड्रेस, मध्यकालीन भारत खंड, *प्रोसिडिंग्स ऑफ द इंडियन हिस्ट्री कांग्रेस*, वाराणसी, 1969, पृ. 149-51
43. हरबंस, 194
44. *वही*

45. *वही*
46. अबुल फ़ज़ल, *आईने अकबरी*, खंड-एक, पृ. 304-36; (अनु.) खंड 2, पृ. 76
47. P. K. Gode, *Studies in Indian Culture*, Vol. 1, Hoshiarpur, 1971, pp. 15-42
48. *तारीख़े-अकबरी*, सं. मुइनुद्दीन नदवी, अज़हर अली देहलवी और इम्तियाज़ अली अशी, रामपुर, 1962, पृ. 231-32
49. *अबुल फ़ज़ल*, 3, सं., अहमद अली, कलकत्ता, 1987, पृ. 30
50. अब्दुल कादिर बदायूँनी, *मुंतखबुत्-तवारीख़* (सं.) अहमद अली और लीस, कलकत्ता, 1864-69, दो, पृ. 321
51. (सं.) वरुण डे, कलकत्ता 1913-15 दो, पृ. 457
52. इरफ़ान हबीब, (सं.) *अकबर और तत्कालीन भारत*, नई दिल्ली 2005, पृ. 142
53. *आईने-अकबरी*, ब्लाखमान, पृ. 126
54. *अकबर और तत्कालीन भारत*, पृ. 145
55. *आईने-अकबरी*, एक, (सं.) ब्लाखमान
56. *वही*, पृ. 124
57. इरफ़ान हबीब (सं.) पृ. 147-48
58. विजित घोष, *टाउन प्लानिंग*, नई दिल्ली, 1965
59. B. Gascoigne, *The Great Moghuls*, New Delhi, 1971, p. 141; गोपालशंकर उपाध्याय एवं अविनाशचन्द्र वाजपेयी, *पूर्वोद्धृत*, पृ. 159
60. नवम्बर, 2010 में एक डालर का भारतीय विनिमय दर 45 रुपये था। इस हिसाब से मयूर सिंहासन का मूल्य 27 करोड़ भारतीय रुपया हुआ।
61. *जवाहीरनामा* (मुहम्मद अशरफ़ बीन अलहसनूर रूसतमदारी) हिन्दी में अनुवाद-मिंहाज आलम खान, खुदाबख़्श पब्लिक ओरियंटल लाइब्रेरी, पटना, अध्याय 26 पृ. 14
62. *आईने-अकबरी*, (अबुल फ़ज़ल), अनु. हरिवंशराय शर्मा एवं फ़िदा हुसैन ख़ाँ, इलाहाबाद, पृ. 31-50
63. *तारीख-ए-फख़रूद्दीन मुबारकशाह* (सं. सर.ई. डेनीस) लंदन, 1927, पृ. 22-23
64. *कुल्लियात-ए-खुसरो* (अमीर खुसरो द्वारा कृत) पृ. 772, उद्धृत अशरफ़, पृ. 134
65. बारबोसा, प्रथम, पृ. 142, *उद्धृत*, अशरफ़, पृ. 135
66. अशरफ़, *पूर्वोद्धृत*, पृ. 233, मुग़ल बादशाह का सचिव अबुल फ़ज़ल बताता है कि अलंकार बनाने वाले स्वर्णकारों को प्रयुक्त धातु के मूल्य के 10 गुणा पारिश्रमिक कभी-कभी दिया जाता।
67. 1932 के एक रिपोर्ट के अनुसार भारत के एक शताब्दी से भी कम समय में 60 करोड़ कीमत (11 अरब 30 करोड़ रुपया) का सोना मुख्यत: स्वर्णाभूषणों के रूप में पचा लिया है। अशरफ़ *पूर्वोद्धृत*, पृ. 223
68. राधेश्याम, *सल्तनतकालीन सामाजिक तथा आर्थिक इतिहास*, इलाहाबाद, 1982, पृ. 262
69. *वही*
70. मुल्ला दाऊद, *चन्दायन* (सं. परमेश्वरीलाल गुप्त) रत्नाकार, 1960, पृ. 85
71. अहमद यादगार, *तारीख-ए-शाही*, कलकत्ता, 1939

72. राधेश्याम, पृ. 281, 425, 451
73. सैयद अतहर अब्बास रिजवी, *मुग़लकालीन भारत*, 'बाबर' अलीगढ़, 1960, पृ. 200
74. ओम् प्रकाश सिंह, *भारत का आर्थिक इतिहास*, इलाहाबाद, 1977, पृ. 25
75. *तुजुक-ए-बाबरी* (आत्मजीवनी) संक्षेपक तथा अनुवादक : मथुरालाल शर्मा, ग्वालियर, पृ. 18, 59, 95, 96, 101, 125, 160, 174-75, 177, 182, 214, 216
76. *कानूने हुमायूँ* (रुबंदमीर) बेनीप्रसाद द्वारा अंग्रेजी में अनुवाद, कलकत्ता, 1940, पृ. 80-81
77. ह्यूग्स, *ए डिक्शनरी ऑफ इस्लाम*, पृ. 550, 569 और 570
78. रेखा मिश्र, *विमेन इन मुग़ल इंडिया* (1526-1748) दिल्ली, 1967, पृ. 125
79. *पद्मावत;* रेखा मिश्र, पृ. 125-26
80. *आईने-अकबरी*, एच. एच. जरैट द्वारा अनुवादित, कलकत्ता, 1948, जिल्द-11, पृ. 312-14
81. वही, 312
82. *वही*
83. रेखा मिश्र, *पूर्वोद्धृत*, पृ. 126
84. *वही*
85. *आईने-अकबरी*, जिल्द 111, पृ. 312
86. निकोला मनूचि, *स्टोरिया दो मोगोर* (1653-1708) अनुवादक : विलियम इरिविन, लंडन, 1960, जिल्द-11, पृ. 339-40
87. रेखा मिश्र, *पूर्वोद्धृत*, 126
88. *वही*, 27
89. *आईने-अकबरी* 111, पृ. 312-14
90. रेखा मिश्रा, *पूर्वोद्धृत*, पृ. 127
91. जानीज दे लाते, द *इम्पायर ऑफ द ग्रेट मुग़ल*, अनु. जे एस. हॉलैंड एंड एस. एन. बनर्जी, बम्बई, 1928, पृ. 81
92. *वही*
93. रेखा मिश्र, *पूर्वोद्धृत*, 126
94. वही, 127
95. *मासीर-ए-आलमगीरी* (साकी मुस्तैद ख़ान) जे.एन. सरकार द्वारा अनुवादित, कलकत्ता, 1947, पृ. 119
96. *वही*
97. *वही*
98. अबुल अजीज, *आर्म्स एंड ज्वेलरी ऑफ द इंडियन मुगल्स*, लाहौर, पृ. 132
99. रेखा मिश्र, *पूर्वोद्धृत*, पृ. 127
100. *वही*
101. *वही*
102. *वही*
103. *वही*

104. तुलसीदास, *कवितावली*, पृ. 15; अब्दुल अजीज, *पूर्वोद्धृत*, पृ. 132
105. *तुजुक-ए-जहाँगीरी* (जहाँगीर) अनुवादक, रोजर्स एंड बेबेराज, लंदन, 1909, जिल्द-1, पृ. 375
106. मनुची, *पूर्वोद्धृत*, जिल्द-2, पृ. 340
107. *वही*
108. हेमिल्टन एलेक्जेंडर, *एकाउंट ऑफ द ईस्ट इंडिज*, एडिनवर्ग, जिल्द-1, पृ. 163
109. *आईने-अकबरी* 111, पृ. 314
110. *वही*
111. हेमिल्टन एलेक्जेंडर, *वही*, पृ. 164
112. *वही*
113. *वही*
114. *वही*
115. वही; मनूचि, *पूर्वोद्धृत*, पृ. 340
116. मनूचि, पृ. 339-40
117. अबुल फ़ज़ल, *आईने-अकबरी*, जिल्द-111, पृ. 314
118. *तुजुक-ए-जहाँगीरी* (अर्थात् स्वयं जहाँगीर की लिखी हुई) अनुवादक : मथुरालाल शर्मा, ग्वालियर, 1976
119. आज भी सोना एवं चाँदी के उत्तर भारतीय धनाढ्य व्यापारी आगरा एवं बनारस में रहते हैं जो थोक धातु का कारोबार बड़े पैमाने पर करते हैं।
120. *तुजुक-ए-जहाँगीरी*, पृ. 7
121. *वही*
122. *वही*
123. *वही*, पृ. 8
124. *वही*
125. *वही*
126. *वही*
127. *वही*
128. *वही*
129. *वही*
130. *वही*
131. *वही*
132. *वही*, पृ. 10
133. *वही*, पृ. 11
134. *वही*, पृ. 41
135. *वही*, पृ. 42
136. *वही*, पृ. 53
137. *वही*, पृ. 11 और 63
138. *वही*, पृ. 57

139. वही, पृ. 58
140. वही, पृ. 65
141. वही
142. वही
143. वही, पृ. 73
144. वही
145. वही
146. वही
147. वही
148. वही, पृ. 78
149. वही
150. वही
151. वही, पृ. 79
152. वही, पृ. 80
153. वही, पृ. 83
154. वही
155. वही
156. वही
157. वही, पृ. 90
158. वही, पृ. 92
159. वही
160. वही, पृ. 95
161. वही
162. वही
163. वही
164. वही, पृ. 113
165. वही
166. वही, पृ. 119
167. वही
168. वही, पृ. 121 तथा 126
169. वही, पृ. 122 तथा 126
170. वही
171. वही
172. वही, पृ. 126
173. वही
174. वही
175. वही
176. वही, पृ. 126 तथा 132

177. वही, पृ. 129
178. वही, पृ. 133
179. वही
180. वही, पृ. 135
181. वही
182. वही, पृ. 137
183. वही
184. वही
185. वही
186. वही
187. वही
188. वही, पृ. 138 तथा 140
189. वही
190. वही
191. वही
192. वही
193. वही
194. वही
195. वही, पृ. 139
196. वही, पृ. 141
197. वही
198. वही
199. वही, पृ. 142
200. वही
201. वही
202. वही
203. वही
204. वही, पृ. 146
205. वही
206. वही
207. वही
208. वही
209. वही, पृ. 147
210. वही
211. वही
212. वही, पृ. 148 तथा 150
213. वही
214. वही, पृ. 151 तथा 165

215. *वही*, पृ. 152 तथा 166
216. *वही*, पृ. 153
217. *वही*, पृ. 154 तथा 167
218. *वही*, पृ. 155
219. *वही*
220. *वही*, पृ. 168
221. *वही*
222. *वही*, पृ. 169
223. *वही*
224. *वही*, पृ. 182
225. *वही*
226. *वही*
227. *वही*, पृ. 185, 186, 188, 189, 190, 191, 192, 193, 194, 195, 197, 198, 200, 295
228. जगदीशनारायण सरकार, *मुग़ल इकोनॉमी*, कलकत्ता, 1987, पृ. 60
229. लक्ष्मणप्रसाद एवं वि.के. मिश्र, *भारतीय विज्ञान : उत्थान, पतन व पुनरुत्थान*, 2007, पृ. 46-47
230. जाफ़र रज़ा ने अपनी पुस्तक में (*भारतीय इस्लामी संस्कृति*, लोकभारती प्रकाशन; इलाहाबाद, 2013, पृ. 147) लिखा है कि कागज़ बनाने का पहला कारख़ाना इस्लामी राजधानी बगदाद में 795 ई. में स्थापित हुआ।
231. जाफ़र रज़ा, *वही*, पृ. 111
232. Globalization अर्थात् भूमंडलीकरण अथवा वैश्वीकरण के इस ज़माने में मानव-समाज कारोबार का मंडी बनता जा रहा है। भारत में चीनी आर्थिक साम्राज्यवाद से हम आज अपरिचित नहीं रह गए हैं।
233. जाफ़र रज़ा, पृ. 180-83
234. *वही*, पृ. 184-86
235. *वही*, पृ. 250-51
236. *वही*, पृ. 193, 194 एवं 201
237. *वही*, पृ. 256-61
238. *वही*, पृ. 268
239. William Salemaan ने 1844 ई. में सबसे पहले इस समस्या पर अपना शोध प्रस्तुत किया और Austin de Bordeau को ताजमहल का वास्तुकार घोषित किया, जिसे किसी ने स्वीकार नहीं किया, परन्तु इससे बहस का द्वार खुल गया। E. B. Havell ने 1903 ई. में ईसा आफन्दी को ताज का वास्तुकार घोषित किया। 1910 ई. में R. H. Hudson ने इटली के Geronino Vroneo के सिर पर सेहरा बाँधने का प्रयत्न किया। वर्तमान में इतिहासकारों का एक वर्ग नादिर-उल-अस्त्र उस्ताद अहमद को वास्तुकार स्वीकार करता है। (रज़ा, पृ. 271)।
240. *रजा*, पृ. 272

241. *वही*, पृ. 188-89

242. हकीम अब्दुल मजीद ख़ाँ ने दिल्ली में 'मदरसा-ए-तिब्बिया' स्थापित किया जो हकीम अजमल ख़ाँ के प्रयास से Aurveda and Tibbi College के रूप में उन्नति कर गया। 1909 में महिलाओं के लिए तिब्बी कॉलेज स्थापित हुआ। इलाहाबाद में 'तिब्बी मदरसा' 1904 में हकीम अहमद हुसैन द्वारा स्थापित किया गया जो आज यूनानी मेडिकल कॉलेज, इलाहाबाद के नाम से जाना जाता है। हुसैन साहब ने 1912 में इलाहाबाद में पहली बार यूनानी दवाख़ाना स्थापित किया। उनके द्वारा इलाहाबाद में स्थापित 'यूनानी दवाख़ाना प्रेस' में चिकित्सा एवं साहित्य पर पुस्तकें प्रकाशित की जाती थीं। 1926 में Board of Indian Medicine की स्थापना होने के बाद तिब्बिया कॉलेज, अलीगढ़ की स्थापना हुई। इसी वर्ष Government Tibbia College की स्थापना पटना में हुई।

243. रजा, पृ. 191-93

244. *वही*, पृ. 284, 317-19

245. *वही*

अध्याय-27

रजत तकनीक

परिचय

स्वर्ण के बाद चाँदी अथवा रजत एक बहुमूल्य धातु है। सुन्दर रूपहली चमक के कारण चाँदी को संस्कृत में रजत अथवा रौप्य कहते हैं। चाँदी के ढले सिक्कों को रूपक्य और हिन्दी में रुपया कहा जाता है। *अथर्ववेद*[1] में सफ़ेद रूप के कारण चाँदी को **अर्जुन** कहा गया। रसायन-जगत में इस धातु को **अर्जेंटम** कहते हैं। चाँदी का रासायनिक संकेत लैटिन मूल के आरजैंटम शब्द से बना है जिसका अर्थ श्वेत एवं चमचमाता हुआ होता है। लैटिन भाषा में आरजैंटम की उत्पति संस्कृत शब्द अर्जुन से हुई है।[2] *वेदांग ज्योतिष* में यह चन्द्रमा की धातु है।[3] प्राकृतिक चाँदी-सोने की मिश्रधातु को **इलेक्ट्रम** कहा जाता था।[4] बर्मा के सीसे-जस्ते-ताम्र सल्फाइड के अयस्कों से **बॉडिन** शब्द बना है, जिसका अर्थ बर्मी भाषा में **चाँदी की ख़ान** होता है। सिल्वर शब्द एंग्लो-सेक्सन मूल के सिओल्फार (Seolfar) नामक शब्द से निकला है। इसका अर्थ भी श्वेत और चमकता हुआ होता है। अर्जेंटाइना देश का नामकरण वहाँ चाँदी की प्रचुरता के होने से चाँदी के लिए प्रयुक्त लैटिन शब्द (एवं रासायनिक प्रतीक) आरजेंटम के आधार पर किया गया था। साढ़े सात प्रतिशत (7.5%) और साढ़े बानवे (92.2%) प्रतिशत वाली मिश्रधातुओं को **स्टर्लिंग सिल्वर** के नाम से जाना जाता है।

अमेरिकन **डालर** और रूसी **रूबल** के नामकरण के मूल में चाँदी के सिक्के आते हैं। 1486 ई. में जोआशिमस्थाल, बोहेमिया (चेकोस्लोवाकिया) में स्थापित की गई एक टकसाल (mint) स्थानीय खान से उपलब्ध चाँदी से बड़े सिक्के बनाती थी। इनको प्रारम्भ में 'जोआशिमस्थालर' और बाद में संक्षेप में **स्थालर** कहा जाने लगा। इसी से थालर और फिर बिगड़कर **डॉलर** शब्द बना। इसी तरह 13वीं शताब्दी में कीव (युक्रेन) में **रूबल** का चलन प्रारम्भ हुआ। रूसी शब्द रूबित से रूबल शब्द आया, जिसका अर्थ होता है काटना। **रूबल**

के सिक्के ढालते समय पहले चाँदी की एक बहुत बड़ी सिल्ली ढाली जाती थी, जिसे काट-काटकर रूबल प्राप्त किए जाते थे।[5]

Silver (symbol Ag) white, metallic element in the second series of TRANSITION ELEMENTS in the periodic table. It occurs in argentite (a sulphide) and horn silver (a chloride) and is also obtained as a by-product in the refining of copper and lead (सीसा). Silver ores are scattered throughout the world, Mexico being the major producer. Silver is used for some electrical contacts and on some PRINTED CIRCUITS. Other uses include jewellery, ornament, coinage, mirrors and silver salts for light-sensitive materials used in photography. The metal does not oxidize in air, but tarnishes if sulfur compounds are present. Properties : at no. 47; r.a.m. 107. 868; r.d. 10.5; m.p. 961.93°C (1763°F), b.p. 2212°C (4104°F); most common isotope Ag 107 51.82%. **Silver nitrate** (AgNo) is colourless and solid compound. It is the most important salt of silver because it is very soluble in water. Silver nitrate is used in PHOTOGRAPHY, chemical analysis, silverplating , mirrors, inks and dyes.[6] Dollar ($) is the standard monetary unit of US since 1792. It was derived from the Spanish dollar, the most widely used coin in the American colonies. Divided into a hundred cents, the value of the US dollar was based on the gold price until 1934.[7]

चाँदी की उपयोगिता

सर्वोत्तम परावर्तन[8] क्षमता वाली धातु होने से इसका उपयोग डॉक्टरों के यंत्रों, दूरदर्शियों, सूक्ष्मदर्शियों और अन्य प्रकाशिकी के यंत्रों और उपकरणों को बनाने में किया जाता है। उत्तम विद्युत चालकता एवं ताप चालकता के कारण सुग्राही भौतिक यंत्रों के तारों को बनाने और विभिन्न प्रकार की सम्प्रेषण युक्तियों (Relays) के महत्त्वपूर्ण टर्मिनल बनाने में भी इसी धातु का उपयोग होता है। रेडियो इंजीनियरी में महत्त्वपूर्ण अवयवों की ब्रेजन धातु के रूप में चाँदी ही काम आती है। अनेक स्वचालित मशीनों, अन्तरिक्ष-रॉकेटों, कम्प्यूटरों, परमाणु उपकरणों, संचार के साधनों और सिग्नल प्रणालियों में सम्पर्कों की विश्वसनीय स्थापना का आधार भी चाँदी का उपयोग ही है। फोटोग्राफी की सामग्री बनाने में चाँदी की खपत सबसे अधिक होती है। इसके व्यर्थ विलयनों[9] से चाँदी की पुन:प्राप्ति (Recovery) चाँदी के महत्त्वपूर्ण स्रोतों में गणनीय है।

साधारण बैटरियों की तुलना में बीस गुनी शक्तिशाली 'चाँदी-जस्ते' की बैटरियाँ अन्तरिक्ष यात्राओं में कई एक स्थानों पर काम आती रही हैं। अनेक अन्तरराष्ट्रीय हवाई कम्पनियाँ पेय जल को खराब होने से बचाने के लिए चाँदी का उपयोग करती हैं। नासा (NASA),[10] अमेरिका के वैज्ञानिकों ने स्पेस शटल

में जल को शुद्ध करने के लिए चाँदी का प्रक्रम लगभग तेइस भिन्न-भिन्न विधियों को आजमाने के बाद चुना। प्राचीन भारतीय मान्यता जिसके अनुसार पवित्र नदियों में चाँदी के सिक्के डाले जाते थे, सम्भवत: इसी वैज्ञानिक तथ्य पर आधारित रही होगी। ग्रीक और रोमन सभ्यताएँ चाँदी के द्रवों को तज़ा रखने के गुण से परिचित थीं और अमेरिका के लोग दूध को खराब होने से बचाने के लिए उसमें चाँदी का एक डॉलर डाल दिया करते थे। शल्य चिकित्सक चाँदी के तारों, पट्टियों और पत्रों का उपयोग अपने कार्य में करते हैं। अघत्व से नवजात बच्चों को बचाने के लिए सिल्वर नाइट्रेट के विलयन की बूँदें उनकी आँखों में डाली जाती थीं। जले स्थान के उपचार के लिए सिल्वर सल्फाडायजीन यौगिक बहुत प्रभावशाली सिद्ध हुआ है। प्रशीतकों (रेफ्रीजरेटरों)[11] तथा विमानों में चाँदी के सोल्डरों का उपयोग बहुत पहले से होता रहा है। दाँत भरने के लिए भी चाँदी प्राचीन काल से काम आती रही है। चाँदी के कीटाणुनाशक प्रभाव के कारण अनेक उपकरणों व प्रक्रमों में इसका लाभ लिया जाता है। सम्पन्न परिवारों में चाँदी के बर्तनों में खाना खाने, पानी रखने आदि की परम्परा का आधार इसका कीटाणुनाशक गुण रहा होगा। सिरके व अन्य कार्बनिक अम्लों में संक्षयित न होने के कारण इसके बड़े पात्रों का उपयोग आसवों को बनाने में किया जाता था। चाँदी के बरकों का उपयोग पान के ऊपर लगाने, मिठाइयों पर और औषधियों में, चाँदी के अनेक स्वास्थ्यकारी प्रभावों के कारण ही किया जाता था।

सभी धातुओं की तुलना में उत्कृष्टतम उष्मा चालकता एवं विद्युत चालकता के कारण चाँदी का उपयोग विद्युत एवं इलेक्ट्रॉनिक उद्योग में योजक विद्युत-स्पर्शों (Contacts) की धातु के रूप में किया जाता है। चाँदी के विद्युल्लेपन का उपयोग न केवल नक़ली आभूषणों को बनाने में, बल्कि अनेक विशिष्ट उपयोगों जैसे थर्मस फ्लास्क की भीतरी दीवारों पर चाँदी चढ़ाने या दर्पण बनाने में भी बखूबी होता आया है। इंजीनियरी कार्यों, जैसे–जोड़ों को भरने के लिए चाँदी के ताँबे, जस्ते व फास्फोरस के मेल से बनी ब्रेजन मिश्रधातुओं (जिसका गलनांक ताँबे से कम होता है) के बने टाँकों का उपयोग होता है। एक कोमल, तन्य और घातवर्ध्य धातु होने से चाँदी को लगभग सभी सामान्य यांत्रिक रूपण-विधियों द्वारा आकार दिया जा सकता है। एक ग्राम धातु से डेढ़ किलोमीटर लम्बा तार खींचा जा सकता है और इसको पीटकर .001 सेंटीमीटर तक पतले बरक बनाए जा सके हैं।

शुद्ध चाँदी के अत्यन्त कोमल होने से सिक्कों और आभूषणों के गढ़ने में इसे ताँबे के साथ मिश्रित कर कठोर बनाया जाता है। इस प्रकार मिश्रित करने से चाँदी का गलनांक कम हो जाता और सम्पिण्डन (Solidification) के समय

इसके छिद्र भी कम हो जाते हैं, जिससे कठोरता बढ़ जाती है। किन्तु इसके रुपहले रंग और चमक में इससे विशेष अन्तर नहीं पड़ता। 7.5% ताँबे और शेष चाँदी वाली मिश्रधातुओं को **स्टर्लिंग सिल्वर**[12] के नाम से जाना जाता है। 0 से 28.1% ताँबा मिलाने पर चाँदी का गलनांक 960.5°C से 779°C हो जाता है। ताँबे की ठोस चाँदी में अधिकतम विलेयता ताप के 779°C से 200°C हो जाने पर 88 प्रतिशत से घटकर 0.2% रह जाती है। 1792 में संयुक्त राज्य अमेरिका में सोने और चाँदी को मुद्रा का प्रामाणिक मानक माना गया। वहाँ की टकसाल को सोने-चाँदी के सिक्के ढालने का अधिकार प्रदान किया गया। तब सोने तथा चाँदी के मूल्यों का अनुपात 15:1 था। चाँदी के सिक्कों का चलना अमेरिका के 1873 ई. के गृहयुद्ध में बंद कर दिया गया। प्रथम विश्वयुद्ध में चाँदी का मूल्य बहुत घट गया, तब फिर सिल्वर डॉलरों का चलन शुरू हो गया। 1965 ई. में अमेरिका के सिक्कों में चाँदी का उपयोग बहुत घटा दिया गया। यह दशांश (Dime) तथा चतुर्थांश (Quarter) के सिक्कों से बिलकुल हटा लिया गया और आधे डालर के सिक्कों में चाँदी 90% के स्थान पर मात्र 40% रह गई। आज यही सिक्के ताँबे निकेल की दो तहों के बीच स्थित एक ताम्र की तह पर आधारित संरचना से बनाए जाते हैं। ब्रिटिश सिक्कों में भी 1920 ई. से शुद्ध चाँदी के स्थान पर 50% चाँदी का उपयोग होने लगा और 1947 ई. के पश्चात् ब्रिटेन में सिक्के पूर्णतः ताम्र निकेल द्वारा ही बनाए जाने लगे। रूस में चाँदी के रूबलों की मानक मुद्रा के रूप में प्रतिष्ठा थी। 1897 ई. में इसका स्थान स्वर्ण ने ले लिया। 1917 ई. में रूसी क्रान्ति के पश्चात् मुख्यतः मिश्रधातुओं (जिनमें बहुत थोड़ी चाँदी रहती थी) पर आधारित सिक्के चलाए गये।

विद्युत सम्पर्कों में चाँदी अथवा AgCd, AgCu, AgPd. AgAu एवं AgPt आदि निकायों पर आधारित विविध मिश्रधातु काम में आती हैं। चाँदी के ऑक्साइड-पोटैशियम हाइड्रॉक्साइड व जस्ते पर आधारित बैटरियों का उपयोग रॉकेटों और पनडुब्बियों में किया जाता है। जलीय विलयनों में सिल्वर नाइट्रेट के 10 भाग प्रति दस लाख भाग विलयन में उसे कीटाणुनाशक गुण प्रदान करते हैं। रजत-ताम्र के यूटैक्टिक निकायों एवं इनके संशोधनों जिनमें जस्ता, टिन, कैडमियम, फॉस्फोरस और लिथियम मिला रहता है, का उपयोग धातुएँ जोड़ने में, वहाँ होता है जहाँ उत्तम संक्षयन प्रतिरोध वाले मज़बूत जोड़ (Joints) की आवश्यकता हो। उच्च ताप पर उच्च सामर्थ्य की आवश्यकता होने पर, रजत-ताम्र-पैलेडियम मिश्रधातुओं और रजत-पैलेडियम मिश्रधातुओं का उपयोग किया जाता है। चाँदी को थोड़ी मात्रा में ताँबे में मिलाने से ताँबे की उत्तम विद्युत चालकता को बिना दुष्प्रभावित किए उसका पुनर्मणिभीकरण ताप बढ़ जाता है। चाँदी सल्फर अथवा हाइड्रोजन सल्फाइड से दुष्प्रभावित होकर धूमिल

हो जाती है। इससे बचाव हेतु रजत को स्वर्ण व पैलेडियम से मिलाने पर बने मिश्रधातुओं का उपयोग ऐसे विद्युत सम्पर्कों को बनाने में होता है जहाँ सल्फाइड बनने के प्रति प्रतिरोध की क्षमता अधिक करनी आवश्यक होती है।

उच्च क्षमता वाले हवाई इंजनों के बियरिंगों के अवयव के रूप में चाँदी बड़ी कारगर सिद्ध हुई है। इसमें इसे सीसे की एक पतली सतह से मढ़ा जाता और फिर इंडियम की एक सूक्ष्म परत चढ़ाई जाती है। चाँदी के टिन और थोड़े ताँबे तथा जस्ते के चूर्ण के साथ बने मिश्रण में पारे को मिलाने से बने संघटन का उपयोग दाँतों को भरने के लिए काम आने वाले मसाले 'संरस' (Amalgam) के रूप में किया जाता है।

ऐसा कह सकते हैं कि सभी धातुओं में सर्वाधिक सफ़ेद धातु चाँदी है। सर्वोत्तम परावर्तन क्षमता के कारण इसकी पॉलिश की हुई सतह 95% तक प्रकाश को परावर्तित कर देती है। प्राचीनकाल में सोने एवं ताँबे के बाद जिस तीसरी धातु का उपयोग मनुष्य ने किया वह थी चाँदी। अरब और जर्मनी में इसका मूल्य सोने से भी अधिक था। प्राकृतिक रूप में यह सोने की अपेक्षाकृत अधिक मिलती है। ई.पू. 3100 के दौरान मिस्र के सम्राट मिनेस (Menes) को मालूम था कि एक भाग स्वर्ण, ढाई भाग चाँदी के बराबर था।[13] करीब 2500 ई.पू. से चाँदी का चलन चीन में था। बोलिविया, मैक्सिको और पेरु से चाँदी लानेवाले ब्रिटिश और स्पैनिश लोगों ने चाँदी को यूरोप में एक विस्तृत आर्थिक एवं वैज्ञानिक आधार प्रदान किया।

इतिहास

राजस्थान में उदयपुर से 15 मील दक्षिण में अरावली पर्वत में स्थित जावर की खानों से कच्ची धातु के रूप में चाँदी निकाली जाती थी।[14] सिन्धु सभ्यता के दौरान सीसे के सल्फाइड मिली कच्ची धातु से चाँदी निकालने की तकनीक विकसित थी।[15] *ऋग्वेद* में चाँदी (रजत) की चर्चा नहीं है। *अथर्ववेद* में चाँदी या रजत के लिए **अर्जुन** शब्द का प्रयोग किया गया है। सफ़ेद रूप के कारण ही इसे अर्जुन कहा गया।[16] चाँदी की सुई बनाने की चर्चा *शतपथ ब्राह्मण* में है।[17] चाँदी की परतों की जुड़ाई करके उस पर भव्य चित्रों को अंकित करने की जानकारी बौद्ध साहित्य से होती है।[18] चाँदी की जड़ाई करके बढ़ई द्वारा पादुका बनाई जाती थी।[19] बुद्धघोष ने *अट्ठसालिनी* में रजत-सिक्के की चर्चा है। *अर्थशास्त्र* में चाँदी निकालने, गलाने, शुद्ध करने आदि पर काफ़ी प्रकाश डाला गया है।[20]

चाँदी[21]-(रूप्य) के चार भेद थे–**तुत्थोद्गत** (तुत्थपर्वत से प्राप्त), **गौडिक** (असम से प्राप्त), **कांबुक** (कुंब पर्वत से प्राप्त), और **चाक्रवालिक** (चक्रवाल खान से प्राप्त)। श्रेष्ठ चाँदी श्वेत, स्निग्ध और मृदु होती थी। इसके

विपरीत गुणोंवाली (काली, रुक्ष और खुरदरी) और फटनेवाली चाँदी खराब होती थी। उस दुष्ट चाँदी में चौथाई भाग सीसा मिलाकर शोधन किया जाता था। जब उसमें चूलिका-सी उठ आती थी और दही के रंग-सी चमकने लगे, तो उसे शुद्ध माना जाता था।

चाँदी का नाम चाणक्य ने 'तार' भी दिया है और एक विशेष प्रकार की चाँदी को 'श्वेत तार' भी कहा है। अस्थितुत्थ में (हड्डी की आग में अथवा हड्डी की बनी मूषा में) चार बार, बराबर भाग सीसा और मिट्टी की बनी मूषा में चार बार, शुष्क तुत्थ में (शुष्क कंकड़ों की मिट्टी में) चार बार, कपाल में तीन बार और गोबर की[22] आग में दो बार तुत्थातिक्रान्त करने तथा सत्रह बार आग में तपाने पर एवं अन्त में सैन्धविका मिट्टी से रगड़ने पर 'तार' (चाँदी) शुद्ध हो जाता था। इस 'तार' चाँदी को एक-एक काकणि (1/4 माशा) लेकर सोने में तब तक मिलाया जाता था जब तक कि दो माशा चाँदी न हो जाय और फिर रंग चमकाया जाता (राग योग या पॉलिश)। इस तरह बनी चाँदी को 'श्वेत तार' कहते थे।

तीन अंश 'तपनीय स्वर्ण' को लेकर उसमें 'श्वेत तार' के 32 अंश मूर्छित कर दिए जाने पर 'श्वेत लोहितक' नामक स्वर्ण बनता था।[23] दो भाग चाँदी में एक भाग ताँबा मिला देने से त्रिपुटक बनता था। इस काम के लिए जिन उपकरणों अथवा औजारों का प्रयोग किया जाता था उनमें घरिया (कुल्हिया), लोहे का चूर्ण, लोहे की अर्द्धचन्द्राकार नली, संड़सी, लोहे की छड़ी, शोरा-सुहागादि, लवण आदि प्रमुख थे। प्राक्-मौर्यकाल से लेकर पूरा विश्व चाँदी से पूरी तरह परिचित रहा है। भारत में मुग़ल शहंशाहों द्वारा ली गई रुचि[24] के फलस्वरूप चाँदी का प्रयोग आज भी मौजूद है। वेद, स्मृति, महाकाव्य, पुराण एवं राजकीय संरक्षण में लिखित ग्रन्थों में इस धातु की चर्चा है। रसायन ग्रन्थों एवं धातु-शास्त्रों में चाँदी के खनन एवं शोधन आदि का विस्तृत वर्णन है।[25] *रसरत्नसमुच्चय* और *भैषजतंत्र* जैसे ग्रन्थों में रजत-चूर्ण और भस्म बनाने, उसके गुणों और जीवित शरीर पर उसके प्रभाव का सूक्ष्म अध्ययन किया गया है।[26]

महायान सम्प्रदाय का अनुयायी द्वारा रचित *रसरत्नाकर* को विद्वानों ने 7-8 वीं शताब्दी का बताया है।[27] इसमें रहस्यमय और अवैज्ञानिक ढंग से चाँदी से सोना और सोना से चाँदी बना डालने का वर्णन किया गया है।[28] इस ग्रन्थ में लिखा है कि चाँदी को सीसे के साथ गलाने और भस्मों के साथ गलाने पर शुद्ध किया जा सकता था।[29] भिक्षु गोविन्द अथवा भगवद् गोविन्दपाद ने करीब ग्यारहवीं शताब्दी में *रसहृदय* नामक ग्रन्थ की रचना की। भूटान के निकट किरातदेश के राजा मदनरथ के आग्रह पर लिखे गए इस ग्रन्थ में 21 पटल (अध्याय) हैं। इसमें चाँदी के लिए **शशिनी** शब्द का प्रयोग किया गया है। जैसे

चाँद से चाँदी, उसी प्रकार शशि (चन्द्रमा) से शशिनी शब्द बनने की चर्चा है।[30] (*रसरत्नसमुच्चय* के अनुसार शुद्ध लोह[31] तीन हैं–कनक (सोना), रजत (चाँदी) और लोहा। इस ग्रन्थ के अध्याय 5 में रजत के तीन प्रकार सहज, खनिसंजात और कृत्रिम–बताए गए हैं। इसमें चाँदी को शुद्ध (शोधन) करने के लिए खर्परविधि (Cupellation Process) पर प्रकाश डाला गया है।

इसमें लिखा है कि चाँदी को शुद्ध करने के लिए एक खर्पर (Cupel) पर चूना और भस्म गोल-गोल बिछाया जाता था और फिर चाँदी में बराबर भाग सीसा मिलाकर इस खर्पर पर रखा जाता था; फिर आग पर रखकर उस समय तक गर्म किया जाता जब तक सम्पूर्ण सीसे का क्षय नहीं हो जाता। इस प्रक्रिया से शुद्ध चाँदी प्राप्त की जाती थी जिसे दवा के रूप में भी प्रयोग किया जा सकता था। चाँदी को शुद्ध करने की इस विधि को खर्परविधि (Cupellation Process) कहते थे।[32]

चाँदी तैयार करने की वैज्ञानिक विधि

विश्व-स्तर पर खान से अयस्क के रूप में चाँदी निकालने और उसे शुद्ध करने की तकनीक रोम में आज से दो हज़ार वर्ष पहले प्रारम्भ हो चुकी थी। प्लिनी[33] ने लिखा कि अयस्क को धोकर पाँच बार छाना जाता और सीसे (Lead) के साथ गलाकर इसे शुद्ध करके चाँदी निकालने के लिए अयस्क (कच्ची धातु) को पाँच बार छाना जाता था। सीसा मिलाकर इसे जितनी देर तक उल्टा-पुल्टा करके गलाया जाता उतनी ही अधिक शुद्ध चाँदी प्राप्त की जा सकती थी। इस रोमन-पद्धति की निरन्तरता 16वीं शताब्दी तक बनी रही।[34] स्पेन द्वारा अमेरिकी महाद्वीप में चाँदी की विशाल खानों का पता लगाने के लिए नवीन वैज्ञानिक तकनीक विकसित की गई। कच्ची धातु के रूप में प्राप्त चाँदी यूरोपीय कच्ची धातु (अयस्क) की तुलना में मैक्सिको, बोलिविया और पेरु से प्राप्त चाँदी के अयस्क ज़्यादा बेहतर और समृद्ध थे। स्पेन के जो वैज्ञानिक दृष्टिवाले धातुकर्मी अमेरिका में थे। उन्होंने चाँदी शुद्ध करने की नवीन तकनीक विकसित की; अयस्क को पहले पानी में मिलाकर वे इसका गारा बनाते थे। गारे में नमक मिलाकर इसमें ताँबा और लोहे के सल्फाइड अयस्कों को आपस में मिलाते और फिर कुछ पारा मिलाया जाता था। इस मिश्रण को खच्चरों द्वारा कई दिनों तक कुचलवाने से चाँदी निकालने की विधि में सहूलियत आ जाती थी। यह विधि 18वीं शताब्दी तक उपयोग में लाई जाती थी।[35]

दारसैत नामक वैज्ञानिक ने पेरिस में 1802 ई. के दौरान सलफ्यूरिक अम्ल प्रक्रम को विकसित किया। चाँदी के अधिकांश अयस्कों में थोड़ी मात्रा में सोना होता है, जिसे अलग करना सम्भव नहीं था।[36] दारसैत ने बताया कि कुल चाँदी

को उबलते हुए सलफ्यूरिक अम्ल में घोलने पर स्वर्ण अलग हो जाता और शुद्ध चाँदी को ताँबा अथवा लोहा द्वारा विलयन का अवकरण कराकर प्राप्त किया जाता था।[37] दारसैत के इस वैज्ञानिक खोज (Sulphuric acid)[38] का उपयोग विश्व में उन्नीसवीं शताब्दी तक होता रहा। इसके बाद चाँदी तैयार करने के लिए ऋणोद (एक सिलवर न्नाइट्रेट विलयन में) के उपयोग पर आधारित, विद्युत अपघटन विधि का प्रयोग किया जाने लगा।[39] इस विधि की मदद से 99.9 प्रतिशत शुद्ध चाँदी प्राप्त की जाने लगी। इस विधि के विकसित होने से पूर्व चाँदी को अन्य धातुओं से अलग करने के लिए चाँदी के अयस्क को पीसकर पानी से धोने के बाद सुखाया जाता था। इसके बाद इस अयस्क में गालक मिलाकर प्रगलित कर एक मिश्रधातु प्राप्त की जाती थी। इसको लकड़ी के कोयले के साथ गर्म करके चाँदी एवं अन्य धातु जैसे सीसे के मिश्रधातु का निस्तापन किया जाता था। वायु में गर्म करने पर चाँदी अनॉक्सीकृत अवस्था में और अन्य धातु ऑक्सीकृत अवस्था में अलग-अलग कर ली जाती थी। उदाहरण के लिए, वायु में गर्म करने पर सारा सीसा उसके ऑक्साइड के रूप में ऑक्सीकृत हो जाता था। शीशॉक्साइड का गलनांक 896°C एवं चाँदी का 960°C है। इस प्रकार लगभग शुद्ध रजत प्राप्त किया जाता था। अफ्रीका के सोने की खानों से निकले स्वर्ण में करीब 10 प्रतिशत चाँदी संयुक्त रहती है। पूरे विश्व में प्राप्त आधे से अधिक चाँदी सीसा, जस्ता और ताँबा के खनिजों से प्राप्त शेष अशुद्धियों से प्राप्त होती है। विश्व में सर्वाधिक चाँदी मैक्सिको से और उसके बाद अमेरिका से निकलती है। 1545 और 1938 ई. के बीच बोलिविया से 53 हज़ार टन और पेरु से 47 हज़ार टन चाँदी निकाली गई। अर्जेंटाइना देश का नामकरण तो वहाँ चाँदी की प्रचुरता के होने से चाँदी के लिए प्रयुक्त लैटिन शब्द (एवं रासायनिक प्रतीक) अर्जेंटम के आधार पर किया गया। चाँदी का मुख्य स्रोत चाँदी का सल्फाइड खनिज अर्जेंटाइट है। यह सीसे के मुख्य अयस्क गेलेना में न्यूनाधिक है। यह सीसे के मुख्य अयस्क गेलेना में न्यूनाधिक रूप से मिलता है। ट्रांसवाल, दक्षिणी अफ्रीका की मुख्य स्वर्ण खानों से उपलब्ध सोने में औसतन दस प्रतिशत चाँदी भी प्राप्त होती थी।

सन्दर्भ-ग्रन्थ

1. *अथर्ववेद*, 5.28.1-5 एवं 9
2. गोपालशंकर उपाध्याय एवं अविनाशचन्द्र वाजपेयी, *धातुओं का इतिहास*, उत्तर प्रदेश हिन्दी संस्थान, लखनऊ, 1977, पृ. 168; G. S. Upadhyaya, 'Meterllurgy in Ancient India', *Pragna*, pp. 240-45;
3. गोपालशंकर उपाध्याय, पृ. 168

4. *वही*, पृ. 169
5. *वही*, पृ. 167–69
6. *Philip's Foundation Encyclopaedia*, India, 2006, pp. 681-82
7. *वही*, p. 281
8. लौटना, प्रकाश की किरणों का सतह से टकराकर लौटने का गुण, Reflection
9. घोल, घुलने की क्रिया, बर्बादी, Solution, absorption, dissolving, destroying
10. National Aeronautics and Space Administration (NASA) is a US government agency that organizes civilian aeronautical and space research programmers. It has departments throughout the USA. The Lyndon B. Johnson Space Center in Houston, Texas, is responsible for manned space flights. Space rockets, both manned and unmanned are launched from the F. Kennedy Space Center at CAPE CANAVERAL, Florida.
11. Refrigeration is a process by which the temperature in a refrigerator decreases. In a domestic refrigerator, a gas such as AMMONIA is first compressed by a pump and cooled in a condenser where it liquefies. It is then passed into an evaporator where it expands and boils, absorbing heat from its surroundings and thus cooling the refrigerator. It is then passed through the pump again to be compressed. Refrigeration is also used in air conditioning.
12. The sterling silver mark on silver (the stamp of a lion PASSANT) represents a purity of more than 90%
13. J. M. Roberts, *The New Penguin History of the World*, 1992, p. 68; गोपालशंकर उपाध्याय, पृ. 170
14. गोपालशंकर उपाध्याय, पृ. 68–69
15. *The Wealth of India*, vol. V, Council of Scientific and Industrial Research, New Delhi, 1960, p.193
16. *अथर्ववेद*, 5.28.1; 6.63.2; 5.28.1; 12.1.6
17. *शतपथ ब्राह्मण*, 13.2.4. 2–4
18. *संयुक्तनिकाय*, तृतीय, 22.96.103
19. *महावग्ग*, 5.7.15–17
20. *अर्थशास्त्र*, व्याख्याकार वाचस्पति गैरोला, चौखम्बा, वाराणसी, 1984, अधिकरण 2, प्रकरण 28, अध्याय 12, पृ. 136–49
21. *वही*, 2.19.13, पृ. 144
22. तार का अर्थ चाँदी होता है। तपाई चाँदी को पीटकर या खींचकर इसे तार का रूप प्रदान किया जाता था।
23. डॉ. सत्यप्रकाश, *वैज्ञानिक विकास की भारतीय परम्परा*, बिहार राष्ट्रभाषा परिषद्, पटना, 1954, पृ. 113–14
24. *वही*, पृ. 117
25. विश्वनाथ द्विवेदी, *भारतीय रसशास्त्र*, शर्मा आयुर्वेद मंदिर, दतिया (मध्य प्रदेश), 1977, पृ. 115–37
26. *वही*, पृ. 478

27. सत्यप्रकाश, *पूर्वोद्धृत*, पृ. 159
28. *वही*
29. *वही*, पृ. 161
30. *वही*, पृ. 173–74
31. ताँबे के रंग का, लाल
32. गोपालशंकर उपाध्याय, पृ. 186–87; Shershah issued silver currency bearing Islamic motifs, later imitated by the Mughal empire.
33. Pliny (the elder, A. D. 23-79, Gaius plinius secundus) was the Roman author of *Historia Naturalis* (*Natural History*). His one major serviving work, it covers a vast range of subjects, although it is an uncritical mixture of fact and fiction.
34. H. C. Bhardwaj, *Aspects of Ancient Indian Technology*, Motilal Banarasidass, Delhi, 1979, p. 170; P.C.Ray, *History of Chemistry in Ancient and Medieval India*, Catcutta, 1956, pp. 51-58
35. K. J. Anderson, "Moon metal", (historical note), *Materials Research Society Bulletin*, 17 (I), 1992, p. 61
36. भारत में सन् 2000 ई. के आसपास 30 किलो चाँदी गलाने पर उसमें से 2 से 5 ग्राम तक सोना निकलता था। इस तथ्य की जानकारी पटना के सबसे बड़े चाँदी-कारोबारी श्रीमहावीर बाबू के एक अनुभवशील कर्मचारी श्रीलालजी प्रसाद ने दी।
37. K. J. Anderson, *पूर्वोद्धृत*
38. Sulphuric acid (H_2SO_4) colourless, odourless liquid, one of the strongest acids known. It is produced by the oxidation of sulphur dioxide (SO_2). Sulphuric acid is a major industrial chemical, used in the manufacture of many acids, fertilizers, detergents, drugs and a wide range of chemicals.
39. गोपालशंकर उपाध्याय, पृ. 170

अध्याय-28

स्वर्ण तकनीक

महत्त्व

सभ्यताओं के उदय से लेकर आज तक मनुष्य जिस धातु के रंग, रूप और गुणों से निरन्तर अभिभूत और मुग्ध होता आया है, वह सोना ही है। ज्ञात धातुओं में सोने की गणना सर्वाधिक मूल्यवान धातुओं में की जाती है। व्यक्ति अथवा राष्ट्रों की सम्पत्ति और समृद्धि के मापदंड के रूप में सोने की प्रतिष्ठा सर्वोपरि रही है। धातुओं का सोना सरताज रहा है। *(Gold [symbol Au] is naturally occuring metalic element. It is also obtained as a by-product in the refining of copper. It is used in jewellery, connectors for electronic equipment, and as a form of money. Gold is in form of a colloid is sometimes used in Radiotherapy. The metal is uncreative but dissolves in aqua regia, a mixture of nitric and hydrochloric acids. Properties at no 79, R, a, m, 196. 9665; r.d. 19.30 m.p. 1063°C (1945°F) b.p. 2800°C (5072°F); most ocmmon isotope Au197 [100%])*, लैटिन में सोना को Aurum (Au) और चाँदी को argim (Ag) कहते हैं।

नामकरण

आकर्षक एवं कीमती धातु के रूप में स्वर्ण का अन्तरराष्ट्रीय स्तर पर एक महत्त्वपूर्ण स्थान है। इसकी उत्पत्ति के विषय में कहते हैं, शिव के वीर्य से सूर्य की भार्या स्वाहा को जुड़वा सन्तान-**सुवर्ण** एवं **सुवर्णा** नामक पुत्र एवं पुत्री उत्पन्न हुए। पुत्र **सुवर्ण** का विवाह संकल्पा से हुआ लेकिन सुवर्ण ने सुन्दर बनकर एवं सुन्दर पत्नियों के पति का रूप धारण कर अनेक पतिव्रता स्त्रियों के साथ शारीरिक सम्बन्ध स्थापित किए। अतः देवताओं एवं असुरों ने शाप दिया और सुवर्ण पूर्णतः व्यभिचारी एवं सर्वत्रगामी हो गया। ब्रह्मा की मदद से सुवर्ण को इस शाप से मुक्ति मिली और शिव ने आशीर्वाद दिया कि सुवर्ण में

सम्पूर्ण ऋद्धियाँ एकत्र होंगी।[1] सोना का प्रयोग प्राचीन काल से आज तक व्यापक पैमाने पर होता रहा है। इस धातु के लिए अनेक पर्यायवाची शब्द प्रयोग किए जाते रहे हैं। सिन्धुकालीन स्त्रोतों के अध्ययन से यह पता चलता है कि तत्कालीन समाज सोने से परिचित था परन्तु उसे किस नाम से पुकारा जाता था, इसकी जानकारी उपलब्ध स्त्रोतों से नहीं प्राप्त होती।[2]

अथर्ववेद में 'दाक्षायणी हिरण्य' रसायन (*अथर्ववेद*, 1-35-1 से 4 मंत्र तक) का विवरण मिलता है। इसका उपयोग चिकित्सा में किया जाता था। **दाक्षायण** उस काल के प्रख्यात धातुकर्मी थे। उनके द्वारा विशेष संस्कार द्वारा स्वर्ण तैयार करने पर इस स्वर्ण को दाक्षायणी **हिरण्य** कहा गया है। दाक्षायणी हिरण्य साधारण स्वर्ण से उन्नत, विशेष औषधीय गुण वाला होता था। *शतपथब्राह्मण* में इसी से स्वर्ण को 'अमुतमायुर्हिरण्यम्' कहा गया था। *कठोपनिषद्* व *छांदोग्योपनिषद्* में हिरण्य का उल्लेख विविध स्थलों पर हुआ है। यमराज ने नचिकेता से अन्य सुख-सुविधाओं एवं सम्पदाओं का प्रलोभन देते समय स्वर्ण देने की बात भी कही थी। *मनुस्मृति*, अन्य स्मृतियों तथा गृह्यसूत्रों में प्रसूत बालक के जातकर्म संस्कार में शहद के साथ स्वर्णभस्म चटाने की समृद्ध व स्वस्थ परम्परा की 'स्वर्ण-मधुप्राशन' के नाम से प्रतिष्ठा मिलती है। स्वर्ण के शोधन, मारण एवं स्वर्ण-भस्म बनाने और मनुष्य के शरीर पर उसके गुणकारी प्रभाव का विस्तार से विवरण भारतीय रसायन तथा आयुर्वेद ग्रन्थों में मिलता है। भारत में वैदिक और लौकिक दोनों प्रकार के साहित्य में स्वर्ण का सम्प्रसार रहा है।

ऋग्वेद में 'हिरण्य' शब्द की चर्चा है, लेकिन इसके पर्यायवाची में स्वर्ण शब्द का प्रयोग उन मंडलों में नहीं हुआ जिन्हें विद्वान ऋग्वैदिक काल का मानते हैं।[3] उत्तर-वैदिककाल में साफ तौर से स्वर्ण शब्द का प्रयोग हुआ है। इस धातु के लिए इस काल में **स्वर्ण** एवं **हिरण्य** के अलावा **चन्द्र** एवं **हरित** शब्द भी मिलता है।[4] हिरण्य की उत्पत्ति अग्नि तथा जल से बताई गई है।[5] चाँदी मिश्रित स्वर्ण को जिसमें चाँदी की मात्रा अधिक होती है, **रजत** कहा जाता है।[6] मौर्यकाल में विभिन्न स्त्रोतों से निकाले गए स्वर्ण को अलग-अलग नामों से जाना जाता था, जैसे-खान से निकाले गए सोने को **हाटक**, वेणु पर्वत से निकले सोने को **वैणव**, जाम्बूनदी से उत्पन्न सोने को **जांबूनद**, शतकुम्भ पर्वत से उत्पन्न **शतकुम्भ** तथा स्वर्णभूमि में उत्पन्न **शृगिशुतिभ्ज**। **चर्माकार**, **हेम**, **जातरूप**, **कथधौत**, **कनक**, **स्वर्ण** आदि शब्दों की चर्चा *ह्मकुट्टनीमत*[7] में है। जैन स्त्रोत *पउमचरिउ* में स्वर्ण के लिए **सुवर्णा**, **हेम**, **कंचन**, **निश्दंत**, **कण्य** आदि शब्द आते हैं। कुषाण काल[8] में सर्वाधिक शब्दों का प्रयोग स्वर्ण के लिए किया गया था-**चर्माकार**[9], **हाटक**[10], **हेम**[11], **हिरण्य**[12], **कांचन**[13], **महीया**[14],

कनक[15], **तपनीय**[16], **रूक्म**[17], तथा **स्वर्ण**।[18] बौद्ध स्रोत *ललितविस्तर* में स्वर्ण के लिए **कनक**[19] हेमजाल[20] आदि[21] की चर्चा की गई है।

अमरकोश में सोना के लिए 18 शब्द कहे गए; **कनकम्**, **हिरण्यम्**, **हेम**, **हाटकम्**, **जपनियम्**, **शातकुम्भय**, **गणमेयम्**, **भर्म**, **कुखरम्**, **चामिरकम्**, **जातरूपकम्**, **महारजन्तम्**, **कंचनम्**, **रूक्कम्**, **कतिस्वरभ**, **जांबूनदम्**, **अष्टपदे**; और **स्वर्णम्**।[22] अग्नि से उत्पन्न होने के कारण सोना को **जातरूप** कहा गया है।[23] **रूकभवती**[24] शब्द स्वर्ण के लिए भी पाया गया है जिसे धारण करनेवाले स्त्री-पुरुष अनजाने में सुरक्षित होते थे। 15वीं सदी में स्वर्ण और सोना शब्द तो मिलते ही हैं साथ ही फ़ारसी एवं उर्दू के शब्द भी इस्तेमाल किए जाने लगे। बाबरकालीन पुस्तक *जवाहीरनामा*[25] में अरबी शब्द 'जहब' का अर्थ सोना बताया गया है, इस धातु को **ज़र** एवं **तेला** भी कहते थे।

8वीं एवं 9वीं सदी के बाद 15वीं सदी में स्वर्ण के लिए नए शब्दों का प्रयोग पाते हैं। इसके बीच के कालों में सम्भवतः आर्थिक एवं सामाजिक उथल-पुथल के कारण ही नए शब्दों का प्रयोग न हो सका हो। यदि सोना के लिए अन्य शब्दों का प्रयोग हुआ भी होगा तो स्रोतों के अभाव के कारण इसकी चर्चा नहीं की गई है। **इकै** और **तमडियम्**[26] शब्दों का प्रयोग भी सोना के लिए किया जाता था।

तकनीक एवं उपयोगिता

ढलाई और योजन की सरलता एवं संक्षयन प्रतिरोध की तीव्र क्षमता के कारण अपनी द्युति और छवि को चिरकाल तक स्थायी बनाए रखने से आभूषणों एवं स्थायी महत्त्व के राजकीय अभिलेखों और देममूर्तियों के निर्माण में सोने का उपयोग आदिकाल से होता आया है। यही नहीं, औषधियों और कलात्मक चित्रों के रंग का काम स्वर्ण-भस्म एवं स्वर्ण-चूर्ण से[27] लिया जाता था। सिक्कों की ढलाई के रूप में भी सोना विश्व में चिरकाल से ही वाणिज्य और विनिमय का वाहक रहा है। सोना कुलीन धातुओं (रजत, प्लैटिनम, स्वर्ण) में सर्वाधिक कुलीन धातु है। द्विसंयोजी अवस्था को छोड़कर धातु न तो ऑक्सीजन, सल्फर अथवा सेलेनियम, किसी से भी, किसी भी ताप पर क्रिया नहीं करती। हालाँकि यह टेल्यूरियम के साथ (475°C पर) या अधिक ताप पर $AuTe_2$ नामक यौगिक बनाती है। नमी की उपस्थिति में यह हेलोजनों से भी क्रिया करती है। साधारण स्थितियों में स्वर्ण अधिकांश अम्लों द्वारा प्रभावित नहीं होता और यह क्षारीय माध्यम में भी स्थायी बना रहता है, किन्तु यह 3:1 $HCI : HNO_3$ वाले अम्ल अक्वा 'रीगिया' में घुलकर $HAuCI_4$ को बनाता है। क्षारीय सायनाइड विलयनों में हवा अथवा हाइड्रोजन परॉक्साइड की उपस्थिति में यह $[Au(CN)_2]$ बनाता है। ये क्रियाएँ इसके निष्कर्षण एवं शोधन में महत्त्वपूर्ण भूमिका निभाती हैं।

शुद्ध सोने के बहुत कोमल होने से प्रायः इसके साथ चाँदी, ताँबा, निकेल व जस्ता आदि धातुएँ मिलाकर मिश्रधातु के रूप में इसका उपयोग होता है। इसका गलनांक 1063^0 सैंटीग्रेट होता है एवं फॉर्जन, रोलन और संवपन द्वारा इसको उपयुक्त आकार में ढाला जा सकता है। सोने की धातवर्ध्यता धातुओं में सबसे अधिक है। इसको पीटकर एक सेंटीमीटर के पचास हज़ारवें अंश के बराबर मोटाई के बारीक बरक बनाए जा सकते हैं। सोने के बारीक तारों से जरी के वस्त्र बनाए जाते थे। फाउण्टेन पेन की निबों, घड़ियों, विद्युल्लेपन, सूक्ष्म इलेक्ट्रॉनिक सर्किटों के योजन के लिए, चश्मे के फ्रेम और अन्य फैंसी सामानों के उत्पादन के अतिरिक्त सोने के उपयोगों में औषध-निर्माण, दाँत भरने और काँच, सिरेमिक और अन्य माध्यम में सुनहले रंग का आभास देने के लिए पिघले सोने और स्वर्ण-चूर्ण का उपयोग उल्लेखनीय है। स्वर्ण मूल्यवान् धातु होने से इसके माप एवं तौल की प्रणाली ने न केवल भार मापने के अनेक देशी और अन्तरराष्ट्रीय प्रामाणिक पैमाने और तुलाएँ विकसित कीं, बल्कि सोने की परीक्षा की अनेक विधियों को भी आधार प्रदान किया। पेरिस, (फ्रांस) में जहाँ से विश्व भर में मीट्रिक प्रणाली की आधारशिला रखी गई थी, वह स्थान था **13 प्लास वेन्दोम**। यह स्थान अपने राजसी स्वर्णाभूषण निर्माताओं और रत्नपारखी जौहरियों की कुशलता के कारण सर्वाधिक मशहूर था तथा यहीं पर फ्रेंच न्याय मंत्रालय भी स्थित था।

सोने की शुद्धता 'मीट्रिक पद्धति' में 'फाइननेस' के हज़ार अंशों के आधार पर आँकी जाती है। 900 फाइननेस का सोना उदाहरणार्थ 9 भाग स्वर्ण एवं 1 भाग अन्य धातुओं के संघटन का होता है। ब्रिटेन, स्विट्जरलैंड आदि में यह शुद्धता कैरेटों में मापी जाती है। रत्नों के तौलने में तो कैरेट भार की एक इकाई है, किन्तु सोने के सन्दर्भ में यह सोने की गुणवत्ता को दर्शाती है। 24 कैरेट का सोना पूर्ण शुद्ध होता है। 22 कैरेट का सोना प्रायः अति उत्कृष्ट कोटि के आभूषणों आदि को बनाने में काम आता है। 22 कैरेट (फाइननेस = 916.6) में 22 भाग सोना व दो भाग ताँबा होता है।

दंत चिकित्सा के लिए प्रति वर्ष पचीस टन सोना प्रयुक्त होता है। लगभग 16 प्रतिशत सोना उच्च तकनीकी उद्योगों के रूप में जाता है। सूक्ष्म, छोलन, तार व फिल्म के रूप में सोने का उपयोग संगणक (कम्प्यूटर), गणक (कैलकुलेटर), रेडियो एवं टेलीविजन यंत्र, सौर ऊर्जा उपकरण, टेलीफोन प्रणाली, रॉकेट और एस. एस. टी. कंकार्ड वायुयानों के राल्स रायस इंजनों में किया जाता है।

मात्र एक औंस सोने को पीटकर 16 वर्ग मीटर की पतरी बनाई जा सकती है और एक टन सोने से तो इतनी लम्बी पतली तार खींची जा सकती है कि

चन्द्र की परिक्रमा कर वह फिर धरती तक वापस आ सकती है। अन्तरिक्ष यात्रियों के परिधानों तथा बचाव रस्सी पर चढ़ाया गया मात्र 14 माइक्रोन का अति सूक्ष्म स्वर्ण आवरण भीषण उष्णता और विकिरण से रक्षा करता है। दमकल कर्मचारियों के मुखावरण में प्रयुक्त सोना आग की लपटों में भी उनकी दृष्टि में बाधक बने बिना भयानक ताप से उनकी रक्षा करता है। अत्यल्प विद्युत प्रवाह की सहायता से सोना वायुयान और रेलगाड़ी के वायुरोधक शीशों को हिमपात, ओले तथा कुहरे में अपारदर्शी होने से बचाता है। उच्च दबाव पर भरे गए संक्षारक गैसों के पात्रों के भीतरी स्तर में सोना काम में लाया जाता है। यह अत्यन्त उच्च तथा अत्यन्त निम्न तापक्रमों को भी नाप सकता है। यंत्रों के चलायमान सुकुमार भागों को स्वर्ण चिकनाई प्रदान करता है तथा फोटोग्राफी वाली फिल्मों में रजत घोल के प्रभाव को बढ़ाता है। गगनचुम्बी इमारतों की खिड़कियों में लगा सोना सूर्यप्रकाश की प्रखरता कम करता है, बाहरी उष्णता को रोकता है और अन्दर की उष्णता को परावर्तित करता है। स्वर्ण से वातानुकूलन तथा कक्ष तापन दोनों ही खर्चों में बचत होती है। प्राचीन काल के वास्तु-शिल्पी भवनों के शिखर पर लगे कलशों पर सुन्दरता के लिए सोना मढ़ते थे। आधुनिक वास्तुविद् सम्पूर्ण भवन की बाहरी दीवार पर सोने की फिल्मों वाली टापूलें जड़ते हैं। इससे भवन की सुन्दरता के साथ टिकाऊपन भी बढ़ जाता है।

कीमियागरों के प्रयत्नों से यद्यपि अनेक भ्रामक अन्य धारणाएँ और घातक स्थितियाँ भी उत्पन्न हुई, किन्तु इस बात से इनकार नहीं किया जा सकता कि सोना बनाने में असफल इन प्रारम्भिक प्रयत्नों ने वर्तमान रसायन व धातुकर्म को आधुनिक वैज्ञानिक स्वरूप प्रदान करने में भी काफ़ी कुछ योगदान किया। लैटिन भाषा के शब्द Aurora (उषाकालीन सबेरा) से सोने के रासायनिक संकेत औरम् Au की उत्पत्ति हुई है।

स्वर्ण मानकों का जिनके आधार पर काग़ज़ के नोटों को सोने से बदला जा सकता है, का चलन 19वीं शताब्दी में ब्रिटेन द्वारा कैलिफोर्निया, आस्ट्रेलिया और दक्षिणी अफ्रीका में मिली सोने की खानों से स्वर्ण प्राप्त करने के पश्चात् ही शुरू हुआ। स्वर्ण-मानक को 1717 ई. में प्रारम्भिक मान्यता देनेवाले थे प्रख्यात वैज्ञानिक **सर आइजक न्यूटन**, जो ब्रिटिश टकसाल के अध्यक्ष भी थे। 1873 तक स्वर्ण-मानक की मान्यता 9 देशों को प्राप्त थी। 1912 में धातु की बढ़ी हुई आपूर्ति के कारण 49 देश इस धातु-मानक-समूह के सदस्थ थे। प्रथम विश्वयुद्ध ने विश्वभर में 'स्वर्ण-मानक' की प्रतिष्ठा को गहरी चोट पहुँचाई। युद्ध के परिणामस्वरूप बढ़ी हुई मुद्रा स्फीति ने ब्रिटेन सहित अनेक देशों को 1931 तक 'स्वर्ण-मानक' को बन्द कर देने की स्थितियाँ प्रदान कीं। इसके पश्चात् 1933 में इसे अमेरिका ने अपना लिया। आपूर्ति के अनुसार सोने के

मूल्य में परिवर्तन आने स्वाभाविक थे। आज से 550 वर्ष पूर्व[28] सोना चाँदी से 10 गुना मूल्यवान् था। 150 वर्ष पूर्व यह लगभग चाँदी से 16 गुना अधिक मूल्य का था। सन् 1900 में सोने का मूल्य चाँदी के 33 भाग के बराबर हो गया।

यूरोप में सोने के पत्रों को पीटकर बनाने का काम बहुत पुराने समय से होता था। होमर और प्लिनी ने इसका उल्लेख किया है। अपनी अपरिवर्तनीय चमक के कारण अनेक पुरानी इमारतों व स्मारकों पर सोना मढ़ा जाता था। लन्दन के केंसिंगटन गार्डन्स का अल्बर्ट मेमोरियल करीब-करीब शुद्ध सोने से मढ़ा गया था। सेंट पीटर्जबर्ग (लेनिनग्राद) के सेंट आइजक चर्च के गुम्बद को ताँबे से मढ़कर उस पर सोने के पारे में बने संरस से उपचार कर सोने की परत जमाई गई थी। इस प्रक्रिया में निकले पारे के धूम्र के द्वारा कारीगरों की मृत्यु की त्रासदी जैसी घटनाओं ने अन्य वैकल्पिक विधियों और फिर विद्युल्लेपन विधि से सोने की कलई चढ़ाने के प्रक्रमों को अपनाने को बल दिया होगा।

यूरोप की अनेक मध्यकालीन पांडुलिपियों में सोने के चूर्ण से बने रंगों का उपयोग उनकी विलक्षण सुन्दरता का आधार रहा है। सोने-चाँदी के चूर्ण से बनी स्याहियों व रंगों का उपयोग अलंकरण के लिए भारत, मिस्र, चीन व जापान में प्रचुरता से होता था। मिस्र की एक प्राचीन ग्रीक पांडुलिपि है (300 ई.) जो अब लीडेन में रखी है और जिसका अनुवाद **बर्थलॉट**[29] ने किया था। इसमें स्वर्ण-चूर्णों की दो विधियों (यांत्रिक विघटन अथवा स्वर्ण संरसों को गर्म करके) द्वारा उत्पादन का वर्णन दिया गया है। ऐसी ही विधियों पर सन् 994 ई. में **एराक्लियस**[30] ने प्रकाश डाला था। मूलतः इटालियन भाषा में लिखे *सीक्रेट्स ऑव एलेक्सिज* नामक पुस्तक, जो सन् 1555 ई. में प्रकाशित हुई थी, का बाद में फ्रेंच व अंग्रेजी में अनुवाद भी प्रकाशित किया गया[31] था। सोने के पारे में संरस को बनाने के लिए स्वर्ण को पारे के साथ गर्म किया जाता था। दूसरी विधि के अनुसार पारे को सोने के पत्तरों पर रगड़ा जाता था। यह क्रिया ठंडे में ही की जाती थी। इसमें थोड़े सिरके अथवा नींबू का उपयोग किया जाता था। संरस में पारे की अधिक मात्रा को निकालने के लिए इसे एक विशेष पत्थर (Prophyry) की सिल पर गंधक के साथ पीसा जाता था। फिर मिश्रण से गंधक और पारा वाष्पित कर निकालने के लिए उसे गर्म किया जाता था। ग्यारहवीं शताब्दी में **सन्त थिओफिलस** द्वारा लिखी गई सुप्रसिद्ध लैटिन[32] पांडुलिपि में सोने, चाँदी व अन्य धातुओं को पीसकर चूर्ण बनानेवाली चक्की (Mill) का बहुत उत्तम विवरण मिलता है। इसकी कुछ प्रतियों में संरस विधि को भी बताया गया है। 1739 में यांत्रिक विघटन द्वारा स्वर्ण-चूर्ण उत्पादन की विधि का विवरण **ऐरकर**[33] ने दिया था। इसमें पानी में घूमती हुई मथानी पर पिघली हुई धातु डालकर उसके कण प्राप्त किए जाते थे। सोने के पत्तरों का

दाँत मढ़ने में उपयोग बहुत प्राचीन काल से होता रहा है। सन् 1855 में अनीलित कोमल स्वर्ण या स्पंजी स्वर्ण को, मुख के ताप पर ही सम्पिंडित करने की सम्भावना ने इस ओर बहुत तेजी से सुधार का क्रम प्रशस्त किया। **कार्स्टेन नीबुहर** ने जब 1761–63 में अरब देशों की यात्रा की तब उसने[34] लिखा था कि प्राचीन काल में सम्भवत: अरब के देश भारत से सोने का प्रचुर मात्रा में आयात करके यूरोप को उसका निर्यात करते थे।

ज्योर्जियस एग्रिकोला (1494–1555 ई.) स्वर्ण को परखने के लिए कसौटी और स्पर्श करनेवाली सुइयों का उपयोग करते थे। **आर्किमिडीज** ने सोने के घनत्व को नापकर इसकी शुद्धता को जाँचने में उपयोग की प्रणाली विकसित की। अग्नि में जलाने पर ऑक्सीकरण के प्रति प्रतिरोध-क्षमता एवं इसकी अम्लों में अघुलनशीलता शुद्धता की अन्य परीक्षाएँ थीं। नाइट्रिक अम्ल के उपयोग द्वारा सोने को चाँदी से अलग करने की विधि का सर्वप्रथम उल्लेख 1505–1508 में **लिओनार्दो दा विंची** द्वारा लिखे *कोडेक्स अटलांटिक्स* नामक संग्रह में मिलता है। इस प्रक्रम का वर्णन बाद के धातुकर्मियों ने भी किया और **लजारस एरकर** ने सन् 1574 ई. में इसे अंतिम रूप प्रदान किया।

एच. लोस्नर[35] ने कलिल अवस्था में सोने को बनाने के प्रयत्नों की ऐतिहासिक समीक्षा करते हुए कुछ प्रारम्भिक विधियाँ (जो लाल स्वर्ण सोल (*Sols*) अथवा बर्तन में रखने योग्य स्वर्ण जिसको 'ट्रिंकगोल्ड' कहा जाता था, से सम्बन्धित है) प्रस्तुत की है। इस प्रकार की विधियों को **क्रीलिंग** (1730), **वैलेंटीन क्रॉटरमैन** (1717), **जी. ई. स्टाल** (1744) एवं **जॉर्ज विल्सन** आदि ने विकसित किया। जर्मन वैज्ञानिक जे. बैंजामिन रिश्टर (1762–1807) ने, और बाद में **माइकेल फैराडे** ने बताया कि यह कलिल (घना) धात्विक-स्वर्ण के सूक्ष्म कणों से बना है। इन्होंने ही कलिल स्वर्ण के गुणों व रंगों को इसके कणों की सूक्ष्मता के स्तर से जोड़ने का कार्य किया। **रिश्टर** ने ही कलिल स्वर्ण का उपयोग लाल रंग के 'रूबी काँच' को बनाने में भी किया। **रैवरेड अब्राहम बैनेट** ने 1786 में रॉयल सोसायटी, लन्दन को पत्र लिखकर स्वर्ण–पत्र विद्युतदर्शी के बारे में अवगत किया। विद्युत मापन का यह प्रथम प्रयत्न था जिसकी शुरुआत अठारहवीं शताब्दी में स्वर्ण–पत्र विद्युतदर्शी (Gold Lead Electroscope) से हुई थी। इसमें स्वर्ण–पत्र के दो टुकड़े, विभव–युक्त चालक से जुड़कर उसके आवेश से आविष्ट होकर आपस में विकर्षित होते थे। उनके विकर्षण का यह परिणाम चालक के वोल्टेज को बताता था।

सोने का सबसे बड़ा औद्योगिक उपयोग आभूषण बनाने में होता है। इलेक्ट्रॉनिक्स उद्योग में सोने का उपयोग पतले तारों और सूक्ष्म फिल्म सतहों को बनाने में होता है। आभूषण बनाने योग्य सोने के मिश्र–धातु स्वर्ण, चाँदी और

ताँबें पर आधारित होते हैं और उनकी अनेक धातुओं, जैसे–कैडमियम, निकेल, प्लेटिनम, पैलेडियम आदि मिलाकर उनके भिन्न-भिन्न रंग और छायाएँ बदली जा सकती हैं। स्वर्ण-रजत-ताम्र निकाय में रजत से समृद्ध फेज श्वेत स्वर्ण कहे जाते हैं। ये प्लेटिनम के स्थानापन्न के रूप में प्रयोग किए जाते हैं। श्वेत स्वर्ण के धूमिल होने के प्रति अपर्याप्त प्रतिरोध के कारण दो अन्य मिश्रधातुओं में रजत, निकेल, प्लैटिनम एवं जस्ता भी प्राय: मिले रहते हैं। आभूषणों के लिए काम आनेवाली स्वर्ण मिश्रधातुओं में स्वर्ण-रजत-ताम्र पर आधारित संकाय आते हैं। स्वर्ण-रजत के अनुपात को बदलकर इनमें वांछित गलनांक को प्राप्त किया जा सकता है। स्वर्ण मिश्रधातुओं का उपयोग प्रतिरोधकों, चालकों, विभवमापियों, प्रतिरोध तापमापियों एवं विद्युतीय सम्पर्कों में होता है। उदाहरणार्थ– स्वर्ण-पैलेडियम् निकाय जो सतत ठोस विलयनों को बनाता है, प्रतिरोधकों और विभवमापियों के लिए लाभकारी प्रतिरोधों के परास दर्शित करता है। निम्न तापों पर प्रतिरोध तापमान के लिए 99.6 Au .-0.4 Mn मिश्रधातु को संस्तुत किया गया है।

हवाई जैट इंजनों में ताप नियंत्रण व 1000°C के परास में तापमान के लिए 55 Pd-31 Pt-14Au (घनात्मक पद) एवं (ऋणात्मक पद) जैसे तापीय युग्म विकसित किए गये हैं। शून्य कैल्विन के समीप के तापों पर उच्च शुद्धता वाले स्वर्ण के, स्वर्ण-लोह के तापीय युग्म काम आते हैं। संयोजी टाँके और सोल्डर बनाने में स्वर्ण की मिश्रधातुओं का उपयोग इलेक्ट्रॉनिकी, वायु-अंतरिक्ष एवं नाभिकीय ऊर्जा के क्षेत्रों में होता है। सोने के विद्युल्लेपन के लिए मुख्यत: दो लेपन विलयन विकसित किए गये हैं–ये संयोजी स्वर्ण के दो संकर यौगिकों पर आधारित हैं। प्रथम में पोटेशियम के (Au(CN)2) और दूसरे प्रकार में सोडियम के $(Au\,(SO_3)_2)^{-3}$ वाले सल्फाइट संकर यौगिक आते हैं। दाँतों की चिकित्सा में उपयोगी अनेक मिश्रधातुओं में सोने, चाँदी तथा ताँबे के साथ थोड़ी मात्रा में प्लेटिनम व पैलेडियम भी रहता है। इन मिश्रधातुओं को ताप उपचारित कर[36] गीगा पास्कल तक की सामर्थ्य वाले पदार्थ प्राप्त किये जाते हैं।

स्वर्ण की पतली विद्युल्लेपित सतहों की उनकी उत्तम विद्युत चालकता एवं संक्षयन प्रतिरोध क्षमता के कारण राडार के उच्च आवृत्ति वाले चालकों में उपयोग होता है। अनेक सूक्ष्म इलेक्ट्रॉनिक युक्तियों व अवयवों, जैसे–ट्रांजिस्टरों, माइक्रोसर्किटों, मुद्रित सर्किटों और इंटीग्रेटेड सर्किटों (जो बहुत छोटे होने से सोने के उपयोग को खर्चीला नहीं बनाते) में सोना बखूबी इस्तेमाल होता है। **सोने की खपत की दृष्टि से विश्व-उत्पादन का तीन-चौथाई भाग आभूषण बनाने में ख़र्च होता है।** 10-15 प्रतिशत सोना इलेक्ट्रॉनिकी व अन्य औद्योगिक उपयोगों में एवं शेष औषध, दंत चिकित्सा और मुद्रा सम्बन्धी सरकारी व निजी उपयोगों के रूप में काम आता है।

स्वर्ण प्राप्त करने के स्रोत

स्वर्ण की भारत में प्रथम ऐतिहासिक जानकारी सिन्धुकाल में हुई।[37] मोहनजोदड़ो में पुरातात्त्विक खुदाई से प्राप्त सोने में चाँदी की मिलावट है। ऐसा अनुमान किया जाता है कि इस काल में स्वर्ण दक्षिण से लाया जाता था, क्योंकि खुदाई से प्राप्त सोने में चाँदी की मिलावट की मात्रा उतनी ही है जितनी कि दक्षिण में स्थित कोलार की खान से प्राप्त सोने में।[38] इस काल की जितनी भी पकाई हुई मूर्तियाँ मिली हैं, वे अनेक आभूषण पहने हुए हैं।[39] खुदाई में प्राय: सभी सिन्धु सभ्यता स्थलों से स्वर्णाभूषणों के समूचे एवं खंडित भाग मिले हैं।[40]

ऋग्वैदिक काल में 'हिरण्य' शब्द का प्रयोग हुआ है, सोने का नहीं, इसलिए निश्चित रूप से यह नहीं कहा जा सकता है कि हिरण्य का अर्थ सोना ही है।[41] हिरण्य की तुलना एवं वर्णन जिस तरह से किया गया है, उससे अनुमान ही किया जा सकता है कि इस काल में स्वर्णाभूषण प्रचलित था।[42] इस काल में सोने की जानकारी स्पष्ट रूप में नहीं है। खान से सोना प्राप्त होने की सम्भावना इतनी कम होती कि इसे प्रचुर मात्रा से प्राप्त करने की स्तुति आर्यों द्वारा की जाती थी।[43] उत्तर-वैदिककाल में **हिरण्य** शब्द की जानकारी विस्तृत रूप से होने लगती है। खान से हिरण्य प्राप्त होने की चर्चा मिलती है।[44]

ज्ञाताधर्मकथांकसूत्रम् में स्वर्ण खानों की चर्चा है, जिनका पता व्यापारियों ने जंगलों एवं पहाड़ों में आवश्यक वस्तुओं की तलाश में भटकते हुए लगाया था।[45] *वाजसनेयीसंहिता* (1.5.12) के अनुसार स्वर्ण से पहले रजत का नाम आया है। भारत में भी चाँदी के अभाव रहने के कारण इसका मूल्य स्वर्ण से अधिक था। मौर्यकाल में सोना खान से निकाला जाता था।[46] *अर्थशास्त्र*[47] में प्रथम बार सोना के स्रोतों के विषय पर विस्तृत रूप से प्रकाश डाला गया है। खान से निकाले गए सोने को **हाटक** कहते थे। इस स्रोत में सोने की खान की पहचान की जानकारी विस्तृत रूप में प्रथम बार हुई। परिचित पहाड़ों के गड्ढे, गुफाओं, तराइयों, पथरीले स्थानों एवं शिलाओं से ढँके छेदों द्वारा बहनेवाले जल से जिसका रंग जामुन, आम, ताड़ के फल, पक्की हल्दी, हरताल, मैनसिल, शहद, शिशराज, कमल, तोता, मोरपंख आदि के रंग का हो और अपने समान रंग के पानी तथा औषधि तक बहनेवाले चिकने भारी जल को देखकर सोने की खान का अनुमान किया जाता था।[48] स्वर्ण खानों के लिए **आकर** शब्द का प्रयोग होता था। पुराने खानों की परीक्षा समय-समय पर की जाती थी और उसके लिए सरकारी अधिकारी नियुक्त होते थे।[49] कुषाण काल में सोने की खानें[50] थीं। 7वीं सदी में सिन्ध एवं दक्षिण क्षेत्र में स्वर्ण खान की चर्चा मिलती है। *प्रज्ञापना* में सोने की खान[51] की चर्चा है। स्वर्ण खान[52] के

लिए पुनः कौटिल्य के बाद **आकर** शब्द का प्रयोग[53] मिलता है। खान से निकाला जानेवाला सोना कच्चे धातु के रूप में होता था।[54]

12वीं एवं 13वीं सदी में भारत में स्वर्ण खानों[55] की चर्चा मिलती है। कन्नौज में सोने की खान की चर्चा मिली है। मैसूर के स्वर्ण खान[56] से सोना निकालनेवाले सरकारी आदमी होते, जिसे एक अधिकारी के नियंत्रण में रहना होता था। बाबरकालीन पुस्तक *जवाहीरनामा*[57] में सोने की खान दो प्रकार की बताई गई है। वैसी खान जहाँ से शुद्ध सोना निकलता, उसे **तेलाएखालिस** कहते थे। कुछ वैसी खानों की चर्चा है जहाँ अल्पधातुओं के साथ सोना भी निकलता था। इसे मिलावट वाला **खालिस सोना** कहते। शुद्ध सोने की खान अफ़गान एवं मिस्त्र के क्षेत्र में थीं।[58] खालिस या मिलावट वाला सोना जुनूबी किरमा खानों से पाया जाता था। अधिकांश स्वर्ण खान अरब के यगरूबी मविलिक में स्थित थी। 16वीं सदी में खान[59] से सोना प्राप्त किया जाता था तथा कुछ पुरानी खानों से भी सोना प्राप्त किया जाता था। 17वीं सदी में बंगाल, पंजाब तथा शाहजहानाबाद (दिल्ली) में सोने की खानें थीं जहाँ से सोना लाया जाता था। सुजान राय ने इसकी चर्चा की है। चतरमन ने इलाहाबाद, आगरा और कश्मीर में स्वर्णखान की चर्चा की है। दे-लेते के अनुसार पटना के आस-पास भी सोना पाया जाता था, अर्थात् सोने की खान थी।[60]

पहाड़ से सोना प्राप्त होने की चर्चा बहुत कम है। मौर्यकाल[61] में मेरु पर्वत, शतकुम्भ पर्वत एवं वेणु पर्वत से सोना निकाला जाता था। रोहण एवं अन्य पर्वत से सोना प्राप्त किया जाता था।[62] ऋग्वैदिक काल में सिन्धु नदी को हिरण्ययी[63] कहा गया है, क्योंकि इसमें सोना मिलता था। नदी से सोने का चूरा बटोरकर जमा करते और उसे छोटी-छोटी थैलियों या कलशों में भर कर रखते या उसे गलाकर पिंड या पासा बना लिया करते थे।[64] परन्तु यह सत्य मालूम नहीं पड़ता, क्योंकि ऋग्वैदिक काल में सोने की जानकारी थी, यह स्पष्ट रूप से कहीं नहीं मिलता है। यह केवल अनुमान ही किया जा सकता है। सिन्धु नदी से सोना प्राप्त होने की सम्भावना इतनी कम होती कि उसे प्रचुर मात्रा में प्राप्त करने की स्तुति आर्यों द्वारा की जाती थी।[65] उत्तर-वैदिककाल में हिरण्य का अर्थ सोना था, यह स्पष्ट हो जाता है। सिन्धु नदी के रेत से सोना प्राप्त किया जाता था।[66] मेरु पर्वत से निकलनेवाली जम्बू नदी से उत्पन्न सोने का रंग जामुनी रंग का होता था।[67]

बुद्धचरितम्[68] में नदी से सोना प्राप्त होने की चर्चा है। समुद्री तल और समुद्री बालू द्वारा सोना निकाला जाता था।[69] मेरु पर्वत एवं मन्दर पर्वत के बीच बहनेवाली शैलोदा नामक नदी की रेत से प्रचुर मात्रा में सोना इकट्ठा किया जाता था। पिपीलिकाओं (चींटियों) द्वारा इकट्ठा किए जाने के कारण इस तरह

के सोने का नाम **पिपलिका** सोना था।[70] कश्मीर के उत्तर एवं पश्चिम नदियों में स्वर्ण रेत पाए जाते जिसे पीत बालू कहते और इसी से सोना निकाला जाता था।[71] 17वीं सदी में लाहौर और कश्मीर में पकली नदी तथा गिलगिट से सोना प्राप्त किया जाता था।[72]

कीमियागीरी

कीमियागीरी (जादू से सोना बनाना) से सोना प्राप्त करने की चर्चा सर्वप्रथम *अथर्ववेद* में मिलती है। सोम की पत्ती का रस तपे हुए ताँबे पर डालने से स्वर्ण निकलता।[73] कौटिल्य के *अर्थशास्त्र* में कीमिया बनानेवालों का उल्लेख मिलता है, जिन्हें **धातुवाइय** कहते। धातु के पानी से ताँबे आदि को सिक्त करके सुवर्ण बनाने की प्रथा प्रचलित थी।[74] रसायनविद्या[75] में स्वर्णपाक (सोना बनाने की विद्या), हिरण्यपाक, सजीव (मृत धातुओं को सहज रूप में लाने का ज्ञान) और निर्जीव (सुवर्ण आदि धातुओं के मरण का ज्ञान) का अन्तर्भाव होता है।[76] आठवीं सदी में विभिन्न रसायनों[77] द्वारा स्वर्ण बनाया जाता था। यह एक विद्या के रूप में प्रचलित हो चुका था। दूसरे शब्दों में यह कहा जा सकता है कि आर्थिक गिरावट के कारण सोना का अभाव हो गया था और सोना प्राप्ति के लिए तंत्र-मंत्र का सहारा लेना शुरू हो गया था। इसके ज़रिए लोगों को ठगा जाने लगा। जादू से सोना बनाना बहुत प्रचलित था। यदि किसी वृक्ष को खोदने पर रक्त की आभा निकले तो उसके नीचे स्वर्ण[78] होने की आशा की जाती थी। बाबरकालीन पुस्तक *जवाहीरनामा*[79] में जादू से सोना प्राप्त करने की कला को कीमियागीरी कहा गया है। ऐसा सोना जल्दी गलता नहीं था, और गल जाने के बाद उसके वजन में कमी आ जाती थी। कीमियागार छोटे-छोटे लोगों को ठगता, क्योंकि वह नक़ली सोना बनाता था।

आयात

भारत में सबसे अधिक सोने का स्रोत आयात रहा है। सिन्धु सभ्यता एवं ऋग्वैदिक काल में व्यापार या आयात द्वारा सोना आने की चर्चा नहीं है। उत्तर-वैदिककाल में दक्षिण-पूर्व से हिरण्य उत्तर-पश्चिम भारत में मँगाया जाता था।[80] *आश्वलायन श्रौतसूत्र*[81] में हिरण्य का किसी द्वीप से आने का संकेत है। राजगृह के व्यापारी (स्वर्णकार) उत्तरापथ से स्वर्ण मँगवाते थे।[82] दक्षिणापथ पर सोने का व्यापार मौर्य एवं कुषाण के काल में हमेशा चलता रहा।[83]

सौराष्ट्र नगर के व्यापारी स्वर्ण के साथ-साथ अन्य चीज़ों का व्यापार नावों द्वारा करते थे।[84] हात्थिसीस नामक व्यापारी कालीयद्वीप व्यापार के लिए जाते थे।[85] यह द्वीप सोना, चाँदी एवं रत्न के लिए प्रसिद्ध था।[86] कालीय द्वीप की

पहचान मोतीचन्द्र ने जंजीबार से किया है।[87] *पउमचरिउ* एक रत्नद्वीप की चर्चा करता है, जहाँ स्वर्ण एवं रत्न पाए जाते थे।[88] मौर्य एवं कुषाण काल में सोना ईरान से आता था।[89] चम्पा के व्यापारी अपना माल बेचकर सोना लाते थे।[90] *महाभारत*[91] के अनुसार युधिष्ठिर को तिब्बतीवर्ती (किरात) लोगों ने काफ़ी सोना भेंट किया। इसके अलावा दूसरे देशों से मित्र या राजपुरुष आते तो सोना उपहार में लाते थे। *कुवलयमालकहा*[92] के अनुसार 7वीं एवं 8वीं सदी में पुरुष बेचकर व्यापारी सोना लाते थे। बंगाल[93] एवं आसपास के व्यापारी स्वर्णद्वीप में पलाश का फूल बेचकर वहाँ से स्वर्ण लाते थे।[94] 9वीं एवं 10वीं सदी में भारत की व्यापारिक स्थिति बहुत खराब हो गई, इसके व्यापारिक सम्बन्ध अन्य देशों से खत्म-से हो गए। इन कालों में भारत में स्वर्ण की बहुत कमी हो गई थी।[95] 11वीं सदी में ईरान[96] तथा अफ़गानिस्तान[97] से भारतीय मालों के बदले सोना भारत आता था। मुहम्मद-बीन-कासीम अफ्रीका से सोना मँगाता था।[98] 13वीं सदी में दक्षिण भारत के केरल क्षेत्र में अरब व्यापारियों के कारण बहुत सोना आता था।[99] कोरोमंडल[100] का व्यापार अरब और फ़ारस के साथ होता था। 13वीं सदी के सन्दर्भ में इरफ़ान हबीब[101] का मत है कि भारत में सोने का उत्पादन बहुत कम था। कर्णाटक की खानें समाप्त हो चुकी थीं। हिमालय से निकलनेवाली नदियों में बहुत कम मात्रा में सोने के कण पाए जाते थे। परिणामत: सोने के लिए भारत लगभग पूरी तरह आयात पर निर्भर था। साइमन डिगवी का मत है कि अधिकांश सोना प्रमुख यूरेशियन स्त्रोतों, जैसे–पश्चिम अफ्रीका के स्वर्ण खानों से आता था। मध्यकाल में घाना से बहुत बड़ी मात्रा में सोना भारत आता था। मंगोलों का सोना ईरान तथा मध्य एशिया से होते हुए भारत में आता था।[102] भारत के व्यापारी ईरान से सोना खरीदते और भारत में बेचने के लिए तैयार करते थे।[103] इस प्रकार महमूद गजनवी द्वारा लूटा गया भारत का सोना पुन: भारतीय बाज़ारों में लौटने लगा था। बाबरकालीन पुस्तक *जवाहीरनामा*[104] में ऐसे सोने की खानों की चर्चा है जो कि अरब, मिस्त्र एवं अफ़गान के देशों में थीं। 17वीं सदी में सोना भारत में बहुत नहीं था। यह कहाँ से लाया जाता था, इस पर बर्नियर ने प्रकाश डाला है। दुनिया के अनेक कोनों से दान के रूप में सोना मक्का को प्राप्त होता था। अमेरिका से तुर्की सोना मँगवाता था और इस तरह अरब के क्षेत्रों से गुजरात में स्थित सूरत के व्यापारियों द्वारा सोना भारत लाया जाता था।[105] बर्नियर भारत में बड़ी मात्रा में आए सोने की अन्य देशों में ले जाने की चर्चा भी करता है।[106]

भारतीय माल की विदेशों में माँग थी और इस माल के बदले मुख्यत: सोना प्राप्त होता था। अनेक विद्वानों का मत है कि सोना-चाँदी संसार के हर भाग से घूमकर भारत में केंद्रित होता था। डच, अंग्रेज, पुर्तगीज या भारतीयों

द्वारा निर्मित अनेक प्रकार की वस्तुएँ भारतीय मालवाहक जहाजों से अनेक देशों में जातीं और व्यापारी इन वस्तुओं के बदले सोना लेकर आते थे।[107] डच व्यापारी जापान से सोना लेकर आते थे।[108] अरब और फ़ारस से सोना आता था।[109] विजयनगर काल में बर्मा से सोना आयात किया जाता था।[110]

17वीं सदी के दूसरे चरण में ईस्ट इंडिया कम्पनी के सामने एक बड़ी समस्या सोना लेकर हो गई। भारतीय माल के बदले काफ़ी बड़ी मात्रा में सोना-चाँदी इंग्लैंड से भारत भेजा जाता। इसका विरोध इंग्लैंड में ठीक उसी प्रकार हुआ जिस प्रकार प्राचीन रोम में था। लेकिन कम्पनी ने बड़ी मुश्किल से इस बात पर इंग्लैंड को राजी किया।[111] इंग्लैंड की ही तरह डच कम्पनी के विरोध में नीदरलैंड[112] से सोने का भारत निर्यात करने के विरुद्ध आवाज़ उठाई गई। सोने-चाँदी से जटिल वस्त्रों का निर्यात भी शुरू हुआ।[113] गुजरात से सूत, वस्त्र और बंगाल से रेशम निर्यात होता था और इसके बदले सोना प्राप्त होता था।[114]

सोने के प्रकार

सोने का शत-प्रतिशत शुद्ध होना सम्भव नहीं है; चाहे वह प्राकृतिक स्रोतों द्वारा प्राप्त क्यों न होता हो या उसे रासायनिक ढंग[115] से ही क्यों न शुद्ध किया गया हो। सोने के चार प्रकार और सबसे शुद्ध **जाम्बूनद** बताया गया।[116] *अर्थशास्त्र* में शुद्ध सोने की विस्तृत चर्चा एवं व्याख्या है। लन्दन की 9999 चिह्न वाला बिस्कुट सोना आज पूरे विश्व का मापदंड है। किन्तु यह भी पूरी तरह शुद्ध नहीं है। सोने की 9999 का अर्थ यह है कि शुद्धता को 10 हज़ार भागों में बाँटा गया परन्तु उसमें भी एक अंश की कमी हो आई है। अतः यही कहा जा सकता है कि बिलकुल शुद्ध सोना अभी तक नहीं प्राप्त है। हम कह सकते हैं कि जिसमें मिलावट की मात्रा जितनी कम होती है, वह सोना उतना ही शुद्ध होता है।

सोने के प्रकार को सही ढंग से समझने के लिए इसका विभाजन दो तरह से किया जा सकता है–(1) प्राकृतिक रूप से पाया गया सोना, जैसे–पहाड़, नदी, खान, व्यापार एवं कीमियागीरी, तथा (2) विभिन्न प्रकार के आभूषण जैसे : चूड़ी, कर्णफूल आदि बनाने के लिए सोना में आवश्यकतानुसार मिलावट कर उसे तैयार करना।*अर्थशास्त्र* में सोने के प्रकार की चर्चा मिलती है। इसके अनुसार सोना तीन प्रकार का होता है। (1) जागरूक, अर्थात् स्वयं शुद्ध सोना, (2) रसविद्ध-रसायन क्रियाओं द्वारा निर्मित, (3) आकारोदगत-अशुद्ध और खानों से निकाला हुआ। कमलरज की आकृति का, मृदु, स्निग्ध, शब्दरहित और चमकदार सोना सर्वोत्तम कहा गया। लालपीत वर्णों का मिश्रित मध्यम और केवल वर्ण के सोना को खराब बताया गया। उत्तम कोटि के स्वर्ण जिसमें कुछ

पीलापन एवं सफ़ेदी हो, वह अप्राप्तक कहलाता था। सोने के प्रकार के बारे में इतनी विस्तृत व्याख्या *अर्थशास्त्र* के पश्चात् *जवाहीरनामा* में मिलती है। तेलाफाइज शुद्ध सोने को कहते थे। इस पुस्तक में शुद्ध सोने की तासीर की व्याख्या पाते हैं। यह नरम और वजन में भारी भी होता था। हकीम अफलातुन के अलावा अन्य विद्वानों का कहना है कि तेला प्रकार के सोने का तासीर न तो गर्म होती है और न ठंडी। अफलातुन का विचार है कि तेला गर्म तसर का होता है। जादू से सोना बनानेवाला कीमियागार कहलाता। उसका काम सीधे-सादे लोगों को ठगना था, क्योंकि वह नक़ली सोना बनाता था।

आभूषण बनाने के लिए सोने में कई प्रकार की मिलावट की जाती थी। विभिन्न आभूषणों के लिए विभिन्न प्रकार के सोने की आवश्यकता होती थी। उसी के अनुसार मिलावट की जाती थी। प्राचीन काल में शुद्ध सोने के साधारण आभूषण बनाए जाते थे, परन्तु धीरे-धीरे तकनीक में सुधार आता गया और नए-नए तरह के अनेक डिजाइनों वाले आभूषण प्रयोग में लाए जाने लगे। मुग़लों के काल में नई-नई शैली का प्रयोग किया जाने लगा और शुद्ध सोने के आभूषण बनाने की चर्चा कम मिलती है। अधिकांश आभूषण मिलावट वाले सोने से तैयार किए जाने लगे। मीनाकारी के आभूषण बहुत प्रचलित थे। इससे आभूषणों की सुन्दरता में वृद्धि होती थी और महँगा भी कम होता था। मीनाकारी करने में वैसे मीना का प्रयोग किया जाता जो गर्म करने पर सोना से पहले पिघल जाए। मीनाकारी वाला आभूषण यदि शुद्ध सोने का रहता तो वह मीना से पूर्व ही पिघल जाता; अत: मिलावट वाले सोने से ही मीनाकारीवाला आभूषण बनाना सम्भव था।[117]

शाही बर्तन रत्नखंडों से जड़े हुए सोने के पत्रों से बनते थे। सम्राट जहाँगीर (1620 ई.) ने भी सोने के सिक्के चलाए थे। इनमें एक नई ईजाद थी बारह राशियों के सिक्कों की, जिसे जहाँगीर ने अपनी मौलिक देन कहा था। शाहजहाँ के शासनकाल में बने मयूर सिंहासन के मूल्य को भारत-यात्रा पर आए फ्रेंच जौहरी टेवर्नियर ने साठ लाख डॉलर से अधिक का बताया था। शाहजहाँ के शासन में कृषि की उपेक्षा से जो सामाजिक विषमता और अभाव की स्थिति आई उसने तत्कालीन अमीर-उमरावों को सोना धरती में गाड़ने की प्रवृत्ति को प्रोत्साहन दिया।

बाइबल में सबसे पहले जिस धातु का उल्लेख हुआ है, वह सोना ही था। मन्दिरों, राजमहलों, तिजोरियों और तहख़ानों से लेकर शवों के ताबूतों तक सोने की व्याप्ति अनेक प्राचीन सभ्यताओं में मिलती है। सोने के लिए देशों की छीना-झपटी और सोने की खानों में किए जानेवाले मज़दूरों के शोषण के साथ ही सोने के रख-रखाव व विनिमय ने मानव सभ्यता के इतिहास में अनेक बर्बर

व रोमांचकारी अध्याय जोड़े हैं। स्पेन के आक्रामकों द्वारा दक्षिणी और मध्य अमेरिका पर कब्ज़ा करने के मूल में इन स्थानों की समृद्धि सोने की खानों पर अधिकार करना था।

आर्थिक महत्त्व

सोना एक सुन्दर, निर्विकार एवं दुर्लभ धातु है जिसे वातावरण दूषित नहीं कर सकता। कहा गया है कि सोना और काँसे का रंग एक होता है। लेकिन काँसे से ज़्यादा मुलायम सोना होता है और इस मुलायम वाले लक्षण के आधार पर स्वर्ण एवं काँसे में अन्तर स्थापित किया जाता था। यह पीले रंग की सुन्दर धातु है जिसके रंग से बालक गौतम बुद्ध की तुलना की गई तथा सोने का रंग शुभ का प्रतीक माना गया। सोने के रंग की तुलना *बृहत्संहिता* में सूर्य एवं अग्नि से की गई है। बिजली के समान कान्ति सोने में बताई गई है। अशोक के पत्ते से सोने की तुलना की गई। इसके रंग एवं रूप में परिवर्तन कभी नहीं होता है।

स्वर्ण का महत्त्व इतना था कि इसे देकर दास भी अपने दासत्व से छुटकारा पा सकता था।[118] गया के बौद्ध मन्दिर में गौतम बुद्ध की स्वर्ण प्रतिमा थी।[119] स्वर्ण सम्पत्ति के रूप में माना जाता था। अतएव राजा के राजकोष में सोना-चाँदी जमा रहता।[120] कश्मीर के सुल्तान ने सन् 1420 ई. में फ़रमान में लिखा कि नदियों में सोना साफ करनेवालों को कुल सोना-प्राप्ति का छठा भाग राज्यकर के रूप में देना होता था। सोने का महत्त्व इतना था कि इसे प्राप्त करने के लिए अनेक शासकों ने लूट-पाट मचाई। चूँकि मन्दिरों को दान के रूप में ढेर सारे स्वर्ण, रत्न आदि प्राप्त थे, अतः आक्रमणकारियों ने जनता को मारने-काटने के बजाय मन्दिरों को लूटना[121] ही बेहतर समझा और इसलिए ढेर सारे मन्दिर समय-समय पर लुटे गए। इस सम्बन्ध में बहुत से विद्वानों ने मुस्लिम आक्रमणकारियों को हिन्दू धर्म-विरोधी होना बताया है पर मुख्य कारण आर्थिक था जिसके कारण मन्दिर लुट गए।

वेश्या यदि[122] अपने को राजवृत्ति से मुक्त करना चाहती तो राजा को 24 हज़ार पण देकर स्वतंत्र हो सकती थी। सोने का महत्त्व इतना अधिक हो गया कि अनेक वस्तुओं का मूल्य 13वीं सदी में स्वर्ण में मापा जाता था। आलंगुडि में आर्थिक संकट की स्थिति में मन्दिर द्वारा सभी सोने एवं चाँदी के सामान दे दिए गए। 1011 कलंजू सोना उधार दिया गया ताकि लोग जीवनयापन करें।[123] सोने के निजी प्रयोग के कारण भारत में स्वर्ण का अभाव बना रहा।[124] सोना खरीदना या बेचना काफ़ी मुनाफ़ेवाला रोज़गार माना जाता था।[125] व्यापारिक दृष्टि से सोने का काफ़ी महत्त्व था। संसार के विभिन्न भागों से व्यापारी अपना सोना देकर भारतीय वस्तुओं को ले जाते थे। सोना भारत से

बाहर नहीं जा पाता बल्कि उसकी खपत यहीं हो जाती थी।[126] भारत में सोने की बाहुल्यता थी।[127] व्यापारी लोग चोरों के भय से सोने के बदले रत्न खरीद कर यात्रा पर ले जाया करते थे, अर्थात् रत्न का महत्त्व भी, इसी समय से बढ़ना शुरू हो गया था।[128] 14-15 वीं सदी में सुल्तानों ने आम लोगों के लिए सोना-चाँदी को सरकारी अनुमति के बिना बड़े पैमाने पर रखना अवैध घोषित कर दिया था। क्योंकि उस समय हाथियों की आवश्यक संख्या और स्वर्ण की उपयुक्त मात्रा प्राप्त कर लेने पर कुशल सैनिक इकट्ठा करने में और अपने को शासक मानने के लिए जनसाधारण को बाध्य करने और सत्तारूढ़ सुल्तान पर हावी होने में आसानी होती थी।[129] सोना खरीदना या बेचना काफ़ी मुनाफ़े वाला रोज़गार माना जाता था।[130]

पहले और आज के समान बाबर के काल में सोने के प्रति लोगों का काफ़ी लगाव था। इसका मुख्य कारण आर्थिक बताया गया है। आर्थिक संकट की घड़ी में सोना काफ़ी सहायक सिद्ध होता था।[131] इसे आसानी से बेचा या बन्धक रखकर काम चलाया जा सकता था। आज भी अनेक कारणों के साथ-साथ ग़रीब लोगों के बीच स्वर्ण के प्रति आकर्षण का यही कारण प्रमुख है।[132] सोना के महत्त्व और आकर्षण की जानकारी रानामुस अकर मलिकुल अजसाद काज़ी उल-हाजात की इस रूबाई से होती है :

ऐ ज़र तुई आँक जामेउल लज्जाती
महबूबे खलायक बहमा औकाती
बेशक तू ख़ुदा नए व लेकन यूँ ख़ुदा
सत्तारे ओयुब बकाजी उल हाजाती

अर्थात् : ऐ सोना! तू वो है जो, इज़्ज़त के पर्दे में रहता है
तमाम वक़्त लोगों में पसन्दीदा है
बेशक तू ख़ुदा नहीं है लेकिन तू ख़ुदा की
तरह ही लोगों के ऐबों को छुपाता है।

औषधि के रूप में सोने का उपयोग धनी लोगों के बीच हमेशा रहा है। *जवाहीरनामा* में स्वर्ण के इस पक्ष का विस्तृत विवरण दिया गया है। तंत्र-मंत्र की दृष्टि से ही नहीं बल्कि यथासंभव वैज्ञानिक दृष्टि से औषध के रूप में स्वर्ण का प्रयोग किए जाने की चर्चा इस स्रोत में है। इस धातु को शीतल प्रकृतिवाला बताया गया है। पुनः यह भी बताया गया है कि इसका स्वभाव न गर्म होता और न ही ठंडा। दिल को मज़बूत बनाने के लिए स्वर्ण का प्रयोग महत्त्वपूर्ण माना जाता। अमराजे सौदवी खिफ़्कान और मिर्गी जैसी बीमारियों से राहत दिलाने और शारीरिक शक्ति में वृद्धि के लिए स्वर्ण का महत्त्व था। सोना ही एक ऐसी धातु थी जिसे धारण करनेवाले के शारीरिक हिस्से पर निशान नहीं

पड़ता। सोना से बना हुआ दाग़ कष्टरहित और तुरन्त समाप्त हो जाता है। सोने की सिलाई (काँटा) से आँखों में सुरमा लगाने से आँखों को विशेष ठंडक मिलती है और रोशनी बढ़ती है। पेट की बीमारी से मुक्ति और मुँह को खुशबूदार बनाने में सोना महत्त्वपूर्ण भूमिका निभाता है। सोने को हमेशा देखनेवाला पीलिया का मरीज़ नहीं हो सकता।

अधिकांश मुस्लिम स्त्रोतों में सोने को जादुई महत्त्व का नहीं बताया गया है, क्योंकि जादू का महत्त्व इस्लाम धर्म नहीं देता। पुनः इस बहुमूल्य धातु को आभूषणों के रूप में प्रयोग की बात भी कम पाते हैं। इसका भी कारण था कि पुरुषों को आभूषण धारण करने की अनुमति इस्लामी क़ानून नहीं देता। इसके बावजूद सोने का महत्त्व सुल्तानों और बादशाहों के काल में काफ़ी रहा। व्यापार में, राजपरिवार एवं धनी मुस्लिम स्त्रियों के अलावा सामान्य हिन्दू-मुस्लिम महिलाओं के बीच स्वर्ण एवं स्वर्णाभूषण का प्रचलन काफ़ी रहा। स्वर्ण सिक्के, बर्तन, स्वर्णतार जटित वस्त्रों तथा राजकोष के रूप में सोने का महत्त्व काफ़ी रहा। इस काल का महत्त्वपूर्ण पक्ष रहा सोने के साथ-साथ बहुमूल्य रत्नों के महत्त्व में वृद्धि और इनका स्वर्णाभूषणों के रूप में बड़े पैमाने पर प्रयोग।

तौल

प्राचीन काल से ही सोने को मापने का अलग-अलग ढंग रहा है। सर्वप्रथम प्राचीन ग्रंथ *अर्थशास्त्र*[133] में सोने को मापने के बारे में विस्तृत व्याख्या की गई है। इस ग्रन्थ के अनुसार सोना-चाँदी माप-तौल करने के लिए अलग अफ़सर नियुक्त थे और वे ही तराजू एवं बाट बनाते थे।

माप

दस उरद के दाने 5 रत्ती	–1 स्वर्णमापक
16 माष	–1 स्वर्ण या 1 अर्ष
4 अर्ष	–1 पल

बाट

सोने को तौलने के लिए 14 प्रकार के बाट होते थे जिसके द्वारा एक सुवर्ण, 2 सुवर्ण, 4 सुवर्ण, 8, 10, 20, 30, 40, और 100 सुवर्ण, तौलने की सुविधा हो। ये बाट लोहे के बने होते थे। मेकल देश (विन्ध्याचल पर्वत) के पास के पत्थर के बने बाट बहुत अच्छे माने जाते। बाट की विशेषता यह होती कि जो पानी पड़ने या लेप लगाने से वजनी न हो जाए और गर्मी के प्रभाव से हलके न पड़ जाएँ।

तुला

तौलने के लिए छोटी-बड़ी 10 तुलाएँ होतीं थीं, जिनका क्रम 6, 14, 22, 30, 38, 46, 54, 62, 70 और 78 अंगुल का होता था। इनका वजन क्रमशः एक पल से 10 पल तक होता और दोनों ओर पलड़े लगे होते थे।

वैदिक काल में एक थैली की चर्चा है जिससे अनुमान किया जा सकता है कि इसका अर्थ सोने की थैली ही होगा और उसकी एक खास तौल होगी। इसी प्रकार हिरण्य पिंड की चर्चा है जिसकी भी खास तौल रही होगी।[134]

पल नामक बाट से सोना तौला जाता था।[135] स्वर्ण का तुलादंड श्रेष्ठ और चाँदी का मध्यम था। इन दोनों के लिए खैर की लकड़ी का तुला-दंड बनाने की चर्चा है।[136] स्वर्णाभूषण तौलने के लिए छोटे बटखरे होते थे। अलबरूनी[137] ने माप और तौल का विवरण इस प्रकार दिया है :

16 माप	=	1 सुवर्ण
4 सुवर्ण	=	1 पल
1 पल	=	1 कुडव
4 कुडव	=	1 प्रस्थ
4 प्रस्थ	=	1 आठक
4 आठक	=	1 द्रोण
20 द्रोण	=	1 खारी

सोने को कई टुकड़ों में काटने के लिए जिस कैंची का प्रयोग किया जाता था, उसे कृपानी या करतरी[138] कहते थे। खुदाई से प्राप्त वस्तुओं को मापा जाता जिसके लिए बाट का प्रयोग होता था। सभी बटखरों में समानुपात दृष्टिगोचर होता है। बटखरे 16 के क्रम से चलते थे। आज भी उत्तर भारत में छोटे-छोटे स्थानों में प्रयोग किए जाते हैं। छोटे बटखरे रत्न एवं मणियों को तौलने के काम आते थे।[139]

आन्ध्र[140] में सोना को माड़ा से तौला जाता था। *शब्दरत्नाकर* के अनुसार माड़ा का अर्थ अरवरहा अर्थात् आधा वरहा होता है। माड़ा सोने का छोटा सिक्का था।

1 कर्ष	=	4 माड़ा
4 कर्ष	=	1 पलम्
100 पलम	=	1 तोला
20 तोला	=	1 मिति-भार

चाँदी के बाटों की चर्चा है जिससे सोना तौला जाता था।[141]

सिक्का

सोने का प्रयोग बहुत बड़ी मात्रा में सिक्कों के रूप में पाया गया। वैदिककाल में निष्क की चर्चा कई जगहों पर मिलती है। *ऋग्वेद*, *अथर्ववेद* तथा *छांदोग्य*

उपनिषद् में ब्राह्मण को दान के रूप में निष्क दिया गया था। *गोपथ ब्राह्मण* के अनुसार उद्दालक आकणि नामक विद्वान ने शास्त्र विजय के दौरान अपनी पताका में एक निष्क लटकाया था जो कि जीतनेवाले को मिलता। निष्क के साथ ही निष्क[142] शब्द मिलते हैं। दोनों एक ही शब्द हैं, ऐसा कहना मुश्किल है। हो सकता है कि पहले निष्क के नाम से गहने का व्यवहार लेन-देन में होता रहा, बाद में पाशा या गुटका भी पुकारा जाने लगा हो। यह निष्क एक निश्चित वजन या कीमत का रहा होगा तभी उसके नाम से ही लेन-देन का मूल्य समझ पाते होंगे। परन्तु इसे सिक्का नहीं कहा जा सकता है, क्योंकि इस पर किसी राजा या व्यापारिक संस्था की छाप लगाकर गारंटी नहीं पाई गई है।[143] एरण में सोने की चकरी मिली है।[144] इसका व्यास 2.5 सेंटीमीटर तथा वजन 20 ग्रेन है। संभवत: यह विनिमय के साधन के रूप में था। इसका काल ई.पू. 1000 है। यहाँ के ताम्रयुगीन स्तरों से स्वर्णाभूषणों के कुछ टुकड़े भी प्राप्त हुए हैं।[145]

स्वर्णकारों द्वारा सरकारी मुद्राओं का निर्माण हुआ। सिक्कों का प्रयोग गौतम बुद्ध के काल से शुरू हो चुका था। मौर्यकाल में सिक्कों का प्रयोग जीवन के हर क्षेत्र में होता था। सातवाहन-कुषाणकाल में व्यापार के क्षेत्र में प्रथम बार स्वर्ण सिक्कों का प्रयोग बहुत बड़े पैमाने में पाया गया। व्यापार छोड़ अन्य लेन-देन में सोने के सिक्कों की बहुलता गुप्तकाल में देखने को मिलती है। हर्ष के बाद उत्तर भारत में सोने के सिक्के नहीं दिखाई पड़ते हैं। सोने-चाँदी के सिक्कों को ही **कर्षापण** और **कार्षिक** कहा जाता था। 70 हज़ार कर्षापण या चाँदी के सिक्के, मूल्य में 2 हज़ार स्वर्ण सिक्के के बराबर होते थे। स्वर्ण मुद्रा का भार एक कर्ष के बराबर होता था।[146]

मौर्यकाल में चाँदी के सिक्कों का प्रचलन बहुत बड़े पैमाने पर होता था। *अर्थशास्त्र* में कई जगहों पर दंड के रूप में स्वर्ण देने की चर्चा है। कुषाण[147] काल में सर्वप्रथम निश्चित रूप से स्वर्ण सिक्का पाया गया तथा उसे दीनार कहा जाता था। पूर्वी भारत में प्रयोग केवडीक दीनार स्वर्णमापक हिरण्यस्वर्ण शब्दों का भी प्रयोग सिक्कों के रूप में होता था। इसका वजन 5 रत्ती था।[148]

गुप्त राजाओं[149] ने कुषाण के सिक्कों के ढंग पर अपने सोने के सिक्के ढलवाए जिसके एक ओर लक्ष्मी और दूसरी ओर तरह-तरह की वेशभूषा में राजा का चित्र अंकित होता था। गुप्तकाल का सिक्का, **निष्क**, **पास्था** और **दीनार** के नाम से जाना जाता था जो कि राजस्थान, मालवा, गुजरात तथा उत्तरी महाराष्ट्र में प्रचलित था।[150] एक दीनार का वजन 79 ग्रेन था। *महाभारत*[151] में जिस मुद्रा की चर्चा है, वह सोने के जैसी ही थी। इस ग्रन्थ में कहीं भी मुद्रा की आकृति, वजन या परिमाण के विषय में स्पष्ट नहीं कहा गया है परन्तु उसे

निष्क के नाम से जाना जाता था। यह शुद्ध सोने का नहीं होता था। चाँदी या किसी और धातु को मिलाकर यह बनता था, यह अभी तक स्पष्ट नहीं हो सका है। कई जगहों पर निष्क की जगह कांचन, निष्क, हिरण्य, निष्कासन, शातकुम्मस्य, शुद्रस्य, शन्तनिष्कान आदि शब्दों का प्रयोग किया गया है। अर्थात् सिर्फ़ निष्क से ही यह स्पष्ट नहीं होता है कि ये सोने की मुद्रा थी, क्योंकि यदि सिर्फ़ स्वर्ण मुद्रा थी तो उपर्युक्त शब्दों का प्रयोग कोई सार्थकता नहीं रखता है। अतः सन्देह निर्मूल नहीं है कि निष्क खोट मिले सोने का बनता था। क्यों ऐसा सिक्का उस काल में प्रचलित था–यह भी माना जा सकता है[152] कि निष्क अन्य धातु का बना होता था, क्योंकि बहुत जगह किसी विशेषण का प्रयोग न कर सिर्फ़ निष्क शब्द का प्रयोग किया गया है।

दक्षिण भारत में नर्तकियों को राजा से काफ़ी सिक्के मिलते थे। पांड्य राजा ने एक नर्तकी से खुश होकर आठ कलंजू[153] दिए। **कलंजू** एवं **पोन** सोने का सिक्का होता था। इसकी चर्चा तमिल ग्रन्थों में भी है। नक़ली स्वर्ण सिक्के[154] बनानेवाले को कठोर दंड देने का आदेश था। **दिरहम**[155] नामक स्वर्ण सिक्का हुआ करता था। स्वर्ण मुद्रा[156] की चर्चा कई जगह मिलती है। कल्हण की *राजतरंगिणी*[157] में सौ स्वर्ण रूपकों का ज़िक्र है। स्वर्ण सिक्कों[158] का मूल्य 13वीं सदी में स्वर्ण के मूल्य के अनुसार होता था। सोमदेव ने लाखों स्वर्ण सिक्कों की चर्चा की है। नसीरुद्दीन मुहम्मद के काल में दिल्ली में एक **टकसाल** थी जहाँ सोने के सिक्के ढाले जाते थे। उन्हें **मोहर**[159] कहते थे। **द्रम**[160] नामक सिक्का स्वर्ण का होता था। गाहड़वाल वंश के शासक गोविंदचन्द्र के सोने का 800 द्रम सिक्का बहराइच ज़िले के नानपारा से मिला था, जिसमें शुद्धता[161] का बिलकुल अभाव था। 16 द्रम[162] का एक निष्क होता और एक कर्ष स्वर्ण एक सुवर्ण या 146.4 ग्रेन का होता था। 1921 में करीब 600 स्वर्ण मुद्राएँ[163] मध्य प्रदेश के विलासपुर ज़िले से प्राप्त हुईं। यह बस्तर के नागकुल का था जिसका काल 1108, 1111 और 1114 ई. था। इसका आकार .7 इंच तथा भार 59 ग्रेन है। **सादे** सिक्का[164] नामक स्वर्ण सिक्का एक कर्वा के बराबर था। गोआ के कदंब वंश की स्वर्ण मुद्राएँ[165] 1186–87 ई. में जारी की गई। उनका वजन 63.75 तथा 45 ग्रेन है। 10वीं और 12वीं ई. के बीच सिर्फ़ राजपूतों द्वारा चलाए दो स्वर्ण मुद्राएँ[166] 1946 में ब्रह्मपुरी डीह पर (कोल्हापुर के पास) प्राप्त हुई हैं। ऐसा अनुमान है कि इन्हें 10वीं शताब्दी के अन्त में शिलाहारों द्वारा जारी किया गया होगा। यह मुद्रा गोल और व्यास 1/2 इंच है तथा वजन 22.5 ग्रेन है।

आंध्र के काकतीय शासकों ने सोने के सिक्के[167] स्वर्णकारों द्वारा ढलवाए। **बरह** का सिक्का 13वीं सदी में लागू हुआ। यह नाम बारह लांछन

से बना। कर्णाटक की एक वेश्या ने अपना शुल्क 'शारी हाटकनिष्क' अर्थात् एक साड़ी और सोने का सिक्का बतलाया।[168] एक अन्य जगह पर वेश्या संभोग करने के लिए दो स्वर्णमुद्रा माँगती है। ऐसा प्रतीत होता है कि स्वर्ण मुद्रा का प्रचलन आम जनता में भी था। विजयनगर काल में स्वर्णकारों द्वारा गाद्याण, बरहा, प्रताप अथवा माडा, पणम् माटा और लागा नामक स्वर्ण सिक्के बनाए जाते थे।[169] चालुक्य और काकतीय काल में स्वर्णकार सिक्के बनाते थे। सिक्के ढलवाने का अधिकार राजा के साथ-साथ सामंतों को भी था।[170] विवाह के अवसर पर बहू के माता-पिता और वधू के माता-पिता एक दूसरे को स्वर्ण के सिक्के ही देते थे। सिन्ध का एक स्वर्ण सिक्का भारत के 3 सिक्कों (अशर्फी) के बराबर होता था। इसका अर्थ यह था कि सिन्ध से स्वर्ण[171] सिक्के आते थे।

स्वर्ण सिक्कों की जाँच प्रत्येक नगर एवं ग्राम में स्वर्णकारों द्वारा की जाती थी। इसके लिए उन्हें वेतन मिलता था। यह वेतन अलग-अलग जगहों पर अलग-अलग प्रकार का होता था। नक़ली एवं गिरावट के सिक्कों का प्रयोग भी होता था। अत: इन सिक्कों को परखने के लिए स्वर्णकार अधिकारी के रूप में नियुक्त होते थे। इसके लिए उन्हें राजा द्वारा एक प्रमाण-पत्र एवं असली सिक्का मिलता था। यह बहुत ज़िम्मेवारी एवं विश्वास का काम था। दक्षिण भारत में स्वर्ण सिक्कों का धर्मिक महत्त्व था। 14वीं-15वीं सदी में बहमनी का शासक मुहम्मद शाह प्रथम के काल में हिन्दू पवित्रता को ध्यान में रखते हुए विजयनगर एवं तेलंगाना के हिन्दू शासकों के कहने पर स्वर्णकारों ने असंख्य स्वर्ण सिक्कों को गला कर ठोस सोना बना दिया था। मुहम्मद प्रथम ने इसे अपराध माना और अनेक स्वर्णकारों को मृत्यु-दंड दिया।[172]

विजयनगर काल में पत्तम, गदयाण, काशु, कलंजू, काणम, माडै, निष्क, परतब, पोन, पगोडा, बराह आदि स्वर्ण सिक्कों का प्रयोग होता था।[173] कोरोमंडल के स्वर्ण व्यापारी (चेरिगे) स्वर्ण सिक्के[174] बनाते थे। लेन-देन में स्वर्ण सिक्कों[175] पर प्रकाश डालते हुए एक विदेशी यात्री बताता है कि 14वीं सदी के बाद ही खरीद बिक्री में अन्य सिक्कों का प्रयोग शुरू हुआ।[176] स्वर्ण सिक्के[177] का प्रयोग चोल काल में किया जाता था। कुलोत्तुंग प्रथम के दूसरे वर्ष में दक्षिणबाहु और वामबाहु की जातियों (दोनों हिन्दू) में संघर्ष हुआ जिसमें एक गाँव और वहाँ का मन्दिर नष्ट कर दिया गया तथा मन्दिर की सम्पत्ति डाकुओं द्वारा लूट ली गई। वहाँ के लोगों ने गाँव और मन्दिर को पुनः बसाने एवं बनाने के लिए सभा से 50 कलंजु स्वर्ण कर्ज़ लिया।

कलंजु[178] के तौल का एक अन्य स्वर्ण सिक्का पोन या मधुरान्त कदेवनमाडै था। इस सिक्के का उल्लेख राजराज देव के शासन के तेरहवें वर्ष में मिलता

है। नीलकण्ठ शास्त्री ने राजराज प्रथम को ही राजराजदेव बताया है जो 11वीं सदी का था। इस काल का गद्याण नामक स्वर्ण सिक्का औसतन 58 ग्रेन का होता था। सबसे भारी गद्याण 60.1 ग्रेन का मिला है। गद्याण को तमिल में कलंजू कहते हैं। चोलकालीन स्वर्ण सिक्के स्वर्णकारों द्वारा ही ढाले जाते थे और स्वर्ण का उपयोग शासकों द्वारा सिक्के के रूप में किया जाता था। अधिकांश सिक्के स्वर्णकारों द्वारा आभूषण बनाने के लिए गला दिए जाते थे। माडै, काश एवं अन्य स्थानीय स्वर्ण सिक्कों के अलावा अभिलेखों में करंगाशा या ईलक्करूगाश नामक स्वर्ण सिक्कों[179] की जानकारी मिलती है जिनका प्रचलन श्रीलंका में भी था। चोलकालीन मुद्रा के इतिहास से यह जानकारी होती है कि अधिक शुद्धता वाले स्वर्ण सिक्कों की संख्या नगण्य है। धीरे-धीरे शुद्ध सोने की मात्रा कम होती गई और आर्थिक गिरावट की शुरुआत हो गई। मलिक काफूर के द्वारा दक्षिण से लूटे स्वर्ण से अलाउद्दीन खिलजी ने दिल्ली के स्वर्णकार से काफ़ी मात्रा में स्वर्ण सिक्के ढलवाए। उस काल के राजकोष में इतना स्वर्ण था कि उनका व्यापारिक उपयोग घट गया था। बाद में मुहम्मदबीन तुग़लक के काल में काफ़ी स्वर्ण सिक्के राजकोष में थे। तैमूर को बड़ी मात्रा में स्वर्ण सिक्के प्राप्त हुए जिन पर खिलजी का चिह्न था।[180]

गजनी के सिक्कों[181] में किए गए सुधारों के परिणामस्वरूप बाज़ार में काफ़ी स्वर्ण मुद्राएँ आ चुकी थीं और व्यापार के माध्यम बन चुके थे। गजनी की एक दीनार[182] 179 ग्रेन की थी जो 1006 में जारी हुई। 11वीं शताब्दी की एक अन्य स्वर्ण मुद्रा[183] थी जो कि एक तोला की थी। किन्तु यह पदक प्रतीत होता है। **इम्मा**[184] नामक सोने की मुद्रा थी जो उत्तर भारत में 12वीं शताब्दी में प्रचलित थी। मेवाड़ में यह 14वीं शताब्दी तक विनियम के बाज़ार में उपस्थित थी। मुहम्मद गोरी ने सोने के सिक्के[185] चलाए जो गहड़वाल राजाओं के स्वर्ण सिक्कों के ढंग के थे, यानी उनके एक ओर लक्ष्मी और दूसरी ओर मुहम्मद गोरी के नाम नागरी अक्षरों में लिखे गए। सोने-चाँदी के सिक्के एवं दरब वाले सिक्के **गानी** या **जीतल** कहलाते थे।[186] 40 रत्ती वजन का स्वर्ण सिक्का मध्य प्रदेश में चेदि या कलचुरी शासकों के काल के सर्वप्रथम हर्ष के बाद 12वीं शताब्दी में मिलता है। चन्देलों एवं गहड़वालों के काल के स्वर्ण सिक्के[187] मिले हैं। एक मोहर का मूल्य 14 पौंड था।[188] गुजरात में सोने-चाँदी के सिक्के[189] जारी किए गए। सोने का उपयोग अशर्फियों[190] के रूप में किया जाता था। **स्वर्ण परदोस**[191] भी स्वर्ण सिक्के का नाम था। स्वर्णकारों द्वारा स्वर्ण सिक्के ढाले एवं बनाए जाते थे। खोटा सिक्का बदलनेवाला स्वर्णकार **सर्राफ़** कहलाता था।[192] सोने के हूण[193] पराजित शासक द्वारा विजेता शासकों को देने की चर्चा है।[194]

सल्तनत काल[195] में सोने एवं चाँदी के सिक्के बहुत कम पाए जाने लगे। 10वीं शताब्दी के बाद तो रजत के सिक्कों की भी कमी हो गई। व्यापार एवं वाणिज्य के लिए सिक्कों की आवश्यकता इतनी थी कि चाँदी और ताँबा मिलाकर **गिलट** के सिक्के बड़े पैमाने पर 11वीं शताब्दी में पाए जाने लगे। 10वीं शताब्दी में स्वर्ण सिक्के **दीनार**[196] के नाम से प्रसिद्ध थे। 179 ग्रेन का दीनार[197] निकालने का उद्देश्य सैनिक को भारतीय शहर पर आक्रमण करने के लिए लुभाना था। एक स्वर्ण मुद्रा[198] जो कि पतला एवं बड़ा है जिसका व्यास लगभग एक इंच है और वजन 50 से. 77.5 ग्रेन तक है। मुहम्मद गोरी ने **नागरी** प्रभाव की स्वर्ण मुद्रा जारी की थी। शेरशाह सूरी ने **दरब**[199] नामक सिक्का (सोना-चाँदी मिला हुआ) बिलकुल बन्द कर दिया था। सोने के सिक्के को **टंक** कहा जाने लगा।

मुग़ल बादशाह अकबर ने अपने सिक्कों[200] के कई नाम दिए। उसने 100 और 1000 मुहरों के सिक्के भी निकाले। अपने जीवन के अन्तिम काल में अकबर ने कुछ ऐसे सोने के सिक्के[201] निकाले और चलाए जिन पर राम-सीता की तस्वीर थी। पेगोडा[202] नामक स्वर्ण सिक्का दक्षिण में प्रचलित था जिसका मूल्य 3½ रुपये के बराबर था। सम्राट जहाँगीर ने सोने के ऐसे सिक्के[203] चलाए जिन पर उसकी अपनी तस्वीर थी। इस काल में अलग-अलग वजन के स्वर्ण[204] एवं रजत सिक्के बनाए गए और अलग-अलग नाम दिए गए, जैसे- नूरशाही, नूरसुल्तानी, जहाँगीरी सुल्तानी सिक्का, कोकब-ए-वख़्त, कोकब-ए- मुराद सिक्का, कोकब-ए-इक़बाल सिक्का, कोकब-ए-ताली सिक्का, खाजी, नूरानी सिक्का, नूरजहाँनी सिक्का, नूरभिहर सिक्का, नूरकरम सिक्का तथा नूरदौलत सिक्का।

सोने के सिक्के[205] मुहर या अशर्फी कहलाते थे। इसका प्रचलन अधिक नहीं था। बड़े मुहर का मूल्य[206] 14 रुपये या 14 1/2 रुपये था। सोने के मूल्य में परिवर्तन होने पर मुहर के मूल्य में भी परिवर्तन होता था। विलियम हाकिन्स के अनुसार हर देश यहाँ सिक्के[207] लाता और उसके बदले सामान ले जाता था। ये सिक्के भारत में ही दफ़न हो जाते और यहाँ से बाहर नहीं जा पाते। विदेश से जो सोना भारत आता उसे टकसाल भेज दिया जाता था और वे सिक्के[208] में बदल जाते। 17वीं शताब्दी में यूरोपीय कम्पनियों के व्यापार के कारण और सोना-चाँदी के अधिक आयात के कारण सूर के टकसाल का महत्त्व बढ़ गया। इसका कार्य अहमदाबाद के टकसाल से भी ज़्यादा बढ़ गया।

आम व्यक्ति भी अपना सोना-चाँदी टकसाल ले जाकर ढलवा सकता था। इसके लिए उसे कमीशन[209] देना होता था। यूरोपीय कम्पनी सूरत टकसाल पर 3 1/2 प्रतिशत, मुसलमान 2 1/2 प्रतिशत और हिन्दू 5 प्रतिशत कमीशन देते थे। यद्यपि सभी अपनी मुद्रा को सिक्का में ढलवा सकते थे परन्तु यह कार्य

अधिकतर सर्राफ़[210] द्वारा कराया जाता था। उस समय दक्षिण भारत में जो सोने के सिक्के चलते थे, वे वराह या पेगोडा कहे जाते थे। इन सिक्कों [211] को बनाने की अनुमति अंग्रेजों को थी। सन् 1639 ई. के लगभग सोने का एक सिक्का[212] एक निश्चित वजन का टुकड़ा-सा था और वह बाज़ार में सोने के भाव से ही चलता था। टकसाल[213] का सबसे प्रमुख अधिकारी अधीक्षक (दारोग़ा) होता था। सर्राफ़ सोने के सिक्के को शुद्धता की जाँच करने में दारोग़ा को सहायता करता था। फायर का कहना है कि सूरत का टकसाल अपने कार्यालयों का एक बड़ा नगर था। टकसाल का प्रशासन एवं नियंत्रण केंद्रीय सरकार द्वारा होता था। सूरत की टकसाल से 11 लाख रुपयों की वार्षिक[214] आय होती थी।

सोना सुन्दर[215] है, निर्विकार और दुर्लभ है, वातावरण इसे दूषित नहीं कर सकता। इसे पाने के लिए लोग जान देते हैं, जान लेते हैं। कुछ के लिए यह परम पावन है तो कुछ के लिए सारे संकट का मूल। चौबीसों घंटे सोने का सौदा बड़ी गर्मजोशी से चलता रहता है। पूरब में हांगकांग से चलकर यह सौदा सूरज के साथ-साथ पश्चिम की ओर ज्यरिख, लन्दन, न्यूयॉर्क, होनो लुलू की परिक्रमा करता हुआ, दूसरे दिन का उन्माद ज़माने के लिए हांगकांग लौट पड़ता है। एक ओर सट्टा-बाज़ार में बोली लगानेवालों की चीख-पुकार और तांडव होता है, दूसरी ओर कोलाहलरहित कक्षों में दिन में दो बार टेलीफोन को कान से लगाए कुछ लोग संसार की विभिन्न मंडियों में लगी दरों के आँकड़े बटोरते रहते हैं-ताकि स्थानीय दरें निर्धारित की जा सकें।

21 जनवरी, 1980 को प्रति औंस (सवा सताइस ग्राम)7,000 रुपये की गगनचुम्बी दर (दूसरे ही दिन यह दर 5,240 रुपये पर उतर गई थी : एक ही दिन में दर की उठान और गिरावट का यह कीर्तिमान है) 1981 के ग्रीष्म में 3,300 रुपये के आसपास मँडराने लगी। सुवर्ण ज्वर की चरम स्थिति में लोग उत्तराधिकारी में प्राप्त सोने के लिए सात-सात घंटे पंक्ति में खड़े रहते थे। अब यह स्थिति तो नहीं रही, परन्तु आज भी कंचन की अस्थिरता एवं अदम्य आकर्षण ज्यों का त्यों है।

अधिकतम दर पर मात्र एक औंस सोने से लगभग 35 क्विंटल गेहूँ या चावल खरीदा जा सकता था। एक किलो सोने के बदले आधुनिकतम सुविधाओं से युक्त बंगला मिल सकता था और एक सूटकेस भर सोने की छड़ों के बदले आप कच्चे खनिज तेल का पूरा जहाज और साथ-साथ छोटा-सा स्वचालित स्वीमिंग पुल भी प्राप्त कर सकते थे।

जन्म-दिवस और बड़े दिन के उपलक्ष्य में विशेष रूप से बच्चों को उपहार देने के लिए स्विट्ज़रलैंड के नागरिक छोटी-छोटी स्वर्ण शलाकाएँ खरीदते हैं।

फ्रांसीसी लोग स्वर्ण संचय के लिए प्रख्यात हैं। भारत में कई खरब रुपयों का सोना नागरिकों की निजी सम्पत्ति है। रूढ़िगत मान्यता के अनुसार स्वर्ण आभूषण भारतीय नारी की सुहागश्री एवं स्वर्ण अमर अविनाशी है। अजर है–इसमें बार–बार प्रयुक्त किए जाने की अनन्त क्षमता है। यह नित्य है तथा सर्वत्र संचनीय है। पिछले 6,000 वर्षों में मनुष्य द्वारा भूगर्भ से जितना भी सोना खोदा–खरोंचा गया, वह अब भी है, ऐसा माना जाता है। इजरायल का राजा सोलोमन ने लगभग आधी दुनिया से मँगा–मँगा कर ई.पू. दसवीं सदी में स्वर्ण का विपुल भंडार बनाया था। उस सोने का कुछ अंश आज किसी नववधू की विवाह मेखला में हो सकता है। संसार के विभिन्न संग्रहालयों में आज भी पुरातन स्वर्ण दमक रहा है–मिस्र में काहिरा के संग्रहालय में तुतअंखामुन (Tutankhamon) की भव्य समाधि से निकाला सोना मौजूद है। एथेंस में माइसीनिया के अगमेनान का मुखावरण भी है। लेनिनग्राद तथा कीब में सीपियन स्वर्ण है। डबलिन में सेलोटिक स्वर्ण है। लीमा, वोगोटा और मेक्सिको सिटी में प्राचीन इंका एवं एजटेक सभ्यताओं का स्वर्ण सुरक्षित है। और प्राचीन शव–समाधियों के टीलों के उत्खनन से आज भी पुरातन स्वर्ण निकलता ही आ रहा है।

गत 60 शताब्दियों में मनुष्य द्वारा निकाला गया सारा सोना एकत्रित किया जाए तो 15.5 मीटर लम्बाई, चौड़ाई तथा ऊँचाई का घनाकार पिंड बन जाएगा, जिसका वज़न होगा 87,000 मीट्रिक टन। आजकल प्रति वर्ष 1,400 टन से थोड़े कम सोने का उत्पादन हो रहा है। संसार की ज्ञात खदानों से सारा सोना निकाल लिया जाए तो भी पूर्वोक्त धन पिंड का आकार डेढ़ गुना ही हो पाएगा। किसी समय संसार का प्रमुख स्वर्ण उत्पादक देश अमेरिका अब चौथे स्थान पर है, वह समूचे उत्पादन का मात्र 3 प्रतिशत, लगभग 40 टन सोना निकालता है। तीसरे स्थान पर कनाडा है, जो स्वर्ण उत्पादन में अग्रणी दोनों देशों--रूस एवं दक्षिण अफ्रीका से कोसों पीछे है। वह कुल 4 प्रतिशत स्वर्ण निकालता है। सोवियत रूस अपनी एशियाई खदानों से 23 प्रतिशत और दक्षिण अफ्रीका 52 प्रतिशत सोना निकालता था।

एक औंस शुद्ध सोना प्राप्त करने के लिए दक्षिण अफ्रीका की खादानों से 5 टन अयस्क निकालना पड़ता था। इस अतिव्ययी अनुपात को ग्लास्गो के दो चिकित्सकों तथा एक रसायनशास्त्री ने सायनाइड निस्सारण विधि का आविष्कार करके मितव्ययी बना दिया। मुख्यत: आदिवासी कबीलों के 45,000 खनिक कभी–कभी तीन किलोमीटर तक गहरी, सँकरी और सुरंगनुमा खादानों में काम करते हैं। सतत वायु–संचरण के बावजूद इन खानों में 32 अंश सेल्सियस तापक्रम तथा अत्यधिक आर्द्रता बनी रहती है। विपुल सुरक्षा उपायों के बावजूद प्रति वर्ष कोई 400 खनिक मज़दूर काल–कवलित हो जाते हैं।

शासकीय तथा अन्त:शासकीय प्रतिष्ठानों के स्वामित्व में लगभग 38,000 टन सोना राष्ट्रीय कोषों में संचित है। यह मात्र विश्व के समूचे स्वर्ण भंडार का 43 प्रतिशत है। 24 प्रतिशत स्वर्ण निजी व्यापार पूँजी के रूप में लगा है। संसार के सर्वाधिक प्रसिद्ध स्वर्ण वस्तुओं में 142.2 किलो का हौज एक जापानी होटल के पास है। नृसिंह के आर. के. हौज में स्नान करने का किराया 1,000 येन प्रति मिनट है। स्वर्ण पात्र में नहाने से आयु बढ़ती है, इस विश्वास के कारण नहानेवालों का उल्लास बढ़ता है। आभूषणों के व्यापारी समझ जाते हैं कि हर कीर्तिमान पदार्थ 24 कैरेट का शुद्ध स्वर्ण नहीं होता। 24 कैरेट शुद्धता का सोना अत्यधिक मुलायम होने के कारण टिकाऊ नहीं होता। अधिकतर गहने 14 से 22 कैरेट तक के होते हैं।

पूँजी नियोजन के लिए लोग स्वर्ण शलाकाएँ, स्वर्ण प्रमाण-पत्र, स्वर्ण हस्तान्तरण पत्र तथा स्वर्ण मुद्राएँ खरीदते हैं। परन्तु स्वर्ण आभूषणों को सारा संसार संकट काल का विश्वस्त साथी मानता है, क्योंकि उनका आसानी से परिवहन किया जा सकता है, सुगमता से उन्हें बेचा जा सकता है, राजनीतिक हेरा-फेरी के दुष्प्रभाव से भी वे मुक्त होते हैं और वही तो एकमात्र स्वर्ण नियोजन है जो सौंदर्यबोध का लाभांश भी प्रदान करता है।

इस प्रकार 6,000 वर्षों के पश्चात् आज भी सोना धातुओं के राजपद पर आसीन है। सन् 1981 में स्वर्ण पर छपे एक लेख[216] के अध्ययन से पता चलता है कि **भारत में 1828 से स्वर्ण की खोज शुरू हुई**। भारत विश्व का 14वाँ स्वर्ण उत्पादक देश था। कर्णाटक की कोलार स्वर्ण खानें 1882 से सरकारी सोना देती आई हैं और 1979-80 में यहाँ से 1560 किलोग्राम सोना मिला था। भारत की अन्य मुख्य खदानें हैं भारत गोल्डमाइंस, हट्टी गोल्डमाइंस तथा हिन्दुस्तान कॉपर लिमिटेड[217]। कोलार विश्व की सबसे गहरी समुद्र तल से 3 किलोमीटर नीचे खान है। भारत गोल्डमाइंस से अप्रैल 1979 से मार्च 1980 तक 1650 किलो सोना मिला था। 1980 में 1792 किलो सोना निकाला गया था। इस संस्था की तीन खादानों का 1977 और 1978 में कुल उत्पादन 2204 और 1941 किलोग्राम था। 1979-80 में भारत की खदानों का कुल उत्पादन 2574 किलोग्राम था।

1978 में कुल विश्व उत्पादन 950 टन था। 1979 में यह घटकर 934 टन हो गया। 1990 में उत्पादन अनुमानत: 900 टन के आस-पास था। उत्पादन की कमी का मुख्य कारण नई खदानों का पता न लगाना तथा स्वर्ण उत्पादन ख़र्च में अभूतपूर्व वृद्धि है। पहले 300-350 मीटर की गहराई पर सोना मिलता था, लेकिन बाद में 4000 मीटर की गहराई पर मिलता है। पहले उत्पादन ख़र्च प्रति औंस करीब 225 रुपये था, अब 2000 रुपये है। 1969-79 के बीच स्वर्ण कीमत में 1381 प्रतिशत की वृद्धि हुई।

1979 की *पिक वर्ल्ड करेंसी रिपोर्ट* के अनुसार विश्व भर में ग़ैर-सरकारी तौर पर लोगों के पास 25,396 टन सोना है। सरकार और नागरिकों के पास मिलाकर विश्व भर में कुल 66,000 टन सोना है। विशेषज्ञों के अनुसार यह मात्रा असल में 80,000 टन होनी चाहिए। ग़ैर-सरकारी सोने में से 5,500 टन सोना एशिया महाद्वीप के नागरिकों के पास है। देश के क्रम में नागरिकों के पास उल्लेखनीय मात्रा फ्रांस और भारत में है। फ्रांस के नागरिकों के पास 4,615 टन तथा भारत के नागरिकों के पास 2,500 टन सोना है। स्वर्ण विशेषज्ञों के अनुसार भारत में यह मात्रा 5,000 टन तक हो सकती है। एक ब्रिटिश अख़बार के अनुसार भारत और फ्रांस के नागरिकों के पास जो छोटी-छोटी पूँजी है, वह 5,000 टन तक हो सकती है।[218]

35 सालों का रेट

साल	रेट (प्रति 10 ग्राम)	साल	रेट (प्रति 10 ग्राम)
1975	540	1991	3466
1976	532	1992	4334
1977	576	1993	4140
1978	685	1994	4598
1979	937	1995	4680
1980	1330	1996	5160
1981	1700	1997	4725
1982	1645	1998	4045
1983	1800	1999	4235
1984	1970	2000	4400
1985	2130	2001	4300
1986	2140	2002	4990
1987	2570	2003	5600
1988	3130	2004	5850
1989	3140	2005	7000
1990	3200	2006	8400
2007	10800	2012	31000
2008	12500	2014	28000
2009	15185	2015	26500
2010	20250		

सन्दर्भ-ग्रन्थ

1. *ब्रह्मपुराण* अनु, तारणीश झा, हिन्दी साहित्य सम्मेलन, प्रयाग, 1976 पृ. 722-725
2. ब्रिजेंड एंड अल्चिन, द *राइज ऑफ सिविलाइजेशन इन इंडिया एंड पाकिस्तान*, लंदन, पृ. 194-96; अर्नेस्ट मैके, *अर्ली इंडस सिविलिजेशंस*, पृ. 81; किरण कुमार थपलियाल एवं संकटाप्रसाद शुक्ल, ***सिन्धु सभ्यता***, उत्तर प्रदेश, हिन्दी संस्थान, लखनऊ 1976, पृ. 185; सतीशचन्द्र काला, *सिंधु सभ्यता*, उत्तर प्रदेश हिन्दी संस्थान, लखनऊ 1976, पृ. 24, 185
3. *ऋग्वेद*, 10. 77. 2; *ऋग्वेद*, टीकाकार पं. राय गोविंद त्रिवेदी एवं गौरीनाथ झा, भागलपुर 1918 पृ. 92, 93,94 हिरण्यमिव रोचते। देवानां वसुः 11; *ऋग्वेद* 2, 35, 10
4. *अथर्ववेद*, 5, 28, 5; *शतपथ ब्राह्मण*, 5. 12. 19; 3. 3. 4; श्रीमती उर्मिला देवी शर्मा, *शतपथ ब्राह्मण : एक सांस्कृतिक अध्ययन*, नई दिल्ली, 1982, पृ. 180 से उद्धृत
5. *शतपथ ब्राह्मण* 2. 11. 5; 3. 3. 1. 3; 3. 3. 2. 2 सामान्य जन्म वै पथश्च हिरण्यं उभयं हि अग्निरेतरम्।
6. *वही* 5. 12. 19
7. कौटिल्य, *अर्थशास्त्र*, वाराणसी, 1984, प्रकरण-28, अध्याय-13, पृ. 143
8. अजय मित्र शास्त्री, '*इंडिया ऐज सीन इन द कुट्टणीमत ऑफ दामोदर गुप्त*, दिल्ली, 1957, पृ. 138
9. के.आर. चन्द्र, *ए क्रिटिकल स्टडी ऑफ पउमचरियम्*, मुजफ़्फ़रपुर, 1970, पृ. 451-2
10. *बुद्धचरित* 2.22; *सौंदरनंद महाकाव्य*, 10.9
11. *वही*, 5.51
12. *वही*, 5.3.72, 3.25; *नाट्यशास्त्र*, 23.13
13. *वही*, 3.8
14. *वही*, 2.2, 10.5, 13.4, 2.56
15. *वही*, 2.21
16. *वही*, 4.34, 3.24, 10.4
17. *वही*, 5.50, 8.50
18. *वही*, 5.3.48
19. *वही* 4.35, 5.55, 1.19, 3.5, 23, 43.77
20. *ललितविस्तर*, जन्म-परिवर्तन, पृ. 174 (मणिकनक विचितां हेम जालो पगूठा)
21. *वही*
22. *वही*, पृ. 565
23. *अमरकोश* (अमर सिंह) 3 भागों में, टीका श्री विश्वनाथ झा, वाराणसी, 1976, 2.9.95
24. *महाभारत*, 'अनुशासन पर्व' अध्याय 84 एवं 85
25. सूर्यकांत, *क्षेमेन्द्र स्टडीज*, पृ. 176

26. मुहम्मद अशरफ़ बीन अलहसनुर रुस्तमदारी, *जवाहीरनामा*, अध्याय 25, पृ. 112 (उर्दू में अनुवाद सैयद यूसुफ फुलवारी) उपर्युक्त तथ्यों का हिन्दी में अनुवाद मिंहाज आलम खान, खुदाबख़्श ओरियंटल लाइब्रेरी, पटना ने किया। बाबरकालीन इस स्रोत की जानकारी डॉ. ए.आर. बेदार, डाइरेक्टर, खुदाबख़्श लाइब्रेरी, पटना ने दी। यह ग्रंथ बाबर के काल का है लेकिन फ़ारसी में इसे 1832 में अनुवाद किया गया जो खुदाबख़्श लाइब्रेरी में है।
27. गोपालशंकर उपाध्याय, *धातुओं का इतिहास*, उत्तर प्रदेश हिन्दी संस्थान, लखनऊ, 1997, पृ. 154-55; R. K. Dube, "Gold powder, its preperation and application, as described in Ancient Sanskrit texts", *Gold Bulletin*, 24 (3) 1991, pp. 95-102
28. W. R. Jones, *Minerals in Industry*, Penguin Books, 1945, pp. 50-55, 110
29. M. Berthelot, Introduction a 'Etude de la Chimie des Anciens et du Moyen Age', Paris, 1889, cited in *Powder Metallurgy* (Ed.) Wulff, ASM, Ohio, 1942, p. 11
30. Eraclius, 'De Coloribus et Artibus Romanorum', Latin Text edited by A. llg. with German Translation in Quellenshriften fur Kunstgeschichte und Kunsttechnic des Mittelalters und der Renais-sance, Vol. 4, 1873; गोपालशंकर उपाध्याय, *पूर्वोद्धृत*
31. गोपालशंकर उपाध्याय, *पूर्वोद्धृत*
32. Theophilus (pseudonym), "Schedula Divarsarum Artium, Latin Text And English Translation by R. Hendrie, London, 1847, Text, German translation and Notes by W. Theobold, Berlin, 1933
33. गोपालशंकर उपाध्याय, *पूर्वोद्धृत*
34. C. Niebuhr's 'Travels in Arabia', in 'A General Collection of the Best and Most Interesting Voyages and Travels in All Parts of the World', (Ed. J. Pinkerton) Longman, Hurst, Rees and Orme, London, 1809, Vol. 10, p. 199
35. H. Losner, Kolloid-7., 6, 1910, 1-3
36. R. K. Dube, *Op. cit*
37. प्रारम्भ में रोम, मिस्र, स्पेन एवं पुर्तगाल वालों ने आज से दो सौ साल पहले सोने की खान एवं सोना निकालने की तकनीक को सीखा। दक्षिण अफ्रीका में पाए गए विशाल स्वर्ण भंडार ने तकनीक को विकसित करने का सर्वाधिक मौका दिया। आज विश्व का सबसे बड़ा स्वर्ण भंडार दक्षिणी अफ्रीका एवं रूस में स्थित है। विश्व में लगभग प्रतिवर्ष 1 हज़ार 4 सौ 50 टन सोना निकलता है। 1970 में दक्षिण अफ्रीका की खानों से सबसे अधिक सोना निकाला गया। इसके पश्चात् उत्पादनों में कमी आई और 1974 में 753 टन और 1975 में 700 टन सोना निकला। दक्षिण अफ्रीका की राजधानी जोहांसवर्ग की स्वर्ण खानों की जानकारी सन् 1886 में हुई। अनुमान किया जाता है कि रूस में प्रतिवर्ष 400 टन सोना निकाला जाता है। इस उत्पादन में 50 प्रतिशत से 10 प्रतिशत की वृद्धि होती जा रही है। रूस वाले अपना सभी सोना विश्व

बाज़ार में नहीं बेचते। ये सिर्फ़ 2 या 3 सौ टन ही बेचते हैं। अन्य देशों में इसकी उत्पादन की मात्रा कम है।

38. ब्रिजेंड एंड अल्चिन, *पूर्वोद्धृत*, पृ. 194-96
39. सतीशचन्द्र काला, *पूर्वोद्धृत*, पृ. 81
40. अर्नेस्ट मैके, *अर्ली इंडस सिविलाइजेशन*, पृ. 81
41. थपलियाल और संकटाप्रसाद शुक्ल, *पूर्वोद्धृत*, पृ. 185
42. *ऋग्वेद*, 10, 77, 2
43. *ऋग्वेद*, 2, 35, 10....हिरण्यभिव रोचते। श्रेष्ठो देवानां वस्तुः।
44. मैकडानेल एंड कीथ, *ऋग्वेद* 6, 47, 23; एन. विंटरनीट्ज, *प्राचीन भारतीय संस्कृति का इतिहास*, मोतीलाल बनारसीदास 1975, पृ. 47 से उद्धृत।
45. *वाजसनेयी संहिता*, 34, 50-51; *सामवेदपूर्व*, 6, 4, 10, 624; *अथर्ववेद*, 6. 69. 1. 5. 28. 5
46. *ज्ञाताधर्मकथांक सूत्रम्* (टीकाकार आत्मा रामजी महाराज) लाहौर 1936, अध्याय-3, 17, पृ. 596, श्लोक-3, पृ. 608; जोगेन्द्र सीकदार, *पूर्वोद्धृत*, पृ. 297
47. दीनेंद्रचन्द्र जैन, *इकनॉमिक लाइफ इन ऐंसेंट इंडिया एज जैन केनोलिकल्स लिटरेचर*, प्राकृत विद्यापीठ, वैशाली, बिहार, 1980, पृ. 32
48. *अर्थशास्त्र*, चौखम्भा, सुरभारती प्रकाशन, वाराणसी, 1984 प्रकरण-28, अध्याय-13, पृ. 143
49. *वही*, अध्याय 12, पृ. 136-7
50. *वही*, प्रकरण-28, अध्याय 12, पृ. 139
51. दीनेन्द्रचन्द्र जैन, *वही*, पृ. 76; *बुद्धचरित*, पृ. 139
52. टी. वाटर्स, *ऑन व्हेनसांग ट्रावेल्स इन इंडिया*, (729-649 ई.पू.) पृ. 252
53. *प्रज्ञापना*, गुजराती अनुवाद, भगवान दास, अहमदाबाद, विक्रम संवत् 1891, अध्याय-1 श्लोक-17; *स्थानांग* (टीका अभय देव), अहमदाबाद, 1930, अध्याय-4 श्लोक 349
54. *वृहत्कल्पभाष्य*, 1.10.90.
55. *ललितविस्तर*, पृ. 65, 68-9.
56. मौलाना सैयद सुलेमान नद्वी, *भारत और अरब के व्यापारिक सम्बन्ध*, (अनुवाद : बाबू रामचन्द्र वर्मा) प्रयाग, 1930 पृ. 323, 55; *एपिग्राफिया कर्णाटिका*, जिल्द, पाँच, बेलूर, 166 (1279 ई.)
57. *एपिग्राफिया कर्णाटिका*, बेलूर 166 (1279 ई.)
58. *जवाहीरनामा*, अध्याय 25 पृ. 112
59. *वही*
60. जगदीशनारायण सरकार, *मुग़ल इकोनॉमी*, कलकत्ता, 1987 पृ. 60
61. *वही*
62. *अर्थशास्त्र*, चौखम्भा, वाराणसी, प्रकरण-28, अध्याय 13, पृ. 143
63. प्रेमसुमन जैन, *कुवलयमालकहा*, पृ. 183; *भारत और अरब के व्यापारिक सम्बन्ध*, पृ. 55

64. *ऋग्वेद*, 10, 75.8
65. परमेश्वरीलाल गुप्त, *पूर्वोद्धृत*, पृ. 19
66. मैक्डोनल्ड एंड कीथ, *पूर्वोद्धृत*, 6.47.23; विंटरनिट्ज, पूर्वोद्धृत, पृ. 47
67. राय गोविन्दचन्द्र, *वैदिक युग के भारतीय आभूषण*, चौखम्भा, वाराणसी 1965, पृ. 35; *अथर्ववेद*, 5,28,5
68. *अर्थशास्त्र*, अध्याय-13, पृ. 143
69. *बुद्धचरित*, पृ. 139
70. *बृहत्संहिता*, 11 ई; मोतीचन्द्र, *सार्थवाह*, 140-149
71. *महाभारत*, सभापर्व, 52.4 तद्वैपिपलिका नाम उद्धतयत पिपलिंकं; ताजरूप द्रोणमेय महाषुः पुण्जशों।
72. रघुनाथ सिंह, *कश्मीर कीर्तिशेष*, दिल्ली, पृ. 66
73. जगदीशनारायण सरकार, *पूर्वोद्धृत*, दिल्ली, पृ. 66
74. *अथर्ववेद*, 5.28.5
75. *अर्थशास्त्र*, अध्याय-12, पृ. 136-7; *उत्तराध्ययन टीका* 4, पृ. 83; *दशवैकालिक चूर्णी* (जिनदासगणि) रतलाम 1933, पृ. 44
76. प्रेमसुमन जैन, *कुवलयमालकहा*, पृ. 182
77. *वही*, पृ. 140, 184
78. *निशीथचूर्णी*, 13.43.3
79. पी.सी. रे, *हिस्ट्री ऑफ हिन्दू केमेस्ट्री*, भाग-1 कलकत्ता 1904, पृ. 62, *दशकुमारचरितम्*, 2, पृ. 66, काले का संस्करण 1925
80. *जवाहीरनामा*, अध्याय 25, पृ. 112
81. *वाजसनेयिसंहिता*, 34, 50-51; *सामवेद*, *पूर्व* 6.4.10. 624,; *अथर्ववेद*, 6.69
82. *आश्वलायन श्रौतसूत्र*, 3.6; रायगोविद चन्द्र, *वैदिक युग के भारतीय आभूषण*, वाराणसी, 1965, पृ. 83 से उद्धृत।
83. ज्ञाताधर्मकथांक सूत्रम् (टीका आत्माजी महाराज), लाहौर, 1936 अध्याय, 3,17. पृ. 596, श्लोक, 3, पृ. 608; जोगेन्द्र सीकदर, *पूर्वोद्धृत*, पृ. 297
84. *नीशिथसूत्रम*, जिल्द 2 श्लोक 951, पृ. 94
85. मोतीचन्द्र, *सार्थवाह*, पृ. 77
86. *निशीथचूर्णी*, पीठिका, पृ. 69
87. *ज्ञाताधर्मकथांक*, 17 पृ. 201
88. मोतीचन्द्र, *पूर्वोद्धृत*, पटना पृ. 172
89. के.आर. चन्द्र, *ए क्रिटिकल स्टडी ऑफ पउमचरियम्*, मुजफ्फ़रपुर, 1970, पृ. 451-2
90. दीनेन्द्रचन्द्र जैन, *पूर्वोद्धृत*, पृ. 76
91. *उत्तराध्ययन*, अध्याय 3, पृ. 64
92. मोतीचन्द्र, *पूर्वोद्धृत*, 2.49.8
93. *कुवलयमालकहा*, पृ. 191
94. *वही*, पृ. 191, 194; *भारत और अरब के व्यापारिक सम्बन्ध* (नदवी) पृ. 54
95. *वही*, पृ. 190, 194

96. इलियट एंड डाउसन, *पूर्वोद्धत*, जिल्द-3, पृ. 77; अबू जैद सैराफी, पेरिस संस्करण, 1811, पृ. 135; *इबन खुर्दाजवा*, मसलिक बलभमलिक, लीडन संस्करण, पृ. 71
97. शूरीद्दीन फ़ज़लुल्लाह, *तारीख-ए-मुबारक-ए गजनी-ए-दास्तान-ए-गजनखान*, संपादित कार्लजान, लंडन, 1940, पृ. 285
98. राधेश्याम, *सल्तनतकालीन सामाजिक तथा आर्थिक इतिहास*, इलाहाबाद, 1989, पृ. 420
99. *वही*
100. *वही*
101. *अरब-भारत सम्बन्ध*, पृ. 75, एवं 222
102. इरफ़ान हबीब, *कैम्ब्रिज इकोनॉमिक हिस्ट्री ऑफ इंडिया*, भाग-1, पृ. 77
103. एच.सी. वर्मा, *डाइनामिक्स ऑफ अर्बन लाइफ इन प्री मुग़ल इंडिया*, मुंशीराम मनोहरलाल, दिल्ली, 1986, पृ. 117
104. जान मैसन स्मर्थ जूनियर, 'द सिल्वर करेंसी ऑफ मंगोल ईरान', द *जर्नल ऑफ द इकोनॉमिक एंड सोशल हिस्ट्री ऑफ द ओरियंट*, 12, 1969, पृ. 20-21
105. *जवाहीरनामा*, अध्याय, 25 पृ. 112
106. *ट्रावेल्स ऑफ बर्नियर*, 1656-68, अनुवादक एवं संपादित, आर्कबाल्ड कांस्टबल, ऑक्सफोर्ड, 1914, पृ. 202
107. बर्नियर ने भारत से सोना विदेशियों द्वारा ले जाने की चर्चा की है। बड़ी मात्रा में सोना भारत जाता था। परंतु यह सोना भारत में ठहर नहीं पाता, क्योंकि अंग्रेज, पुर्तगीज एवं डच व्यापारी अपने देश ले जाते थे। विदेशों से मिली इन सुविधाओं का ही परिणाम था कि भारत में उत्पादन कार्यों को उन्होंने कभी नहीं रोका और अपने यहाँ की वस्तु भी भारत में बेचकर धन कमाते थे।
108. *ट्रावेल्स ऑफ बर्नियर*, पृ. 202; *इंडियन ट्रावेल्स ऑफ थेवनाट एंड करेरी*, सं. एस. एन. सेन, दिल्ली, 1949 पृ. 253
109. *वही*
110. ओमप्रकाश सिंह, *भारत का आर्थिक इतिहास*, इलाहाबाद, 1977 पृ. 119
111. *मार्कोपोलो ट्रावेल्स*, द्वितीय, पृ. 289-90
112. ओमप्रकाश सिंह, पृ. 118
113. *Travels of Bernier*, 1656-68 अनु. एवं सम्पा. आर्कबाल्ड कांस्टेबल, ऑक्सफोर्ड, 1914, पृ. 202
114. ओमप्रकाश सिंह, पृ. 1
115. *वही*
116. रासायनिक विधि से बना-इसी के नाम पर कैमेस्ट्री नाम पड़ा।
117. *अर्थशास्त्र*, चौखम्भा, वाराणसी, प्रकरण 28, अध्याय 13, पृ. 143
118. राइस डेविस, *सेक्रेड बुक्स ऑफ द ईस्ट*, जिल्द 35, पृ. 184
119. टी. वाटर्स, *On Hiuen Tsang Travels in India*, (729-649), जिल्द 2, पृ. 216
120. *ललितविस्तर*, अनु.-शान्तिभिक्षु शास्त्री, लखनऊ, 1984, पृ. 65-68
121. मुहम्मद निजामी, द *लाइफ एंड टाइम्स ऑफ महमूद गजनी*, कैम्ब्रिज 1931,

पृ. 111-112, *मिडियवल इंडियन हिस्ट्री* (आर. शर्मा); पृ. 34-66 से उद्धृत, *अरब और भारत के सम्बन्ध*, पृ. 75, 168 अप्पादोरै, *पूर्वोद्धत*, पृ. 753; इलियट एंड डाउसन, 'फ़रिश्ता' भाग-1, पृ. 374, 75; ओमप्रकाश सिंह, *पूर्वोद्धत*, पृ. 129

122. *अर्थशास्त्र*, पृ. 208
123. अप्पादोरै, *पूर्वोद्धत* पृ. 705
124. के. ऐ. नीलकण्ठ शास्त्री, ***चोलवंश*** (हिन्दी) दिल्ली, पृ. 434
125. *ट्रावेनियर*, पृ. 226
126. ओमप्रकाश सिंह, *पूर्वोद्धत*, पृ. 118
127. *तुजुक-ए-बाबरी*, पृ. 195
128. प्रेमसुमन जैन, *कुवलयमालकहा*, पृ. 200
129. के. एम. अशरफ़, *लाइफ एंड कंडीशंस ऑफ द पीपुल्स ऑफ हिन्दुस्तान*, (दिल्ली), 1969 पृ. 74
130. जोगेंद्रचन्द्र सीकदर, *स्टडीज इन भगवतीसूत्र*, पृ. 305
131. *जवाहीरनामा*, अध्याय-26, पृ. 14
132. *वही*, पृ. 14
133. *अर्थशास्त्र*, अध्याय 19, पृ. 174, 175
134. परमेश्वरीलाल गुप्त, *पूर्वोद्धत*, पृ. 19
135. *याज्ञवल्क्यस्मृति*, गणितसार-संग्रह, भाग-1, पृ. 42-44
136. *बृहत्संहिता*, पृ. 189
137. *अलबीरूनीज़ इंडिया*, सचाऊ का अंग्रेजी अनुवाद, जिल्द-2, लंडन 1888, परिच्छेद-15
138. *अमरकोष*, 2.10.33
139. आर. उपाध्याय, *प्राचीन भारतीय साहित्य की सांस्कृतिक भूमिका*, पृ. 774
140. सुखरम् प्रताप रेड्डी, *आन्ध्र का इतिहास*, पृ. 134-5
141. *तुजुए-ए-बाबरी*, पृ. 175-177
142. पी.एल. गुप्ता, *हमारे देश के सिक्के*, पृ. 19, 20, 29, 30
143. *एपिग्राफिया इंडिका*, 8, 185
144. कृष्णदत्त वाजपेयी, *सागर थ्रु द एजेज*, सागर, 1964, पृ. 27
145. *वही*
146. पी.एल. गुप्ता, *पूर्वोद्धत*, पृ. 29
147. *वृहत्-कल्पसूत्रम्*, जिल्द-4, अध्याय 2, पृ. 573, (मूलग्रंथ का नाम भद्रवाहू द्वारा रचित निष्क है। चतुर्विजय और पुण्य विजय भावनगर, 1933-42 (छह जिल्दों में); डी.आर. भण्डारकर, *एंशियंट इंडिया न्यूमिस्मैटिक्स*, पृ. 51, 53
148. पी.एल. गुप्ता, *पूर्वोद्धत*, पृ. 19
149. अल्तेकर, *क्वायनेज ऑफ गुप्ता इम्पायर*, पृ. 1,3,32, 300
150. *महाभारत*, आदिपर्व, 22.26; वनपर्व 37.19, 23.2; विराट पर्व, 38.48; द्रोणपर्व, 16. 26,80.17; शान्तिपर्व 45.5; अश्वमेध पर्व 89.9; द्रोण पर्व 80.17; वनपर्व 23.2; विराट पर्व, 38.43
151. *शिलप्पदिकरम्*, पृ. 113

152. *याज्ञवल्क्यस्मृति*, 240, पृ. 356
153. *अमरकोष* (अमर सिंह) सम्पादक, गणपति शास्त्री, वाराणसी, 1980, 3.3.14
154. *भविष्यपुराण*, 5.32, भास चारू, 1.1
155. *राजतरंगिणी*, 1, बुक 6, श्लोक, 4, 5, 52, 60. पृ. 239–40
156. *कथासरित्सागर*, 1.3.22
157. *ए. एस. आई.*, 8, 1946, पृ. 147
158. *कैटलॉग ऑफ क्वायन्स इन मिडिवल इंडिया* (ए कनिंघम), पृ. 256
159. *लीलावती* (भाष्कराचार्य) संपादक, एच.सी. बनर्जी, कलकत्ता, 1893, 1.2.4
160. बालचन्द्र जैन 'हाइवर अननोन क्वायंस ऑफ द नाग डाइनेस्टी ऑफ बस्तर फाउंड इन द सोनसारी होर्ड' *जे.एन.एस*, आर्ट, 195, 17, भाग–2, 1955, पृ. 54
161. *कार्पस इंस्क्रिप्शंस इंडिकारम्*, जिल्द–4, पृ. 39
162. एम.जी. दीक्षित, 'सम गोल्ड क्वायंस ऑफ कदम्ब डाइनेस्टी', *जर्नल ऑफ न्यूमिसमैटिक सोसायटी ऑफ इंडिया* 11, भाग–11, दिसम्बर 1949, पृ. 88–90
163. एम.जी. दीक्षित, 'डिस्कवरी ऑफ द गोल्ड क्वायन्स ऑफ शिल्हरास ऑफ कोल्हापुर', *जे.एन.एस. आई*, 14, भाग–1, 11, 1952, पृ. 15
164. सुखरम् प्रताप रेड्डी, *पूर्वोद्धत*, पृ. 82–3
165. *वही*
166. *वही*, पृ. 232
167. *वही*, पृ. 235
168. *अरब और भारत के सम्बन्ध*, पृ. 68
169. *साउथ इंडियन इंसक्रिपशंस*, जिल्द 2, 71; *एपिग्राफिया इंडिका*, 19, पृ. 40; सुखरम प्रताप रेड्डी, *पूर्वोद्धत*, पृ. 232
170. अप्पादोरै, *पूर्वोद्धत*, पृ. 708–20
171. *वही*
172. *वही*, पृ. 574–5
173. *वही*, पृ. 707
174. नीलकंठ शास्त्री, *चोलवंश*, पृ. 426
175. *वही*, पृ. 474
176. *वही*, 475
177. *वही*, 477
178. द *कैम्ब्रिज इकोनॉमिक हिस्ट्री ऑफ इंडिया*, पृ. 97
179. रशीदुद्दीन फ़ज़लुल्लाह, *तारीख–ए–मुबारक–ए–गजनी–ए–दास्तान–ए–ग़ज़लखान*, संपादित कार्लजॉन, लंडन 1940, पृ. 285; सी आर. आई. सिघल, 'रेयर एंड युनिक गोल्ड क्वायंस ऑफ द अर्ली मुस्लिम रूलर्स' *जे.एन. एस. आई*, 15, 1954, भाग–1, पृ. 28
180. *वही*, 16, 1954, भाग–1, पृ. 28
181. *एनअुल रिपोर्ट ऑफ द राजपूताना म्यूजियम*, अजमेर, फॉर द इयर्स एडिंग मार्च, 1927, पृ. 3
182. पी. एल. गुप्ता, *पूर्वोद्धत*, पृ. 34

183. *वही*

184. *केटलॉग ऑफ द क्वायंस इन द इंडियन म्यूजियम*, पृ. 257,; द *कैम्ब्रिज इकोनॉमिक हिस्ट्री ऑफ इंडिया*, वॉल्यूम-1, 1984, पृ. 93

185. जे. वार्मिगटन, *ए वायेज टू सूरत इन द इयर 1689*, सं.–एच. जी. रालिंसन, ऑक्सफोर्ड, 1929, पृ. 132

186. जार्ज, पी. टेलर, द *क्वायंस ऑफ गुजरात सल्तनत*, आर्ट जर्नल, *जे. बी. बी. आर. ए. एस.*, 1903, भाग-21, पृ. 317-18, *दिल्ली सल्तनत* से उद्धृत, पृ. 142

187. महमूद बुखारी, *तारीख़े सलातीने गुजरात*, पृ. 425, *दिल्ली सल्तनत* से उद्धृत, पृ. 141

188. हबीब एवं निजामी, *दिल्ली सल्तनत*, पृ. 296

189. द *कैम्ब्रिज हिस्ट्री ऑफ इंडिया* वॉल्यूम 1 (लगभग 1200-1750) एडिटेड, टी. आर. सी. एंड इरफ़ान हबीब, 1984, पृ. 13

190. **होन**-होन चार रुपये मूल्य का सोने का सिक्का।

191. *फ़रिश्ता*, भाग 2, पृ. 301, *दिल्ली सल्तनत*, पृ. 270 से उद्धृत

192. एच. सी. वर्मा, *डाइनामिक्स ऑफ अर्बन लाइफ इन प्री मुग़ल इंडिया*, दिल्ली, 1986, पृ. 105

193. अबू जैदुल हसन सिराफ़, ई.डी.-1, पृ. 11, *अरब और भारत सम्बन्ध*, पृ. 112 से उद्धृत

194. सी.आर. सिंघल '*रेयर एंड यूनिक गोल्ड क्वायंस ऑफ द अर्ली मुस्लिम अनर्स*, पृ. 23

195. सी.आर. सिंघल, *पूर्वोद्धृत*, पृ. 23

196. पी.एल. गुप्ता, *पूर्वोद्धृत*, पृ. 35

197. *वही*, पृ. 36

198. मोरलैंड, *इंडिया एट द डेथ ऑफ अकबर*, 1920, पृ. 52

199. पी.एल. गुप्ता,; पूर्वोद्धृत, पृ. 37,; *तुजुक-ए-जहाँगीर*, पृ. 7, 8

200. *तुजुक-ए-जहाँगीरी*, पृ. 7,8

201. जे. डी. थेवनॉट, *इंडियन ट्रावेल्स ऑफ थेवनाट एंड करेरी*, स.एस.एन., नई दिल्ली, 1949, पृ. 18-25

202. *वही*

203. *अर्ली ट्रावेल्स* इन *इंडिया*, सं. फोस्टर, पृ. 112

204. ओमप्रकाश सिंह, *पूर्वोद्धृत*, पृ.48, 52

205. अली मुहम्मद ख़ान, *मिरात-ए-अहमदी* (सं.) सैयद नवाब अली, पर्सियन टेक्सल, भाग-1, बड़ौदा, 1920, पृ. 157

206. द *इंग्लिश फैक्टरीज़ इन इंडिया* 1618-1669, सं. वाई. डब्ल्यू, फोस्टर, पृ. 225.

207. पी. एल. गुप्ता, *पूर्वोद्धृत*, पृ. 38

208. *वही*

209. फायर, *न्यू एकाउंट ऑफ द ईस्ट इंडिया एंड पर्सिया*, सं. कुक हाकल्यूट, सोसायटी, 1909, पृ. 248

210. ओमप्रकाश सिंह, *पूर्वोद्धृत*, पृ. 52

211. *वही*

212. *वही*
213. *वही*
214. 'सोना', *सर्वोत्तम रीडर्स डाइजेस्ट*, नई दिल्ली, सितम्बर, 1982, पृ. 28-31
215. आशीष सिन्हा, 'सोने की सनसनीखेज़ दास्तान', *धर्मयुग*, बम्बई; 11 अक्टूबर, 1981, पृ. 7-12
216. इसके अन्तर्गत तीन खदानें हैं और ये भूमिगत 1350 किलोमीटर सुरंग द्वारा जुड़ी हैं।
217. जहाँ सोना वाइ-प्रोडक्ट के रूप में मिलता है।
218. ई. पू. 3500 में मिस्र में सोने के छोटे-छोटे टुकड़े या पिंड सिक्कों के रूप में चलाए जाते थे। यूरोपीय देशों में स्वर्णमुद्रा का संचालन 550 ई. से प्रारम्भ हुआ। 1821 में ब्रिटेन में सोना सरकारी मुद्रा के रूप में स्वीकृत हुआ। स्वर्णमुद्रा के साथ-साथ विभिन्न देशों में कागज़ी मुद्रा (नोट) का भी प्रचलन हुआ। दक्षिण अफ्रीका की स्वर्णमुद्रा-कुगेराडा आज दुनिया की अन्य मुद्राओं को मात दे रही है। दक्षिण अफ्रीका के पास अपार सोना है और विदेशी मुद्रा के आयात के लिए दक्षिण अफ्रीका ने अपने सिक्के-कुडेराड में एक औंस सोना मिलाकर बाज़ार में छोड़ा है।

अध्याय-29

कागज़ तकनीक

कागज़ को कागद भी कहते हैं। इसे क्षणभंगुर वस्तु बताया गया है। इसे आधुनिक जगत की अनिवार्य आवश्यकता बताया गया है। इसे संस्कृति एवं सभ्यता का सुआधार बताते हैं। शिक्षा प्रसार में इसका महान योगदान है। हज़ारों वर्ष पूर्व कागज़ का आविष्कार चीन में हुआ। 105 ई. में कागज़ के आविष्कार की घोषणा चीनी न्यायालय में की गई। **साइलून** नामक चीनी राजपुरुष ने तूत वृक्ष की छाल, सन और गुड़ेद से लुआब बनाकर सर्वप्रथम कागज़ तैयार किया था।[1] कागज़ को अंग्रेजी में Paper कहते और यह शब्द Papyrus से बना है। कागज़ से निर्मित किताब (book) का आविष्कार मिस्र में प्रथम राजवंश के दौरान हुआ।[2]

According to J.M.Roberts, technology is by no means an infallible test- nor one easy to interpret- but it suggests a people slow to adopt new skills, reluctant to innovate once a creative, jump had been made.[3]

कागज़ का आविष्कार जो चीन में हुआ, वह कुछ सौ वर्षों की अवधि में सब जगह, यहाँ तक कि सीमान्त प्रदेशों तक में प्रचारित हो गया। चीनियों ने यह आविष्कार पूरी तरह गुप्त रखने की कोशिश की, क्योंकि इसका निर्यात विदेशों में होता था। किन्तु 757 ई. के आसपास चीनी कारीगरों की मदद से ही समरकन्द में एक कारख़ाना स्थापित हुआ। चीन के बाहर सर्वप्रथम कागज़ का कारख़ाना शायद यही था। अगले साल समरकन्द पर अरबों का अधिकार हुआ तो बगदादी खलीफ़ा कागज़ बनानेवाले सुदक्ष चीनी कारीगरों को बन्दी बनाकर अपने साथ ले जाना नहीं भूला। चीनी कारीगरों के ज़रिए ही अरबी कारीगरों ने कागज़ बनाना अच्छी तरह सीख लिया और समरकन्द जैसा ही एक कारख़ाना बगदाद में भी खोल दिया गया। 10वीं शताब्दी के प्रारम्भ में मिस्त्र और बाद में स्पेन कागज़ के कारख़ानों के मुख्य केन्द्र बन गए।[4] स्पेन के पास और शातिबा में इस शिल्प की इतनी उन्नति हुई और कागज़ का इतना प्रचार हुआ कि जल्द ही सारे मुस्लिम-संसार के लिए कागज़ चालान किया जाने

लगा। 1238–39 में ईसाइयों ने शातिबा पर दखल कर लिया और काग़ज़ बनाने की तकनीक यूरोपीय भी सीख गए। इसी समय से यूरोप के विभिन्न स्थानों में काग़ज़ कारख़ाने खुल गए। यूरोप में काग़ज़ बनाने का **प्रथम कारख़ाना** इटली के फ्रेब्रियानो (Fabriano) नामक स्थान में 1340 ई. में स्थापित हुआ। मुस्लिम जगत के कारण काग़ज़ का विस्तार काफ़ी हुआ। लिखने के अलावा काग़ज़ के अन्यान्य उपयोग और अलग-अलग कामों के लिए अलग-अलग तरह के काग़ज़ बनाने में भी मुस्लिम उद्‌भावना और कुशलता ने अपना करिश्मा दिखाया था। काग़ज़ के साथ **ज़िल्दबन्दी** का काम सारे मुस्लिम देशों में प्रचलित हो गया था। जिल्द बाँधने में मुसलमान कारीगर बेजोड़ थे। जिस रासायनिक पदार्थ का प्रयोग करके मुस्लिम कारीगर सुन्दर सुनहरे कामवाले चमड़े से जिल्द बाँधने में दक्ष थे उसकी मिसाल किसी भी देश के कारीगरों में नहीं थी।[5]

बलबन के शासनकाल के दौरान गुजरात और दिल्ली में काग़ज़ बनाया जाता था। 14–15 वीं शताब्दी में काग़ज़ बनाने और किताब में जिल्द बाँधने की तकनीक भारत में विकसित हुई।[6] 1455 ई. के आसपास गुटेनबर्ग ने पहली छपी हुई किताब तैयार की।[7] Johann Gutenberg (1400-68) was a German **goldsmith** and printer, credited with the invention of PRINTING from movable mettalic type. He experimented with printing in Mainz, Germany in the 1430s. He made the first printed BIBLE known as the GUTENBERG BIBLE or MAZARIN BIBLE (c. 1455).

अकबर के ज़माने में हाथ से काग़ज़ बनाने का तकनीक विकसित था। चिथड़ा, बाँस, लकड़ी, घास में सेलुलोज के रेशे हैं जो आसानी से आपस में घुलमिल जाते हैं। रुई में भी सेलुलोज के रेशे हैं किन्तु महँगा होने के कारण काग़ज़ बनाने में इनका उपयोग नहीं होता था। मशीन से काग़ज़ बनाने का **प्रथम कारख़ाना** 1716 में डॉ. विलियम केरी ने तंजौर ज़िले के ट्रांकुवार नामक स्थान पर स्थापित किया। 1867 में हुगली के तट पर बाली नामक स्थान पर Royal Paper Mills की स्थापना हुई। 1881 में प्रथम सफल कारख़ाना बंगाल में टीटागढ़ काग़ज़ मिल की स्थापना हुई। 1885 में The Deccan Paper Mill Company और 1889 में The Bengal Paper Mill Company स्थापित हुई।

पदार्थ को श्रम के उपयोग से अन्तिम रूप दिया जाता है। काग़ज़ उद्योग के निमित्त लुगदी जंगलों के निकट तैयार की जाती और उस लुगदी से घनी आबादी वाले अथवा घनी औद्योगिक बस्तियों में काग़ज़ बनाया जाता था। कनाडा और यूरोप के बाल्टिक सागर तट के देश जहाँ बड़ी मात्रा में उत्तरी

गोलार्द्ध के कोमल लकड़ी के जंगल होते और जहाँ सस्ती जल-विद्युत उपलब्ध थी, विश्व के महत्त्वपूर्ण लुगदी और काग़ज़ उद्योग के सुप्रसिद्ध स्थान थे। जंगल के निकटवर्ती क्षेत्र में लुगदी बनाई जाती और फिर उन्हीं देशों के अन्तर्गत भागों में स्थित काग़ज़ बनाने के कारख़ानों को भेज दिया जाता तथा भारत एवं जापान जैसे कुछ दूरवर्ती देशों को भी निर्यात कर दिया जाता था।

प्राकृतिक साधन–समशीतोष्ण प्रदेशों के वनों से प्राप्त चीड़, देवदारु इत्यादि **कोमल लकड़ी** काग़ज़ उद्योग का सर्वोत्तम कच्चा पदार्थ था। यही लकड़ी कनाडा और बाल्टिक सागर के तटीय क्षेत्रों में काग़ज़ उद्योग में काम आती थी। भारत में ऐसी कोमल लकड़ी हिमालय पर्वत के ऊँचे क्षेत्रों में मिलती है जिस तक सहज पहुँच सम्भव नहीं है। 1962 के चीनी आक्रमण के उपरान्त से हमारी हिमालय क्षेत्र के विकास सम्बन्धी नीति में विशेष परिवर्तन हो गए। इन क्षेत्रों के समुचित विकास के लिए तिब्बत की सीमा तक आधुनिक परिवहन सुविधाएँ पहुँचाने का काम हो रहा था। हिमालय क्षेत्र के लिए इस भाँति पहुँच मार्ग खुलने से पर्वतीय कोमल लकड़ी काग़ज़ उद्योग के लिए उपलब्ध होने लगी।

प्रारम्भ में टीटागढ़ कारख़ाने में **पुराने सूती कपड़े** प्रयोग किए जाते थे जो उच्चकोटि के काग़ज़ बनाने का प्रथम श्रेणी का पदार्थ माना जाता था, किन्तु कुछ समय उपरान्त भारतीय काग़ज़ कारख़ाने **सबाई घास** का प्रयोग करने लगे जो उत्तर प्रदेश और नेपाल में प्रचुर मात्रा में मिलती थी। न्यून कोटि के पीले काग़ज़ के लिए मूँज का प्रयोग होता था। **लुगदी, चिथड़े** और काग़ज़ की **रद्दी** आयात की जाती थी। इन पदार्थों के अतिरिक्त शक्ति के लिए **कोयला** और धुलाई के लिए रसायन प्रयोग किए जाते थे। सन् 1925 और 1937 के बीच बाँस से लुगदी बनाई जाने लगी और भारत का काग़ज़ उद्योग बहुधा इसी पर निर्भर रहने लगा। एक टन काग़ज़ बनाने के लिए सामान्यत: लगभग 2.38 टन बाँस की आवश्यकता पड़ती और भारतीय कच्चे माल का लगभग 60 प्रतिशत बाँस की लुगदी से प्राप्त होता था। 1954 में बाँस का उपभोग 3,00,000 टन, **सबाई घास** का 65,000 टन और **कोमल लकड़ी** का 25,000 टन आँका गया था। पूर्वी भारत (बांग्ला देश सहित) में उत्तम प्रकार का बाँस बंगाल की चिटगाँव पहाड़ियों तथा असम के कछार एवं सिलहट क्षेत्रों में उपलब्ध था। बाँस के वनों के ये अधिकांश प्रदेश बांग्ला देश में थे। भारतीय क्षेत्र में उड़ीसा के सम्बलपुर, बड़पहाड़, अंगुल, पुरी और गंजाम प्रदेश तथा झारखंड के पालामऊ प्रदेश में भी ऐसे ही उत्तम प्रकार के बाँस वन उपलब्ध थे और झारखंड एवं उड़ीसा के यही वन उत्तरी और पूर्वी भारत के काग़ज़ के कारख़ानों के कच्चे माल की पूर्ति के प्रमुख स्रोत थे। कोमल लकड़ी के स्थान

पर बाँस कच्चे माल के रूप में एक दृष्टि से लाभदायक माना जाता है; बाँस की कटाई-चक्र का सामान्य समय चार वर्ष है जबकि अधिकांश लकड़ी की नस्लों का कटाई-चक्र साठ वर्ष का होता है। यदि बाँस वनों का वैज्ञानिक ढंग से प्रबन्ध किया जाता तो भारत के कागज़ उद्योग के कच्चे माल के अधिकांश भाग की पूर्ति इनसे हो सकती थी। दक्षिणी भारत के केरल और कर्णाटक राज्यों में स्थित वनों में भी पर्याप्त बाँस मिलता था। केरल और तमिलनाडु के तिनीवेली ज़िले में उत्तम प्रकार का नरकट होता जिसे कागज़ बनाने के लिए अति उत्तम बताया जाता है। चीनी मिलों से प्राप्त **गन्ने की छोई** की भी इस उद्योग के लिए अच्छी सम्भावनाएँ बताई जाती हैं।

कागज़ गत्ता (Paper Board) उद्योग भूसा, घास एवं गन्ने की छोई को कच्चे माल के रूप में प्रयोग करता था। अख़बारी कागज़ के लिए उपयुक्त लकड़ी के अभाव की पूर्ति अन्य सामग्री का उपयोग करके की जाती है। अख़बारी कागज़ के निमित्त कच्चे माल की अनुकूल परिस्थितियाँ गन्ने की छोई की पर्याप्त मात्रा में उपलब्धि, चीनी के कारख़ानों में छोई के स्थान पर अन्य ईंधन के प्रयोग की मितव्ययता, हिमालय पर्वत पर शंकुधारी वृक्ष (Conifers), नीलगिरी पर्वत पर यूकिलिप्टस एवं एक प्रकार के बबूल के पेड़ इत्यादि हैं जिनसे अख़बारी कागज़ उद्योग का विकास सम्भव था। नेपा मिल (Nepa Mill) बाँस और सलई लकड़ी की लुगदी को अख़बारी कागज़ बनाने में प्रयोग करती थी।[8]

सर्वाधिक मात्रा (66.7%) में बाँस का प्रयोग होता है; देशी लुगदी जो बहुधा बाँस से ही बनती है, का दूसरा स्थान (12.5%) है; सबाई घास का भाग 5.8% है। प्रथम योजना काल में सबाई घास का ऊँचा स्थान (15.6%) था; गन्ने की छोई के प्रयोग में विशेष वृद्धि नहीं हुई; यह लगभग उसी स्तर पर है जिस पर प्रथम योजना काल में था।

ईंधन एवं शक्ति के लिए कोयले की माँग का अनुमान एक टन कागज़ के लिए 3.5 टन कोयला बताया जाता है, किन्तु कागज़ निर्माताओं का अनुमान था कि एक टन कागज़ के लिए 4.1 टन कोयला आवश्यक होता था। जो कारख़ाने जल-विद्युत का प्रयोग करते, उन्हें कम कोयले की आवश्यकता होती है। व्यवहार में प्रत्येक कारख़ाने अपने निजी बिजली संयंत्र लगा रखे हैं जिनसे वे अपनी शक्ति सम्बन्धी अधिकांश आवश्यकता की पूर्ति कर लेते हैं। तो भी सरकारी बिजलीघरों से पर्याप्त बिजली मिल जाती है।

बाँस और घास के अतिरिक्त यह उद्योग रसायनों का भी एक महत्त्वपूर्ण उपभोक्ता है। प्रयोग में आनेवाले मुख्य रसायन-चूना, कास्टिक सोडा, सोडा एश, क्लोरीन, गन्धक, सोडियम सल्फेट, फेरिक एलूमीना, ऐल्यूमीनियम

सल्फेट, राल इत्यादि हैं। अधिकांश काग़ज़ के कारख़ाने अपनी आवश्यकता के रसायन बहुधा रसायन-निर्माताओं से लेते रहते हैं, किन्तु कुछ ऐसे भी कारख़ाने हैं जो अपनी आवश्यकता के अधिकांश रसायन स्वत: बनाते हैं, विशेषत: कास्टिक सोडा एवं क्लोरीन। गन्धक बहुधा आयात किया जाता था; सोडा ऐश एवं कास्टिक सोडा भी बड़ी मात्रा में विदेश से मँगाया जाता था। इस भाँति कच्चे माल, शक्ति एवं रसायन सम्बन्धी स्थिति सन्तोषजनक थी, यद्यपि बाँस जैसे पदार्थों की माँग इतनी बढ़ गई थी कि तत्सम्बन्धी साधनों का सावधानी से नियोजित विकास आवश्यक हो गया था।

स्थानीयकरण प्रवृत्ति–प्रारम्भ में भारतीय उद्योग का मुख्य कच्चा माल सबाई और अन्य घासें ही थीं तथा शक्ति का प्रमुख स्रोत कोयला था। इस कारण बंगाल और उत्तर प्रदेश में से किसी को भी दूसरे से विशेष लाभकर स्थिति प्राप्त न थी। बंगाल में स्थित मिलों को सस्ते कोयले की पूर्ति का लाभ प्राप्त था, तो उत्तर प्रदेश के उद्योग को सस्ती घास उपलब्ध थी। एक टन काग़ज़ के लिए दो टन कच्चे माल की और लगभग 4 टन कोयले की आवश्यकता थी। इस कारण दूरवर्ती क्षेत्र को प्राप्त घास का भाड़ा देकर भी बंगाल का उद्योग उत्तर प्रदेश की तुलना में अधिक लाभकर स्थिति में था। इसके अतिरिक्त बंगाल के कारख़ानों को निकटवर्ती कलकत्ता के बाज़ार का लाभ भी प्राप्त था, किन्तु जब से बाँस मुख्य कच्चे माल के रूप में प्रयोग होने लगा तब से बंगाल का उद्योग निश्चय ही लाभकर स्थिति में आ गया। क्योंकि बाँस और कोयला दोनों इसे निकटवर्ती क्षेत्र से मिलने लगे और कलकत्ता का बाज़ार भी निकट में ही था। इस भाँति बंगाल काग़ज़ उद्योग के विकास के लिए विशेष उत्तम क्षेत्र सिद्ध हुआ। बंगाल के उपरान्त झारखंड, उड़ीसा, उत्तर प्रदेश और पंजाब का स्थान था। जल-विद्युत के विकसित होने पर अन्य बाँस उत्पन्न करनेवाले क्षेत्रों अर्थात् केरल, कर्णाटक एवं आन्ध्र प्रदेश की स्थिति भी अत्यन्त सुधर गई। सन् 1925 में बाँस को कच्चे माल के रूप में प्रयोग करनेवाले उद्योग को सरकारी संरक्षण मिल गया और तब से इसकी सन्तोषजनक प्रगति होती चली गई। कई क्षेत्रों में जल-विद्युत के विकास होने पर इस उद्योग को देश के आन्तरिक भागों में फैलने का अवसर मिला। सन् 1925 और 1948 के बीच की अवधि में कच्चे माल, शक्ति एवं बाज़ार का प्रभाव इस उद्योग के क्षेत्रीय वितरण पर स्पष्ट दृष्टिगोचर होता है। महाराष्ट्र का उद्योग आयात किए हुए पुराने कपड़े और लुगदी का प्रयोग करता रहा और इस कारण अत्यन्त असुविधाजनक स्थिति में था। तमिलनाडु क्षेत्र में इस उद्योग के लिए साधनों की उपलब्धि इसके विकास में अनुकूल न थी।

1913 तक देश में 5 कारख़ाने हो गए थे। अन्तर-युद्धकाल में उद्योग की प्रगति धीमी थी। सन् 1925 में कारख़ानों की संख्या 6 और 1937 में 9 हो गई और उत्पादन 27,000 टन से बढ़कर 48,500 टन हो गया। इसी अवधि में इसे प्रगति पथ पर ले जानेवाली घटना बाँस से लुगदी बनना था जिससे विदेशी लकड़ी की लुगदी के आयात पर निर्भरता कम होती गई। द्वितीय युद्धकाल में कारख़ानों की संख्या बढ़कर 15 हो गई और उत्पादन 1,04,000 टन हो गया और सन् 1948-49 तक मिलों की संख्या उतनी ही बनी रही।

संरक्षण मिलने के उपरान्त उद्योग के विकास की स्थिति वार्षिक उत्पादन क्षमता की निरन्तर वृद्धि से स्पष्ट दृष्टिगोचर होती है। सन् 1925 में उद्योग की वार्षिक उत्पादन क्षमता 35,850 टन थी जो 1948 में 1,12,675 टन हो गई। उद्योग का फैलाव देश के अन्य क्षेत्रों में होने के कारण बंगाल का प्राधान्य इस उद्योग में कम होता गया और उसका भाग कुल उत्पादन क्षमता में 1925 में 84% से घटकर 1948 में केवल 44% रह गया, किन्तु झारखंड, उड़ीसा और उत्तर प्रदेश को कच्चे माल की पूर्ति सुलभ एवं सुन्दर होने के कारण ये राज्य काग़ज़ के कारख़ानों के लिए आकर्षक बने रहे। इस कारण उत्तरी भारत का प्रमुख स्थान उद्योग में निरन्तर बना रहा; उत्तरी भारत का उत्पादन क्षमता में भाग उक्त अवधि में 95% से केवल 82% हो गया।

प्रथम योजना के प्रारम्भ में अख़बारी काग़ज़ बनाने का देश में कोई कारख़ाना नहीं था और सम्पूर्ण आवश्यकता पूर्ति आयात द्वारा की जाती थी, किन्तु नेशनल न्यूज़प्रिंट एंड पेपर मिल्स (नेपा मिल) का निर्माण कार्य प्रारम्भ हो गया था, जिसने जनवरी, 1955 में उत्पादन प्रारम्भ किया। प्रथम योजना के अन्तिम वर्ष 1955-56 में उसने 4,200 टन उत्पादन किया। तब से इस कारख़ाने की क्षमता लगभग 75,000 टन है तथा उत्पादन लगभग 58,000 टन है।

देश की बढ़ती हुई आवश्यकता को देखकर 80,000 टन क्षमता वाला एक अख़बारी काग़ज़ कारख़ाना स्थापित करके हिन्दुस्तान पेपर कॉरपोरेशन की केरल अख़बारी काग़ज़ परियोजना वेल्लोर (ज़िला कोट्टायम) ने फरवरी, 1982 में उत्पादन प्रारम्भ कर दिया था। सर्वश्री मैसूर पेपर मिल्स की एक परियोजना की क्षमता 75,000 टन वार्षिक थी; इसके अतिरिक्त ग़ैर-सरकारी क्षेत्र में भी कई योजनाएँ स्वीकार की गईं जिनमें से मुख्य योजनाएँ इस प्रकार हैं—तमिलनाडु परियोजना (90,000 टन क्षमता), 60,000 टन प्रति वर्ष क्षमता वाली बंगाल औद्योगिक विकास निगम की योजना, 60,000 टन प्रति वर्ष क्षमता वाली बल्लारपुर इंडस्ट्री योजना, 30,000 टन वार्षिक क्षमता वाली रामगंगा पेपर मिल्स योजना, 30,000 टन वार्षिक क्षमता वाली हरगू लाला एंड संस योजना

और 20,000 टन वार्षिक क्षमता वाली सेंचुअरी पल्प योजना। छठवीं योजना के अन्त तक उद्योग की क्षमता और उत्पादन क्रमशः 2,30,000 टन एवं 1,80,000 टन होने की सम्भावना थी।

लुगदी उद्योग–भारत को काग़ज़ उद्योग के विकास के साथ-साथ अधिकाधिक मात्रा में लुगदी की आवश्यकता हुई जिसे वह फिनलैंड व कनाडा से मँगाता रहा। आयात की कठिनाई के कारण गत वर्षों में देश के अन्तर्गत लुगदी उद्योग के विकास के प्रयत्न किए गए। चतुर्थ योजना के प्रारम्भ में रेयन ग्रेड लुगदी बनानेवाले दो कारख़ाने स्थापित हुए, एक केरल में और दूसरा तमिलनाडु में जिन्होंने 1969-70 में उत्पादन प्रारम्भ किया। अब रेयन ग्रेड लुगदी बनानेवाले 4 कारख़ाने हैं जिनकी उत्पादन क्षमता 1.77 लाख टन वार्षिक थी। इन कारख़ानों का 1980 का उत्पादन 1.35 लाख टन तथा 1982 का 1.43 लाख टन था। 2-3 वर्ष में दो परियोजनाएँ और पूर्ण हो गईं जिनकी उत्पादन क्षमता 60,000 टन वार्षिक थी। इस भाँति लुगदी उद्योग की कुल क्षमता 2.37 लाख टन थी।[9]

काग़ज़ व काग़ज़ी गत्ता बनानेवाली मुख्य कम्पनियाँ[10] निम्नांकित हैं (प्रत्येक की उत्पादन क्षमता 20,000 टन से अधिक) :

1. बल्लारपुर पेपर एंड स्ट्रा बोर्ड मिल्स लि., यमुनानगर (हरियाणा)
2. ओरियंट पेपर मिल्स लि., अमलाई शहडोल (मध्य प्रदेश) एवं ब्रजराजनगर (उड़ीसा)
3. स्ट्रा प्रोडक्ट्स, मध्य प्रदेश एवं उड़ीसा
4. टीटागढ़ पेपर मिल्स कं., टीटागढ़ (प. बंगाल)
5. आन्ध्र प्रदेश पल्प एंड पेपर मिल्स लि., राजमुन्द्री (आन्ध्र प्रदेश)
6. वेस्ट कॉस्ट पेपर मिल्स लि., डन्डेली (कर्णाटक)
7. सेंट्रल पल्प, गुजरात
8. सिरपुर पेपर, सिरपुर (आन्ध्र प्रदेश)
9. सेशासई पेपर एंड बोर्ड्स, तमिलनाडु
10. बंगाल पेपर मिल्स लि., रानीगंज (पं. बंगाल)
11. स्टार पेपर मिल्स लि., सहारनपुर (उत्तर प्रदेश)
12. पुनालुर पेपर मिल्स लि., केरल
13. पदमजी पेपर एंड पल्प मिल्स, महाराष्ट्र
14. सन पेपर मिल्स, तमिलनाडु
15. रोहित पल्प, डालमियानगर (बिहार)
16. पी.पी. कन्वर्जन, महाराष्ट्र
17. जयन्त पेपर मिल्स, गुजरात

18. एसोशिएटेड पल्प एंड पेपर, गुजरात
19. स्पेशियलिटी पेपर, गुजरात
20. विदर्भ पेपर मिल्स, महाराष्ट्र
21. भद्राचलम पेपर एंड बोर्ड्स, आन्ध्र प्रदेश
22. रायलसीमा पेपर मिल्स, आन्ध्र प्रदेश
23. अशोक पेपर मिल्स, असम
24. अशोक पेपर मिल्स, बिहार
25. रोहित पेपर एंड पल्प, गुजरात
26. मैसूर पेपर मिल्स, कर्णाटक
27. बल्लारपुर इंडस्ट्रीज, महाराष्ट्र
28. लक्ष्मी बोर्ड एंड पेपर्स, महाराष्ट्र
29. ओरियंट पेपर मिल्स, उड़ीसा
30. युनाइटेड पल्प एंड पेपर मिल्स, पंजाब
31. इंडिया पेपर एंड पल्प कं., पं. बंगाल

हिन्दुस्तान कागज़ निगम लि., नई दिल्ली—यह एक सरकारी संस्था है। इसकी स्थापना मई, 1970 में हुई थी। इसका उद्देश्य देश में लुगदी और कागज़ के कारख़ाने स्थापित करना था। निगम ने 1974-75 में कार्य आरम्भ किया। अब तक निगम पाँच परियोजनाएँ बना चुकी हैं जिनका उद्देश्य लिखाई व छपाई कागज़, अख़बारी कागज़ और लुगदी बनाना है। तीन परियोजनाएँ उत्पादन करने लगी थीं–(1) हिन्दुस्तान न्यूज़प्रिंट लि., बेल्लौर (केरल) जो हिन्दुस्तान कागज़ निगम की नियंत्रित कम्पनी है तथा अख़बारी कागज़ बनाती है; (2) मंडया नेशनल पेपर मिल्स लि., बेलागुल (कर्णाटक) जो गन्ने की छोई से लिखाई व छपाई कागज़ बनाती है, वार्षिक क्षमता 16,500 टन है; (3) नागालैंड पल्प व पेपर कं. लि., तूली, मोकीकचंग (नागालैंड) जो हिन्दुस्तान कागज़ निगम एवं नागालैंड सरकार का संयुक्त साहस है और जो लिखाई व छपाई कागज़ बनाती है। इनके अतिरिक्त निगम दो परियोजनाएँ कार्यान्वित कर रही हैं–(1) नवगाँव पल्प एंड पेपर परियोजना, जगीरोड (असम) जिसकी वार्षिक उत्पादन क्षमता 1 लाख टन लिखाई व छपाई कागज़ बनाने की है; (2) कछार पल्प एंड पेपर परियोजना, कछार (असम) जिसकी उत्पादन क्षमता भी 1 लाख टन लिखाई व छपाई कागज़ है।

परम्परागत कच्चे माल की सीमित मात्रा को देखते हुए भारत सरकार द्वारा नवीन कच्चे माल के प्रयोग को प्रोत्साहन दिया जा रहा है, जैसे–गन्ने की छोई, गेहूँ का भूसा, चावल का चोकर इत्यादि। इनके प्रयोग करनेवाले कारख़ानों को उत्पादन कर में छूट दी जाने लगी है। तमिलनाडु न्यूज़प्रिंट एंड

पेपर लि. कागज़ एवं लुगदी निर्माण परियोजना कावेरी नदी के तट पर विश्व बैंक से आर्थिक सहायता लेकर स्थापित की गई है। इसकी क्षमता 1 लाख टन अख़बारी कागज़ अथवा 80,000 टन छपाई व लिखाई कागज़ अथवा दोनों का सम्मिश्रण है। यह कारख़ाना पूर्णत: गन्ने की छोई की कच्चे माल के रूप में प्रयोग करता है। इसके लिए निकटवर्ती पाँच चीनी मिलों से इसने एक समझौता कर लिया है ताकि कारख़ाने की इन मिलों से नियमित रूप से कच्चा माल (छोई) मिलता रहे।

अख़बारी कागज़ के निमित्त हाल में जिन परियोजनाओं को स्वीकृति दी गई है, उनकी धीमी प्रगति के कारण, अतिरिक्त क्षमता के लाइसेंस आवश्यक प्रतीत होते हैं जिसके प्रस्तावों पर योग्यतानुसार विचार किया जाता है। यह एक पूँजीप्रधान उद्योग है जिसकी योजनाएँ परिपक्वावस्था को पहुँचने में चार-पाँच वर्ष ले लेती हैं। इस कारण विदेशी सहयोग के प्रस्तावों का भी योग्यतानुसार विचार किया जा सकता है।

इस लेख का उद्देश्य कागज़ की उपयोगिता और महत्त्व को बताना नहीं है। भारत में विज्ञान एवं प्रौद्योगिकी के क्षेत्र में जो भिन्न-भिन्न प्रकार के विकास की निरन्तरता बनी रही, उनमें कागज़-तकनीक भी एक है। प्रारम्भ से ही लाखों-करोड़ों लोग प्रत्यक्ष एवं अप्रत्यक्ष रूप से व्यस्त रहे हैं। इस तकनीक को विकसित करने में यूरोपीय सहयोग को नज़रअन्दाज़ नहीं किया जा सकता है। ब्रिटिश शासन के दौरान जिन भारतीयों का अधिकांश हिस्सा अपनी और देश की बेहतरी में व्यस्त रहा और कई अंग्रेज अधिकारियों द्वारा उन्हें मार्गदर्शन भी किया जाता रहा, उन्हीं लोगों की वैज्ञानिक दृष्टि का परिणाम था–कागज़ का आगमन।

Newspaper is periodical publication, usually daily or weekly, conveying news and comment on current events. Handwritten news sheets were posted in public places in ancient Rome under such titles as ACTA DIURNA (Daily events). In Europe, the invention and spread of printing in the 15th century facilitated the growth of newspapers. The earliest examples were printed in German cities, soon followed by Venice, the low countries and other states in the 16th century. The first daily newspaper in England was the DAILY COURANT in 1702.

भारत का पहला समाचार-पत्र *The Bengal Gazette* था। 1780 से इसका प्रकाशन प्रारम्भ हुआ और इसके सम्पादक जे.ए. हिक्की थे। यहाँ 1801 से *The Times of India*, 1865 से *The Pioneer* तथा *The Madras Mail* और 1857 से *The Statesman* छपने लगा। 1808 से *The Amrit Bazar Patrika* छपना प्रारम्भ हुआ।

The total number of newspapers on 1 April, 1952 was 6,762, including 596 daily newspapers, 226 weeklies and 3,940 other periodicals. Of these 70 dailies, 261 weeklies, 784 periodicals were published in English. The total circulation of daily newspapers was estimated at 20,00.000 (2 lakhs). In 2001 the total number of newspapers and periodicals was 51,960. These included 5,638 dailies, 348 tri/by-weeklies, 18,522 weeklies, 6,881 fortnightlies, 14,634 monthlies, 3,664 quarterlies, 469 annuals and 1,774 other periodicals in 101 languages.

सन्दर्भ-ग्रन्थ

1. ओमप्रकाश प्रसाद, *प्राचीन विश्व का उदय एवं विकास*, राजकमल प्रकाशन, नई दिल्ली, 2011, पृ. 548-49
2. J. M. Roberts, *The New Penguin History of the World*, New Delhi, 1992, pp. 78-79
3. *Ibid.*
4. मिस्र में नील का पानी जहाँ छिछला था, वहाँ पेपिरस या पेपाइरस नामक 4-5 मीटर ऊँची नरकुल जैसी झाड़ियाँ उगा करती थीं। मिस्र के वासी इनके तनों को काटकर पतली-पतली परतें निकाल लेते और उन्हें आपस में चिपकाकर काग़ज़ के पन्ने जैसा बना लेते थे। अब इस पन्ने पर नरकुल की कलम और स्याही से लिखा जा सकता था। अगर पन्ना पूरा न पड़ता, तो उस पर नीचे एक और पन्ना चिपका लिया जाता था। इस तरह लम्बी-लम्बी पट्टियाँ बन जाती थीं। उनमें से एक की लम्बाई तो 40 मीटर है।
5. ओम् प्रकाश प्रसाद, पृ. 549
6. Method of moulding forms using paper strips (काग़ज़ की पट्टी) soaked in a starch (कलफ़). The technique originated in 18th century France. The British adopted the technique to produce a thin paperborad (काग़ज़ का तख़्ता) to make trays (तश्तरी) and mouldings (साँचे में डालकर काग़ज़ को विशेष आकृति देना), which were popular in Victorian times. It is still widely used in the production of decorative objects.
7. ओम् प्रकाश प्रसाद, पृ. 561
8. शिवध्यान सिंह चौहान, पृ. 416-17
9. *वही*, पृ. 422-25
10. *वही*, पृ. 433

अध्याय-30

तकनीक और समाज

वर्षों पहले विद्वानों द्वारा अन्तरराष्ट्रीय स्तर पर भारत की छवि जिस रूप में निर्धारित कर दी गई वही छवि कमोबेश आज भी बनी हुई है। भारत को विकसित करने में अंग्रेजों की भूमिका को नकारने का सिलसिला जारी है। इतिहास शूद्रों और खानाबदोशों तथा निर्धनों को प्रारम्भिक वैज्ञानिक और इतिहास-निर्माता मानने को ज़रूरी नहीं समझता। स्वतंत्रता-आन्दोलन में भाग लेने, अंग्रेजों को भारत से भगाकर सत्ता हासिल करनेवाले भारतीय नेताओं और महापुरुषों का पुनःपरीक्षण करना ज़रूरी नहीं समझा जाता। स्वतंत्रता दिलानेवाले 'महापुरुषों की सूची में कुछ-कुछ प्रभावशालियों का नाम जोड़ देने की निरन्तरता बनी हुई है। सामाजिक, आर्थिक, राजनीतिक, सांस्कृतिक, धार्मिक और समाजशास्त्रीय दृष्टिकोण से भारत का अध्ययन किया गया जिसमें वैज्ञानिकता का पूर्ण अभाव रहा। हिन्दी आज भी पूरी तरह राष्ट्रीय भाषा नहीं बन पाई है। अंग्रेजों ने महानगरों के रूप में बम्बई, दिल्ली, मद्रास और कलकत्ता का निर्माण किया। ऐसे एक भी महानगर आज़ाद भारत में नहीं बन पाए। क्या इस बात पर पुनर्विचार करने की आवश्यकता है कि उन मान्यता प्राप्त भारतीय राष्ट्रभक्तों की सूची में कितने नक़ली हैं? आज़ादी के लिए किए जा रहे राष्ट्रीय संघर्ष के दौरान क्या सभी ज़मींदार अंग्रेजी शासन के ख़िलाफ़ थे? जो नहीं थे, उनमें से कितनों ने राष्ट्रवादी की ड्रेस धारण कर ली? अंग्रेजी शासन के विरुद्ध किए गए संघर्ष में जनसाधारण का नाम आन्दोलनकारियों की सूची में जोड़ने की ज़रूरत महसूस की गई? आज का भारत किस सीमा तक विदेशी आर्थिक, वैज्ञानिक एवं तकनीकी साम्राज्यवाद के चंगुल में फँस चुका है-इस पर विचार करने की कहीं कोई आवश्यकता है? मेरे जैसा अकेला व्यक्ति इतना असहाय, लाचार, मजबूर और ज्ञानहीन है कि इन सभी मुद्दों पर अंतिम वाक्य का प्रयोग कर देने के लिए सक्षम है ही नहीं। भारत की राजनीतिक इमारत को नष्ट कर इस पर एक नई हवेली निर्मित कर डालना अब सम्भव प्रतीत नहीं

होता। संकट के सागर से कभी सम्पूर्ण क्रान्ति के जननायक माननीय जयप्रकाश नारायण, कभी तत्कालीन (1990) मुख्य चुनाव आयुक्त टी.एन. शेषन, कभी अन्ना हज़ारे और कभी केजरीवाल जैसे साहब लोग देश को उबार लेने का दावा करते हैं–ये सभी पानी के बुलबुले प्रमाणित हुए। स्वतंत्र देश की इमारत इतनी खराब ईंटों से तैयार हुई है कि 60-65 वर्षों से निरन्तर मरम्मत कार्य जारी है। ऐसा नहीं लगता कि मर्ज़ बढ़ता गया–ज्यों-ज्यों दवा दी?

इन सब बातों से कई तथ्य उभरते हैं। भारत की जनता को बेहतर भविष्य दिखाते रहने की निरन्तरता बनी हुई है। हमारा देश एक है, किन्तु धर्म, भाषा, गाँव, कस्बा, शहर, नगर और महानगर के समान जनता अनेक में बँटी है। जिस तरह हमारा बिहार उत्तर से नेपाल, पूरब से बंगाल, दक्षिण से झारखंड और पश्चिम से उत्तर प्रदेश द्वारा घिरा हुआ है और ऑक्सीजन के लिए बेचैन है, उसी प्रकार पूरे देश की ग़रीब और निम्न मध्यवर्ग की करीब 80 करोड़ जनता के बीच सुविधाभोगी ऑक्सीजन का वितरण करने में रुचि नहीं लेते। उन्हें सदा सावधान रहना पड़ता है कि जिस समय आम जनता शारीरिक और मानसिक रूप से स्वस्थ होगी, उसी क्षण उनमें एक इस प्रकार की जागरूकता आ सकती है जिससे वातानुकूल इमारत कहीं ढह न जाए। अपना देखो, अपनी भलाई पर विचार करो, देश जाए जहन्नुम में।

ऑक्सीजन की आवश्यकता महसूस होगी तो पश्चिम की ओर देखना पड़ेगा, क्योंकि इसका आविष्कार तो पश्चिम के उन वैज्ञानिकों ने किया जिन्हें यूरोपीय बताकर यहाँ इस आधार पर निन्दा की जाती कि जब उनका शासन भारत में स्थापित था तो उन्होंने भारतीय वैज्ञानिकों को उभरने नहीं दिया। (वास्तविकता यही है कि पश्चिम के वैज्ञानिकों से मदद के अभाव में भारत में आधुनिक विज्ञान एवं वैज्ञानिक आते कहाँ से? विदेश गए बग़ैर यहाँ शायद ही आधुनिक वैज्ञानिक पाए जा सकते।) अगर अंग्रेज इंजीनियरों एवं वैज्ञानिकों ने मदद नहीं की होती तो ये कारख़ाने क्या यहाँ स्थापित हो पाते? गुलाम बिहार के 33 चीनी कारख़ानों का आज़ाद बिहार में क्या हुआ? 1907 में टाटा स्टील कम्पनी, चाय बगान, मोटरगाड़ी, वायुयान, रेलवे, टेलीफोन, दिल्ली, बम्बई, मद्रास, कलकत्ता, बैंक, विश्वविद्यालय, अंग्रेजी शिक्षा आदि की गुलाम भारत में उपस्थिति क्या मात्र भारतीय वैज्ञानिकों के परिश्रम का परिणाम था?

पुनः दिमाग का दरवाज़ा कोई खटखटाता है; पूछता है–देश, यहाँ के सुविधाभोगी, मतदाताओं में मानसिक जागरूकता का अभाव, अंग्रेजों ने भारत से जितना लिया उससे कई गुणा ज़्यादा दिया; आज़ाद भारत के सुविधाभोगी, केन्द्रीय और प्रान्तीय राजनीति ने जितना दिया उससे हज़ार गुणा लिया; स्वतंत्र भारत के कम-से-कम 60 प्रतिशत नेता हज़ारपति से लखपति, लखपति से

करोड़पति, करोड़पति से अरब और अरब से खरबपति बन चुके हैं। हमारी एकता अनेकता का रूप ले चुकी है (शायद हमारे बीच एकता कभी रही ही नहीं?) इन सब बातों से इतिहास के छात्र अथवा शिक्षक को क्या लेना-देना? पाठ्यक्रम तक सीमित रहने में भलाई है। 'सिकन्दर और पोरस ने की थी लड़ाई; जो की थी लड़ाई तो मैं क्या करूँ?'

इतिहास का रिश्ता अगर विकास और बेहतरी से है तो इस विषय के छात्र-शिक्षकों को वर्तमान की बेहतरी का उपाय इतिहास के पन्नों में अवश्य तलाशना चाहिए–ऐसा सोचना क्या उचित होगा?

बेहतरी के उपाय कई तरह से ढूँढ़े जा सकते हैं–अगर हम चाहें तो। इतिहास के चश्मे से विज्ञान एवं तकनीक का परीक्षण करें तो नवीन चित्र दिखाई दे सकते हैं और परम्परावादी इतिहास से अलग विकास का नवीन खाका शायद तैयार किया जा सकता है। In 1885 the Indian National Congress was formed. A.O. Hume, a retired British civil servant started this–इस पर पुनर्विचार करने की आवश्यकता है कि अंग्रेजों के विरुद्ध और आज़ादी प्राप्त करने के लिए एक अंग्रेज ने भारतीय राष्ट्रीय कांग्रेस को संगठित किया–क्यों? अंग्रेजों द्वारा निर्मित राजमहल में भारत के राष्ट्रपति और बिहार के राज्यपाल रहते हैं। अंग्रेजी इमारतों से शहर कलकत्ता आज भी भरा पड़ा है। 1911 ई. के बाद दिल्ली में निर्मित कनॉट प्लेस, संसद भवन और सांसदों के अधिकांश भवन अंग्रेजों द्वारा निर्मित किए गए। अनगिनत वैज्ञानिक एवं शैक्षणिक संस्थान ब्रिटिश भारत में निर्मित एवं स्थापित हुए।

ह्यूम कौन था–ह्यूम का पूरा नाम एलेन ऑक्टोवियन ह्यूम था। सन् 1829 ई. में वह लन्दन में जन्मा था। ब्रिटिश नौसेना में काम करने के साथ उसने चिकित्सा की डिग्री ली। 1849 में वह भारत आया तथा सिविल सेवा में भर्ती तथा कई स्थानों में ज़िला मजिस्ट्रेट और सचिव के पद पर काम किया। 1857 की जनक्रान्ति को दबाने में ह्यूम काफ़ी आगे रहा। 1882 में सिविल सेवा से वह रिटायर्ड हुआ। अपने सेवाकाल में भारत की दशा से वह काफ़ी परिचित हो चुका था और भारतीयों की बेहतरी का भाव उसमें जाग्रत हो चुका था। भारतीयों के बीच शिक्षा प्रसार के लिए कई विद्यालय उसने अपने सेवाकाल में खोले थे।

बंगाल, मद्रास और बम्बई में क्षेत्रीय राजनीतिक संगठन बन चुके थे। ह्यूम का विचार था कि भारतीयों द्वारा राष्ट्रीय स्तर पर एक राजनीतिक संगठन बनाना चाहिए। सन् 1883 में उसने भारतीय स्नातकों के नाम पत्र लिखकर अनुरोध किया कि वे सभी मिलकर एक राष्ट्रीय दल बनाएँ। ह्यूम के विचार का समर्थन तत्कालीन वायसराय ने भी किया। 1885 में कांग्रेस की स्थापना हुई

और 1906 तक ह्यूम इस राष्ट्रीय संगठन का महामंत्री रहा।

ह्यूम द्वारा संगठित भारतीय राष्ट्रीय कांग्रेस का स्वभाव धीरे-धीरे उग्र होने लगा। ह्यूम के इस कार्य को अंग्रेजों ने पसन्द नहीं किया। 'ह्यूम नाम का एक दुष्ट व्यक्ति है जिसे लॉर्ड रिपन ने बहुत सिर चढ़ाया था और जिसके सम्बन्ध में यह मालूम होता है कि वह भारतीय होमरूल लीग के मुख्य उत्प्रेरकों में है। वह बहुत ही चालाक, पर कुछ सिरफिरा और नैतिकताहीन व्यक्ति है, जिसे सत्य की कोई परवाह नहीं है।' ह्यूम 1894 में भारत से इंग्लैंड चला गया, फिर भी कांग्रेस 1906 तक प्रतिवर्ष उसे अपना महामंत्री चुनती रही। 1912 में ह्यूम की मृत्यु हो गई किन्तु ज़रा सोचें कि अंग्रेज होने के बावजूद ब्रिटिश शासन के विरुद्ध ह्यूम ने अगर भारतीय राष्ट्रीय कांग्रेस की न केवल स्थापना की बल्कि वर्षों इस संगठन का नेतृत्व इंग्लैंड से भी सँभालता रहा तो अन्य अंग्रेजों के समान उसे भी भारत-विरोधी मानना किस सीमा तक उचित होगा?

ह्यूम के समान मैकॉले के बारे में भी यहाँ कुछ लिखना उचित होगा, जिसे कई इतिहासकारों ने पसन्द नहीं किया है। चन्द भारत-प्रेमी अंग्रेजों में वह भी एक था। भारत में अंग्रेजी शिक्षा का जन्मदाता थॉमस बेबिंग्टन मैकॉले (Thomas Babington Macaulay-1800-1859) था। अंग्रेज इतिहासकार और शिक्षाविद् मैकॉले 1834 में गवर्नर जनरल की कार्यकारिणी के चौथे स्थान पर विधि सदस्य के रूप में भारत आया था। लॉर्ड विलियम बैंटिक ने उसे लोक-शिक्षा-समिति का प्रधान बना दिया। कम्पनी की शिक्षा-नीति के सम्बन्ध में उसे आंग्लवादियों और प्राच्यविद्यावादियों की परस्पर कलह का सामना करना पड़ा। समिति के कुल दस सदस्यों में से पाँच आंग्लवादी इस पक्ष में थे कि यूरोपीय विज्ञान को संस्कृत और अरबी के माध्यम से प्रकाशित और प्रचारित करने के स्थान पर अंग्रेजी भाषा को ही अपनाया जाए ताकि व्यर्थ का व्यय न हो। दूसरी ओर पाँच प्राच्यविद्यावादी सदस्यों का आग्रह था कि भारत के साहित्य को प्रोत्साहित किया जाए और यूरोपीय विज्ञान को संस्कृत और अरबी के अनुवाद द्वारा ही लोगों तक पहुँचाया जाए। किन्तु समिति के प्रधान की हैसियत से मैकॉले इस विवाद में नहीं पड़ा। वह जानता था कि गवर्नर जनरल की कार्यकारिणी की विधि सदस्य की हैसियत से यह मामला अन्त में उसी (मैकॉले) के पास आना था। अत: उस विवाद से सम्बद्ध पत्रों को कार्यकारिणी के सम्मुख प्रस्तुत करते हुए मैकॉले ने 2 फरवरी, 1835 को नई शिक्षा-नीति के सम्बन्ध में अपना प्रसिद्ध विवरण-पत्र (मिनट) प्रस्तुत किया : (1) अंग्रेजी ज्ञान की कुंजी है, (2) शासकों की भाषा है, (3) पश्चिम की समस्त भाषाओं में पूर्ण प्रसिद्ध है, (4) जनता इसको सीखने की इच्छुक है, (5) इससे वे पूर्णत: अंग्रेजी के विद्वान बन सकते हैं, (6) इससे एक ऐसे वर्ग

की उत्पत्ति होगी, जो रक्त और रंग से भारतीय होकर भी अभिरुचि, मत, नैतिकता एवं बौद्धिकता की दृष्टि से अंग्रेज होगा।

लॉर्ड मैकॉले ने उसी वर्ष मार्च में इसकी स्वीकृति देकर अपनी नई शिक्षा-नीति की इस प्रकार घोषणा की : 'प्राच्य शिक्षा के लिए जो कुछ किया जा चुका है, वह जैसा का तैसा बना रहे, परन्तु आगे से सम्पूर्ण अनुदान अंग्रेजी माध्यम द्वारा दी जानेवाली अंग्रेजी शिक्षा पर ख़र्च किया जाएगा।' आज से 113 वर्ष पूर्व मैकॉले का देहान्त हो चुका है किन्तु भारत में यह कहकर आज भी उसकी आलोचना होती है कि उसने भारतीय भावनाओं का तिरस्कार किया; भारतीय भाषाओं के माध्यम को उसने कुचलकर रख दिया और उसका यह विचार ग़लत साबित हुआ कि अंग्रेजी शिक्षा से भारतीय अंग्रेज हो जाएँगे।

मैकॉले इस देश में चार वर्षों तक रहा और उसके दो योगदान अति उल्लेखनीय रहे। पहला यह कि उसने क्रिमिनल प्रोसेडियर कोड का प्रारूप तैयार किया। कहते हैं, ओटाकामुंड क्लब (मैसूर के पास) में एक सप्ताह रहकर उसने इस कोड का प्रारूप तैयार कर दिया था। परम्परागत भारतीय समाज इस समय आधुनिक काल में प्रवेश कर रहा था; एक तर्कसंगत विधि-व्यवस्था की आवश्यकता थी जो सभी भारतीयों पर एक समान लागू हो सके। मैकॉले द्वारा तैयार क्रिमिनल प्रोसेडियर कोड के प्रारूप में प्रथम बार वर्णित दो धाराओं से अधिकांश भारतीय आज भी परिचित हैं–(1) धारा 144 जिसे 'लॉ एंड ऑर्डर' बिगड़ने की सम्भावना होने से पाँच या इससे अधिक लोगों को एक साथ इकट्ठा होने पर सरकार रोक लगा देती है, और (2) धारा 420 जो ठगी के मुहावरे के रूप में आज भी काफ़ी मशहूर है। चालबाज़ी में पकड़े जानेवालों पर यह धारा लगाई जाती है।

मैकॉले के दूसरे योगदान के रूप में यह कि फरवरी, 1835 में उसने एक सरकारी रिपोर्ट (मिनट) तैयार की जिसमें अंग्रेजी को भारतीय शिक्षा का माध्यम बनाने की अनुशंसा की गई। इस रिपोर्ट का विरोध कुछ भारतीयों ने यह सोचकर किया कि अंग्रेजी पढ़ने से भारतीयों को आधुनिक अर्थशास्त्र का ज्ञान प्राप्त होगा और देश को पारम्परिक माहौल से बाहर निकालने का अनुकूल माहौल बनेगा।

अपनी रिपोर्ट में मैकॉले ने लिखा था : 'तमाम भारतीय और अरबी साहित्य को पढ़ने या रखने से बेहतर है, यूरोपीय साहित्य से अलंकृत अपना एक पुस्तकालय।' मैकॉले को किसी भारतीय अथवा अरबी साहित्य का ज्ञान नहीं था। उसकी रिपोर्ट को पढ़ने से मालूम होता है कि वह अपने को इस ब्रिटिश उपनिवेश का दबंग प्रशासनिक अधिकारी समझता था। इस देश का शिक्षा-स्तर ऊपर उठाने की ज़िम्मेदारी उसी की थी-ऐसा वह महसूस करता था। उसका

मानना था कि भारत में शिक्षा का माध्यम कोई एक भाषा नहीं और विभिन्न भाषाओं में शिक्षा प्राप्त करने के कारण पूरे देश के लोगों के बीच बातचीत अथवा लिखा-पढ़ी के माध्यम से एक माहौल विशेष बनाना सम्भव नहीं था। भाषा के माध्यम से देश में एकता स्थापित करने के लिए अरबी, संस्कृत और अंग्रेजी को आधार बनाया जा सकता था। विज्ञान, दर्शन, विधि और इतिहास से सम्बद्ध शब्द-समूह और पुस्तकें चूँकि अंग्रेजी में उपलब्ध थीं, अत: मैकॉले अंग्रेजी को ही आधुनिक भारतीय शिक्षा का माध्यम बनाना चाहता था। उसने स्वीकारा कि एशियाई भाषाओं में महान काव्यों की रचना हुई जिनमें कल्पना को ज़्यादा प्रधानता दी गई; वैज्ञानिक तथ्य मुश्किल से पाए जाते हैं। इसके विपरीत यूरोपीय भाषाओं में रचित रचनाओं में कल्पना को उतना स्थान नहीं दिया गया। उसे पूर्ण विश्वास था कि अंग्रेजी का प्रभाव उस समय ज़्यादा बढ़ जाएगा जब अंग्रेजी शिक्षा प्राप्त करनेवालों की संख्या काफ़ी बढ़ जाएगी। भारत में छपाई का कार्य प्रारम्भ हुआ और इसी समय से अंग्रेजी का प्रभाव बढ़ने लगा। ज्ञान में वृद्धि से नए सिद्धान्त बनते हैं।

स्वतंत्रता-प्राप्ति के बाद तकनीकी शिक्षा में अंग्रेजी का ही बोलबाला रहा। अन्तर्राज्य संचार व्यवस्था में अंग्रेजी का प्रभाव मज़बूत होता गया। कम्प्यूटर का भारत में प्रसार और उसमें अंग्रेजी के प्रभाव ने मैकॉले की भविष्यवाणी को सच साबित किया। रामशरण शर्मा, रोमिला थापर, सैयद हसन अस्करी, इरफ़ान हबीब, विपिनचन्द्र, सुमित सरकार जैसे इतिहास-लेखक अंग्रेजी में लिखने-बोलने के कारण ही 'प्रसिद्ध इतिहासकार' की ख्याति प्राप्त कर सके। अंग्रेजी को छोड़ आज भी कोई भारतीय भाषा इस लायक नहीं बन सकी कि सभी भारतीयों को किसी भाषा के सहारे बाँध सके। दक्षिण भारतीय लोगों को हिन्दी का प्रयोग करने के लायक नहीं बनाया जा सका किन्तु अंग्रेजी उन लोगों ने सीख ली।

आज से करीब 170 वर्ष पूर्व ही मैकॉले भारत छोड़ चुका था, किन्तु भारतीयों के बीच वह वाद-विवाद का मुद्दा बना हुआ है। इंग्लैंड में वह किसी और कारणवश चर्चा का विषय बना रहा। वहाँ उसने एक ऐसे विशिष्ट उदारवादी के रूप में प्रतिष्ठा प्राप्त की जिसने राज्य के कार्यों में धर्म के अनधिकार प्रवेश का विरोध किया। वह एक महान इतिहासकार और अंग्रेजी भाषा के विशेषज्ञ के रूप में याद किया गया। आधुनिक शिक्षा को विकसित करने में उसका योगदान प्रशंसनीय माना गया।

मैकॉले की उपनिवेशों से जुड़े होने की बात आज बहुत कम ब्रिटेनवासी जानते हैं। वह इंग्लैंड का एक सम्पन्न, प्रतिष्ठित व्यक्ति तथा सांसद था। उसके पिता काफ़ी खर्चीले स्वभाव के व्यक्ति थे। उनके कारण मैकॉले की आर्थिक

दशा खराब होती गई। क़र्ज़ का बोझ बढ़ गया। इससे मुक्ति पाने के लिए मैकॉले सुप्रीम कौंसिल ऑफ इंडिया के एक काफ़ी लाभदायक पद पर काम करने हेतु भारत आया ताकि पिता द्वारा लिए गए क़र्ज़ से मुक्ति पा सके। इस स्थिति में भारतीयों द्वारा मैकॉले की प्रशंसा की जानी चाहिए कि अपने पिता की प्रतिष्ठा और ख्याति को बचाए रखने के लिए ऐसी कठिन नौकरी करने वह भारत आया।

भारतीय इतिहास में 'Post Modernism' अर्थात् उत्तर-आधुनिकवाद की अवधारणा का विकास किन-किन तत्त्वों के मेल से बना है—इस प्रश्न को सुलझाना यहाँ मुख्य मुद्दा नहीं है; मुद्दा यह है कि विज्ञान एवं प्रौद्योगिकी को किस सीमा तक अत्याधुनिक अथवा पोस्ट मॉडर्निज्म की अवधारणा का आधार बनाया जा सकता है। आधुनिक काल में निश्चय ही विश्व का वही देश उसी मात्रा में विकास कर सका जिस मात्रा में वहाँ विज्ञान एवं प्रौद्योगिकी को प्रोत्साहन प्राप्त हुआ। इस तथ्य की निरन्तरता सभ्यता के उदय और विकास के पूर्व से ही बनी हुई है।

किसानों एवं मज़दूरों द्वारा खेती के काम को रोज़गार के स्तर तक पहुँचाने की आवश्यकता है। एक निश्चित भू-भाग में पहले हम जितनी फसल उगाते थे, आज उतनी ही ज़मीन में उससे अधिक पैदावार ले सकते है। भविष्य में भारत को विज्ञान पर और अधिक निर्भर होना पड़ेगा। भारत के तीन ओर समुद्र है; इसका उपयोग बढ़ाने की आवश्यकता है। अन्धविश्वासों से भारत आज भी गहरे रूप में प्रभावित है। ऐसी भावनाओं से नाजायज लाभ उठाकर यहाँ धार्मिक ऋषि-महर्षि-साधु-संन्यासी अरबों-खरबों में खेल रहे हैं। यहाँ के मन्दिरों में इतनी धन भरा-पड़ा है जिसका लेखा-जोखा सम्भव ही नहीं है। भारत के नक्शे पर राजधानी पटना मात्र एक छोटा शहर अभी भी बना हुआ है; शायद भारत का सर्वाधिक निम्नस्तरीय शहर। बेहतरी के प्रति जागरूकता का यहाँ इतना अभाव है कि बीमार विज्ञान एवं प्रौद्योगिकी को शायद ही भविष्य में सुधारा जा सके। इस शहर के उत्तर में अवस्थित पवित्र गंगा नदी कूड़ाघर का रूप ले चुकी है।

स्वतंत्रता-प्राप्ति के बाद विश्व की तुलना में हम अपना क़द कितना ऊँचा कर पाए हैं और किस क्षेत्र में; गुलाम भारत की तुलना में आज घूसखोरी बढ़ी है या पहले जैसा ही माहौल है; भारत का आन्तरिक विकास विदेशी विज्ञान एवं तकनीक की बुनियाद पर आज भी खड़ा है; कल तक विदेशी विज्ञान एवं तकनीक से सरकार (नेहरू के समय रूस से) कुछ सहयोग की आशा रखती किन्तु आज इस सहायता की कीमत चुकाकर पूँजीपति घरानों ने इसे निगल लिया है और हर बात के लिए विदेशों से पूँजीपतियों द्वारा सौदेबाजी का बाज़ार

गर्म है। गुलाम भारत के टाटा-बिड़ला जैसे घराने भारतीयों के हित के प्रति जितनी सहानुभूति और सामाजिक कार्यों के प्रति जितने सहृदय थे, आज़ाद भारत के अम्बानी, माल्या, प्रेमजी, सहारा इंडिया का मालिक आदि पूँजीपति इस देश की सामान्य जनता के बारे में थोड़ा भी सोच को प्रमाणित कर पाए हैं? चन्द औद्योगिक घरानों को छोड़ दें तो भी पूँजीपति आज राजनीति और टी.वी. चैनलों पर पूर्णतः भारी पड़ चुके हैं; ये लोग परम्परा को जीवित बनाए रखने के लिए देश के अधिकांश विश्वविद्यालयों के पाठ्यक्रम में कोई नवीनता और वैज्ञानिक सोच को प्रोत्साहित करने को तैयार नहीं; गुलाम भारत में पटना विश्वविद्यालय का स्नातक शायद ही बेकार पाया जाता किन्तु वही स्नातक आज गोवा में ईंटें ढोकर पेट की आग शान्त करने में लगा है; केन्द्र की शिक्षा नीति गाँव एवं कस्बे के विद्यालयों-महाविद्यालयों को दिल्ली जैसा उपयोगी बना पाई है? एक देश में कई देश!

भारत में कृषि और शिल्प काफ़ी पहले से मानव-श्रम पर आधारित था। इसके फलस्वरूप नदियाँ प्रदूषित नहीं हो पाईं; वायु विषाक्त नहीं थी; नैतिकता का महत्त्व था; परम्परागत कारीगर फल-फूल रहे थे और 'अनगिनत पीढ़ियों के प्रशिक्षण' के फलस्वरूप पारम्परिक कला-कौशल 'सर्वोच्च पूर्णता' प्राप्त कर चुका था। सन् 1870 के दौरान भारतीयों को बताया गया कि पाश्चात्य प्रौद्योगिकी और यंत्रों की मदद से औद्योगिक विकास के फलस्वरूप पश्चिमी देशों और बम्बई की मिलों अथवा कारख़ानों ने कारीगरों एवं श्रमिकों को 'कोल्हू का बैल' बनाकर रख दिया गया था।

दूसरी तरफ़, कुछ ब्रिटिश सिद्धान्तवादियों एवं सुधारकों का मानना था कि औद्योगिक विकास और तकनीकी उन्नति की सीढ़ी पर चढ़े बग़ैर भारत की सामाजिक और आर्थिक दशा नहीं सुधर सकती तथा विश्व की मुख्यधारा में भारत को शायद ही कोई महत्त्वपूर्ण स्थान मिल सके। अगर भारत समय पर जागरूक नहीं हुआ और 'पारम्परिक मनोवृत्तियों और आदतों की निरन्तरता बनी रही तो न केवल तकनीकी ज्ञान, बल्कि यूरोपीय बाज़ारों में सफलता के लिए सौदागरी के आवश्यक तरीकों और कारोबारी क्षमता को प्राप्त करने में उसे सैकड़ों वर्ष लग जाएँगे। हस्त-शिल्प का मशीनीकरण करने से उत्पादन में वृद्धि और सस्ती दर पर वस्तुएँ उपलब्ध कराई जा सकती थीं। इस विचार को तत्कालीन भारतीय वैज्ञानिकों ने सकारात्मक दृष्टि से समझा। अंग्रेजों का एक छोटा वर्ग भी भारत में औद्योगिक विकास का समर्थक था।[1] भारत के बुद्धिजीवी वर्ग में इस बात पर बहस छिड़ी-हुई थी कि देश को पश्चिम का अनुसरण करते हुए नए उद्योग विकसित करना चाहिए अथवा अपने पुराने कला-कौशल को पुनर्जीवित कर पारम्परिक हुनरों से लाभ उठाने का प्रयास

करना चाहिए। 1905 में स्वदेशी आन्दोलन के जन्म से इस बहस को नई ऊर्जा मिली। इस आन्दोलन ने कर्जन द्वारा बंगाल के विभाजन का विरोध और भारतीय उद्योगों को विकसित करने और आर्थिक स्वावलम्बन को प्रोत्साहन देने के प्रयासों का समर्थन किया।[2] 1907 में हैवेल ने इस सम्बन्ध में अपना विचार व्यक्त करते हुए कहा कि स्वदेशी आन्दोलन अनिवार्य रूप से पुराने कला-कौशल के पुनरुद्धार का हिमायती नहीं है।[3] वास्तव में, अनेक भारतीयों ने वर्डवुड और हैवेल के उद्योगवाद के विरोध को यह कहकर ठुकरा दिया कि यह दोयम दर्जे की पुरानी प्रौद्योगिकी द्वारा प्रदत्त लाभों और अवसरों से वंचित रखने की एक चाल है। उनका विश्वास था कि भारत को औद्योगिक वृत्ति अपनाकर ब्रिटेन और अन्य औद्योगिक ताकतों के साथ सीधी प्रतियोगिता में खड़ा होना चाहिए। वस्त्र-उत्पादन के कारख़ाने, दियासलाई के कारख़ाने, स्टीमरों का परिचालन-सभी स्वदेशी आन्दोलन के दौरान प्रवर्तित हुए, हालाँकि इन साहसिक उद्यमों का अच्छा-खासा हिस्सा पूँजी की कमी और तकनीकी क्षमता के अभाव में शीघ्र ही विफल हो गया।

अन्ततः इन वर्षों के उद्योगवाद के विरोध का चरम रूप 1909 में प्रकाशित गांधी की पुस्तिका *हिन्द स्वराज* में प्रतिबिम्बित हुआ। गांधी का मानना था कि भारत को पश्चिम में जन्मे 'आधुनिक सभ्यता' के नगरवाद और उद्योगवाद को ठुकरा देना चाहिए क्योंकि ये तेजी से भारत में घुसपैठ कर रहे हैं और इनकी आर्थिक तथा सांस्कृतिक पराधीनता को बढ़ावा दे रहे हैं।[4] अकाल-जर्जर भारत की ग़रीबी और औपनिवेशिक शासन द्वारा राजनीतिक अपमान के विरुद्ध प्रतिक्रिया व्यक्त करते हुए गांधी ने अंग्रेजी शिक्षा, कानूनी पेशा, चिकित्सा और कारख़ानों को 'हमारी गुलामी को बढ़ावा देनेवाले' षड्यंत्र मानकर उनकी निंदा की। जिस रेलवे प्रौद्योगिकी पर ब्रिटेन को बहुत नाज़ था, उसका उपहास करते हुए गांधी जी ने टिप्पणी की कि भारत को लाभ पहुँचाने के बदले रेलवे ने प्लेग फैलाया है, अकाल में वृद्धि की है और भारत पर औपनिवेशिक गुलामी के शिकंजे को और मज़बूत किया है। उन्होंने टिप्पणी की, 'वे निर्विवाद रूप से बुराई का प्रसार करती हैं।'[4] रस्किन और टॉल्स्टॉय जैसे पाश्चात्य लेखकों द्वारा औद्योगिक समाज की समीक्षा पर विस्तार से चर्चा करते हुए गांधी ने 'आधुनिक सभ्यता के प्रधान प्रतीक' मशीनरी की तीव्र भर्त्सना की और उसे 'महान पाप' कहा। मशीनें यूरोप को 'उजाड़ रही हैं' और भारत को तो पहले ही कंगाल बना चुकी हैं। मैनचेस्टर के कारण भारत के हस्तशिल्प नष्ट हो गए हैं, और कंगाल बन गई आबादी में अकाल का तांडव हो रहा है। न तो नैतिक और न आर्थिक स्तर पर उद्योगवाद भारत को मुक्ति दिला सकता है। बम्बई की मिलों में श्रमिक 'गुलाम' बन गए हैं, महिलाएँ 'बीभत्स' दशाओं में काम कर

रही हैं और यदि 'मशीनरी का उन्माद' बना रहा तो भारत एक 'अभागा देश' बन जाएगा।[5] इसके बदले गांधी ने गाँवों की ओर लौटने और हाथ से कताई-बुनाई करने का नारा दिया। चरखा और खादी उनके लिए भारत के स्वराज की खोज के मुख्य अभिकरण और प्रतीक बन गए। गांधी का सन्देश-'मशीनरी दुष्टा है'-1909 में अप्रभावी था, लेकिन 1918-20 में उनके राष्ट्रीय नेता के रूप में उभरने के बाद उनके उद्योगवाद के विरोध और आधुनिकता की समीक्षा ने भारत में विज्ञान और प्रौद्योगिकी के पश्चवर्ती विकास पर गहरा प्रभाव डाला।

रजनीपाम दत्त और विपिन चन्द्र द्वारा लिखित पुस्तकों के अध्ययन से पता चलता है कि गांधी की आर्थिक नीति भारत के अति जागरूक लोगों द्वारा स्वीकार नहीं की गई। भारत के कई राष्ट्रवादी, उद्योगपति और प्रबुद्ध वर्ग का जो विचार था, उसकी अभिव्यक्ति 1936 में आयोजित Indian Science की वार्षिक बैठक में दिखाई देती है। इस बैठक में प्रो. मेघनाथ साहा ने सवाल किया था-क्या मैं जान सकता हूँ कि आनेवाले कल का भारत ग्राम्य-जीवन के दर्शन को या बैलगाड़ी दर्शन को फिर से जीवित करने जा रहा है, जिससे गुलामी को शाश्वत बनाया जा सके अथवा वह एक ऐसे आधुनिक औद्योगिक राष्ट्र का रूप लेने जा रहा है, जो अपने सभी प्राकृतिक साधनों का विकास करके ग़रीबी, अज्ञानता और सुरक्षा की समस्याओं का हल कर सके और राष्ट्रों के सौजन्य में सम्मानजनक स्थान प्राप्त कर सभ्यता का एक नया चक्र शुरू कर सके?

राष्ट्रीय कांग्रेस के अध्यक्ष सुभाषचन्द्र बोस ने जवाब दिया था : 'राष्ट्रीय विकास का काम विज्ञान की मदद से सम्भव है...भारत आज भी विकास की पूर्व औद्योगिक अवस्था में है। कोई भी पुनरुज्जीवन या पुनरुत्थान तब तक सम्भव नहीं है, जब तक भारत एक औद्योगिक क्रान्ति की यातना से न गुजरे। हम चाहे इसे पसन्द करें या नहीं, लेकिन हमें यह तथ्य मानना होगा कि आधुनिक इतिहास का वर्तमान युग औद्योगिक युग है। औद्योगिक क्रान्ति से बचने का कोई उपाय नहीं है।[6]

गांधी जी के विचार के विपरीत पंडित जवाहरलाल नेहरू का मानना था कि आम लोगों की ग़रीबी एवं बेरोज़गारी दूर करने के लिए औद्योगिकीकरण अवश्यक था।[7] प्रान्तीय उद्योग मंत्रियों का एक सम्मेलन 1938 में दिल्ली में आयोजित किया गया। इस सम्मेलन का निष्कर्ष था कि औद्योगिक विकास के बग़ैर भारत की ग़रीबी दूर नहीं हो सकती।[8] इसी तरह के विचार उस दस्तावेज़ में प्रकट किए गए, जिसे 'उद्योगपतियों की बड़ी योजना' अथवा 'बम्बई योजना' के नाम से जाना जाता है। इस दस्तावेज़ को 1944 में जे.आर.डी.

टाटा, जी.डी. बिड़ला, लाला श्रीराम जैसे उद्योगपतियों ने तैयार किया था।[9] गांधी के कुटीर उद्योग की अवधारणा पर विशेष ध्यान दिए बिना उद्योग-धन्धों के विनियमन एवं विकास हेतु 1951 में 'उद्योग एक्ट' लाया गया, जिसके माध्यम से सरकार ने औद्योगिक नीति प्रस्ताव 1948 द्वारा निर्देशित अपने लक्ष्यों को पूरा करने का प्रयास किया। सरकार को मध्यम एवं बड़े औद्योगिक प्रतिष्ठानों के लिए लाइसेंस जारी करने का अधिकार था; इसके तहत उत्पादन की मात्रा, आयात एवं विक्रय कोटा, मूल्य एवं मज़दूरी तथा वेतन आदि तय करने के अधिकार शामिल थे। द्वितीय पंचवर्षीय योजना 1956 में लागू हुई, इस क्रम में 30 अप्रैल, 1956 को तत्कालीन प्रधानमंत्री पंडित जवाहरलाल नेहरू ने संसद में नई औद्योगिक नीति की घोषणा की :

A Scientific Policy Resolution was formulated in 1958.[10] The first nuclear reactor was set up at Trombay in 1956. The Indian National Committee for Space Research was inaugurated in 1962. Scientific and Technical personnel rose from 188,000 in 1950 to 731,500 in 1965. Students in engineering and technology institutions, who were only 13,000 in 1950, increased to 78,000 in 1965, while students of agriculture grew from 2600 to 14,900 in the same period.[11]

1950 के दशक के अन्त से आरम्भ होकर 60 तथा 70 के दशकों में माइक्रो इलेक्ट्रॉनिक क्रान्ति ने जोर पकड़ा और फिर सम्पूर्ण विश्व को परिवर्तित कर दिया; विश्व औद्योगिक युग से बाहर निकल आया। अब कम्प्यूटर में ट्रांजिस्टर ने वेक्यूम की जगह ले ली। फलस्वरूप कम्प्यूटर की गति में हज़ारों गुणा वृद्धि हो गई। पहली बार कम्प्यूटर **पूरी तरह इलेक्ट्रॉनिक** आधार पर खड़ा हो गया। इस तकनीकी क्रान्ति का आधार प्रकृति में सभी जगह पाया जानेवाला एक अत्यन्त साधारण पदार्थ है, वह है बालू। बालू रसायनशास्त्र की भाषा में सिलिकन ऑक्साइड होता है। रासायनिक प्रक्रियाओं से इसका ऑक्सीजन हटाकर इसे सिलिकन के रवों में बदला जाता है। यही नवतकनीकी क्रान्ति का आधारभूत पदार्थ है। सिलिकन के लगभग एक से दो फुट रवों से अत्यन्त ही महीन या पतली पर्त काटी जाती है। इसके लिए विशेष मशीनों का प्रयोग किया जाता है। इन पर्तों को फिर, आम तौर पर, चौकोर टुकड़ों में काटा जाता है। इस प्रकार एक पत्ती या परत से कई छोटे-छोटे चिप्स तैयार हो जाते हैं। ये ही चिप्स आधुनिक नव-तकनीकी माइक्रो इलेक्ट्रॉनिक क्रान्ति का आधारभूत पदार्थ हैं। आजकल के चिप्स सिर्फ़ अँगूठे के नख जितने आकार के भी होते हैं।

1959 में एक ट्रांजिस्टर का स्थान आई. सी. या इंटिग्रेटेड सर्किट ने ले लिया, यानी कई ट्रांजिस्टरों को एक ही सर्किट में जोड़ा जा सकता था। इसने

कम्प्यूटर शक्ति कई गुना बढ़ा दी। ये आई.सी. सीधे ही चिप पर खोदे जा सकते थे। 50-60 के दशकों में वैज्ञानिकों ने चिप पर ट्रांजिस्टर, और इस प्रकार इलेक्ट्रॉन संकेतों का पूरा सर्किट अंकित करने की विधि खोज निकाली। इसने सूचना, संचार और उत्पादन साधनों में मूलभूत क्रान्ति ला दी।[12] इलेक्ट्रॉनिक घड़ी के नए उद्योग ने पिछले दो दशकों में समूचे विश्व घड़ी उद्योग में भारी परिवर्तन ला दिया है। जहाँ पहले बड़ी-बड़ी कम्पनियाँ और शक्तिशाली देश घड़ी उद्योग नियंत्रित किया करते थे, आज इलेक्ट्रॉनिक घड़ियाँ छोटे और गृह उद्योग की विशेषता बन गई हैं। जहाँ पहले इस उद्योग पर स्विट्ज़रलैंड का अधिकार था, वह 1970 से 77 के बीच 7 वर्षों में समाप्त हो गया। आज ये घड़ियाँ एशिया के छोटे देशों के घर-घर में बनती हैं।

सूचना क्रान्ति के कुछ महत्त्वपूर्ण तथ्यों पर ज़रा हम गौर करें। सन् 1890 में विश्व भर में टेलीफोनों की कुल संख्या 4 लाख 80 हज़ार थी, 1920 में यह संख्या बढ़कर 2 करोड़ 80 लाख हो गई, 1950 में 7 करोड़ 53 लाख और 1985 में 62 करोड़ 50 लाख। जाहिर है यह आँकड़ा भी पुराना पड़ चुका है और टेलीफोनों की संख्या का विकास तेजी से होता जा रहा है।

टेलीफोनों की संख्या में वृद्धि की दर का अन्दाज़ा निम्नलिखित आँकड़ों से लगाया जा सकता है: प्रथम 10 करोड़ टेलीफोन लगाने में 80 वर्ष (1876 से 1956) लगे जबकि द्वितीय 10 करोड़ के सेट मात्र 10 वर्षों (1956-66) में लगे। तीसरा हिस्सा 6 वर्षों में, चौथा 4 1/2 में, पाँचवाँ 4 वर्षों में और छठा केवल 3 वर्षों में लगाया गया। टेलीफोनों की संख्या प्रति 24 घंटे में एक लाख के हिसाब से बढ़ रही है।

अब तो 80 और 90 के दशकों में परम्परागत तारों की जगह आप्टिक केबल का प्रयोग होने से टेलीफोनों की क्षमता कई गुना बढ़ गई है। आप्टिक फाइवर या केबलों में प्रकाश तरंगों का प्रयोग होता है जो बिजली की धारा और इलेक्ट्रॉन[13] से कहीं अधिक क्षमता वाले होते हैं। ये केबल बालों से भी बारीक होते हैं और प्रत्येक केबल या धागे के ज़रिये प्रति सेकेंड सूचना की 14 करोड़ यूनिटें भेजी जा सकती हैं। फाइवर आप्टिक संकेत सांख्यिक होते हैं। इसमें बिजली की तरंगों को अति सूक्ष्म लेसर किरणों में बदला जाता है जिससे वे अत्यन्त ही छोटी जगह से पार कर जाते हैं। आप्टिक फाइबर के प्रयोग ने विश्व संचार व्यवस्था में क्रान्ति ला दी है, क्योंकि अब संचार प्रकाश की गति से होने लगा है। उसके फलस्वरूप दूरसंचार यंत्रों में द्रुतगति से परिवर्तन होने लगे हैं, क्योंकि उन्हें प्रकाश की गति के अनुरूप काम करना पड़ रहा है।

सूचना और संचार व्यवस्था को विश्वव्यापी बनाने में उपग्रहों की निर्णायक भूमिका रही है। सत्तर के दशक में उपग्रह संचार व्यवस्था ने

विश्वव्यापी रूप धारण किया। जहाँ 60 के दशक के मध्य में सिर्फ़ 6 संचार उपग्रह स्टेशन काम कर रहे थे, आज उनकी संख्या बढ़कर 200 से भी अधिक हो गई है। अन्तरराष्ट्रीय उपग्रह संचार व्यवस्था में विश्व के 100 से भी अधिक देश हिस्सा ले रहे हैं। ये उपग्रह धरती से लगभग 32 हज़ार किलोमीटर की दूर पर धरती के साथ-साथ घूमते हुए स्थिर रहते हैं। वे एक प्रकार से विभिन्न प्रकार की तरंगों के प्रतिबिम्बन और परावर्तन का काम करते हैं जिससे कि वे विश्व के किसी भी कोने में भेजी जा सकती हैं, इन उपग्रहों से हर प्रकार के संचार माध्यमों का काम लिया जा सकता है, जैसे–टेलीफोन, रेडियो, टी.वी., फोटो तथा अन्य प्रकार की तरंगें भेजी और पाई जा सकती हैं। यहाँ तक कि अख़बारों का प्रकाशन भी अधिकाधिक उपग्रहों की सहायता से होने लगा है। टी.वी. के डिश एंटिना में उपग्रहों से ही तरंगें आती हैं। डिश एंटिना के फलस्वरूप टी.वी. के प्रसार में असाधारण तेजी आ गई है। डिश एंटिना के आकार और मूल्य से तेजी में कमी आने के कारण वे आम इस्तेमाल की चीज़ बनते जा रहे हैं।[14]

इलेक्ट्रॉनिक संचार क्रान्ति के फलस्वरूप विश्व-पैमाने पर व्यक्तियों और समूहों के बीच संचार का असाधारण प्रसार हुआ है। फलस्वरूप, स्थान और काल का अन्तर समाप्त हो गया है; और यह भी एक स्थान की घटना उसी वक़्त धरती के किसी भी हिस्से पर गहरा प्रभाव डालती है। इलेक्ट्रॉनिक तथा कम्प्यूटर सूचना विनिमय नई भाषा में प्रयोग भी है। कम्प्यूटरों की यह विश्व-व्यवस्था, जो अब जाल (Net) का रूप धारण कर रही है, एक हद तक मानव-मस्तिष्क और चेतना के साथ समानता हासिल करती जा रही है। साथ ही वह एक नए प्रकार की व्यक्तिगत/सामूहिक चेतना का निर्माण भी कर रही है।

विश्व समाज औद्योगिक (पूँजीवादी, समाजवादी, अन्य) समाज का निषेध करता हुआ आगे बढ़ता **उत्तर-औद्योगिक समाज** का स्वरूप धारण करता जा रहा है। इस क्रान्ति का मुख्य कारण और स्रोत इलेक्ट्रॉनिकी पर आधारित उत्पादन, सूचना/संचार क्रान्ति तथा वैज्ञानिक क्रान्ति है। सूचना समाजिक विकास तथा अर्थव्यवस्था एवं विचारों/चेतना के क्षेत्र में एक नए कारक के रूप में प्रविष्ट हो उत्पादन-पद्धति के स्थान पर सूचना-पद्धति को जन्म दे रही है। इसलिए सूचना/संचार समाजिक विकास की प्रमुख प्रेरक-शक्ति बन गई है।[15] तिरुअनंतपुरम में स्थित श्रीचित्रा तिरुनाल इंस्टीट्यूट फॉर मेडिकल साइंस नामक शोध-संस्था ने हृदय के लिए एक कृत्रिम धमनी (हॉर्ट वाल्व) तैयार की है। जयपुर के डॉक्टरों ने कृत्रिम पैर तैयार किए हैं जो 'जयपुर फुट' के नाम से मशहूर हैं।

उत्तर–औद्योगिक क्रान्ति समाज में मूलगामी, आमूलचूल उत्पादन क्रान्ति है। साथ ही वह विचारों, प्रक्रिया एवं चेतना–निर्माण में भी मूलगामी क्रान्ति है। औद्योगिक काल के सामाजिक, आर्थिक, राजनीतिक, वैचारिक, पुराने सिद्धान्त, अवधारणाएँ और मान्यताएँ एक–एक कर पुरानी और सन्दर्भहीन होती जा रही हैं। इनमें मार्क्सवाद भी शामिल है। उत्तर–औद्योगिक चिन्तन इन सबसे कहीं आगे निकल गया है; सूचना एवं कम्प्यूटर–क्रान्ति स्पष्ट एवं विकसित उत्तर–औद्योगिक/उत्तर–आधुनिक चिन्तन की आवश्यकता दर्शा रहे हैं। पोस्ट–मॉडर्निज्म, इस नाम से आज प्रचलित विचार–प्रणाली से काफ़ी अलग एक ऐसी विचार–दृष्टि है जो उत्तर–औद्योगिक/उत्तर–आधुनिक समाज के अनुरूप उसके साथ चलती हुई उसमें सहायक है। ऐसी विचार–प्रणाली में राज्य, वर्ग, राष्ट्र, दल, समाज, परिवार, नैतिकता, विवाह सभी कुछ पुनः परिभाषित हैं, क्योंकि वास्तव में इन संस्थाओं एवं रचनाओं में भारी परिवर्तन चल रहा है और आम तौर पर, वे विखंडित होते हुए सन्दर्भहीन हो लुप्त हो रही हैं।

आज का समाज और चिन्तन स्थान, काल की सीमाएँ पार कर पदार्थ, विचार और काल सम्बन्धी नवीन खोजों में लगा हुआ है। समाज, सूचना–तंत्र और चिन्तन धरती एवं समाज की समस्याएँ तथा अन्तर्विरोध तेजी से हल करते हुए क्वांटम शक्तियों की सहायता से अन्तरिक्ष में ग्रह या धरतीवासी के रूप में मानव के नए अर्थ खोज रहे हैं। मानव एक ऐसे युग में प्रवेश कर चुका है, जो उसके सम्पूर्ण पिछले इतिहास से अलग है। परम्परागत इतिहास का अन्त हो चुका है और एक नए युग की शुरुआत।[16]

कृषक समाजों का सामाजिक और आर्थिक दशा से औद्योगिक समाजों में रूपान्तरण (Transformation) को **औद्योगिक क्रान्ति** (Industrial Revolution) कहते हैं जिसकी इंग्लैंड में शुरुआत 18वीं सदी में हुई। सन् 1870 और इसके बाद औद्योगिक क्रान्ति ने फ्रांस, जर्मनी और संयुक्त राज्य अमेरिका का दरवाज़ा जोर से खटखटा दिया। 1917 के बाद रूस भी औद्योगिक क्रान्ति से प्रभावित हुआ। यह विकास विज्ञान के आँचल में पलकर बड़ा हुआ। यह विज्ञान था जिसने शारीरिक शक्ति से ज़्यादा महत्त्वपूर्ण **मानसिक शक्ति** को बना दिया।

विशेषकर 1980 के बाद समाज का सामाजिक, आर्थिक और राजनीतिक स्वरूप बिलकुल बदल चुका है। विश्व में हो रहे अर्थव्यवस्था में अभूतपूर्व परिवर्तन भारत को गहरे रूप में प्रभावित कर रहा है। 1980 के दौरान पटना (बिहार) दुकानों और किराए पर चलानेवालों का शहर था; आज यह Hotels और Hospitals का शहर हो चुका है। पारम्परिक अवधारणाओं से इन सब चीज़ों की व्याख्या नहीं हो पा रही है। राज्य, वर्ग, पार्टी, देश, आम समाज,

मनुष्य, जागरूकता, विचार, दर्शन–ये सभी नई तकनीक से प्रभावित और पीछे पड़ चुके हैं।

औद्योगिक क्रान्ति पर नव तकनीकी क्रान्ति भारी पड़ चुकी है। हम अति तेज़ रफ़्तार वाली सूचनाओं और संचार के युग में रहने लगे हैं। उत्तर-औद्योगिक समाज (Post-Industrial Society) ने दुनिया बदल डाली है। इस बदलाव को मार्क्सवाद में ढूँढ़ पाना सम्भव नहीं; गांधी, नेहरू, अथवा अम्बेडकर अपने युग की वजनदार हस्तियाँ थीं किन्तु आधुनिक विकास के तकनीकी दौर में ये पीछे पड़ चुके हैं। काफ़ी गहराई से विचार करने के बावजूद इन नवीन तथ्यों को नज़रअन्दाज़ करना अब मुश्किल है। पुरानी अवधारणाओं के मकड़जाल से बाहर निकले बग़ैर अन्तरराष्ट्रीय विकास की मुख्यधारा से अलग हो जाना हमारी लाचारी हो जाएगी। विश्व-समाज औद्योगिक काल से उत्तर-औद्योगिकी काल में परिवर्तित हो चुका है।

द्वितीय विश्वयुद्ध के दौरान शक्तिशाली देशों ने भाप के इंजन और बिजली-चालित यंत्रों का इस्तेमाल किया था। आज वे ही शक्तिशाली देश कम्प्यूटर एवं माइक्रो-इलेक्ट्रॉनिक पर आधारित शक्ति, साधनों एवं चेतना का प्रयोग करते हैं। मशीन और यातायात का साधन महत्त्वहीन और एटम के अन्दर की क्वांटम शक्तियाँ और स्वयं क्वांटम ने हमारे मस्तिष्क और अस्तित्व को झकझोर दिया है। Science and Technology अध्ययनमात्र का विषय नहीं बल्कि आज स्वयं सामाजिक शक्तियाँ एवं उत्पादन के साधन बन गए हैं। माइक्रो-इलेक्ट्रॉनिक चरित्र ने उत्पादन के साधनों और सामाजिक विकास को असाधारण रूप से काफ़ी तेज़ कर दिया है।

इलेक्ट्रॉनिक शक्ति कितनी बड़ी तथा प्रभावशाली सामाजिक शक्ति है–यह इस बात से समझ सकते हैं कि इसने राज्य के चरित्र एवं स्वरूप, बाज़ार की रचना और भूमिका तथा ग़ैर-राजनीतिक समाज के ढाँचे में गम्भीर बदलाव ला दिए हैं। एक-दूसरे के विरोधी राजनीतिक सैनिक गुट समाप्त हो चुके हैं; विश्व की द्विध्रुवीयता बहुध्रुवीयता में परिवर्तित हो गई है; यूरोपीय और विश्व-एकीकरण तेज़ हो गया है; राष्ट्रीय सीमाओं का महत्त्व कम होता जा रहा है। नवीन घटनाओं का परीक्षण करने में परम्परागत विचार-पद्धतियाँ एवं दर्शन असमर्थ साबित हो रही हैं। **एक विश्वव्यापी चेतना की इमारत खड़ी हो रही है।**

वैज्ञानिक तकनीकी एवं सूचना क्रान्ति 1970-90 के दौरान की घटना है। सूचना क्रान्ति और समाजवाद के पतन में घनिष्ठ सम्बन्ध है। नव-आधुनिक काल (Post modern period) नवीन सर्जनात्मक (Creative) प्रश्नों को जन्म दे रहा है। इतिहास-शिक्षा की निरन्तरता बनाए रखने के लिए कई नवीन सिद्धान्त

जोड़ने और विकसित करने की आवश्यकता है। उत्तर-औद्योगिक इलेक्ट्रॉनिक युग के समक्ष सन् 1857 की भारतीय क्रान्ति और स्वतंत्रता संघर्ष की अवधारणा कमजोर पड़ती जा रही है। स्वतंत्रता-संघर्ष के बड़े-बड़े हिमायतियों के बाल-बच्चे बेहतर भविष्य की तलाश इंग्लैंड-अमेरिका में कर रहे हैं। **भारतीय पुराने इतिहासकारों के विचारों में गुणात्मक परिवर्तन आज की परिस्थिति की माँग है या नहीं, इस पर गम्भीरता से विचार करने की आवश्यकता है।** विकास का सर्वाधिक महत्त्वपूर्ण आधार विज्ञान है।

ब्रिटिशकाल में क़रीब 15-20 भारतीयों को पाते हैं जिन्होंने विदेशों विशेषकर इंग्लैंड[17] में जाकर विज्ञान एवं प्रौद्योगिकी के क्षेत्र में विशेष ज्ञान अर्जित किया। स्वतंत्र भारत में इन्हें काफ़ी मान-प्रतिष्ठा मिली। सबसे बड़ी कठिनाई यह रही कि भारतीय सरकार द्वारा नवीन शोध के लिए सन्तोषप्रद मात्रा में आर्थिक सहयोग नहीं प्रदान किया जा सका। फलतः विश्व प्रसिद्ध आविष्कारों में यह देश पीछे छूटता गया। सरकार से ज़्यादा औद्योगिक घरानों ने तकनीकी ज्ञान की आवश्यकता महसूस की। इसके लिए उन्होंने विदेशी तकनीक खरीद लेने में ज़्यादा लाभ देखा। इसके परिणामस्वरूप यूरोपीय और अमेरिकन तकनीक के रूप में नवीन आर्थिक साम्राज्य विस्तार भारत में हुआ और इसकी निरन्तरता कायम है। चीन का आर्थिक साम्राज्यवाद विशाल पैमाने पर भारत में फैल चुका है। एप्पल और सैमसंग जैसी मोबाइल कम्पनियों को टचस्क्रीन ग्लास की आपूर्ति करनेवाली 45 वर्षीय छोऊ क्यून फेई नामक महिला चीन की सबसे धनी बन चुकी है। 'क्वीन ऑफ मोबाइल फोन ग्लास' के नाम से प्रसिद्ध इस महिला की सम्पत्ति करीब आठ अरब अमेरिकी डॉलर है (*दैनिक जागरण*, पटना, 2 अप्रैल, 2015)। तकनीकी विकास ने विश्व एवं मानव-जीवन की दिशा एवं दशा बदलने में अद्‌भुत भूमिका निभाई है।

बंगाल की खाड़ी में मिलते ही गंगा का अस्तित्व समाप्त हो जाता है। सागर गंगा से शुद्ध तो नहीं होता किन्तु गंगा निश्चय ही मैली और अस्तित्वहीन हो जाती है। शायद हमारे देश का विज्ञान एवं तकनीक भी बीमार और कमजोर परिस्थिति में है। हाल के वर्षों में सम्पूर्ण प्रजातांत्रिक व्यवस्था पर देश में घटते जा रहे विश्वास का परीक्षण करना चाहिए। 'चुनाव लड़े धन्ना सेठ, अपराधी तथा जनता-भक्षक और मतदान करे ग़रीब, निर्दोष और आम' अब तो डकैत पसन्द करने लगे हैं चुनावी राजनीति। सरकारी नौकरी घटने लगी है। एक से एक महत्त्वपूर्ण पुराने विषयों (संस्कृत, अरबी, फ़ारसी, उर्दू, इतिहास, हिन्दी आदि) को बड़े-बड़े पूँजीपति घराने महत्त्वहीन बनाते जा रहे हैं। पुराने ज़माने में 'कर भला तो हो भला' किन्तु आज? 'नेकी कर दरिया में डाल।' इन सब बातों को नहीं स्वीकारने के लिए सभी स्वतंत्र हैं, क्योंकि किसी एक निश्चित

विचार के मार्ग पर दुनिया काफ़ी दूर तक कभी भी चल नहीं सकी है। अमेरिका का राष्ट्रपति जॉर्ज वाशिंगटन (1789–97) शूद्र था। ईसाई धर्म के प्रवर्तक ईसा मसीह बढ़ई थे। वास्कोडिगामा मछुआरा था। भारत के पूर्व राष्ट्रपति ए.पी.जे. अब्दुल कलाम कभी साइकिल पर अख़बार बेचा करते थे। जर्मनी में नाजीवाद का नायक हिटलर बचपन में रोटी के लिए मकानों पर रंग-रोगन करने का काम करता था और फासीवाद का जन्मदाता मुसोलिनी लोहार और मज़दूरी का काम करता था। दुनिया बनाने में ये लोग भी किसी से कम नहीं रहे। दो पहिया-साइकिल की प्रथम डिजाइन सन् 1790 में एक निर्धन जर्मन ने तैयार की थी। एक स्कॉटिश लोहार ने पैडल-साइकिल का आविष्कार 1939 में किया।

प्रारम्भिक समय से तकनीक का गहरा सम्बन्ध तत्कालीन समाज से रहा है। **Technology** is the systematic study of the methods and techniques employed in industry, research, agriculture and commerce. More often the term is used to describe the practical application of scientific discoveries to industry. **Technician** is a person skilled in mechanical or industrial techniques or is a particular technical field. He is employed in a laboratory etc. to do mechanical and practical work. Technician is a person having specific artistic or mechanical skill. **Technique** is a practical method, skill or art applied to a particular task. Technique is a proficiency in a practical or mechanical skill. Technic is another word for technique.

विशिष्ट उद्योग आदि के लिए अपेक्षित वैज्ञानिक जानकारी और उपकरण, प्रौद्योगिकी, शिल्प-विज्ञान और तकनीकी उपकरण के मेल से तकनीक अथवा Technology शब्द बनता है। प्रौद्योगिकी से सम्बद्ध व्यक्ति को Techno और कोई विशेष काम करने की व्यावहारिक निपुणता को **तकनीक** (Technology) कहते हैं। विज्ञान और उद्योग के क्षेत्र में मशीनों, कार्यविधियों आदि के व्यावहारिक उपयोग से सम्बद्ध ज्ञान को तकनीकी (Technical) ज्ञान कहते हैं। व्यावहारिक क्षमतावाला व्यक्ति अथवा तकनीकी कारीगर को Technician कहते हैं।

Society means the totality of social relationships among organized groups of human beings. Society is a system of human organizations generating distinctive cultural patterns and institutions. It is an organized group of people associated for some specific purpose or on account of some common interest . It is also known as the privileged class of people in a community, especially as considered superior or fashionable.

In 1469 Pliny the elder's *Natural History* was printed for the first time. Pocket watch was invented by German clockmaker Peter Henlien (1480-1542) in c. 1505 CE, In 1542 French scholar Konard Gesner (1516-65) published *Historia Plantarum*, the first modern work of Botany.

18वीं शताब्दी के दौरान प्रथम औद्योगिक क्रान्ति इंग्लैंड में हुई। करीब सौ वर्षों पश्चात् नवीन तकनीक आविष्कृत हुई। अब उद्योग (Industry) में अधिकांश हस्तचालित युक्तियों का स्थान स्वचालित (Automatic) और अपने आप चलनेवाले यंत्रों (Self-startar) ने ले लिया है। मुख्य ऊर्जा स्रोत (Source of energy) कोयला के बदले विद्युत ऊर्जा (Electronic energy), पैट्रोलियम,[18] डीजल तथा प्राकृतिक गैस का प्रयोग किया जाने लगा। रासायनिक उद्योग अब काफ़ी महत्त्वपूर्ण हो गए हैं। खाद्य उत्पादन में अपार वृद्धि, नवीन कृषियंत्रों का प्रयोग, बेहतर खाद, कीटनाशी, पीड़ा (दर्द) नाश करनेवाली दवा, कवक का नाश करनेवाला (Anti-fungus chemical) आदि रसायन-समूहों के प्रयोग से कई सुधार हुए हैं; उत्पादकों को काफ़ी लाभ पहुँचा है। उपभोक्ता भी लाभान्वित हुए हैं। परिवहन में सुधार से विशाल खाद्य सामग्रियों को कम से कम समय में एक स्थान से दूसरे स्थान को पहुँचाया जाने लगा है। लोग कम समय में लम्बी दूरी तय करने लगे हैं। डाक प्रणाली से आगे संचार के नवीन माध्यम में तार, टेलीफोन और मोबाइल को रख सकते हैं। रडार और उपग्रह ने संचार को और तीव्रगामी बना दिया है। जीवनकाल की अवधि बढ़ चुकी है और इसके मुख्य कारण उन्नत पोषण एवं स्वास्थ्य तथा स्वच्छता और अति विकसित चिकित्सा पद्धति आदि हैं। हृदय, किडनी आदि बदले और मरम्मत किए जाने लगे हैं। कैंसर का मरीज़ अधिक वर्षों तक जीवित रहने लगा है। दूरदर्शन के कारण मनोरंजन के नवीन साधन उपलब्ध हैं। बाज़ार में खाना पकाने की अनगिनत मशीनें देखी जा सकती हैं। विश्व में कार्यरत वैज्ञानिकों की संख्या में अपार वृद्धि हुई है। मनुष्य के शरीर में पाई जानेवाली जीन से विश्व परिचित हो चुका है। जीन्[19] कोशिका के अन्दर एक ज्ञानतंतु है जो किसी सजीव के रूप-व्यवहार को नियंत्रित करता है। जीन माता-पिता से उनकी सन्तानों तक पहुँचते हैं।

तपेदिक (Tuberculosis), मियादी बुखार (Typhoid) तथा हैजा (Cholera) जैसी बीमारियों पर टीका (Vaccine) एवं औषधियों द्वारा प्रभावी रूप से नियंत्रण किया जा चुका है। In 1953 US engineer AN WANG (1920-90) invented magnetic core computer memory. In 1956 implantable heart pacemaker was invented. South African surgeon Christian Barnard (1922-2001) performed a heart transplant in 1967. In 1969 US engineer Douglas Engelbart invented the MOUSE computer input device. US engineer Ted Hoff invented the computer micro processor (CHIP) in 1971. Electronic pocket calculator was invented in 1971. APPLE II personal computer was introduced in 1977. In 1981 Acquired Immune Deficiency Syndrome (AIDS) disease was identified. World Wide Web (WWW) was created in

1994–विश्व में हुए ऐसे आविष्कारों का क्या असर विकास-कार्यों पर पड़ा–हम सब अपरिचित नहीं हैं। पारम्परिक आर्थिक एवं सामाजिक शक्तियों से अलग करने में संचार व्यवस्था और सूचना की भूमिका आज क्रान्तिकारी रही है। कम्प्यूटर के प्रवेश से मशीन और श्रमिक के बीच के सम्बन्धों का अन्त होने लगता है। श्रमिक मशीन के साथ रहता है, न कि उसके साथ काम करता है। विश्वव्यापी संचार व्यवस्था के फलस्वरूप एक नवीन प्रकार का एकीकृत होता विश्व-बाज़ार उदित हो चुका है।

वेद, महाकाव्य, पालि साहित्य, प्राकृत ग्रन्थों एवं अन्य भारतीय प्राचीन लिखित स्त्रोतों में विज्ञान एवं तकनीक भरा पड़ा है किन्तु ऐसे महत्त्वपूर्ण तथ्यों को मुख्यधारा में लाने के लिए कहीं कोई विशेष प्रयास आज तक भारतीय विद्वानों द्वारा किए गए, इसका सन्तोषप्रद प्रमाण नहीं मिलता। वैज्ञानिक दृष्टि और तकनीकी प्रयास के अभाव में विश्वप्रसिद्ध सिन्धु नगर[20] नहीं पाए जा सकते थे। किसानों की वैज्ञानिक दृष्टि के अभाव में अनाज का पैदा होना और अतिरेक का पाया जाना, इनके अभाव में आपके और हमारे जैसे अनुत्पादक वर्ग कैसे पाए जा सकते। ताजमहल ऐतिहासिक धरोहर से ज़्यादा तत्कालीन विकसित विज्ञान का नमूना है–इसे हम आज भी महसूस नहीं करते। तत्कालीन मज़दूरों एवं राजमिस्त्रियों की वैज्ञानिक सोच का परिणाम है दिल्ली का राष्ट्रपति भवन, कनॉट प्लेस और कलकत्ता की विक्टोरिया मेमोरियल इमारत। कलकत्ता का ब्रिटिशकालीन हावड़ा ब्रिज तत्कालीन कारीगरों एवं तकनीशियनों के वैज्ञानिक प्रयास का नमूना है।

मानव कहलाने का पहला अधिकारी था होमो वंश का पहला प्रतिनिधि–होमो इरेक्टस, अर्थात् सीधा चलनेवाला मानव।[21] सभी मानव-श्रम का परिणाम होता है विज्ञान। श्रम के औजार, घर-गृहस्थी की वस्तुएँ, रीति-रिवाज, रहन-सहन, विज्ञान, कला, धर्म, ईश्वरवाद, अनीश्वरवाद, नैतिकता और दर्शन के मिश्रण से संस्कृति का जन्म होता है। संस्कृति मानव-जीवन का ऐसा सोपान है जिस पर वह अनवरत चलता रहता है। संस्कृति ने मानव को मनुष्य बनाया और मानव संस्कृति का रचनाकार रहा। वैज्ञानिक सांस्कृतिक परत (Layer) की अवधारणा (Concept) पुरातत्त्व में है। उन गुफाओं में जहाँ आदि लोग रहते थे, वहाँ से वैज्ञानिकों ने पत्थर के औजार, राख, जानवरों की हड्डियाँ, बर्तनों के टुकड़े, आभूषण, आदि प्राप्त किए हैं। इन खोजों की मदद से वे यह पता लगाते कि अति प्राचीन काल में मानव-समूहों का उत्पादन कार्य-कलाप क्या था और आत्मिक जीवन कैसा था। मानव के कार्य-कलाप के अवशेष पूरे विश्व से मिलते हैं। मानव-बुद्धि वह एकमात्र शक्ति है जो प्रकृति से सम्बद्ध सारी जानकारियाँ रखती है और उनका

उपयोग कर सकती है। मानव जाति का विकास कठिन परिस्थितियों में हुआ। हमारे पूर्वज पहले आदिम यूथ में, फिर गोत्र और कबीले में संगठित होकर ही अपना अस्तित्व बनाए रखने में सफल रहे।

मस्तिष्क का विकास इसलिए नहीं हुआ कि उसके स्वामी ऐसा चाहते थे। उनके मस्तिष्क का विकास इसलिए भी नहीं हुआ कि कोई बाहरी शक्ति मानव का ऐसा विकास देखना चाहती थी, सच्चाई यह है कि अधिक शुद्ध किए गए मस्तिष्क वाले लोग अधिक मात्रा में अधिक अच्छा आहार पा सकते थे। ख़तरों से बचने में वे सक्षम हो चुके थे। उन्होंने स्वयं अपने को शीर्षस्थल पर आसन्न किया।

मानव प्रकृति का सच्चा स्वामी बन गया। प्रकृति में आवश्यकतानुसार वह बदलाव करता रहा। मानव में सहायता, मैत्री और भाईचारे की भावना विकसित हुई। ज्यों-ज्यों मनुष्य प्रकृति को बदलना सीखता गया, त्यों-त्यों उसकी बुद्धि विकसित होती गई। इतिहास हमारी बहुत-सी आदतें और अभिरुचियाँ निर्धारित करता है, हमें जीवन की पद्धति विशेष प्रदान करता है और हमारा व्यवसाय तय करता है। इतिहास के ही प्रभाव में हमारा विश्वबोध बनता है। हमारे नामों के पीछे भी इतिहास है। सबसे पहले संभ्रात कुलों के लोगों ने अपने नामों के साथ कुलनाम लगाना आरम्भ किया और फिर दूसरे सभी लोगों ने भी।

हमारी संस्कृति देश के साथ-साथ विदेशों के अतीत से भी जुड़ी हुई है। संस्कृति मनुष्य की सर्जनात्मक शक्तियों और योग्यताओं के तथा समाज के विकास का ऐतिहासिक निर्धारित स्तर है। लोगों की जीवन-सक्रियता की स्वयं उनके हाथों और उनकी बुद्धि से निर्मित परिस्थितियाँ और साधन ही संस्कृति है। पहनावा, पुस्तकें, मिलें और पुल, संगीत और नृत्य–यह सब मानव द्वारा निर्मित संस्कृति का प्रमुख अंग रहा है। वैज्ञानिक बताते हैं कि एक जाति के लोगों के मुख्य लक्षण एक भाषा, एक भूक्षेत्र, आर्थिक जीवन की एकता, एक संस्कृति और विशिष्ट राष्ट्रीय चरित्र आदि होते हैं।

हमारे पूर्वज कन्द-मूल बटोरते और शिकार करते थे। मनुष्य हिरण के समान तेज़ तो नहीं दौड़ सकता, किन्तु वह बुद्धिमान और जानवरों की आदतें जानता है। मानव-शरीर का गठन ऐसा है कि वह शिकार में अपने इस ज्ञान का सफल उपयोग कर सकता था। मनुष्य स्वभाव से खोजकर्ता है। शिकारी जीवनकाल में, जैसाकि पुरातत्त्वविदों का कहना है, 50 व्यक्तियों के एक समुदाय को वर्ष में ग्यारह टन अर्थात् प्रतिदिन प्रति व्यक्ति करीब 600 ग्राम मांस की आवश्यकता होती थी।

संसार के कोने-कोने में लोग रहते आए हैं। कड़ाके की ठंड और झुलसाती गर्मी, विरल (rare) वायु और खतरनाक हिंसक जन्तुओं के बावजूद

वे हर जगह रह पाए हैं, क्योंकि वहाँ की भौगोलिक परिस्थितियों के अनुरूप संस्कृति बनाने में सफल रहे हैं।

अपने पड़ोसी कबीलों से लोग कृषि कार्य सीखते थे। धरती माता ने मानव की बहुत सहायता की। प्रकृति ने मनुष्य को भविष्य का रास्ता दिखाया। मनुष्य ने देखा कि सभी पेड़-पौधे बीज से उगते हैं। हज़ारों वर्ष तक वे यही देखते रहे। विश्व के जिन-जिन भागों में सबसे पहले कृषि-कार्य आरम्भ हुए, वे सभी 20वें और 45वें अक्षांश के बीच स्थित हैं। आरम्भ में स्वतः उगनेवाली फसलों की लोग रक्षा ही करते थे–चिड़ियों और वन्य जन्तुओं के झुंडों से। सूखा भी पड़ता था। गेहूँ ने मध्य एशिया से चलकर सारे संसार में अपनी विजय पताका फहराई है। अमेरिका का मक्का और आलू आज पूरे विश्व में उगाया जाता है। राजमा, काजू, कद्दू, मिर्च, शकरकन्द और टमाटर से अमेरिका ने विश्व को परिचित कराया। 6–7 हज़ार वर्ष पहले ही मानवजाति ने उन सभी अन्नों, सब्जियों और फलों की खेती शुरू कर दी जो आज भी हमारा पेट भरते हैं।

सियार, बाघ के पीछे-पीछे चलते हैं, उसके शिकार का बचा-खुचा भाग खाते हैं। कभी कुत्तों के साथ भी ऐसी ही बात थी। जंगली जानवरों में से कुछ को पालतू बनाने का काम अनेक पीढ़ियों तक चलता रहा। इसमें स्त्रियों की भूमिका महत्त्वपूर्ण रही। कूबड़वाली गाय, भैंस और नन्दी को सिन्धुकाल में पालतू बनाया गया। घोड़े वाला रथ प्राचीन युग का आधुनिक टैंक था। घोड़ों के लिए साज बनाना विश्व की एक युगान्तकारी घटना थी। किसी निश्चित प्रकार के भोजन की आदत जल्दी नहीं बदलनेवाली आदत होती है।

पृथ्वीवासियों के बड़े भाग को प्रायः भूख का मुँह देखना पड़ा है, लेकिन समय और जीवन-परिस्थितियाँ बदलती रहती हैं। भोजन की बात मानव जाति ने कभी नहीं भुलाई। प्राचीन कुल्हाड़ी, बेलचा, ईंट, छेनी, हथौड़ी और चाकू की निरन्तरता हज़ारों साल से बनी हुई है। धनुष-बाण और भाला-लाठी की निरन्तरता भी बनी हुई है। कुम्हार का चक्का और जुलाहे का करघा, यह सब मशीनीकरण ही तो था। प्राचीन युग का काँसा अपने तकनीकी गुणों की दृष्टि से काफ़ी अच्छी सामग्री था। लोहा सर्वाधिक 'जनव्यापी धातु' रहा। भाप के इंजन ने सामन्तवाद और पूँजीवाद के अस्तित्व को जर्जर बनाकर रख दिया। मानव, मशीन और इतिहास-एक परिवार के सदस्य थे और हैं। किसी ज़माने में घोड़े को पालतू बना कर मनुष्य उस पर सवारी और कम-से-कम समय में अधिक-से-अधिक दूरी तय करने लगा। घोड़े से तेज़ रेलगाड़ियाँ दौड़ने लगीं। मोटरगाड़ी और हवाई जहाज बने। अन्तरिक्ष रॉकेटों को विज्ञान ने जन्मा। मानसिक और शारीरिक श्रम व्यापार को लाए और आज विश्व को एक सूत्र

में बाँध रखा है। एक आदमी अपनी पीठ पर 30 किलोग्राम से कुछ ही अधिक भार ले जा सकता था। एक दिन की पैदल यात्रा 25 किलोमीटर होती थी। बेहतर जीवन जटिल और संकटपूर्ण होता है।

भवन पीढ़ियों को जोड़नेवाली कड़ी है–सामाजिक व्यवस्था के आधार होते हैं भवन। स्थापत्य अपनी भाषा में उस युग का चित्र प्रस्तुत करता, जिस युग में उसकी रचना हुई। स्थापत्य वह कला है जो प्रत्यक्ष रूप से लोगों के जीवन को संचालित करती है। नगर स्थापत्य और वस्त्रों की शैली निर्धारित करते हैं। प्लेग और चेचक देश से गया और हृदय रोग तथा कैंसर का आगमन हुआ। ऐसी बीमारियों ने मनुष्य के जीवन-सन्तुलन को असन्तुलित बनाकर रख दिया है। मृत्यु दर घटी और औसत आयु बढ़ी है। मनुष्य की आवश्यकताओं की अभिव्यक्ति को संस्कृति कह सकते हैं। तत्कालीन सामाजिक-आर्थिक आधार पर संस्कृति आधारित होती है। **वर्णमालाओं के वर्ण और स्वरलिपि के चिह्न के माध्यम से लोगों के नाम पड़ने लगे।** भाषा मनुष्य की प्रमुख संकेत-व्यवस्था और मानव के आपसी सम्बन्ध के मूल आधार होते हैं। नामकरण के फलस्वरूप वस्तु का स्थान निर्धारित हो जाता और उसे पहचाना जाने लगता है। भाषा के बूते पर ही संस्कृति का अस्तित्व संभव है। पृथ्वी पर हज़ारों भाषाएँ बोली जाती हैं। प्रत्येक भाषा एक दूसरे से भिन्न है। विशेषज्ञों का मानना है कि लोगों का व्यवहार उनकी बोली अथवा भाषा के अनुरूप होता है। भाषा एक ऐसा चश्मा है जिसके ज़रिये देखते हुए अलग-अलग भाषाभाषी लोगों को यह संसार भिन्न-भिन्न रंगों में दिखाई देता है। एक ज़माना था जब प्रोटोन, न्यूट्रॉन और पांजीट्रान जैसे शब्द संसार की एक भी भाषा में नहीं थे, किन्तु आज वे हैं। शब्द भंडार में आज काफ़ी वृद्धि हो चुकी है। संस्कृति के विकास के साथ शब्द-भंडार भी आज बढ़े हैं। **भाषा ज्ञान पिपासा को शान्त करती है।** प्रत्येक धर्म में मिथक एक अनिवार्य तत्त्व है। आधुनिक संस्कृति भी मिथक से प्रभावित है। परामर्श गुत्थियाँ सुलझाते, इलाज करते हैं किन्तु इसके लिए वैज्ञानिक दृष्टि रखनी पड़ती है।

हम धर्म मानते हैं, किन्तु इसकी कल्पना हमेशा अस्पष्ट होती है। नहीं बता पाते कि हमारा धर्म दूसरे से भिन्न कैसे है। धर्म सामाजिक एवं मनोवैज्ञानिक नियमों द्वारा संचालित होते हैं। पुराने समय में लोग अपना फोटो नहीं खींचने देते थे–उन्हें डर था कि उनकी आत्मा चुरा ली जाएगी। 17वीं शताब्दी में विज्ञान परिपक्व आयु में पहुँचा और पुराने कई सोचों में परिवर्तन हुए। आधुनिक आविष्कारों ने विश्व को बेहतर जीवन प्रदान किया। नवीन उपकरणों के आगमन के फलस्वरूप नवीन उत्पादन में वृद्धि हुई। आनेवाली कई प्रकार की विपत्तियों से लोग सावधान होने लगे। संसार बदलने लगा। अन्तरराष्ट्रीय भावना

विकसित होने लगी। अग्नि को उपलब्ध कराने के लिए विशेष इन्तज़ाम किए गए। समय का महत्त्व बढ़ा। यूरोप विश्व का सबसे छोटा भाग होने के बावजूद सर्वशक्तिशाली बन गया। ऐसा विज्ञान की सीढ़ी पर चढ़ने के फलस्वरूप सम्भव हुआ।

आचरण-नियमों के पीछे व्यावहारिक आवश्यकता रही। इस्लाम और यहूदी धर्मों में सुअर का गोश्त खाने की मनाही इसलिए है कि इन धर्मों का सूत्रपात उष्ण जलवायु के क्षेत्रों में हुआ। सुअर का वसामय मांस जल्दी ही खराब हो जाता है और गर्मी में उसे खाना हानिकारक भी हो सकता है। सो, व्यवहार में जिस निषेध की अपेक्षा थी, उसी की धर्म ने पुष्टि की। व्रत का रिश्ता प्रारम्भ में स्वास्थ्य को बेहतर बनाए रखने से रहा, किन्तु बाद में चलकर नारी-शोषण का ठोस आधार बन गया। अच्छे-बुरे कार्यों का मूल्यांकन किया जाता है। प्रथाएँ और क़ानून सामाजिक सम्बन्धों का दर्पण भी होते हैं।

बच्चे गुलामी से घृणा नहीं करते। नैतिकता में हुई खोजें विज्ञान के प्रमुखतम आविष्कारों से कम महत्त्वपूर्ण नहीं हैं। बौद्धधर्म ने श्रम के प्रति सामाजिक नैतिकता का रुख बदला। मनुष्य ही मनुष्य के लिए सर्वोपरि है। प्रारम्भिक चरण में स्त्री-पुरुष एक दूसरे से प्रेम होने पर इकट्ठे रहने और पारिवारिक जीवन व्यतीत करने लगे; बाद में विवाह एक संस्कार-अनुष्ठान के रूप में विकसित हुआ। अनुष्ठान सामाजिक सम्बन्धों को सुदृढ़ करता है। आपसी सम्बन्ध को मधुर बनाए रखने के लिए संयम, धैर्य और आपसी समझ आवश्यक है। आदमी के पास काम हो-यह अच्छा है; पुस्तकें हों-यह भी अच्छा है; पर मित्र हों-यही सबसे अच्छा है।

वैज्ञानिक सोच के अभाव में हम समवयस्क, उम्र में बड़े और छोटे मित्रों की महत्त्वपूर्ण भूमिका पर ध्यान नहीं दे पाते कि उनके सहयोग से हम जीवन का मार्ग तय करते हैं। हमारी कीमती पूँजी ज्ञान और कौशल है। ज्ञान शिक्षा से और कौशल दूसरों के अनुकरण से ग्रहण किया जाता है। चरित्र-निर्माण सर्वाधिक जटिलतम समस्या है। (ईसाइयों ने विश्राम के लिए रविवार का दिन चुना, क्योंकि कहा गया-ईसा का पुनर्जीवन इसी दिन हुआ था। मुसलमान जुमे के रोज़ आराम करते हैं, क्योंकि इस्लामिक कैलेंडर के अनुसार सप्ताह का अंतिम दिन शुक्रवार होता है। अपना इतिहास लोग स्वयं बनाते हैं)। ई.पू. 600 के आसपास से विश्व ने अपने महान शिक्षकों, मनीषियों, पैगम्बरों के मुँह से मानवतावाद के बारे में सुना; लोग कई प्रकार के सत्य से अवगत हुए। तर्कबुद्धि संगतता मानव के ही गुण हैं।

जब इतिहासकार नहीं थे तो इतिहास लोग कैसे जानते थे? इसके उत्तर में कह सकते हैं कि किंवदन्तियों से और फिर कवियों के मुँह से लोग अतीत की

गाथाएँ सुनते आए होंगे। इसका अर्थ है कि सब कुछ एक जैसा नहीं रहा। संसार बदलता आया है। इन परिवर्तनों का अहसास मनुष्य को था तो नहीं किन्तु अतीत में वर्तमान खोजने में अवश्य प्रयत्नशील था। इतिहास की अपनी गति और अनुभूति होती है। पुरानी अच्छी-बुरी घटनाओं की स्मृति है इतिहास। अतीत पर नज़र डाल वे वर्तमान और भविष्य के बारे में सोचने लगे थे।

सबसे पहले आग किसने जलाई, बीज किसने बोया, पेड़ किसने काटा, मकान किसने बनाया? इन सच्चे नायकों का नाम हम नहीं जानते हैं। पश्चिम में 17वीं शताब्दी में लोगों ने पहली पतंग देखी किन्तु इसका अस्तित्व हज़ारों वर्ष पहले से था। विज्ञान प्रमाणित कर चुका है कि स्त्रियाँ कई काम पुरुषों से अधिक अच्छी तरह करती हैं–(1) वे काम, जिनके लिए सटीक गतियों की और एकाग्रचित्त बने रहने की आवश्यकता होती है। (2) अन्य कई जटिल काम जिन्हें करने के लिए एक साथ बहुत-सी बातों को ध्यान में रखना आवश्यक होता है; यह दूसरी बात प्राय: गृहस्थी चलानेवाली स्त्रियों पर लागू होती है। योग्यताएँ जन्म पर नहीं बल्कि व्यवहार पर आधारित होती हैं। कई विद्वान मानव-संस्कृति की प्रणेता नारी को मानते हैं। स्त्रियों ने ही सबसे पहले सोच-समझकर नरम ज़मीन में बीज डाले और मानव ने पहली वनस्पतियाँ उगाईं। अग्नि की खोज का श्रेय नारी को है। गृहस्वामिनी गृहस्थी का काम करते समय अग्नि के गुणों को समझी होगी। आवास को गरमाने और भोजन पकाने के लिए आग का प्रयोग किया होगा। शिकार से पुरुषों द्वारा लाए गए सीधे-सादे पशुओं को पालना-पोसना प्राय: स्त्रियों का काम था। इन पशुओं की खाल से वस्त्रों और जूतों का आविष्कार का श्रेय स्त्रियों को दिया जा सकता है; उसने ही चिकनी मिट्टी से प्रथम बर्तन बनाए। आत्मिक विकास में नारी की भूमिका सर्वोपरि रही। स्त्रियाँ शिष्टाचार का ध्यान पुरुषों से अधिक रखती हैं। स्त्रियाँ समाज में स्थायित्व लानेवाली शक्ति होती हैं। नैतिकता के प्रश्न पर वे ज़्यादा दृढ़ रहीं। अपराध करनेवालों में स्त्रियों का प्रतिशत नगण्य रहता है। अल्कोहल और मादक द्रव्यों का सेवन पुरुषों की तुलना में स्त्रियाँ कम करती हैं। प्रेम और आकर्षण स्त्रियों के बग़ैर सम्भव नहीं। प्रेम समाज का शत्रु भी रहा और जीवन में पेचदगियाँ भी लाता है। प्रेम के कारण नियम भंग भी किए जाते हैं। प्रेम पड़ोसियों के बीच आपसी सहयोग बढ़ाता है। पहले एक विवाह प्रथा का रिवाज नहीं भी था। प्रेम-विवाह के कारण युवक-युवती को पुरानी रूढ़ियों से जूझने और नाते-रिश्तेदारों के विरोध की निरन्तरता से हम अपरिचित नहीं हैं। एक समय था जब किसी के सामने यह प्रश्न नहीं उठता था कि वह विवाह करे या न करे। कबीलों के बीच होते रहनेवाली लड़ाइयों के कारण तत्कालीन समाज में पुरुषों से ज़्यादा संख्या स्त्रियों की होती थी। इस स्थिति में एक पुरुष

की कई पत्नियाँ होना स्वाभाविक था। इसके फलस्वरूप स्त्रियों के बीच दासता बढ़ी होगी। इन सभी तथ्यों को विस्तृत रूप प्रदान करना हमारा मूल मुद्दा नहीं; मुख्य बात है स्त्रियों से सम्बद्ध महत्त्वपूर्ण पहलुओं का पुनःअध्ययन। जैनग्रन्थों में स्त्रियों के समान पुरुषों का कोई अरि (शत्रु) नहीं होने से इन्हें अनेक प्रकार के कर्म और शिल्प द्वारा पुरुषों को मोहित करने के कारण महिला, पुरुषों को मत्त बना देने के कारण महिला या पुरुषों को हाव-भाव द्वारा मोहित करने के कारण रामा, शरीर में राग-भाव उत्पन्न करने के कारण अंगना; अनेक युद्ध, कलह, संग्राम, शीत-उष्ण, दुःख-क्लेश आदि उत्पन्न होने पर पुरुषों को वश में करने के कारण योषित तथा पुरुषों का अनेक रूपों द्वारा वर्णन करने के कारण वनिता कहलाई।

अभी तक यह रहस्यमय तथ्य बना हुआ है कि नारी को औरत, महिला, स्त्री, जननी, मैडम, लेडी आदि भिन्न-भिन्न नामों से कब, क्यों और कहाँ-कहाँ जाना गया? अथवा मनुष्य को व्यक्ति, पुरुष, आदमी, मानव, सर, मर्द, पौरुष, नर, इनसान आदि नामों से जो जाना गया, उसका विश्लेषणात्मक इतिहास क्या है?[22]

हर आदमी की एक पहचान होती है, वही उसका परिचय होता है। इस पहचान को बनाए एवं सुरक्षित रखने के लिए वह सदा प्रयत्नशील रहता है। पहचान पर कोई दाग़ उसे पसन्द नहीं; वह उसे गन्दा नहीं होने देना चाहता। पहचान सर्वस्वीकृत और पूर्ण सकारात्मक शायद नहीं भी होती। चश्मे के रंग के अनुसार पहचान अदलती-बदलती रहती है। आँखें दिलोदिमाग का आइना होती हैं। हर पहचान में किन्तु-परन्तु-लेकिन छिपा रहता है। पहचान ही हमारी विरासत होती है।

विज्ञान एवं प्रौद्योगिकी किसी देश की विरासत के महत्त्वपूर्ण अंग होते हैं। आधुनिक काल में विश्व के रंगमंच पर अपनी पहचान बनाने का प्रयास हमने भी किया किन्तु प्रश्न उठता है कि आधुनिक पहचान में हमारी हिस्सेदारी कितनी थी? गुलाम भारत को आज़ाद भारत में बदलने को भी विरासत का अंग माना गया और उसके लिए कुँवर सिंह, झाँसी की रानी, बहादुरशाह से लेकर बोस, ठाकुर, पटेल, नेहरू और गांधी का कितना महान योगदान रहा—हमारी विरासत को ऐसे ही महान लोगों को मापदंड मानकर निश्चित किया गया। इन तथ्यों को विवाद का मुद्दा बनाना हमारा लक्ष्य नहीं, किन्तु कभी-कभी ऐसा महसूस होता कि तत्कालीन किसानों, श्रमिकों, कर्मकारों, शिल्पकारों, वैज्ञानिकों, कारख़ाना स्थापित करनेवाले मालिक-मज़दूर, छोटे-छोटे गाँवों की बीमार ज़िन्दगी आदि को भी काश! आधुनिक भारतीय विरासत का अंग माना जाता जो अपना नाम-पता बताए बग़ैर विरासत को बचाने के लिए कुर्बान हो गए; बलि चढ़ा दिए गए; उनके परिवार का अस्तित्व सदा के लिए समाप्त हो गया।

सन्दर्भ-ग्रन्थ

1. डी.एम. बोस, एस.एन. सेन एंड बी.बी. सुब्बारायप्पा (सं.), *ए कॉन्साइज हिस्ट्री ऑफ साइंस इन इंडिया*, नई दिल्ली, 1971, पृ. 490-98
2. अल्बर्ट हॉवर्ड एंड गैब्रिएली एल. सी. हॉवर्ड, *Wit in India : It's Production, Verities and Improvement*, Calcutta, 1910, p. 77
3. E. B. Havell, *Essay on Indian Art, Industry and Education*, Madras, 1910, pp. 56-65
4. डैविड आर्नोल्ड, *औपनिवेशिक भारत में विज्ञान, प्रौद्योगिकी और आयुर्विज्ञान*, वाणी प्रकाशन, नई दिल्ली, 2005, पृ. 160-64
5. एम. के. गांधी, *हिन्द स्वराज और इंडियन होमरूल*, अहमदाबाद, 1939, पृ. 41-42; प्रश्न उठता है कि राष्ट्रपिता और महात्मा के नाम से विश्वप्रसिद्ध गांधीजी की बात मानकर भारत हस्तशिल्प के बदले उद्योगवाद और औद्योगिकी के मार्ग पर अगर नहीं चलता तो हस्तशिल्प, लघु-उद्योग और ग्रामीण-उत्पाद के सहारे भारत आज के विश्व के मानचित्र पर किस आकार और रूप में स्थान पाता? भारत ने हस्तशिल्प के बदले औद्योगिक केन्द्रों को प्रोत्साहित किया जिसके परिणामस्वरूप बम्बई को आज 'भारत की आर्थिक राजधानी' कहते हैं। इस तरह गांधी जी के विचार के विरुद्ध उठाया गया कदम आज सही मानना उचित होगा या ग़लत?
6. पी. एल. गौतम, *आधुनिक भारत*, नई दिल्ली, 2012, पृ. 898-99
7. *वही*, पृ. 900
8. *वही*
9. *वही*
10. An Atomic Energy Commission, to develop nuclear energy for peaceful use came into being in 1948.
11. Roshen Dalal, *The Puffin History of India*, vol. 2, Puffin Books, New Delhi, 2003, pp. 147-48.
12. अनिल राजिमवाले, *वैज्ञानिक तकनीकी क्रान्ति और उत्तर-औद्योगिक समाज*, हिन्दी माध्यम कार्यान्वय निदेशालय, दिल्ली विश्वविद्यालय, 1997, पृ. 56
13. अनिल राजिमवाले, पृ. 66
14. *वही*, पृ. 67
15. *वही*, पृ. 160-61
16. *वही*
17. महात्मा गांधी, अम्बेडकर, नेहरू, इन्दिरा गांधी, सच्चिदानन्द सिन्हा, जाकिर हुसैन, राजीव गांधी, सर अली इमाम, जिन्ना, शेख मुहम्मद इक़बाल, अमृता शेरगिल आदि ने यूरोपीय विश्वविद्यालयों से उच्च शिक्षा प्राप्त की थी।
18. Petroleum means crude oil. It is FOSSIL FUEL and is chemically a complex mixture of HYDROCARBONS. It accumulates in underground deposits and the chemical composition of petroleum strongly suggests that is originated from the bodies of long-dead organisms (केवल सूक्ष्मवीक्षण यंत्र

से देखने योग्य अति सूक्ष्म जीव), particularly marine PLANKTON. Petroleum is rarely found at the original site of formation, but migrates laterally and vertically until it is trapped. Most petroleum is extracted via oil wells from reservoirs (बड़े-बड़े जलाशय) in the Earth's crust sealed by unfolds of impermeable rock or by salt domes which form traps.

19. Jene is a unit of information inside a cell which contorls what a living thing will be like. Jenes are passed from parents to children.
20. The word civilization is derived from the Latin word **civitas** meaning cities. The period between the beginning of agriculture and the founding of cities is usually called the New Stone Age, because polished stone continued to be the main material used for tools and weapons during this era. Indus cities used metallic tools and weapons, especially those made of bronze (R.V.G. Menno, *Technology and society,* Pearson, p. 4
21. उसकी हड्डियाँ कुछ अधिक मोटी और मांसपेशियाँ अधिक शक्तिशाली थीं। निचला जबड़ा भारी-भरकम और ठोढ़ी प्रायः थी ही नहीं। चक्षु-कोटरों के ऊपर की अस्थियाँ बहुत आगे निकली हुईं, माथा संकरा, ढलवाँ किन्तु मस्तिष्क काम करने लगा था। जीवन अर्थहीन नहीं होता; संकट की घड़ी में भी लोग उज्ज्वल भविष्य के बारे में सोचते हैं। दोनों महायुद्धों के दौरान अभिलेखागार में शोधकार्य चल रहे थे। इस विकास के दौर में यूरोपीय संस्कृति पर पूरा विश्व कब्ज़ा कर चुका है। पूरा संसार आलू-टमाटर खाता है और चाय-कॉफी पीता है।
22. हमें तो यह भी शायद ही मालूम है कि अरबी शब्द 'हल्वा' से हलवाई बना है। कुर्सी, सोफा, मेज़, तख़्त, चौकी, चादर, तकिया, गिलाफ़, लिहाफ़, रजाई, तोशक, दरी, जाजिम, काग़ज़, कलम, दावात आदि से मुसलमानों ने हमें परिचित कराया; वे बाहर से भारत में लाए। 'अमेरिकन हों या अंग्रेज–भारत के किसी खुदाबख़्श और गंगाराम को मुसलमान अथवा हिन्दू नहीं बल्कि इंडियन अथवा हिन्दुस्तानी कहते हैं' (जाफ़र रज़ा, *भारतीय इस्लामी संस्कृति*, लोकभारती प्रकाशन, इलाहाबाद, 2013, पृ. 111)। आज अमेरिकनों को समझाया जाता है कि महाशक्तिशाली राजा जूलियस सीजर के पास फ्रिज नहीं था; जबकि आज एक साधारण अमेरिकन के पास फ्रिज के साथ-साथ टेलीविजन है।

विज्ञान जानें

1. पुस्तक लेखक के हुनरमन्दी का नमूना होता है।
2. वक़्त के भँवर में नहीं फँसने के लिए किस्मत पर विश्वास किए रहना मुनासिब नहीं।
3. ख़ाली मकान होते, घर नहीं।
4. बीते कल से लौट आया था कोई।
5. रफ़्ता-रफ़्ता (धीरे-धीरे) ज़िन्दगी चल रही है।
6. राजनीति में पूर्णिमा और अमावस्या–दोनों होती हैं।
7. लाइब्रेरी मुझे Comfort Zone लगती है।
8. उसकी शक्ल पर जीत के आसार देखे।
9. नक़ली ज़िन्दगी जीने के लिए ये बदलाव पसन्द कर लेते हैं।
10. भीख में शोहरत के सिक्के आज भी मिल जाते हैं।
11. राजनीति में धमकी छींक होती है।
12. मुहब्बत ज़हर है; इसे लोग हँसकर पी लेते हैं।
13. जितना आकर्षण तुम्हारी मुहब्बत में नहीं देखा, उससे ज़्यादा आकर्षण तुम्हारी नफ़रत में देखता हूँ।
14. गली के कुत्ते और अस्तबल के घोड़े जब सो जाते हैं, मैं जगता हूँ।
15. शहर बसा नहीं कि चोर-उच्चके आ पहुँचे।
16. पिंजरे में बन्द पक्षी नाचते और बाहर के पक्षी उदास दिखाई पड़ते।
17. आपके चेहरे पर उस शैतान की तलाश कर रहा हूँ जिसे अभी तक देख नहीं पाया।
18. अपने घर आने के लिए कोई वक़्त मुकर्रर नहीं होता।
19. आप अपनी इज़्ज़त नहीं करते किन्तु मुझे क्यों बेइज़्ज़त करते हैं?
20. आइने में शक्ल कभी-कभी बदली हुई नज़र आती है।
21. वहाँ रहना मैं पसन्द करता हूँ जहाँ लोग मुझसे नफ़रत करते हों।
22. मुस्कराहटों में कभी-कभी जख़्मों के निशान दिखाई दे जाते हैं।
23. कोई लिखता इतिहास, कोई बनाता हिस्ट्री।

24. नया रिश्ता जोड़ते-जोड़ते आदमी पुराने रिश्ते तोड़ता चला जाता है।
25. जुबान खामोश किन्तु चेहरा बहुत कुछ कह रहा है।
26. पैसों से मसले हल होते हैं; नौकरी से इज़्ज़त मिलती है।
27. फुटपाथ पर सोइएगा तो मरने का डर रहेगा ही।
28. शानदार जगह पर जाना और जानदार लोगों से मिलना उनका शौक है।
29. सैलाब आने से पूर्व अपने को मज़बूत बना लेना चाहिए।
30. जिससे मुहब्बत मैंने की, वह अनजान रहा।
31. जिससे मुहब्बत मैंने नहीं की, वह भी अनजान रहा।
32. आप मेरे लिए कुदरत का तोहफ़ा हैं।
33. इनसान अपने असल से दूर जा नहीं पाता।
34. जंगली पौधे हर मौसम बर्दाश्त कर लेते हैं।
35. मैं मर चुका हूँ, वे मुझे ज़िन्दा समझते हैं।
36. ज़िन्दगी की राह देखते-देखते कट गई; जीने को तरसता रहा।
37. मैंने सारी ज़िन्दगी लगा दी खुद को बचाने में।
38. कठपुतलियों के न दिल होते हैं और न दिमाग।
39. रोज़-रोज़ मरने से बेहतर है, जीने की एक कोशिश कर लें।
40. उस मिट्टी का मुझ पर बहुत बड़ा क़र्ज़ था जिसे मैं चुका नहीं सका।
41. पल में तोला, पल में मासा? वजन बराबर बनाए रखें।